黃恆堉、林錦洲◎著

學奇門遁甲
這本最好用

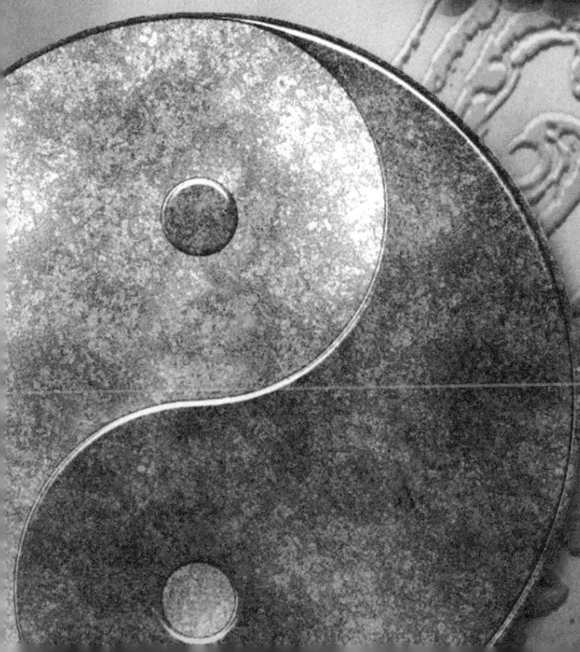

序一

奇門遁甲學是一門沒有老師教，自己看比較不容易懂的古代成功戰略學，因為不好教也不好學，所以此學術就不像八字、姓名學、紫微斗數那麼普遍，因為奇門遁甲有固定的公式，所以能夠運用電腦程式將其盤局排出，因此能夠讓學習更簡單化，於是就寫了這本書。

然而奇門遁甲的應用相當廣泛，如果不把它簡單化會覺得太可惜，所以我就運用電腦軟體的設計，將一些複雜的公式、理論轉化成一般沒學過奇門遁甲的人也都看得懂的文字，以便把此門學術推廣開來，期望能對奇門遁甲的學術探討有一層更簡單的應用。

聽說：奇門遁甲的著作很少，確實不多，又聽說：奇門遁甲這門學術很好用，不學可惜，確有這回事，難道就沒有一本自己能看得懂的奇門遁甲著作嗎？

恭喜您……找到我，把這本帶回家保證看得懂，如果看不懂也有電腦軟體會幫您啦！

黃恆堉

序二

奇門遁甲相傳在軒轅氏黃帝戰蚩尤時，始創奇門四千三百二十局，並令大橈定六十甲子，而分天干、地支。義和占日，常儀占月，與區占星，年、月、日、時自此有所依據。容成制訂曆法，而有天文學，再由風后修訂奇門遁甲為一千零八十局，才打敗能呼風喚雨又諳陰陽的蚩尤。

夏朝末年，奇門遁甲經由元始天尊的弟子姜太公刪成七十二局，輔佐武王姬發推翻紂王，而創立周朝。至秦朝末年，才由黃石公的弟子張良精簡成陽遁九局、陰遁九局共十八局，輔佐劉邦得天下。此法並流傳應用至今。

漢朝末年北極教主傳授奇門遁甲於諸葛孔明而三分天下，而後有晉朝葛洪（抱朴子），南北朝信都芳，隋朝梁有，唐朝李淳風，宋朝趙普、楊維德，元朝劉秉忠，明朝劉伯溫……等先賢都曾應用奇門遁甲輔佐明君得天下或救世助人。

奇門遁甲曾被記載於隋書經籍志，漢書藝文志，唐書經籍志，宋史藝文志，明史四庫全書和中央圖書善本書內。它是運用宇宙磁波力量、地磁學、方位學，且合乎相對論的科學。是古代兵家運籌帷幄、決勝負之兵法，亦是現代人在日常生活中不論是商場、職場、考場、求人、求事、求貴、求名、求利或旅遊度假、隱遁避災、比賽求勝、陽宅應用、開運化煞、占卜吉凶……均可應用的良方。

以前奇門遁甲的古書艱澀難懂，學習過程也倍覺困難，若非明師願意教導，自己摸索很難一窺堂奧，所幸吾先師不厭其煩傳授與我等，又逢五術怪傑——黃恆堉老師邀我一同把奇門遁甲由繁化簡，以便在日常生活上應用更能一目了然，本人不敢自珍，願將所學貢獻，以利有緣人能在最短時間內，習得先賢智慧，讀完本書並融會貫通，相信您也能趨吉避凶，直達成功的途徑。

林錦洲

丁亥年臘月謹識於台中豐原

目錄

奇門遁甲問事兆應及卜卦軟體使用說明

電腦開至WIN2000或XP或VISTA的桌面上

將軟體放入光碟機中會自動起動或按光碟檔案中AUTORUN執行

1、會出現奇門遁甲「試用版」後按繼續就可使用

不會安裝請電04-24521393

本書附贈的奇門遁甲軟體功能解說

以下有打◎均可使用預覽及列印（其他功能專業版才可執行），有意購買專業版請洽

0936286531、04-24521393 黃老師、或04-25353141・0933411186 林老師

一、問事時基本資料　時間　年　月　日　時

也可自行輸入陰陽局數（1080局）

二、基本奇門遁甲盤預覽及列印

◎1、年盤預覽　A「原盤」列印　B「分數盤」列印
◎2、月盤預覽　A「原盤」列印　B「分數盤」列印
◎3、日盤期預覽　A「原盤借」列印　B「分數盤」列印
◎4、時盤預覽　A「原盤」列印　B「分數盤」列印
5、每年之每日（365天）的各時盤財運方位預覽列印

三、奇門遁甲問事及兆應，不管您要問任何事只要選擇您想要的選項，電腦就會依照各盤局找出最佳的用事方位讓您得心應手

1、買賣求財、投資買賣、業務推廣、招標接單、商品銷售
2、考試推甄、入學推甄、一般考試、各類考試
3、開張、入宅、擇吉日良時、開幕開工、安機械、掛招牌、應徵人才
4、討債訴訟、借貸求見、談判、比賽、賭博
5、安神開光、動土修造、租屋、售屋

6、健康娛樂、旅行平安、約會、結婚、看病

四、各項事務之占卜，電腦可將各項問事的各項結果直接在奇門遁甲盤中找到答案

□占求財吉凶
◎□占購屋吉凶
◎□占疾病吉凶
□占婚姻吉凶
□占考試吉凶
□占旅遊吉凶
□占盜賊失物
□占生男生女
□占開店吉凶
□占合夥吉凶

□占朋友來訪

□占討債訴訟

五、預選最佳之日盤及時盤，只要輸入問事之日期區間及問事條件，電腦就會將區間內的最佳日盤及時盤按照分數高低排列出來

1、買賣求財、投資買賣、業務推廣、招標接單、商品銷售

2、考試推甄、入學推甄、一般考試、各類考試

3、開張、入宅、擇吉日良時、開幕開工、安機械、掛招牌、應徵人才

4、討債訴訟、借貸求見、談判、比賽、賭博

5、安神開光、動土修造、租屋、售屋

6、健康娛樂、旅行平安、約會、結婚、看病

六、館號修改及封面列印，也可印成一本精美用事命書

前言：為什麼我要寫這本書及這套軟體

學過奇門遁甲的人都知道、奇門遁甲不好學，尤其是奇門遁甲時盤，總共有1080盤，每盤組合的元素又不一樣。

到後來都懶得排盤，直接查書本，但查書本必須帶兩本書，一本是通書，一本是奇門遁甲盤局，好像很麻煩，如果查出某天某個時辰的局盤後，又需去判斷三奇、八門、九星、八神、天地對應、吉神吉格、凶神凶格及用神等，如果沒有很仔細去挑選，很容易挑錯宮位，以致弄錯方位，那當然等於是前功盡棄了。

本人以前也有如此情形發生，所以就用電腦整理所有1080局的資料，花了很長一段時間，寫了一套奇門遁甲軟體來輔助應用所需，更將每日時盤用最直接方式印成手冊，好讓讀者一目了然，省掉每天查盤時間。

作者將本書及軟體定位為工具書，俗語說：「工欲善其事，必先利其器。」平常我們要將事情辦好，如果有本工具書的參考，能讓事情更容易完成，那豈不是只花一點小錢，就能運用老祖宗的智慧，讓我們凡事都能事半功倍嗎？希望本書的問世，能讓奇門遁甲這門比較冷門的學術，引起更多人的研究及應用。

這套軟體的完成最感謝中國五術教育協會理事長洪富連老師全力教導及協助，同時也感謝中華民國奇門學會常務理事林錦洲老師實際印證指導及修正校對，才得以順利完成。

現代的社會已是快速的社會，一般人沒有太多的時間去學不容易學的學問或技術，於是本人就將每一年每天的奇門遁甲時盤排出，而且用最直接了當的方法，標示出每一個時辰的最吉方位，用分數代表，分數愈高代表該宮位愈吉，分數愈低或成負數代表該宮位愈凶。

如此一來，您將可節省許多查表的時間，這何嘗不是一種省時、省錢又容易達成目標的方法嗎？奇門遁甲最大功用是；用對時間與方位，就能感應出最佳的磁場，讓我們辦事時能有事半功倍的效果，所以老祖宗這門學問如果沒有好好運用將會太可惜！於是本人整理了許多資料，且附加奇門遁甲排盤軟體，好讓讀者靈活應用……謝謝！

第一章 奇門遁甲的源由

「奇門遁甲」，乃在於教導您如何有效地掌握「地球磁場變化」之最有利、最好的方法，提升您的運勢，以達趨吉避凶、扭轉劣勢、改善命運之效，進而造福家人及協助他人創造更好的佳績。

奇門遁甲之流傳根據四庫全書記載，軒轅黃帝戰蚩尤於涿鹿，夢見天神授予符訣後，命風后氏根據伏羲八卦及天地九宮之原理依河圖、洛書，製作成奇門遁甲之術總共1080局，分陽局、陰局，最後遂平定蚩尤之亂。

孔明曰：「不通天文是庸才也。」（為將而不通天文、不識地理、不知奇門、不曉陰陽、不看陣圖、不明兵勢、是庸才也。）

奇門遁甲之術經孔明予以增刪並分列後傳到劉伯溫手中，劉伯溫協助朱元璋建立大明江山，傳説也用奇門遁甲術。

經歷時空轉變，古代有戰爭，現代有競爭，聰明的現代人將奇門遁甲方位學運用於日常生活中來佔盡優勢，它是一門生活空間哲學。

第一節　何謂「奇門遁甲」

「奇門遁甲」乃是一門結合「時間」、「空間」和天時、地利、人和之學說。用以發揮無形力量，創造最佳機運，提升您的潛能，進而改造運勢和命運。並且也是一門富有挑戰性、攻擊性和創造性的學問。

奇門遁甲其實是一門磁場學的原理，因人體本身就有磁場，也就是一個小太極，能支配此磁場大小者有太陽、九大行星、地球、月球等，其行動軌道之變化影響著個人本身小太極之變化，因星球的自轉及公轉在九宮八卦裡有著各種組合，這即是奇門遁甲的應用學理。

奇門遁甲是運用天時、地利，配合人和，以創造最有利的環境。也就是說本身立於天時、地利加上人和，把握最佳優勢，爭取主動，所以遇事就能逢凶化吉，轉禍為福。簡單的說，奇門遁甲術能為本身創造更好的機會，進可攻、退可守，以達心想事成的目的。

第二節 「奇門遁甲」的基本定義

「奇」就是三奇，包含乙、丙、丁，用此三天干為代表。

「門」就是八門，包括休門、生門、傷門、杜門、景門、死門、驚門、開門。

「休門代表輕鬆、愉快之地」；「生門代表源源不斷、萬事吉利」；「傷門代表資源欠缺，又有傷害、破壞之現象」；「杜門代表堵塞、陰暗、隱密」；「景門代表華麗、顯現」；「死門代表陰氣、不能生存」；「驚門代表驚險、緊張、急躁」；「開門代表突破重圍、掃除困難」。

故可知以休門、生門、開門三門最吉；景門次吉，其餘傷、杜、死、驚四門代表各類凶意，除了特殊用途，少取用為妙。

「遁」就是隱避、隱藏不見之意，即遁於六儀之中。

「甲」為天干中首位，是至尊之神，也就是主事者。甲五行屬陽木，在十天干中對甲威脅最大的是庚，五行屬陽金、陽金剋陽木。為了保護甲，依五行相生相剋的原理，就必須運用他干的力量除去庚金之害。

要如何除去庚金之害，首先用乙木去跟庚金來合，因為乙庚合在五行之中，木生火，火是木的子女，甲運用兒子陽火丙、女兒陰火丁來剋制庚金，以化解庚金對甲之威脅。

所以「乙、丙、丁三奇」保護甲的功勞最大，為甲最得力之助手。如此還是不安全，故隱藏於六儀之中，由六儀輪流代替甲出面，甲就藏隱於其中，就是所謂神龍見首不見尾；「甲子旬遁藏隱於戊儀」，「甲戌旬遁藏隱於庚儀」，「甲午旬遁藏隱於辛儀」，「甲辰旬遁藏隱於壬儀」，「甲寅旬遁藏隱於癸儀」；如此一來甲本尊就安全無憂了。

所以當您學會使用奇門遁甲盤局時，您就可以應用三奇八門九星法來開運，以下就來介紹奇門遁甲可以用在什麼事情上。

現實社會競爭激烈、瞬息萬變，若能適當運用「奇門遁甲」之學，則能發揮潛能，提升實力，也可增加成功的機率，產生速戰速決的效果，是以現代之「奇門遁甲」用途更為寬廣，舉凡：

◎在商場上：如接洽客戶、談判、索債、工程招標、洽接訂單、投資買賣、開市、開幕、業務推廣、商品銷售。

◎在財運上：如股市證券、偏財、彩券、比賽、標會、金融投資、房地產買賣、借貸、事業投資、財運亨通。

◎開張造勢：如擇吉日良時、開工開張、組織增員。

◎在感情上：男女夫妻和合、約會、戀愛、相親、訂婚、結婚。

◎在官場上：如應徵求職、招募員工、升遷、上任、選舉、官運步步高升。

◎在考場上：如潛能提升、入學推甄、升遷、檢定考試順利、金榜題名。

◎在健康上：如楣運去除、旅遊平安、強身保健、求醫、祛病。

◎在陽宅、陰宅：如建築、修造、裝潢、動土、破土、安神位、安床、搬家、入厝、安葬、啟攢、火化、進塔、謝土。

◎在旅遊：如娛樂、宴會、購物、休閒、出國、旅行。

◎在其他：如移民、催討訴訟、借貸求見、談判、要債、比賽、博戲、簽證等等皆可運用。

第三節　一位資深醫師的納悶

在二〇〇五年一月一1日的那一天，我參加了雲林縣五術教育協會成立大會，當時理事長邀請一位中國醫藥學院畢業多年，目前擔任中醫院院長的郭醫師談到，以前在醫院實習時，經常發現夜間急診常有外傷病患就診，經過時間的統計，在某天的夜間急診就診病患中，竟然都是摔斷手的，而過兩天所有的就診病患中有九成全是摔斷腿，又過幾天有八成以上的病患是因為肚子痛而來就醫。

郭醫師很納悶就問主任醫師，主任回答說，像這種現象一直存在很多年，主任也覺得奇怪，直到郭醫師學了中國五術的易經後才發覺到五行的巧妙變化，同時也證明了磁場因素的存在，由以上的論述，我們更可以證明這門奇門遁甲學的方位學，是以提供現代人做為用事的參考，建議您可以將這本書擺在最明顯處，當需要用的時候就可以隨手一查，30秒內就可得知用事的最佳方位，相信它會幫助您在用事時，讓您得到最佳的運勢喔。

經由郭醫師的印證後，更能證實天地間確實有磁場強弱的存在，奇門遁甲乃是藉重空間與時間之組合，而感應出磁場強弱，也就是說：在某一個時間的某一個方位，會感應出不同的磁場。

奇門遁甲演變至今，可以成為現代人用事的一種方位參考學，也就是說只要在某時選定特定的好方位而去辦事，對事情的成功率會有很大的幫助。

一些人生上的大道理可以來印證奇門遁甲術一定可行。

因為：人靠溝通而取得共識

因為：社會用互動取得和諧

因為：生意靠服務取得信賴

因為：產品靠創新取得優勢

因為：事情要圓滿需靠方法

因為：生意要成必須懂策略

因為：策略吉凶藉重奇門遁甲

本書將運用老祖宗的智慧，用淺顯易懂的方式呈現給各位讀者，共同運用奇門遁甲來創造奇蹟。

奇門遁甲共有1080盤，每年、月、日、時的盤都不同，單要排盤就要花上10～20分鐘，而且需要查閱萬年曆（通書），有了本書以後就用這一本就夠了。

第四節 奇門遁甲盤所需的基本條件

接著我們來談一個標準的奇門遁甲盤需要哪些基本條件。

奇門遁甲盤的組合需有以下元素：

一、九宮↓一、二、三、四、五、六、七、八、九

二、地盤↓戊、己、庚、辛、壬、癸、乙、丙、丁

三、天盤↓乙、丙、丁、戊、己、庚、辛、壬、癸

四、八門↓休、生、傷、杜、景、死、驚、開

五、九星↓天蓬、天任、天沖、天輔、天英、天芮、天柱、天心、天禽

六、八神↓值符、螣蛇、太陰、勾陳、朱雀、九地、九天、六合

七、奇門吉格、奇門凶格各落於何宮

因為要分清各元素所代表之吉凶分量對初學者可能很難，以下就用分數來代表，相信可以很快且很迅速找出每一宮位的吉凶。

八門	分數	天盤	分數	天地	分數	九星	分數	八神	分數	九宮	分數
休	10	乙	＋5	生	＋2	天心	＋3	直符	＋2	一白	＋1
生	10	丙	＋5	生	＋2	天輔	＋3	九天	＋2	六白	＋1
開	10	丁	＋5	生	＋2	天禽	＋2	九地	＋2	八白	＋1
景	6	戊	＋0	同	＋1	天任	＋1	六合	＋2	九紫	＋1
傷	－6	己	－0	同	＋1	天沖	＋1	太陰	＋2	二黑	－2
杜	－6	庚	－5	同	＋1	天英	－1	勾陳	－2	五黃	－2
驚	－9	辛	－3	剋	－2	天柱	－1	朱雀	－2	三碧	－1
死	－10	壬	－3	剋	－2	天蓬	－2	螣蛇	－2	四綠	－1
		癸	－3	剋	－2	天芮	－2			七赤	－1

各宮星神得分一覽表

巽卦四 東南方　　離卦九 南方　　坤卦二 西南方

癸 蛇 八 癸 杜 輔	戊 符 四 戊 景 英	丙 天 六 月使 丙 死 芮
丁 陰 七 丁 傷 沖		庚 地 二 庚 驚 柱
己 合 三 己 生 壬	乙 陳 五 龍遁 乙 休 蓬	辛 雀 一 辛 開 心

震卦三 東方

甲子時 → 干支時

→ 兌卦七 西方

艮卦八 東北方　　坎卦一 北方　　乾卦六 西北方

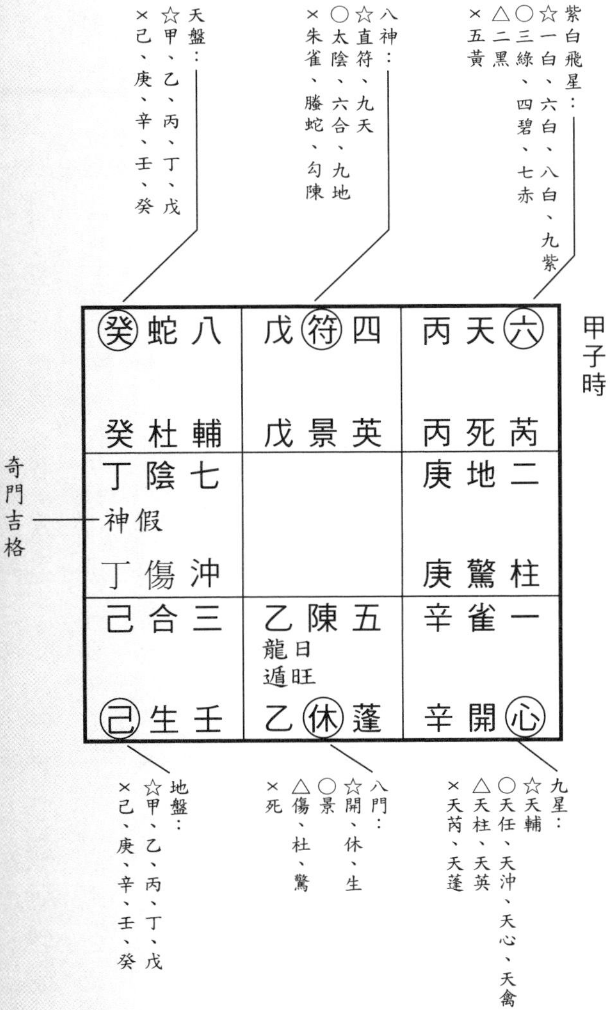
天盤：
☆甲、乙、丙、丁、戊
×己、庚、辛、壬、癸
八神：
☆直符、九天
○太陰、六合、九地
×朱雀、螣蛇、勾陳
紫白飛星：
☆一白、六白、八白、九紫
○三綠、四碧、七赤
△二黑
×五黃
甲子時
癸 蛇 八
癸 杜 輔
戊 符 四
戊 景 英
丙 天 六
丙 死 芮
丁 陰 七
神假
丁 傷 沖
庚 地 二
庚 驚 柱
己 合 三
己 生 壬
乙 陳 五
龍遁
日旺
乙 休 蓬
辛 雀 一
辛 開 心
奇門吉格
地盤：
☆甲、乙、丙、丁、戊
×己、庚、辛、壬、癸
八門：
☆開、休、生
○景
△傷、杜、驚
×死
九星：
☆天輔
○天任、天沖、天心、天禽
△天柱、天英
×天芮、天蓬

九宮星指：一白、二黑、三碧、四綠、五黃、六白、七赤、八白、九紫，這九種情形依節氣時刻的不同而有所改變，其飛動順序依固定路線而移動；原則上九宮星除五黃外，均能用，五黃煞為大凶之煞，其對宮稱為暗箭煞，亦是凶煞，奇門遁甲用事應盡量避開此凶煞。

八神中，直符、太陰、六合、九地、九天為五吉神，除五黃煞及暗箭煞外，其餘不論處於何宮皆論吉；螣蛇、勾陳、朱雀為三凶神，逢之皆論凶，逢五黃煞及暗箭煞則為大凶。

八神為天將神名，是為九宮八卦之守護神，在奇門遁甲吉凶用事論斷上，有其重要的參考價值，其作用意義及其吉凶應驗如下：

以下就來解釋八門、九星、八神各代表的意義及作用。

第五節　八門的意義及用途

八門	方位	吉凶	意義	用途
開門	六乾 金	吉	事情開端、重新開始、公開進行、突破困難。	新官上任、求見官貴、開市開幕、約會婚嫁、外出遠行、動工破土、祭拜祈福、官司訴訟、萬事皆吉。
休門	一坎 水	吉	貴氣臨門、和諧安定、輕鬆休閒、解除楣厄。	請託求貴、學問深造、研究實驗、婚嫁情緣、溝通原諒、糾紛和解、分離聚合、關說借貸、休閒娛樂、旅遊渡假、入宅安神、百事皆吉。
生門	八艮 土	吉	生機活躍、新生成長、積極發展、生命旺盛。	謀職謁貴、生財獲利、借貸收債、談判洽商、逃命避難、修建營造、入宅安神、求醫治病、手術保健、祭祀祈福、人神溝通、諸事皆吉。
傷門	三震 木	小凶	奪取傷害、刑殺破壞、投機變動。	捕捉盜賊、打獵捕魚、官司刑責、賠償索債、投機奪取、創傷報復、其他破壞性質的事。
杜門	四巽 木	小凶	閉塞安靜、隱藏避難。	潛藏匿跡、隱遁埋伏、逃難避禍、秘密會商、密件遞送、隱密幽會、其他不願曝光之事。

景門	九離 火	中吉	華麗榮盛、虛張膨脹。	考試面試、競選比賽、文書獻策、演講廣告、訴狀報案、社交公關、捐款散財、娛樂旅遊、購物消費。
死門	二坤 土	大凶	現象停止、事情終結。	招魂牽亡、弔祭送葬、行刑誅戮、破土埋葬。
驚門	七兌 金	小凶	驚嚇不安、緊張惶恐。	捕捉逃犯、擒拿壞人、鎮暴壓制、興訟官司、警告逃家、博奕虛驚、惡劇玩笑、設疑驚嚇。

第六節　九星的意義及用途

九星	方位	吉凶	適用季節	用途
天心	六乾 金	上吉	秋冬吉 春夏凶	遠行經商、訂婚嫁娶、豎造營建、破土埋葬、出師破敵、求醫療病、祈福避災、百事皆吉。

天輔	四巽 木	上吉	四時皆吉	商賈得財、訂婚嫁娶、起造營建、破土安葬、攻守征戰、謁貴求職、移徙遠行。
天禽	中央 土	上吉	四時皆吉	賞功受爵、謁貴應舉、求親嫁娶、出師破敵、行商獲利、遷徙遠行、祭祀祈福。
天任	八艮 土	中吉	四時皆吉	求官謁貴、科舉功名、嫁娶生子、出師交戰、豎造埋葬、買賣求財、祭祀祈福、除凶離禍。
天沖	三震 木	中吉	春夏吉	出師交戰、報仇攻擊、其他行事宜春夏，不利秋冬，且宜主動積極。
天英	九離 火	小凶	春夏吉	求官謁貴、升遷應舉、社交娛樂、不利求財。
天柱	七兌 金	小凶	秋冬吉 春夏凶	屯兵藏形、築營訓士、遁跡隱形、不求名利。
天蓬	一坎 水	大凶	春夏吉 秋冬半凶	屯兵固守、謙忍守成、只宜爭訟。
天芮	二坤 土	大凶	秋冬吉 春夏凶	固守為安、拜師學藝、養精蓄銳。

第七節 八神的意義及用途

直符	陽木	天乙貴神（吉）	諸神之首、百惡消散、諸凶寂滅。	新官上任、謁貴求職、求財求名、營造修繕、官非興訟、有利攻擊。
九天	陽金	威猛之神（吉）	剛健好動、揚眉吐氣、名正言順。	攻擊有力、追求正財、謁貴上任。
六合	陰木	護衛之神	神性平和、媒合仲介。	婚姻媒介、調節交易、陰私避難。
太陰	陰金	庇蔭之神（吉）	溫和潛藏。	謁貴求名、陰私藏匿、伏兵暗誘。
九地	陰土	堅牢之神（吉）	靜柔虛慕。	求取偏財、暗中圖謀、利於隱伏。
勾陳	陽土	凶惡之神（凶）	爭訟戰鬥、乖張頑固、糾纏不清。	田產爭訟、糾紛爭執、橫生枝節。
朱雀	陽火	是非之神（凶）	口舌奸讒、形象破敗。	奸細賊掠、口舌之災。
螣蛇	陰火	虛詐之神（凶）	驚恐疑懼、陰沉怪異。	妖言惑眾、行事虛恍、表裡不一。

第八節 奇門遁甲吉格及用途

格局	天盤	地盤	八門	九宮	八神	用途
三奇上門	乙丙丁		休生開			求財求利、求名求貴、百事皆吉。
日奇得使	乙			乾離		求財求貴、婚喪喜慶、商賈交易、拜謁求職、入宅遷徙、糾紛和解、修持祈禱、宴客娛樂、諸事順利。
月奇得使	丙			坎坤		
星奇得使	丁			巽艮		
乙奇升殿	乙			震		約會訂婚、職務升遷、交易洽談、官非訴訟、建築裝修、豎造埋葬、娛樂交際、增強實力、諸事大吉。
丙奇升殿	丙			離		
丁奇升殿	丁			兌		
真詐	乙丙丁		休生開		太陰	隱遁密謀、開市買賣、嫁娶官貴、修道祀禱、營造旅遊、諸事皆吉。
重詐	乙丙丁		休生開		九地	拜官任職、納采嫁娶、買賣求財。 遠行旅遊、百事大吉。
休詐	乙丙丁		休生開		六合	祭祀消災、法符祛邪、醫藥康壽、合解弭謗、商賈買賣、遠行旅遊。

天遁	丙	丁、戊	生、開			遁跡隱形、開市求財、文書奏章、修造安葬、祭祀祈願、百事皆吉。
地遁	乙	己	開			遁跡隱形、陰私謀畫、修造安葬。
人遁	丁		休		太陰	謁貴請託、溝通談判、交易求財、探密獻策、人事和合、諸事吉利。
神遁	丙		生		九天	人神溝通、修塑神像、宗教法會、神佛開光、化煞驅邪、修練靜坐
鬼遁	乙		杜		九地	埋伏偷襲、超渡驅鬼、探路偵察、使鬼計、祭祀掃墓。
			生	艮	九地	
雲遁	乙	辛	休生開			藏形避跡、遠道遠行、祭祀求雨、婚嫁娛樂、生產器具。
風遁	乙		休生開	巽		廣告宣傳、約會嫁娶、揚帆遠行、兵利火攻。
龍遁	乙		休生開	坎		祭祀祈雨、游泳旅行、水產養殖、造橋渡河、結婚生子、水戰攻敵。
虎遁	乙	辛	休	艮		求官任職、建築基地、用計設阱、鎮邪化煞、計謀招降。

天假	乙丙丁		景		九天	求貴謀事、選舉應試、謁貴請託、請兵求援、提升地位、消除楣運。
地假	丁己癸		杜		九地 太陰 六合	埋伏隱藏、密探間諜、躲避災難。
人假	壬		驚		九天	利捕人犯、逃避災難。
神假	丁己癸		傷		九地	祭祀祈神、安葬祭祖、求貴安神。
鬼假	丁己癸		死		九地	撫眾安民、超渡亡魂、祭祀化煞。
相佐	符首	三奇				求貴訪談、求才交易、娛樂遠行、建築購物。
懽怡	三奇	符首				
青龍返首	符首	丙				求名求貴、求財求利、婚嫁喜事、謁貴上任、借貸買賣、移徙遠行、舉兵興訟、百事大吉。
飛鳥跌穴	丙	符首				求名謁貴、婚娶吉慶、求財求利、移徙遠行、交易借貸、豎造安葬、舉兵興訟、百事大吉。

第九節　奇門遁甲凶格及用途

格局	天盤	地盤	九宮	用途
青龍逃走	乙	辛		受騙破財、部屬潛逃、百事不為。
白虎猖狂	辛	乙		家敗人亡、婚姻破裂、遠行災殃、修造不利、百事不吉。
螣蛇夭矯	癸	丁		文書牽連、官司糾紛、百事不為。
朱雀投江	丁	癸		火災驚恐、文書有誤、訴訟必敗、用兵防奸。
熒惑入太白	丙	庚		門戶破敗、盜賊自退。
太白入熒惑	庚	丙		為客進利、為主破財、防敵偷襲。
三奇入墓	乙		坤	百事不利、有奇亦不吉。
	丙		乾	
	丁		艮	

六儀擊刑	戊		卯（震）	驚懼害怕、有壓迫感、極凶不用。
	己		未（坤）	
	庚		寅（艮）	
	辛		午（離）	
	壬、癸		辰、巳（巽）	
天網四張	癸	時干		血光災殃、不宜出行用兵。
地網遮張	壬	時干		
戰格	庚	庚		雙方都有大損傷。
伏干格	庚	日干		戰鬥遭擒。
飛干格	日干	庚		兩敗俱傷。
伏宮格	庚	符首		主客皆傷。
飛宮格	符首	庚		大將遭擒，故宜固守。
大格	庚	癸		人財兩破、忌用事遠行。

上格	庚	壬		不宜行師。
刑格	庚	己		失名、破財、疾病。
奇格	庚	三奇		忌用吉事。
歲格	庚	年干		用事凶。
月格（月朔）	庚	月干		
日格（日干）	庚	日干		
時格	庚	時干		
符勃	丙	甲		綱紀紊亂。
飛勃	時干	丙		

玉女守門時：甲己日庚午時、乙庚日己卯時、丙辛日戊子時或丁酉時、丁壬日丙午時、戊癸日乙卯時。

伏吟格（九星伏吟、直符伏吟）：天地盤的八門、九星、直符皆在本宮不動。扣3分（時盤）

反吟格（九星反吟、直符反吟）：天地盤的八門、九星、直巫入對宮。扣3分（時盤）

伏吟、反吟格令人痛苦憂疑、財利難成、婚姻不成、諸事皆凶。

五不遇時：指時天干剋日干，陰剋陰、陽剋陽。忌就職、遠行、出兵修造。

甲日庚午時　乙日辛巳時　丙日壬辰時　丁日癸卯時　戊日甲寅時

己日乙丑時　庚日丙子時　辛日丁酉時　壬日戊申時　癸日己未時

◎奇門遁甲盤的組合需有以下元素

要在奇門遁甲盤中找出最佳方位，一定要知道該宮位哪些是吉神，哪些是凶神，以下我們直接將其標示出來：

一、九宮↓一、二、三、四、五、六、七、八、九──（一、六、八、九為吉）

二、地盤↓戊、己、庚、辛、壬、癸、乙、丙、丁──（乙、丙、丁為吉）

三、天盤→乙、丙、丁、戊、己、庚、辛、壬、癸——（乙、丙、丁為吉）

四、八門→休、生、傷、杜、景、死、驚、開——（休、生、開、景為吉）

五、九星→天蓬、任、沖、輔、英、芮、柱、心、禽——（天心、輔、禽、任、沖為吉）

六、八神→值符、螣蛇、太陰、勾陳、朱雀、九地、九天——（值符、九天、九地、六合、太陰為吉）

七、奇門吉格、奇門凶格各落於何宮

奇門遁甲的吉格：飛鳥跌穴、青龍返首、玉女守門、天遁、地遁、人遁、雲遁、風遁、龍遁、虎遁、神遁、真詐、重詐、休詐等等為吉。

奇門遁甲盤的看法與用法就是，在哪一個宮位吉星愈多（分數愈高）代表該宮位愈佳（本書所附之奇門遁甲盤已將1080盤之各宮分數統計出來以便各位讀者查閱）。

八門	分數	天盤	分數	天地	分數	九星	分數	八神	分數	九宮	分數
休	10	乙	＋5	生	＋2	天心	＋3	直符	＋2	一白	＋1
生	10	丙	＋5	生	＋2	天輔	＋3	九天	＋2	六白	＋1
開	10	丁	＋5	生	＋2	天禽	＋2	九地	＋2	八白	＋1
景	6	戊	＋0	同	＋1	天任	＋1	六合	＋2	九紫	＋1
傷	−6	己	−0	同	＋1	天沖	＋1	太陰	＋2	二黑	−2
杜	−6	庚	−5	同	＋1	天英	−1	勾陳	−2	五黃	−2
驚	−9	辛	−3	剋	−2	天柱	−1	朱雀	−2	三碧	−1
死	−10	壬	−3	剋	−2	天蓬	−2	螣蛇	−2	四綠	−1
		癸	−3	剋	−2	天芮	−2			七赤	−1

第二章

奇門遁甲之年、月、日、時盤局數的排法

第一節　奇門遁甲年盤局數求法

首先定陰陽局數　13年～72年＝中元　73年～132年＝下元　133年～193年＝上元

在製作遁甲盤前，要先決定局數，局數有陽九局、陰九局，共十八局。局數的決定，因年、月、日、時等盤而不同。

年盤求法：一年一局，全用陰局逆行，一八〇年為一週期，分上元、中元、下元，每元六十年。「上元甲子起陰一局，中元甲子起陰四局，下元甲子起陰七局。」例如下元甲子年為陰七局，乙丑年為陰六局，丙寅年為陰五局……依次類推。（見下表）

干支	上元	中元	下元	干支	上元	中元	下元	干支	上元	中元	下元
甲子	1	4	7	甲申	8	2	5	甲辰	6	9	3
乙丑	9	3	6	乙酉	7	1	4	乙巳	5	8	2
丙寅	8	2	5	丙戌	6	9	3	丙午	4	7	1
丁卯	7	1	4	丁亥	5	8	2	丁未	3	6	9
戊辰	6	9	3	戊子	4	7	1	戊申	2	5	8
己巳	5	8	2	己丑	3	6	9	己酉	1	4	7
庚午	4	7	1	庚寅	2	5	8	庚戌	9	3	6
辛未	3	6	9	辛卯	1	4	7	辛亥	8	2	5
壬申	2	5	8	壬辰	9	3	6	壬子	7	1	4
癸酉	1	4	7	癸巳	8	2	5	癸丑	6	9	3
甲戌	9	3	6	甲午	7	1	4	甲寅	5	8	2
乙亥	8	2	5	乙未	6	9	3	乙卯	4	7	1
丙子	7	1	4	丙申	5	8	2	丙辰	3	6	9
丁丑	6	9	3	丁酉	4	7	1	丁巳	2	5	8
戊寅	5	8	2	戊戌	3	6	9	戊午	1	4	7
己卯	4	7	1	己亥	2	5	8	己未	9	3	6
庚辰	3	6	9	庚子	1	4	7	庚申	8	2	5
辛巳	2	5	8	辛丑	9	3	6	辛酉	7	1	4
壬午	1	4	7	壬寅	8	2	5	壬戌	6	9	3
癸未	9	3	6	癸卯	7	1	4	癸亥	5	8	2

第二節　奇門遁甲月盤局數求法

月盤求法：一月一局，全用陰局逆行，三十六個月為一週期，分孟年即寅申巳亥年，仲年即子午卯酉年，季年即辰戌丑未年，每年十二個月。例如：丙戌年正月為陰五局，二月為陰四局，三月為陰三局……至十二月為陰三局，丁亥年正月為陰二局，二月為陰一局，三月為陰九局……依此類推。（見下表）

	孟年即寅申巳亥年	仲年即子午卯酉年	季年即辰戌丑未年
正	二	八	五
二	一	七	四
三	九	六	三
四	八	五	二
五	七	四	一
六	六	三	九
七	五	二	八
八	四	一	七
九	三	九	六
十	二	八	五
十一	一	七	四
十二	九	六	三

第三節　奇門遁甲日盤局數求法

奇門遁甲日盤流傳的方法有很多種，本書是依據清朝《古今圖書集成》所收錄之日家奇門遁甲法所編著。

日家奇門遁甲日盤以冬至和夏至分陽遁和陰遁，換遁日以近冬至或夏至的甲日干為基準。

一、奇門遁甲日盤的超神、接氣與正授：

凡是冬至或夏至當天的日干是乙、丙、丁、戊、己，則在乙日的前一天甲日起換遁，謂之超神。

如果冬至或夏至當天的日干是庚、辛、壬、癸，則在癸日的後一天甲日才換遁，謂之接氣。

倘若冬至或夏至當天的日干剛好是甲日，則在當天換遁，謂之正授。

例如戊子年的夏至是國曆6月21日，干支為壬辰，則在6月23日甲午日起換陽遁，稱為接氣。

又如戊子年的冬至是國曆12月21日，干支為乙未，則在12月20日甲午日起換陽遁，即為超神。

上一次的正授在甲申年的冬至，是國曆12月21日甲戌日。

下一次的正授在丙申年的夏至，是國曆6月21日甲戌日。

二、奇門遁甲日盤的排法：

奇門遁甲日盤由八門、九星、十二神組合而成。

奇門遁甲日盤八門為：休、生、傷、杜、景、死、驚、開順佈八方。

奇門遁甲日盤九星為：太乙、攝提、軒轅、招搖、天符、青龍、咸池、太陰、天乙，陽遁順飛九宮，陰遁逆飛九宮。

奇門遁甲日盤十二神為：五符、天曹、地府、風伯、雨師、雷公、風雲、唐符、國印、天關、地鎖、天賊順行十二地支。

1、冬至後陽遁日盤八門順佈八方起例：

甲戌壬子坎上休，丁辛乙卯向坤求，戊庚甲馬歸震位，

丁癸辛雞巽上搜，丙庚鼠行乾天上，己癸兔居水澤幽，

壬丙馬行山上路，乙己雞與火為儔。

其法一卦管三日，即甲子、乙丑、丙寅三日，戊子、己丑、庚寅三日，壬子、癸丑、甲寅三日，共九日坎宮起休門，艮宮佈生門，震宮佈傷門，順行八宮，順佈杜門、景門、死門、驚門、開門……餘仿此。

2、夏至後陰遁日盤八門順佈八方起例：

甲戊壬子九宮求，丁辛乙卯艮八收，戊庚甲馬兌上坐，

丁癸辛雞向乾遊，丙庚二子巽位立，己癸二兔震宮收，

壬丙二馬坤宮站，乙己雞飛水上浮。

其法一卦管三日，即甲子、乙丑、丙寅三日，戊子、己丑、庚寅三日，壬子、癸丑、甲寅三日，共九日離宮起休門，坤宮佈生門，兌宮佈傷門，順行八宮，順佈杜門、景門、死門、驚門、開門……餘仿此。

3、冬至後陽遁日盤九星順飛九宮起例：

甲子山前起艮，甲戌離上橫行，甲申坎宮順數，

甲午坤宮發動，甲辰震雷吐霧，甲寅巽上生風。

其法依每旬旬首起的方位順行九宮，順佈九星。即甲子日自艮宮起太乙，乙丑日自離宮起太乙，丙寅日自坎宮起太乙……餘仿此。

4、夏至後陰遁日盤九星逆飛九宮起例：

甲子起逐老母，狗兒戲水騰波，猿猴馬上笑呵呵，

甲午艮宮獨樂，甲辰兌上尋覓，甲寅向乾位無那。

其法依每旬旬首起的方位逆行九宮，順佈九星。即甲子日自坤宮起太乙，乙丑日自坎宮起太乙，丙寅日自離宮起太乙……餘仿此。

5、十二神順佈十二地支起例：

甲日起寅乙日卯，丙戊在巳丁己午，庚日申位辛入酉，
壬亥癸子是五符，天曹地府風伯來，雨師風雲唐符動，
國印天關地賊至，陰陽順佈十二支。

其法即甲日自寅位起五符，乙日自卯位起五符，丙日和戊日都從巳位起五符……餘仿此順行十二地支。

◎陽遁辛巳日盤

日盤八門為：休、生、傷、杜、景、死、驚、開順佈八方。

日盤九星為：太乙、攝提、軒轅、招搖、天符、青龍、咸池、太陰、天乙，陽遁順飛九宮。

日盤十二神為：五符、天曹、地府、風伯、雨師、雷公、風雲、唐符、國印、天關、地鎖、天賊順行十二地支。

◎陽遁壬戌日盤

◎陰遁甲子日盤

日盤八門為：休、生、傷、杜、景、死、驚、開順佈八方。

日盤九星為：太乙、攝提、軒轅、招搖、天符、青龍、咸池、太陰、天乙，陰遁逆飛九宮。

日盤十二神為：五符、天曹、地府、風伯、雨師、雷公、風雲、唐符、國印、天關、地鎖、天賊順行十二地支。

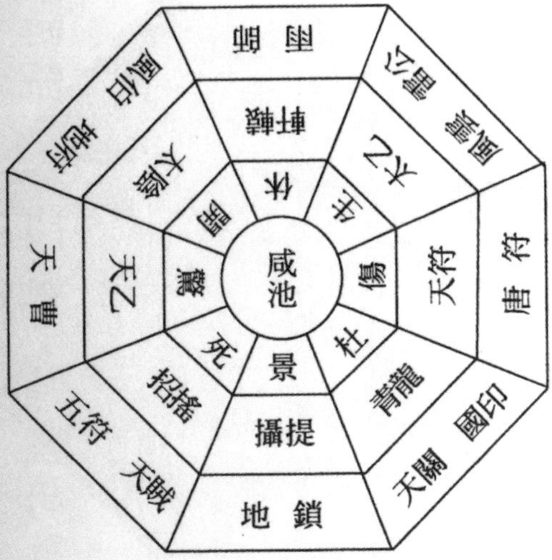

◎陰遁丙申日盤

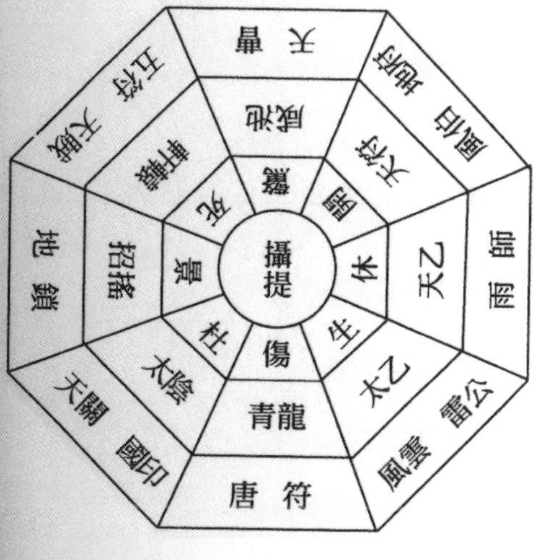

第四節　奇門遁甲時盤局數求法

奇門遁甲以「時」盤為主，吉凶剋應的「時辰」為應驗點。

時盤以冬至上元甲子時起陽一局（甲子時必由甲、己日起），每六十個時辰為一局，即甲子、乙丑、丙寅……癸亥，共六十時辰為陽一局。

上元五日六十時，自陽一局起。中元甲子時起陽七局。下元甲子時則起陽四局。

陰局——夏至管局裡分上元、中元、下元

小暑管局裡分上元、中元、下元

大暑管局裡分上元、中元、下元

陽局——冬至管局裡分上元、中元、下元

小寒管局裡分上元、中元、下元

大寒管局裡分上元、中元、下元

◎超接置閏

煙波釣叟歌曰：「陰陽逆順妙無窮，二至還鄉一九宮。若能了達陰陽理，天地都來一掌中。」其意即太極靜而生陰，動而生陽，且陰中有陽，陽中有陰，先有陰後有陽。故冬至後，陽爻升，氣則順行；到夏至後，陰爻起，而逆行其氣，此大自然之理妙難窮也。故此二至（冬至、夏至），一陽生於「子」，故冬至節居一宮（坎）：一陰生於午，故夏至節居九宮（離）。若能了解此節氣陰陽變化之理，就能徹悟天地之道矣。

◎奇門遁甲二十四節氣陰陽遁局數

（冬至一陽生）				上元	中元	下元
十一月	冬至	中	陽遁	1	7	4
十二月	小寒	節	陽遁	2	8	5
十二月	大寒	中	陽遁	3	9	6
一月	立春	節	陽遁	8	5	2
一月	雨水	中	陽遁	9	6	3
二月	驚蟄	節	陽遁	1	7	4
二月	春分	中	陽遁	3	9	6

三月	清明	節	陽遁	4	1	7
三月	穀雨	中	陽遁	5	2	8
四月	立夏	節	陽遁	4	1	7
四月	小滿	中	陽遁	5	2	8
五月	芒種	節	陽遁	6	3	9

（夏至一陰生）				上元	中元	下元
五月	夏至	中	陰遁	9	3	6
六月	小暑	節	陰遁	8	2	5
六月	大暑	中	陰遁	7	1	4
七月	立秋	節	陰遁	2	5	8
七月	處暑	中	陰遁	1	4	7
八月	白露	節	陰遁	9	3	6
八月	秋分	中	陰遁	7	1	4
九月	寒露	節	陰遁	6	9	3
九月	霜降	中	陰遁	5	8	2
十月	立冬	節	陰遁	6	9	3
十月	小雪	中	陰遁	5	8	2
十一月	大雪	節	陰遁	4	7	1

在時盤求法中，有「超接置閏」之法。由於一年三百六十五日，三百六十日為一週期，多出的五日，經三年就多出十五日，故時盤每三年多一閏局，亦即在冬至或夏至前置閏；差距在九天以上時，則必須再置一閏局（此為奇門曆法的閏月），稱閏大雪上中下元或閏芒種上中下元。

下列有幾個名詞要了解：

符頭：甲己配四仲日，即甲子、己卯、甲午、己酉。

正授：節氣與符頭同時到，即冬至或夏至之日，其干支正好是甲子、己卯、甲午己酉日，謂之「正授」。

超神：即節或中氣未到，符頭先到。

接氣：即節或中氣先到，符頭未到。

置閏：即超神超過九天以上，就要多置一閏局，謂之「置閏」。而置閏必須在大雪過後、冬至之前，和芒種過後、夏至之前進行。

通常正授以後為超神，超神超過九天要置閏，置閏後才接氣。

第三章
奇門遁甲排盤步驟

第一節 先定局數、陽局或陰局

陽局——

以年或月或日或時來決定陰、陽局。

陽局：有九局（順行）

9	5	7
8	1	3
4	6	2

方位圖

四巽 東南	九離 南	二坤 西南
三震 東	五	七兌 西
八艮 東北	一坎 北	六乾 西北

陰局：有九局（逆行）

2	6	4
3	1	8
7	5	9

第二節　地盤排法（用三奇六儀代入）

1、陽局順佈，陰局逆佈。

2、陽一局將戊排入一坎（參考方位圖）、陽二局將戊排入二坤、陽三局將戊排入三震，以此類推，然後順佈六儀（戊己庚辛壬癸），順佈三奇（丁丙乙）。

此為陽一局佈法（順佈六儀順佈三奇）

九 辛	五 乙	七 己
八 庚	一 壬	三 丁
四 丙	六 戊	二 癸

此為陽二局佈法（順佈六儀順佈三奇）

一 庚	六 丙	八 戊
九 己	二 辛	四 癸
五 丁	七 乙	三 壬

3、陰三局將戊排入三震、陰四局將戊排入四巽、陰五局將戊排入中宮，以此類推，然後逆佈六儀（戊己庚辛壬癸），逆佈三奇（丁丙乙）。

此為陰三局佈法（逆佈六儀逆佈三奇）

二 乙	七 辛	九 己
一 戊	三 丙	五 癸
六 壬	八 庚	四 丁

此為陰六局佈法（逆佈六儀逆佈三奇）

五 庚	一 丁	三 壬
四 辛	六 己	八 乙
九 丙	二 癸	七 戊

第三節　天盤排法（佈三奇六儀）

1、依用時之干支查出旬首及符首。

旬首	旬	符首
甲子	乙丑　丙寅　丁卯　戊辰　己巳　庚午　辛未　壬申　癸酉	戊
甲戌	乙亥　丙子　丁丑　戊寅　己卯　庚辰　辛巳　壬午　癸未	己
甲申	乙酉　丙戌　丁亥　戊子　己丑　庚寅　辛卯　壬辰　癸巳	庚
甲午	乙未　丙申　丁酉　戊戌　己亥　庚子　辛丑　壬寅　癸卯	辛
甲辰	乙巳　丙午　丁未　戊申　己酉　庚戌　辛亥　壬子　癸丑	壬
甲寅	乙卯　丙辰　丁巳　戊午　己未　庚申　辛酉　壬戌　癸亥	癸

2、將符首加在地盤的用時（干）上，依陽順陰逆之法佈入，即得天盤之天干。

例如陽九局戊寅時：將用時「戊寅」之符首「己」（查上表），加在地盤「戊」（時干）上，再以地盤的「己」順時鐘佈局原地盤干之順序，所以在戊的上方放入己，然後再依地盤己、乙、辛、壬、戊、庚、丙、丁的順序放到戊、庚、丙、丁、己、乙、辛、壬之上，中宮癸地盤寄在坤二宮，在庚位旁註明「癸」，天盤癸跟著庚來到艮八宮，因此在天盤庚位旁註明「癸」，即為該局之天盤。

又如陰九局丁巳時：將用時「丁巳」之符首「癸」（查上表），加在地盤「丁」（時干）上，再以地盤的天干「癸」順時鐘佈局原地盤干之順序，所以在丁的上方放入癸，然後再依地盤癸、戊、丙、庚、辛、乙、己、丁放到丁、癸、戊、丙、庚、辛、乙、己上，中宮壬地盤寄在坤二宮，在丙位旁註明

丁 壬	己 戊	乙 庚(癸)
丙 辛	癸	辛 丙
庚(癸) 乙	戊 己	壬 丁

戊 癸	丙(壬) 戊	庚 丙(壬)
癸 丁	壬	辛 庚
丁 己	己 乙	乙 辛

「壬」，天盤壬跟著丙來到離九宮，因此在天盤丙位旁註明「壬」，即為該局之天盤。

3、旬首入中宮的排法

旬首入中宮或時干入中宮，其天盤排法是把中宮寄往「坤」位。

例如陰九局乙巳時，乙巳時的符首為「壬」在中宮，那就以壬寄往坤位，然後以坤宮的「丙」和「壬」，加在地盤用時「乙」上，即成。

再以地盤的丙、庚、辛、乙、己、丁、癸、戊之順序佈在地盤的乙、己、丁、癸、戊、丙、庚、辛上面，中宮壬跟著丙來到坎一宮，因此在丙附加「壬」，即為該局之天盤。

乙 癸	己 戊	丁 丙(壬)
辛 丁	壬	癸 庚
庚 己	丙(壬) 乙	戊 辛

第四節　八門的排法

八門順序，即休門（坎一）、生門（艮八）、傷門（震三）、杜門（巽四）、景門（離三）、死門（坤二）、驚門（兌七）、開門（乾六）。

1、原始八門宮位，以地盤符首所在宮位而定，即陰陽原位相同。

八門圖（一）

四杜	九景	二死
三傷	五	七驚
八生	一休	六開

如果是五則歸二坤（死）

2、天盤八門定法

先看用時之符首所臨位置，為原始八門的何門（即為直使），再以旬首之支數到用時之支，陽順陰逆（逢中宮寄坤），即為天盤八門直使之位。

例如陽一局戊午時：旬首為甲寅 用時「戊午」，符首為「癸」，在乾六（即直使為六開門）請對照八門圖（一）。

傷 辛	杜 乙	景 己
生 庚	壬	死 丁
休 丙	開 戊	驚 癸

九巳	一午	未	申
八辰			酉
七卯			戌
六寅	丑	子	亥

將旬首地支寅（六）順數到用時的地支午為「一坎」，再將「開」放入「一坎」的位置然後順佈八門。

開、休、生、傷、杜、景、死、驚，八門即完成佈局。

例如陽九局己未時：旬首為甲寅　用時「己未」，符首為「癸」入中為五，如果是五則歸二坤（死）。

將旬首地支寅（五）順數到用時的地支未為「一坎」再將「死」放入「一坎」的位置然後順佈八門。

死、驚，開、休、生、傷、杜、景、八門即完成佈局。

休壬	生戊	傷庚
開辛	癸	杜丙
驚乙	死己	景丁

八巳	九午	一未	申
七辰			酉
六卯			戌
五寅	丑	子	亥

例如陰七局戊申時：旬首為甲辰　用時「戊申」，符首為「壬」，在震三（即直使為三傷門）請對照八門圖（一）。

景 辛	死 丙	驚 癸
杜 壬	庚	開 戊
傷 乙	生 丁	休 己

二巳	一午	九未	八申
三辰			酉
卯			戌
寅	丑	子	亥

將「旬首地支辰（三）逆數到用時的地支申為「八艮」，再將「傷」放入「八艮」的位置然後順佈八門。

傷、杜、景、死、驚、開、休、生、八門即完成佈局。

第五節　九星排法

九星順序為：天蓬（坎一）、天芮（坤二）、天沖（震三）、天輔（巽四）、天禽（中五）、天心（乾六）、天柱（兌七）、天任（艮八）、天英（離九）。

1、原始九星宮位，陰陽原位相同。

輔	英	芮
沖	禽	柱
任	蓬	心

2、天盤九星定法

先看符首所臨位置，為原始九星的何宮位（即為直符），再加於地盤的時干上，依蓬、任、沖、輔、英、芮、柱、心、禽之順序排佈，即完成排盤。

例如：陽一局戊午時：用時「戊午」，符首「癸」在乾（天心），將「心」加在地盤時干「戊」上，然後依序排佈，完成九星之佈局。

沖 辛	輔 乙	英 己
任 庚	禽 壬	芮 丁
蓬 丙	心 戊	柱 癸

例如：陰七局戊申時：用時「戊申」，符首「壬」在震（天沖），將「沖」加在地盤時干「戊」上，然後依序排佈，完成九星之佈局。

心 辛	蓬 丙	任 癸
柱 壬	禽 庚	沖 戊
芮 乙	英 丁	輔 己

第六節　八神的排法

八神亦稱「八詐門」，順序為：直符、螣蛇、太陰、六合、勾陳、朱雀、九地、九天。簡稱「符、蛇、陰、合、陳、雀、地、天」。

八神之首宮在天盤符首位置，只要依所定之局，將「直符」字佈入，然後陽順陰逆，即完成佈局。

例如陽九局：庚戌日、辛巳時：辛巳時的時干，「辛」在震三宮，故八神之首宮為震三宮。將「符」字佈入，順時針方向將其他七神分別佈入，即完成八神佈局。

蛇壬	陰戊	合庚
符辛	癸	陳丙
天乙	地己	雀丁

八神佈局有陰佈與陽佈之分

例如陰八局：辛巳日、乙未時：乙未時的時干「乙」在離九宮，故八神之首宮為離九宮。將「符」字佈入，逆時針方向將其他七神分別佈入，即完成八神佈局。

蛇 壬	符 乙	天 丁
陰 癸	辛	地 己
合 戊	陳 丙	雀 庚

第七節　奇門遁甲年盤製作範例

104年陰三局；乙未年

旬首＝甲午；符首＝辛

辛　符　二 相佐 八門剋、天地剋 白虎 乙　驚　英	己　天　七 八門剋、天地生 辛　開　芮	癸　地　九 八門剋、天地剋 己　休　柱
乙　蛇　一 乙奇 八門剋、天地剋 戊　死　輔	三 丙　禽	丁　雀　五 三奇、丁奇 八門生、天地剋 朱雀 癸　生　心
戊　陰　六 八門生、天地剋 壬　景　沖	壬　合　八 八門生、天地生 庚　杜　任	庚　陳　四 八門剋、天地剋 奇格 丁　傷　蓬

1、**年盤一律用陰遁**；得為陰三局；三入中宮。

2、**排地盤**，將戊排入「三震」位置，然後逆佈六儀三奇。

3、**排天盤**，找出符首→「辛」放入年干（地盤）的上方，後順排天盤。

4、**排八門**，找出符首（辛）在地盤為九離（景門），然後將九由旬首地支逆算至年支看為何宮，再將景門排入該宮。

5、**排九星**，找出符首「辛」套入地盤得天英，再由天英排入地盤年干乙落宮即巽四宮順佈九星。

6、**排八神**，找出符首「辛」直接將直符套入天盤符首位一律逆行。

第八節　奇門遁甲月盤製作範例

93年8月；甲申年；癸酉月；陰四局

旬首〓甲子；符首〓戊

庚(乙)　地　三 八門伏、天地生 伏宮 戊　杜　芮	丁　雀　八 日奇 八門伏、天地剋 壬　景　柱	丙　陳　一 月奇 八門伏、天地剋 熒惑 庚(乙)　死　心
壬　天　二 八門伏、天地剋 己　傷　英	四 乙　禽	辛　合　六 八門伏、天地剋 丁　驚　蓬
戊　符　七 八門伏、天地剋 癸　生　輔	己　蛇　九 八門伏、天地生 辛　休　沖	癸　陰　五 八門伏、天地剋 丙　開　任

1、**月盤一律用陰遁**；得為陰四局；四入中宮。

2、**排地盤**，將戊排入「四巽」位置，然後逆佈六儀三奇。

3、**排天盤**，找出符首「戊」放入月干（地盤）的上方，後順排天盤。

4、**排八門**，找出符首「戊」在地盤為四巽（杜門），然後將四由旬首地支逆算至月支看為何宮，再將杜門排入該宮。

5、**排九星**，找出符首「戊」套入地盤得天輔，再用天輔套入天盤「戊」位，順佈九星。

6、**排八神**，找出符首「戊」直接將直符套入天盤符首位一律逆行，逆佈八神。

第九節　奇門遁甲日盤製作範例

97年7月23日；戊子年；己未月；甲子日；陰遁

1、**定陰陽局**：本日在夏至後為陰遁。

2、**排八門**：依起例得知，甲子日自離宮起休門，坤宮佈生門。兌宮佈傷門，順行八宮，順佈杜門、景門、死門、驚門、開門。

3、**排九星**：依起例得知，甲子日自坤宮起太乙後，依攝提、軒轅、招搖、天符、青龍、咸池、太陰、天乙，逆飛九宮。

4、**排十二神**：依起例得知，甲日自寅位起五符後，依天曹、地符、風伯、雨師、雷公、風雲、唐符、國印、天關、地鎖、天賊，順佈十二地支。

5、**再找吉星和凶星**。

◎九星法製作範例

93年10月6日；甲申年；癸酉月；戊午日；陰三局

旬首＝甲寅；符首＝癸

丁　天　二 三奇、星奇 八門剋、天地生、八門反、九星反 乙　開　心	庚　地　七 八門剋、天地合、八門反、九星反 辛　休　蓬	壬　雀　九 八門合、天地剋、八門反、九星反 己(丙)　生　任
癸　符　一 八門剋、天地剋、八門反、九星反 戊　驚　柱	三 丙　禽	戊　陳　五 八門剋、天地剋、八門反、九星反 癸　傷　沖
己(丙)　蛇　六 八門合、天地剋、八門反、九星反 壬　死　芮	辛　陰　八 八門剋、天地合、八門反、九星反 庚　景　英	乙　合　四 八門剋、天地生、八門反、九星反 丁　杜　輔

1、**定陰陽局**；本日為陰三局；三入中宮。

2、**排地盤**，將戊排入「三震」位置，然後逆佈六儀三奇。

3、**排天盤**，找出符首「癸」放入日干（地盤）的上方，後順排天盤。

4、**排八門**，找出符首「癸」在地盤為兌（驚門），然後將七由旬首地支逆算至日支看為何宮，（注意順算或逆算）再將驚門排入該宮。

5、**排九星**，找出符首「癸」套入地盤得天柱，再用天柱套入天盤「癸」位後，順佈九星。

6、**排八神**，找出符首「癸」直接將直符套入天盤符首位（注意陰陽）逆佈八神。

7、**再排出吉格及凶格**。

8、本日盤為另一種九星法之日盤法，僅供參考。

第十節　奇門遁甲時盤製作範例

93年12月31日　8點；甲申年；丙子月；甲申日；戊辰時；陽七局

旬首＝甲子；符首＝戊

丁　雀　六 星奇 八門生、天地伏、九星伏 丁　景　輔	庚　地　二 八門生、天地伏、九星伏 庚　死　英	壬(丙)　天　四 人假 八門生、天地伏、九星伏 壬(丙)　驚　芮
癸　陳　五 天地伏、八門合、九星伏 癸　杜　沖	七 丙　禽	戊　符　九 天地伏、八門合、九星伏 戊　開　柱
己　合　一 八門剋、天地伏、九星伏 己　傷　任	辛　陰　三 八門剋、天地伏、九星伏 辛　生　蓬	乙　蛇　八 三奇 八門生、天地伏、九星伏 乙　休　心

1、**定陰陽局**：本日為陽七局：七入中宮。

2、**排地盤**，將戊排入「七兌」位置，然後逆佈六儀三奇。

3、**排天盤**，找出符首↓「戊」放入時干（地盤）的上方，後順排天盤。

4、**排八門**，找出符首「戊」在地盤為兌（驚門），然後將七由旬首地支逆算至日支看為何宮（注意順算或逆算），再將驚門排入該宮。

5、**排九星**，找出符首「戊」套入地盤得天柱，再用天柱套入天盤「戊」位後順佈九星。

6、**排八神**，找出符首「戊」直接將直符套入天盤符首位（注意陰陽）順佈八神。

7、**再排出吉格及凶格**。

第十一節　奇門遁甲各宮之分數計算法

排盤遇奇門遁甲吉格　加三分　排盤遇奇門遁甲凶格　扣三分

如果碰上反吟或伏吟各扣三分

◎奇門遁甲問事之事項中如有以下之吉神請加分（用神）

如果想問買賣求財時該宮有以下吉神，除了原來的分數外，

因為是用神所以再加以下分數

月奇得使	再加3分
青龍返首	再加5分
重詐	再加3分
天遁	再加5分
人遁	再加5分
相佐	再加3分
懽怡	再加3分
生門	再加6分

如果想問考試推甄時該宮有以下吉神

飛鳥跌穴	再加5分
月奇得使	再加3分
真詐	再加3分
天遁	再加5分
天假	再加5分
青龍返首	再加5分
景門	再加16分

如果想問開張入宅時該宮有以下吉神

日奇得使	再加3分
月奇得使	再加3分
星奇得使	再加3分
青龍返首	再加5分
飛鳥跌穴	再加5分

天遁	再加5分
重詐	再加3分
風遁	再加3分
天假	再加3分
雲遁	再加3分
開門	再加6分

如果想問討債博戲時該宮有以下吉神

星奇得使	再加3分
人遁	再加5分
青龍返首	再加3分
休詐	再加3分
休門	再加6分
傷門	再加16分

如果想問安神開光時該宮有以下吉神

真詐	再加3分
天遁	再加5分
神遁	再加5分
神假	再加3分
虎遁	再加3分
雲遁	再加3分
開門	再加6分

如果想問健康娛樂時該宮有以下吉神

真詐	再加3分
休詐	再加3分
風遁	再加3分
龍遁	再加3分
重詐	再加3分
玉女守門	再加6分
景門	再加6分

◎奇門遁甲問事之事項中如有以下之凶神請扣分（忌神）

如果想問買賣求財時該宮有以下凶神
如果想問考試推甄時該宮有以下凶神
如果想問開張入宅時該宮有以下凶神
如果想問討債博戲時該宮有以下凶神
如果想問安神開光時該宮有以下凶神
如果想問健康娛樂時該宮有以下凶神

青龍逃走	再扣5分
白虎猖狂	再扣5分
螣蛇妖矯	再扣5分
朱雀投江	再扣5分
熒惑入太白	再扣3分
太白入熒惑	再扣3分
三奇入墓	再扣3分
六儀擊刑	再扣3分

天網四張 地網遮張	再扣3分
伏干格	再扣3分
飛干格	再扣3分
伏宮格	再扣3分
飛宮格	再扣3分
大格	再扣3分
上格	再扣3分
刑格	再扣3分
奇格	再扣3分
歲格 月格（月朔） 日格（日干） 時格	再扣3分
符勃 飛勃	再扣3分

在使用奇門遁甲盤時，如何選出盤局中最好的宮位呢？

要在奇門遁甲盤中找出最佳方位，一定要知道該宮位哪些是吉神，哪些是凶神，以下我們直接將吉數及吉神標示出來：

一、**九宮**↓（一、六、八、九為吉）

二、**地盤**↓（乙、丙、丁為吉）

三、**天盤**↓（乙、丙、丁為吉）

四、**八門**↓（休門、生門、開門、景門為吉）

五、**九星**↓（天心、天輔、天禽、天任、天沖為吉）

六、**八神**↓（值符、九天、九地、六合、太陰為吉）

七、**奇門吉格**：飛鳥跌穴、青龍返首、玉女守門、天遁、地遁、人遁、雲遁、風遁、龍遁、虎遁、神遁、真詐、重詐、休詐等等。

八門	分數	天盤	分數	天地	分數	九星	分數	八神	分數	九宮	分數
休	10	乙	＋5	生	＋2	天心	＋3	直符	＋2	一白	＋1
生	10	丙	＋5	生	＋2	天輔	＋3	九天	＋2	六白	＋1
開	10	丁	＋5	生	＋2	天禽	＋2	九地	＋2	八白	＋1
景	6	戊	＋0	同	＋1	天任	＋1	六合	＋2	九紫	＋1
傷	－6	己	－0	同	＋1	天沖	＋1	太陰	＋2	二黑	－2
杜	－6	庚	－5	同	＋1	天英	－1	勾陳	－2	五黃	－2
驚	－9	辛	－3	剋	－2	天柱	－1	朱雀	－2	三碧	－1
死	－10	壬	－3	剋	－2	天蓬	－2	螣蛇	－2	四綠	－1
		癸	－3	剋	－2	天芮	－2			七赤	－1

奇門遁甲盤的看法與用法就是，在哪一個宮位吉星愈多（分數愈高）代表該宮位愈佳，然後再加上您想問事的用神再將其加總，分數就很明顯了（本書所附之奇門遁甲盤已將1080盤之各宮分數統計出來以便各位讀者查閱（。當您選定某個宮位後，由該宮位的三奇、八門、九星、八神各星神碰撞的結果大概會有以上的現象。

在進行的過程中有可能會碰到以下即將討論的狀況：兆應。

第四章

奇門遁甲用事的各種兆應

第一節　乙奇到八宮所顯現出來的兆應現象

到宮	兆應現象
乾	※有穿黃衣之人提著錢包，或碰見穿孝服或白色衣服者來應。 ※百日或六十日內可進財物。
坎	※有看到穿黑衣服者，或聽到鼓樂聲，或看到手拿金屬物品者來應。 ※七日內有主喜事、財物。
艮	※有飛雙禽或飛行物來，或見穿青衣人至，或姓名有水者身上帶著物品來應，或見有人帶魚貨來應。 ※一年內進財物，三年內大發。
震	※有漁販，或小孩三五成群。 ※三七日內進財帛，東方有生產不順，主大發。
巽	※見白衣人乘車、看見火災或有小孩來應，或見枯木，或在東方有人自縊、失火，或見紅光皆算。 ※主大發財利後，一年內得貴子、田產。
離	※有患眼疾，或足疾人，或小孩牽動物來應，或黑白飛禽，或飛行物來。 ※三七日內進財物後，一年內大發。

坤	※見穿孝服之人，或雞犬牛馬模型亦可，或聽見雷電聲或在西方見大貨車。 ※三七日內進財物，六十日內進契書。
兌	※見三五成群女人，或東方人家有買大貨車或烏鵲成群飛來。 ※三七日內會有買賣契約或得田地，或生氣之物。

第二節　丙奇到八宮所顯現出來的兆應現象

到宮	兆應現象
乾	※會見黑衣人至、見雙飛禽或飛行物，或有人執刀斧來或有人牽牛或有角六畜。 ※百日內進女人財物，或逢女貴人扶助。
坎	※有執杖人、禽由北來，黃白飛禽西來，東方人家火警，或見雷電、驚恐的事物為應主大發。 ※大發後，六十日或一百二十日內，進房地契約書、合約、證書等。
艮	※見小孩持銅鐵器物之人來應，或青衣人過，或小孩啼哭。 ※三七日內進金銀財寶青色器物，百日內進田產，一年內生貴子，或子女得名。

震	※見安全人員持武器至，聞雷聲或鼓聲。 ※三九日進生氣物，一年生貴子，或子女得名。
巽	※官貴至、聞鑼鼓樂曲聲，或南方有驚慌事，或見火驚。 ※七日內貴人來，進色衣人財物、契約。
離	※有黑黃二鳥或飛行物應。 ※七日或六十日內進橫財，一年內進田契房產合約大發。
坤	※聞東方有人吵雜聲、鼓樂聲或烏鴉南方鳴叫。 ※三七日內進女人財物，一年後進田產。
兌	※東北方有執杖人並拿酒器，或抱小孩人應、聞鼓樂聲，西南或東北方有老人往生。 ※七日內進財帛衣物，百日內進人才，一年進田產。

第三節　丁奇到八宮所顯現出來的兆應現象

到宮	兆應現象
乾	※見鐵器或電器之人至，或牽動物走過或黑禽成雙為應。 ※三七日內進金銀錢物，一百二十日或一年內進黑白器物入內，大發。

坎	※見抱小孩人至，或南風雲雨大作，或西北方有哭聲，或有人自縊病卒往生。 ※二七日內進黑色財物，百日內有喜慶婚姻事。
艮	※見小孩持物器，或有人持文書紙筆來，或有人與小孩打狗或玩狗為應。 ※三七日內進青黃白色財物，一百二十日進人才、契書發旺。
震	※南方有飛禽（飛行物）應，或兩人來，或有人拿酒物到。 ※七日內進黃白物及牲畜財物。
巽	※見南方遇風雨、見人落水、戲水或小兒騎車過。 ※三日內進人才，三七日內進橫財。
離	※見赤衣人，或東方有人修剪花木，或青衣人、青鳥成群來，或足疾人、眼疾人、小兒騎車過。 ※七日內進酒物、進入口、進錢財。
坤	※有黑禽（或飛行物）飛過、女人提水，或青衣人與僧道同行，或黑色貨車。 ※三七日內進水產品，北方水沖田破、放水時發。
兌	※有人持紙筆來或見菜販貨車、見黃鳥或飛行物來應。 ※七日內進豬雞財物，二七日進書契房產，東北、西南方有人往生，或火驚時大發。

第四節 休門到各宮的各項兆應

九宮	八門原位	兆應現象
乾	開	6公里、16公里逢人打架或嘆氣、畜物打鬥。 主開店大吉、得貴人助、求財喜慶大吉。
坎	休	1公里內逢青衣夫婦，或唱歌為應。 主謁貴、拜見上官、求財、進人口及修造大吉。
艮	生	8公里，18公里逢穿黃色或暗色衣物的公務人員、老師或婦人。 主得女人財物或貴人相助，願望雖遲緩但終究會實現。
震	傷	3公里內逢匠人持木器，或穿制服之公務人員。 主上任官職有喜慶，但求財不順；有親故分產，有變動事物不吉。
巽	杜	4公里內著青色、綠色之衣服的女人，或留長髮教小孩唱歌者。 主破財遭小偷而有失物較難尋找。
離	景	9公里內逢車隊多輛相隨，穿黑色、紅衣服之公務人員。 主女人、小孩不寧，或文書失而後得，主易有文書失誤，慎防口舌官非。
坤	死	2公里內逢孝服人哭泣、喪葬之事，或穿綠色衣物者相伴。 主文書、印信、官司、僧道、遠行不吉。
兌	驚	7公里內逢人趕動物，或有人談訴訟事，穿黑色衣服打赤腳的人或媽媽帶小孩。 主遭盜賊、破財、疾病、驚恐。

第五節　生門到各宮的各項兆應

九宮	八門原位	兆應現象
乾	開	6公里內逢達官顯要車隊經過、車禍發生。主得貴人扶助、求財大發。
坎	休	1公里內逢穿藍黑衣之人，或敲打鐵器之人。主女人求財得利。
艮	生	8公里內逢穿紅衣政府官員或立法委員等。主遠方求財大吉。
震	傷	3公里內公務人員持棍或指揮器，或培土栽種樹。主親友多變動、道路不通。
巽	杜	4公里內逢人拿彩色物品，邊走邊唸、嘆息。主有陰謀陷阱，政務官，或因女人而破財。
離	景	9公里內逢車隊多輛相隨。主女人小孩不寧，或文書失而後得。
坤	死	2公里內逢孝服人哭泣、喪葬之事。主田宅官司難勝訴。
兌	驚	7公里內逢人趕動物，或有人談訴訟事。主遭盜破財、疾病、驚恐。

第六節　傷門到各宮的各項兆應

九宮	八門原位	兆應現象
乾	開	6公里內逢人修補道路、裝大門、修造店面，或二豬相咬。主貴人開張有利，走失、變動之事不利。
坎	休	1公里內逢老婦與少男同行。主變動或託人謀事（職）不利。
艮	生	8公里內逢人修剪樹木或栽種樹木。主變動田產、腹疾，少男凶。
震	傷	3公里內逢二車併行快速爭相行駛。主變動遠行皆不吉。
巽	杜	4公里內逢公務人員或有人修剪樹木，或婦人抱小孩經過。主變動、失竊、官司、拘留，百事凶。
離	景	9公里內逢女性打扮亮眼乘車。主文書、印信、口舌、是非。
坤	死	2公里內逢埋葬及孝服人哭泣或喪葬之事。主官司凶、出行大忌、卜卦問病凶。
兌	驚	7公里內逢人打架鬥嘴之事、有婦人與少女同行。主親人疾病、憂懼、謀事不利。

第七節　杜門到各宮的各項兆應

九宮	八門原位	兆應現象
乾	開	6公里內逢唱歌或狗咬豬。主見貴人會長官，主先破財後吉。
坎	休	1公里內逢唱歌、表演或有黑衣人抱小孩。主求財有利。
艮	生	8公里內逢人在提款機領錢或手拿食物講電話或唱歌。主小口破財及田產破財。
震	傷	3公里內逢木匠在工作或拿材料。主兄弟相爭田產破財。
巽	杜	4公里內逢婦人帶孫兒著綠衣。主父母疾病、田宅出脫事凶。
離	景	9公里內逢孕婦著色衣或公務人員乘紅色車輛。主文書、印信阻隔、小口疾病。
坤	死	2公里內逢喪服人哭泣。主田宅、文書失落、官司、破財小凶。
兌	驚	7公里內逢唱歌鑼鼓聲，或多人聚集討論官司事。主門戶內憂疑驚恐，並有詞訟事。

第八節　景門到各宮的各項兆應

九宮	八門原位	兆應現象
乾	開	6公里內逢遊行隊伍、政府官員車隊。主官人陞遷吉，求文印更吉。
坎	休	1公里內逢女人哭泣，與賣魚人同行或水族館前並行。主文書遺失、爭訟不休。
艮	生	8公里內逢小孩在大貨車上玩耍、有人在提款機前領款。主求財旺、利行人、女人生產大吉。
震	傷	3公里內逢漂亮的女人乘坐車子。主姻親眷小口舌紛擾。
巽	杜	4公里內逢老少婦帶領穿黑色衣服小孩。主失脫、文書、散財後平。
離	景	9公里內逢人在路邊看書，更有火光驚恐。主文狀未動有預先顯現之意、家內小口憂患。
坤	死	2公里內逢喪服人哭泣、穿著鮮艷的人騎車經過。主官訟、因田宅事爭吵。
兌	驚	7公里內逢打架、圍毆、吵架。主小口疾病事凶。

第九節　死門到各宮的各項兆應

九宮	八門原位	兆應現象
乾	開	6公里內逢喪葬隊伍，或畜牲鬥傷，或車禍。主見貴人求印信、文書事大利。
坎	休	1公里內逢青衣婦人哭泣。主求財物不吉，問僧道求方吉。
艮	生	8公里內人手中拿往生者的遺物大哭。主喪事、求財可得、占病死者復生。
震	傷	3公里內逢人抬棺木，逢出殯隊伍。主被刑杖或退田產。
巽	杜	4公里內逢埋葬及紙紮彩色物。主破財、婦人風疾、腹腫。
離	景	9公里內逢重孝人哭泣，退吉進凶。主因印信、文契、財產事、見官先怒後喜。
坤	死	2公里內逢婦人哭泣。主官司、被毆打凶。
兌	驚	7公里內逢喪哭泣或死畜物類。主因官司不給、憂疑患病。

第十節　驚門到各宮的各項兆應

九宮	八門原位	兆應現象
乾	開	6公里內逢公務人員與人起爭執。主憂疑官司驚恐，又主上見喜不凶。
坎	休	1公里內逢青衣婦人串門子。主求財事或因口舌求財運遲。
艮	生	8公里內逢媽媽帶孩子趕動物、小孩手中拿吃的食物。主因婦人因求財生憂疑。
震	傷	3公里內逢男女吵鬧打孩子，宜改道或退回，否則傷亡。主因商議同謀害人事洩惹訟。
巽	杜	4公里內逢修行僧道之人同行或男女相商。主因失脫破財驚恐。
離	景	9公里內逢穿著華麗婦人聊八卦是非。主詞訟不息及小口疾病。
坤	死	2公里內逢女人哭泣及喪亡者。主因宅中怪異而生是非。
兌	驚	7公里內逢二女吵鬧，一堆人圍觀，勸架。主疾病、憂慮、驚疑。

第十一節 開門到各宮的各項兆應

九宮	八門原位	兆應現象
乾	開	6公里內逢貴人及打鬥者為應。主得貴人之助，喜得寶物財喜。
坎	休	1公里內逢四足動物相鬥、婦人著素色衣服及多人圍繞議論。主得貴人和財喜，開發、開市、貿易大吉。
艮	生	8公里內逢喪葬或宗教人物，或四足動物或有人爭產帛事。主爭得財帛事，或得貴人助。
震	傷	3公里內見孕婦乘車、有車隊相隨，或有人玩火，或從事電器施工之事。凡事多變動更改、遷徙或搬家皆不吉。
巽	杜	4公里內見有人唱歌或見僧道者為應。主遺失文書、文具、合約。
離	景	9公里內見公務人員或議會委員乘車或抱文書來應。主貴人因文書事不利。
坤	死	2公里內見老人哭啼，或動土、房地產事，或破土埋葬事。主官司驚憂，先憂後喜。
兌	驚	7公里內見兄妹同行，或見娛樂唱飲事，或見池塘泳池來應。主百事不利，慎防口舌官非。

◎乙奇會吉門

乙會開門：路逢紅衣人或公務人員。可埋葬、豎造，主子孫富貴。

乙會休門：路逢車隊成群或有人扛抬物具。可埋葬、豎造，主子孫繁衍，世代官祿。

乙會生門：路逢動物打架、嬉戲或喪葬隊伍、飛鳥成群、風雲、微雨。可上官赴任、嫁娶、破土、埋葬，主子孫繁衍，科甲恩榮。

◎丙奇會吉門

丙會開門：路逢持杖老人或悲啼拾荒者。可埋葬、豎造，主子孫富貴。

丙會休門：五十里聞鼓樂聲，有烏鳥、風雲、白鶴應。可上官赴任、嫁娶、埋葬、豎造，主子孫富貴。

丙會生門：路逢眼疾或打架之人。可埋葬、豎造，主子孫富貴。

◎丁奇會吉門

丁會開門：路逢小孩手拿很長的東西，或見大小車輛，白雲、戌亥日與天英會合，有烏鳥、白鶴、雷鳴應。主富貴。宜上官赴任、嫁娶、豎柱、上樑、入宅。

丁會休門：路逢黑色衣人或女人二十里來應。可上官赴任、嫁娶、埋葬、豎造，主子孫富貴。

丁會生門：路逢有狗在追逐或安全人員。主子孫繁衍，官祿不絕。可上官赴任、嫁娶、豎柱、上樑、入宅。

奇門遁甲盤是由八神、八門、九宮、九星、天盤、地盤所組成；若吉門逢吉神、吉星，事半功倍，逢凶化吉，反敗為勝。若凶門逢凶神、凶星、凶干、凶格，此乃最差之組合，用之必然凶禍連連，事倍無功。

依經驗，奇門遁甲盤之八門、八神、九宮、九星、天盤、地盤，在使用上有輕重緩急之別，若以百分比來論：八門佔40％、天盤佔20％、地盤佔10％、八神佔10％、九星佔10％、吉格佔10％。時盤共

1080局中，少有全吉者、該宮若得八十分或七十分即可用事，若低於五十分則不可用。

若逢天輔時加20%，逢五不遇時扣20%，九宮星逢五黃扣40%，逢暗箭煞（五黃的對宮）扣20%。

第五章

奇門遁甲用事的各種應用方法

◎本書運用如下

本書已將奇門遁甲1080盤的最好方位用電腦精算出，請由電腦列印出來做參考，讓沒學過奇門遁甲的人也能輕易的來使用，希望本書的出版能幫助更多的人，儘速達成心中所想要的，以下我就舉例15種跟我們息息相關的事項，如何應用奇門遁甲學幫助我們達成想要的目標。

第一節　學習如何判斷方位、方向的觀念

「奇門遁甲」是五術中對於「方位、方向」研究及運用最透徹、最實用的一門學問。要熟練「奇門遁甲」須先建立「方位」觀念。

◎如何運用方位：

一、以「昨天晚上睡覺的地方」為太極點。

二、太極：就是坐標的中心。也是「奇門遁甲」裡的甲。

三、使用「奇門遁甲」的人：為「甲」、為「我」。

四、如果您想前往「時盤」上的「吉事方位」充電或辦事，在盤中很容易就能找到最吉方位。

◎奇門遁甲應用方法共分三種盤法：

一、座向盤法：由使用者所在地立太極，來判斷方位吉凶。

二、立向盤法：因時間差的關係由使用者提前到目的地對宮立太極，再來判斷方位吉凶。

三、座盤法：由使用者所在地立太極，來判斷方位吉凶再來選有利方位，可挑選適合的方法或相互配合應用均可。

四巽 東南	九離 南	二坤 西南
三震 東	五	七兌 西
八艮 東北	一坎 北	六乾 西北

方位圖

國曆:2008.05.15 甲申時盤(陽一局)

辛 蛇 九 天地伏、八門伏、九星伏 辛 杜 輔	乙 陰 五 日奇 天地伏、八門伏、九星伏 乙 景 英	己 合 七 天地伏、八門伏、九星伏 六儀 己 死 芮
庚 符 八 天地伏、八門伏、九星伏 伏宮、飛宮 庚 傷 沖	一 壬 禽	丁 陳 三 丁奇 天地伏、八門伏、九星伏 丁 驚 柱
丙 天 四 三奇 神遁 天地伏、八門伏、九星伏 丙 生 任	戊 地 六 天地伏、八門伏、九星伏 戊 休 蓬	癸 雀 二 天地伏、八門伏、九星伏 癸 開 心

-3 -2 1 -13 -6 0 -6 3	5 2 -2 3 7 -6 0 6 -1	0 2 -1 -17 -3 -6 0 -9 0
-5 2 1 -19 -6 -6 0 -6 1		5 -2 -1 3 -11 -6 0 -9 -1
5 2 -1 6 17 -6 0 10 1	0 2 1 5 -6 0 10 -2	-3 -2 -2 0 -6 0 10 3

例如：我們在2008年5月15日下午4點要跟客戶談生意買賣，查本書萬年曆得知為陽一局，我們直接查詢陽一局的盤「買賣求財」最佳方位是艮方（得分為17分）。

首先我們需先用指北針確認客戶是在我們居住地的哪一方，以下我們就舉例說明：

年盤、月盤一般很少用，日盤也不太多，如果使用日盤，一般感應時間約2小時。如果使用時盤一般感應時間需約15～20分鐘。

我們從盤中得知「買賣求財」方在艮方，我們就可直接在該時辰出發到客戶那兒，自然就可吸到最佳的吉氣。

從盤中得知「買賣求財」方在東北方，但客戶位在西方，所以我們出發前往客戶那兒之前，要先前往東北方15～20分鐘吸取吉氣後再前往位在西方的客戶點。

國曆:2008.03.20 戊辰時盤(陽四局)

戊 符 三 八門剋、天地伏、九星伏 戊 死 輔	癸 蛇 八 八門剋、天地伏、九星伏 癸 驚 英	丙(己) 陰 一 三奇、月奇、真詐、天遁 八門生、天地伏、九星伏 丙(己) 開 芮
乙 天 二 乙奇、天假 八門生、天地伏、九星伏 乙 景 沖	四 己 禽	辛 合 六 八門生、天地伏、九星伏 辛 休 柱
壬 地 七 八門剋、天地伏、九星伏 壬 杜 任	丁 雀 九 八門生、天地伏、九星伏 丁 傷 蓬	庚 陳 五 八門生、天地伏、九星伏 庚 生 心

0 2 -1 -11 -6 0 -9 3	-3 -2 1 -20 -6 0 -9 -1	5 2 1 9 25 -2 0 10 0
5 2 -2 6 16 -2 0 6 1		-3 2 1 7 -2 0 10 -1
-3 2 -1 -13 -6 0 -6 1	5 -2 1 -6 -2 0 -6 -2	-5 -2 -2 2 -2 0 10 3

例如：我們在2008年3月20日早上8點要參加考試，人住台中，而考場在台北，而我們從盤中得知該日8點「考試推甄」最吉方位在東方（16分），所以我們可以在3月19日就前往台北找一家飯店是位在考場吉方的對宮方位西方住下來，等隔天7點多時就直接前往東方考場參加考試，因為立向盤的使用需在該地方停留2小時以上才會有較明顯的效果。

同時每堂課考完休息時盡量在教室或考場的東方做休息以便得吉氣。

考試當天最好也使用綠色或青色的配戴物，及穿綠色或青色的衣物或內衣褲，這樣一來，就可以得到很好的考運喔！

國曆：2007.02.18 庚申時盤(陽九局)

壬 地 八 天地伏、八門伏、九星伏 六儀、 壬 杜 輔	戊 天 四 天地伏、八門伏、九星伏 戊 景 英	庚 癸 符 六 天地伏、八門伏、入中生 時格 庚 癸 死 禽
辛 雀 七 天地伏、八門伏、九星伏 辛 傷 沖	九 癸 芮	丙 蛇 二 天地伏、八門伏、九星伏 丙 驚 柱
乙 陳 三 三奇 天地伏、八門伏、九星伏 乙 生 任	己 合 五 天地伏、八門伏、九星伏 己 休 蓬	丁 陰 一 三奇、真詐 天地伏、八門伏、九星伏 丁 開 心

-3 2 1 -17 -8 -6 0 -6 3	0 2 -1 -5 -5 -6 0 6 -1	-5 2 1 -18 -8 -2 0 -9 3
-3 -2 -1 -22 -5 -6 0 -6 1		5 -2 -2 -20 -5 -6 0 -9 -1
5 -2 -1 2 -5 -6 0 10 1	0 2 -2 -3 -5 -6 0 10 -2	5 2 1 3 13 -5 -6 0 10 3

例如：我們在2007年2月18日下午3～5點要跟某人討論買賣，當到達目的地時可以選擇最有利的方位坐下來，也就是可以用「座盤法」來增加運勢。

「座盤法」就是要尋找座位的方法。

我們從盤中得知「買賣求財」最吉方為西北方（13分）。

那我們採取的最佳對策就是用該時辰的「座向盤法」，先往西北方（15～20分鐘吸取吉氣）後再前往討論買賣地點進入屋內後選擇坐在西北的方位，如此一來對該次的「買賣求財」會有一倍以上的加分效果。如果能搭配幸運顏色（西北方為金色或白色系列）那就更棒了。

第二節 一般正常上班者該如何開運

社會大眾一般的工作性質都屬於固定型態居多，有內勤或外勤性質，也許是數年來如一日，像這樣一群人要如何運用奇門遁甲術來達成好運的目的呢？運用此方法可得到的成果有很多。

例如：

一、能精神放鬆。
二、工作效率增加。
三、生命力延長。
四、業績增長、長官印象好。
五、好運增強。
六、神清氣爽。

因為每天一出門就吸到最佳的吉氣不好都難。

例如我們每天固定7點30分出門上班，可以依盤中每天的「買賣求財」方的吉方位出發15～20分鐘去吸取吉氣，這樣一來整天的好運將會跟隨著您，因為奇門遁甲的好氣以時盤來論，好運氣場可以停留約17個小時左右。

本案例2008年5月14日辰時之最佳「買賣求財」為兌位西方，所以我們早上出門就先往西方位走15~20分鐘，如果您有心的話可以每天照奇門遁甲盤來做看看，相信會有不錯的效果。

國曆：2008.05.14 戊辰時盤(陽一局)

辛 合 九 八門剋、天地伏、九星伏 辛 驚 輔	乙 陳 五 日奇 八門剋、天地伏、九星伏 乙 開 英	己(壬) 雀 七 八門剋、天地伏、九星伏 六儀 己(壬) 休 芮
庚 陰 八 八門剋、天地伏、九星伏 庚 死 沖	一 壬 禽	丁 地 三 丁奇、重詐 八門生、天地伏、九星伏 丁 生 柱
丙 蛇 四 八門生、天地伏、九星伏 丙 景 任	戊 符 六 八門生、天地伏、九星伏 戊 杜 蓬	癸 天 二 八門剋、天地伏、九星伏 癸 傷 心

−3 2 1 −12 −6 0 −9 3	5 −2 −2 3 7 −6 0 10 −1	0 −2 −1 −2 −3 −6 0 10 0
−5 2 1 −16 −6 0 −9 1		5 2 −1 6 19 −2 0 10 −1
5 −2 −1 7 −2 0 6 1	0 2 1 −7 −2 0 −6 −2	−3 2 −2 −12 −6 0 −6 3

第三節　買賣求財如何運用

做生意或業務代表每天的工作就是要招攬生意，如何在每天的工作裡都有很好的財運呢？下表例為2007年12月24日午時的奇門遁甲盤。

國曆：2007.12.24 丙午時盤(陰一局)

戊　天　九 八門剋、天地生、八門反 丁　開　蓬	庚　地　五 八門剋、天地生、八門反 刑格 己　休　任	丙　雀　七 月奇 八門合、天地生、八門反 乙(癸)　生　沖
壬　符　八 相佐、返首 八門剋、天地剋、八門反 地網 丙　驚　心	一 癸　禽	丁　陳　三 丁奇 八門剋、天地剋、八門反 辛　傷　輔
辛　蛇　四 八門合、天地合、八門反 庚　死　柱	乙(癸)　陰　六 日奇 八門剋、天地剋、八門反 戊　景　芮	己　合　二 地假 八門剋、天地剋、八門反 壬　杜　英

0　2　1 9 -2 0　10　-2	-5　2　-2 1 -3　-2 0　10　1	5　-2　-1 6 20 1 0　10　1
-3　2　1 6 -9 -3　-6 0　-9　3		5　-2　-1 3 -4 -6 0　-6　3
-3　-2　-1 -16 0　-9　-1	5　2　1 8 -6 0　6　0	0　2　-2 3 -10 -6 0　-6　-1

玉女守門

做生意當然就是要買賣求財嘛！所以我們每天在上班前先查得每日上班時辰的最吉方在哪個方位，我們就朝那個方位行進15～20分鐘以便吸取該方位的吉氣，如果每天都這麼做，這種靈動力的停留時間約可以維持17個小時左右。

PS：如果有特別重要的約會或談判、會議，請以該時辰的最佳方位來操作效果會更好，以本盤為例，最吉方在坤方（20分），會談前先往西南方是最佳選擇。

請配合「座盤法」選擇座位的方位來行事更棒，衣物配戴物也需搭配幸運色為宜。

第四節　考試、面試、應徵的運用

每一個人從小到大都會面臨大大小小的考試，有人聰明，但考運不佳，有人不是很用功，但考運特別好，真的很奇怪，如果懂得奇門遁甲術的人，運用在考試時會有一股無形的能量來增加考運，對考試絕對有加分的效果。

例如：2008年7月1日8點要參加考試。

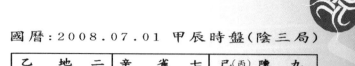

國曆：2008.07.01 甲辰時盤(陰三局)

乙 地 二 日奇 天地伏、八門伏、九星伏 乙 杜 輔	辛 雀 七 天地伏、八門伏、九星伏 六儀 辛 景 英	己(丙) 陳 九 天地伏、八門伏、九星伏 六儀 己(丙) 死 芮
戊 天 一 天地伏、八門伏、九星伏 六儀 戊 傷 沖	三 丙 禽	癸 合 五 天地伏、八門伏、九星伏 癸 驚 柱
壬 符 六 天地伏、八門伏、九星伏、地網 壬 生 任	庚 蛇 八 天地伏、八門伏、九星伏、戰格 庚 休 蓬	丁 陰 四 星奇、真詐 天地伏、八門伏、九星伏 丁 開 心

5 2 -2 3 -1 -6 0 -6 3	-3 -2 -1 -10 -3 -6 0 6 -1	0 -2 1 -19 -3 -6 0 -9 0
0 2 1 -11 -3 -6 0 -6 1		-3 2 -2 -19 -6 0 -9 -1
-3 2 1 5 -6 0 10 1	-5 -2 1 -4 -6 0 10 -2	5 2 -1 3 16 -6 0 10 3

由該日之時盤得知「考試推甄」最吉方在乾方（西北方），如果考場就在西北方，那就直接前往即

可，如果考場不在西北方，那請先前往西北方15～20分鐘吸取吉氣後再行前往考場。

同時每堂課考完休息時盡量在教室或考場的西北方做休息。

考試最好拿白色或銀色的配戴物及穿白色或銀色的衣物或內衣褲亦可。

依此盤看來離方（南方）有景門，但因無其他吉格且又有凶格所以不選此方。

第五節　電話開發人員（電訪代表）

如果您是一位從事電話開發人員，如果要增加好運及成交率，可以運用奇門遁甲的吉方位來達成。

每天要撥打開發電話的時辰先查奇門遁甲盤看最吉方在哪個方位，再以公司為中心點（太極點），撥打最吉方位的客戶群，如果換了時辰則需再查另一時辰的最吉方在哪一方，再繼續撥打該吉方位的客戶群，如此一來您會慢慢發覺被拒絕的次數會明顯降低，且成功率會提高許多，不信您可以馬上試試看。

PS：若是用電話傳真的方式與客戶聯絡也可以在該時辰選最吉方位的客戶來做傳真的動作。

PS：為了正確掌握方位，請準備一張完整的地圖，先將八個方位確實劃出，這樣一來才不會搞錯方向。

第六節　如何運用在拜訪客戶上

如果您是一位業務代表，業績就是代表薪水高低，每個月績效是影響薪水高低的依據。在此有一種方法可以讓每天的運勢旺旺的方法，您願意學嗎？請運用古代諸葛孔明的成功戰略術奇門遁甲術來幫我們在「買賣求財」上佔盡優勢。

例如：我們可以從每天上班的時辰盤中，看「買賣求財」最吉方在哪方，上班之前先前往吸取吉氣後再前往上班地點。

例如：2007年9月2日未時要去拜訪客戶，從盤中很明顯可以看出「離方」分數最高，也就是南方氣場最好（但在巽方即東南方八門為開門，因此從此方也行），所以請先前往南方或東南方15～20分鐘吸取南方或東南方吉氣後再行前往客戶家，一定會有加分的效果。

國曆：2007.09.02 辛未時盤(陰四局)

丁 雀 三 三奇、星奇、懽怡 八門剋、天地生、八門反 戊 開 柱	丙 陳 八 三奇、月奇 八門剋、天地剋、八門反 壬 休 心	辛 合 一 八門合、天地合、八門反 庚(乙) 生 蓬
庚(乙) 地 二 八門剋、天地生、八門反 刑格 己 驚 芮	四 乙 禽	癸 陰 六 八門剋、天地剋、八門反 騰蛇 丁 傷 任
壬 天 七 八門合、天地合、八門反 癸 死 英	戊 符 九 八門剋、天地生、八門反 辛 景 輔	己 蛇 五 八門剋、天地生、八門反 丙 杜 沖

5 −2 −1 6 15 −2 0 10 −1	5 −2 1 6 17 −6 0 10 3	−3 2 1 8 0 10 −2
−5 2 −2 −19 −3 −2 0 −9 0		−3 2 1 −31 −20 −6 0 −6 1
−3 2 −1 −12 0 −9 −1	0 2 1 10 −2 0 6 3	0 −2 −2 −11 −2 0 −6 1

PS：公司所在地，也許每天都一樣，但奇門遁甲每日每個時辰的最吉方卻都不一樣，所以我們每天都需從盤局（得知最吉方在哪兒，在前往公司之前必須前往最吉方15～20分鐘後再行前往公司，每天這樣做好運加倍）。

PS：如果有特別重要的約會或談判、會議，請以該時辰的最佳方位來操作效果會更好。請配合「座盤法」選擇座位的方位來行事更棒，衣物配戴物也需搭配幸運色為宜。

第七節　拜拜、祈福開運法

常常聽人家在講，有燒香就會有保佑，沒拜就會出事情，任何宗教都是勸人向善，提升心靈，如果您有到寺廟拜拜的習慣，請配合奇門遁甲方位學來行事，這樣一來更能提升好運氣喔！

例如：想在2008年8月13日未時前往廟宇拜拜，如果廟宇的位置在所在地的西北方。

國曆：2008.08.13 癸未時盤（陰五局）

庚 蛇 四 八門伏、天地生 伏宮、刑格、時墓 己 杜 沖	己 符 九 八門伏、天地剋 時墓 癸 景 輔	癸 天 二 八門伏、天地生 時墓 辛(戊) 死 英
丁 陰 三 八門伏、天地剋 時墓 庚 傷 任	五 時墓 戊 禽	辛(戊) 地 七 八門伏、天地剋 時墓 丙 驚 芮
壬 合 八 八門伏、天地剋 時墓 丁 生 蓬	乙 陳 一 三奇、龍遁 八門伏、天地生 時墓 壬 休 心	丙 雀 六 三奇、天遁 八門伏、天地生 入墓、時墓 乙 開 柱

−5 −2 −1 −22 −9 0 −6 1	0 2 1 5 −3 −4 0 6 3	−3 2 −2 −16 −3 0 −9 −1
5 2 −1 −6 −3 −4 0 −6 1		−3 2 −1 −18 −3 −4 0 −9 0
−3 2 1 1 −3 −4 0 10 −2	5 −2 1 3 17 −3 0 10 3	5 −2 1 3 10 −6 0 10 −1

從盤局中得「開張造勢」的最吉方為北方（17分），我們要前往西北方廟宇拜拜，因為吉方就在北方，所以請您先前往西北方行進20分鐘後再前往目的地。

前往拜拜時最好搭配深藍或黑色的配戴物或穿深藍或黑色的衣物或內衣褲也可增加好運。

第八節 摸彩時如何中大獎

目前各行各業在生意上都很競爭，常舉辦摸彩促銷或抽獎活動，或公司行號尾牙也都會舉辦摸彩活動，您想在摸彩活動中中大獎嗎？您可以運用下述的奇門開運法來操作，中大獎的機會會提高很多唷！

國曆：2008.09.11 甲戌時盤(陰三局)

乙 陰 二 日奇 天地伏、八門伏、九星伏 乙 杜 輔	辛 蛇 七 天地伏、八門伏、九星伏 六儀 辛 景 英	己(丙) 符 九 天地伏、八門伏、九星伏 六儀 己(丙) 死 芮
戊 合 一 天地伏、八門伏、九星伏 六儀 戊 傷 沖	三 丙 禽	癸 天 五 天地伏、八門伏、九星伏 癸 驚 柱
壬 陳 六 天地伏、八門伏、九星伏 壬 生 任	庚 雀 八 天地伏、八門伏、九星伏、戰格 庚 休 蓬	丁 地 四 三奇、重詐 天地伏、八門伏、九星伏 丁 開 心

5 2 −2 3 −1 −6 0 −6 3	−3 −2 −1 −10 −3 −6 0 6 −1	0 2 1 −15 −3 −6 0 −9 0
0 2 1 −11 −3 −6 0 −6 1		−3 2 −2 −19 −6 0 −9 −1
−3 −2 1 1 −6 0 10 1	−5 −2 1 −4 −6 0 10 −2	5 2 −1 3 16 −6 0 10 3

例如：2008年9月11日下午19～21點準時舉辦抽獎，那您可以在該時辰盤局中之最吉方西北方（16分），請手持抽獎單前往該活動場所的西北方停留約20分鐘後，再將抽獎單投入摸彩箱中，在抽獎同時也請在西北方，同時心中要冥想一定會中獎的情況，那中獎的機會則會大增，因為該時辰經奇門遁甲排盤後，西北方為最吉利的方位應該錯不了，您已在該方取得最佳的得分位置，抽中大獎的機會很大。

第九節　奇門遁甲用在討債

聽說現今社會上做生意欠錢不還的情況不勝枚舉，如果您有被欠錢不還的經驗，是不是很不爽，在討債的過程中不是很順利，而且常是欠錢的比要債的人還凶，對嗎？今天有一種方法可以運用在討債上，就是運用奇門遁甲八門法中的傷門法，它可以讓您在討債的過程中佔優勢，不妨嘗試看看（但傷門的宮位如有太多的凶格就不一定要用該宮，可以選擇分數最高的那一宮），以下就舉例說明。

例如：想在2008年10月11日17～19點前往在自家或公司東北方的客戶討債，從盤局中得知17～19點「討債」的最吉方為南方。

國曆：2008.10.11 癸酉時盤(陰九局)

戊　符　八 八門伏、天地剋 癸　杜　英	丙　天　四 三奇、丙奇、天假、懽怡、跌穴 八門伏、天地生 戊　景　芮	庚　地　六 八門伏、天地剋 太白、奇格 丙　死　柱
癸　蛇　七 八門伏、天地剋 螣蛇 丁　傷　輔	九 壬　禽	辛　雀　二 八門伏、天地合 庚　驚　心
丁　陰　三 三奇、真詐 八門伏、天地生 入墓 己　生　沖	己　合　五 八門伏、天地剋 乙　休　任	乙　陳　一 三奇、雲遁 八門伏、天地剋 逃走 辛　開　蓬

0　2　1 -8 -4 0　-6　-1	5　2　-1 15 27 0　6　0	-5　2　1 -22 -6　-4 0　-9　-1
-3　-2　-1 -33 -20　-4 0　-6　3		-3　-2　-2 -14 -1 0　-9　3
5　2　-1 3 17 -3 0　10　1	0　2　-2 7 -4 0　10　1	5　-2　1 3 -9 -20　-4 0　10　-2

建議您可以先前往南方吸吉氣約15～20分鐘後再行前往東北方的客戶家中收款，這樣自然就能降服客戶的磁場，讓討債過程順利一些。

進入屋內後選擇坐在南方位，如此一來對該次的討債會有一倍以上的加分效果。如果能搭配幸運顏色那就更棒了。

第十節　如何有效散發廣告傳單

一個公司必須靠廣告吸引消費者，一個新公司或店面更需要靠廣告來吸引客人上門，廣告又可分推銷產品、徵人、房屋租售、廣告車或郵寄、選舉造勢等都可以運用奇門遁甲選擇好時辰及好方位來操作，這樣一來廣告效果鐵定會更好。

我們可以用查奇門遁甲盤得知某一天的某一時辰「買賣求財或開張入宅」的最吉方位都很適合來散發廣告傳單，如果公司需要派發廣告時，我們就可以參考該時辰之最好方位來發出廣告傳單，效果會有一倍以上的效用。

PS：該時辰最好吉方是表示廣告必須發在該方位區塊，效果才會好。

如果同一天要派發2～3次以上，請仔細查奇門遁甲盤中的時辰方位來操作。派發廣告的時辰方位是以商家的公司為中心點（因為有許多公司是委外派發）。

第十一節 開市、開工、動土的運用

做生意要開市，工廠、公司要開工，建造房子要動土，如果能選個吉日良時來開市，相信會有好彩頭，請運用奇門遁甲來幫您決定好方位以吸收更好吉氣。

國曆：2008.12.28 乙巳時盤（陽七局）

己 陳 六 八門剋、天地生 丁 驚 任	癸 雀 二 八門剋、天地生 庚 開 沖	丁 地 四 三奇 重詐、懽怡 八門剋、天地剋 壬(丙) 休 輔
辛 合 五 八門剋、天地生 癸 死 蓬	七 丙 禽	庚 天 九 八門生、天地生 戊 生 英
乙 陰 一 八門生、天地剋 己 景 心	戊 蛇 三 八門生、天地生 辛 杜 柱	壬(丙) 符 八 相佐 八門剋、天地生 地網 乙 傷 芮

0 −2 1 −9 0 −9 1	−3 −2 −2 4 0 10 1	5 2 −1 9 24 −4 0 10 3
−3 2 −2 −14 0 −9 −2		−5 2 1 11 4 0 10 −1
5 2 1 17 0 6 3	0 −2 −1 −6 4 0 −6 −1	−3 2 1 3 −6 −3 0 −6 0

例如：我們已選定想在2008年12月28日9～11點開市或動土，那我們就可參考奇門遁甲盤中的「開張入宅」的最吉方位「坤卦」西南方（24分）來拜拜，且拜完後放鞭炮也需選擇西南方來施放鞭炮，這叫炮響福到。

PS：拜拜之前先在吉方位停留、聊天、看書、打座15～20分鐘後再開始拜拜儀式，如果在燒香後到燒金紙的這段時間，也在吉方位休息，更符合奇門遁甲造運術，這樣一來，就符合開市吸好氣行好運的磁場運作了。

第十二節　放假旅行開運法

我們每年大約有一百天左右的假日，許多人都會安排休閒旅遊，如今有一種放假旅行開運法，在此建議您不妨參考參考，如果您照本書所提供的方法（方位建議），保證您身心越來越健康，運氣越來越好。

因為每個人的放假旅行，也許不是同一天，所以在此教您如何查盤。

國曆：2008.05.03 乙卯時盤(陽二局)

丁 合 一 三奇、星奇、休詐 八門生、天地剋 庚 休 任	己 陳 六 八門生、天地生 丙 生 沖	庚 雀 八 八門剋、天地生 戊(辛) 傷 輔
乙 陰 九 三奇、乙奇、真詐、地遁 八門剋、天地剋 己 開 蓬	二 辛 禽	丙 地 四 懽怡、跌穴 八門剋、天地剋 癸 杜 英
壬 蛇 五 八門生、天地剋 丁 驚 心	癸 符 七 相佐 八門剋、天地生 天網 乙 死 柱	戊(辛) 天 三 八門剋、天地剋 壬 景 芮

5 2 1 6 25 0 10 1	0 −2 1 14 4 0 10 1	−5 −2 1 −9 0 −6 3
5 2 1 9 21 −4 0 10 −2		5 2 −1 6 1 −4 0 −6 −1
−3 −2 −2 −13 0 −9 3	−3 2 −1 3 −12 −3 0 −9 −1	0 2 −1 3 −4 0 6 0

如果您選定2008年5月3日卯時要出國旅行，那您就可以去查看盤中的「健康娛樂」，如果在「巽方」東南方，那建議您可以在出發往目的地前，先往東南方15～20分鐘吸吉氣或買一罐礦泉水喝幾口或做三次深呼吸後，再前往目的地，這樣一來保證此次旅行會得到很棒的感覺，因為您已吸完吉氣再前往目的地，等於身體中已充滿歡欣愉快的好氣，保證這次的旅行將會有很好的感覺。

第十三節　搬家也可以選好方位來搬

搬家這種行為一般人一輩子一定會碰上好幾次，有的人是搬到更棒的房子，但有的人則會搬往較差的地方，但無論如何，搬家總是一件重要的事情，也就是在搬家的那一刻，建議您可以參考奇門遁甲術，選擇一個好時辰、好方位才開始搬吧！

例如：想要在2007年9月12～15日搬家。

如果您想要搬去的地方是在目前所在地的北方，那您可以查表在9月12～15日這幾天之中，在您預定搬家的時辰中，有沒符合「安神開光」最吉方在北方的是哪一天，如果有，那您可以選擇在該日的該時辰來進行搬家，這樣就可得到最佳的運勢。

當然能配合一般的搬家擇日選出良辰吉日最好。

第十四節　如何運用運動前吸收好氣

楊森將軍說過：「要活就要動，水不動就是死水，人不動就是死人，所以一個人要健康就要多運動。」

在奇門遁甲學中每天運動前，可以先前往最吉方吸上15分鐘的吉祥氣，那此次的運動將增加10成的效果。

例如：2009年8月3日早上5～7點要做運動。

由盤中得知5～7點「健康娛樂」最吉方為「坤方」西南方（7分），那請您在該時辰先前往西南方15～20分鐘吸收西南方的吉祥氣，最後再前往平常的定點去做運動，這樣的行為對身體健康及運勢有加分的效果。

如果運動習慣是每天的，那請您參考每天5～7點的「建康娛樂」最吉方，按表去操作，保證效果加倍。

國曆：2009.08.03 己卯時盤(陰二局)

丙 雀 一 八門剋、天地伏、九星伏 丙 驚 輔	庚 陳 六 八門剋、天地伏、九星伏 庚 開 英	戊(丁) 合 八 八門剋、天地伏、九星伏 戊(丁) 休 芮
乙 地 九 乙奇 八門剋、天地伏、九星伏 乙 死 沖	二 丁 禽	壬 陰 四 八門生、天地伏、九星伏 壬 生 柱
辛 天 五 八門生、天地伏、九星伏 辛 景 任	己 符 七 八門生、天地伏、九星伏 己 杜 蓬	癸 蛇 三 八門剋、天地伏、九星伏 癸 傷 心

5 −2 1 3 −5 −6 0 −9 3	−5 −2 1 −3 −6 0 10 −1	0 2 1 7 −6 0 10 0
5 2 1 3 −3 −6 0 −9 1		−3 2 −1 5 −2 0 10 −1
−3 2 −2 2 −2 0 6 1	0 2 −1 −9 −2 0 −6 −2	−3 −2 −1 −15 −6 0 −6 3

玉女守門

第十五節　如果您是一位樂彩的玩家

近年來政府開放樂透彩以來，確實吸引了一票忠實的玩家，政府也藉此做了許多的社會公益，觀察以往大獎的中獎地方是各地都有，甚至多位風水師都前往開大獎的地點做堪查而有一個共同的結論，就是陽宅風水佳好運容易走到，不管此論調是否準確，我們來談如何才能在某個時刻前往何處買彩券才比較有機會中大獎。

有一種方法可試看看（此論調是根據古代傳承下來的奇門遁甲學而演算出來的，以下就簡單說明）

例如：我們想要在2009年1月8日未時買彩券，要前往哪個方位的投注站比較會中獎呢？

由盤中得知該時辰「買賣求財」吉方是西南方（21分），所以要在該時辰前往西南方的投注站購買彩券，如果在該時辰配合穿著，或配戴黃色或棕色的衣物，則中獎機率會高出許多。

PS：建議如果前往該方位可沿該吉方路線多買兩家，中獎率會更高，記得買樂透彩時要冥想一定會中獎。

國曆：2009.01.08 己未時盤(陽二局)

壬 蛇 一 八門剋、天地生、八門反、九星反 六儀、不遇 庚 開 心	乙 陰 六 三奇、日奇、真詐 八門剋、天地生、八門反、九星反 不遇 丙 休 蓬	丁 合 八 三奇 休詐 八門合、天地生、八門反、九星反 不遇 戊(辛) 生 任
癸 符 九 八門剋、天地剋、八門反、九星反 天綱、不遇 己 驚 柱	二 不遇 辛 禽	己 陳 四 八門剋、天地剋、八門反、九星反 不遇 癸 傷 沖
戊(辛) 天 五 八門合、天地生、八門反、九星反 不遇 丁 死 芮	丙 地 七 八門剋、天地生、八門反、九星反 不遇 乙 景 英	庚 雀 三 八門剋、天地生、八門反、九星反 上格、不遇 壬 杜 輔

-3 -2 1 [-1] -6 -4 0 10 3	5 2 1 6 [15] -3 -4 0 10 -2	5 2 1 6 [21] -3 -1 0 10 1
-3 2 1 [-24] -6 -8 0 -9 -1		0 -2 -1 [-19] -3 -8 0 -6 1
0 2 -2 [-13] -3 -1 0 -9 0	5 2 -1 [4] -3 -4 0 6 -1	-5 -2 -1 [-21] -6 -4 0 -6 3

在前往的路途中所看到的景象如果可以轉換成數字，將其記起來，成為下注的號碼或依據，這樣一來便可以提高中獎率，信不信由您，不試怎麼知道靈不靈，最後還是希望您能順利中獎。

第十六節　真正論斷時的吉凶剋應該怎麼回應

西元2008年5月25日（農曆：4月21日乙丑）庚辰時盤（陽五局）

如果我們想要在2008年5月25日辰時出門做生意，我們可以用「買賣求財」當用神來看看奇門遁甲真正的用事準則及兆應如何。

壬 雀 四 八門生、天地生 六儀 乙 休 英	丁(戊)地 九 三奇 重詐 八門生、天地剋 壬 生 芮	庚 天 二 八門剋、天地剋 奇格 丁(戊)傷 柱
乙 陳 三 三奇、乙奇 八門剋、天地生 丙 開 輔	五 戊 禽	己 符 七 八門剋、天地生 飛宮 庚 杜 心
丙 合 八 八門生、天地剋 辛 驚 沖	辛 陰 一 八門剋、天地生 癸 死 任	癸 蛇 六 八門剋、天地剋 己 景 蓬

-3 -2 -1 0 4 -3 4 0 10 -1	5 2 1 15 33 0 10 0	-5 2 -2 0 -19 -3 -4 0 -6 -1
5 -2 -1 3 18 0 10 3		0 2 -1 0 -5 -3 0 -6 3
5 2 1 0 0 0 -9 1	-3 2 1 0 -8 0 -9 1	-3 -2 1 0 -4 -4 0 6 -2

以此盤來看，目前已求得一個最佳的行動方位來增加成功率，以奇門遁甲學理所求得的盤勢如下，如奇門遁甲盤看不懂沒關係，老師已將最吉方位及穿著或隨身配戴物標示如下解說，建議您可放心依該方位行動。

如果您遵循奇門遁甲方式造運時，請在行進時隨時注意兆應狀況，如有其中一～三項應驗，表示天地間真的有時間與空間磁場吉凶，最後希望您常心存善念，常說好話，常做好事，那好運就會常伴您左右。

解答：依您所擇定之時間點用奇門遁甲公式求得如下：

一、您可用座向盤方式進行所要的工作；由所在地往「南」（33分）方向行進，至少5～20分鐘後再前往目的地。

例一：如果辦事地點（目的地）是在您目前所在地的南方，那請您直接前往即可（至少要有15～20分鐘以上之路程）。

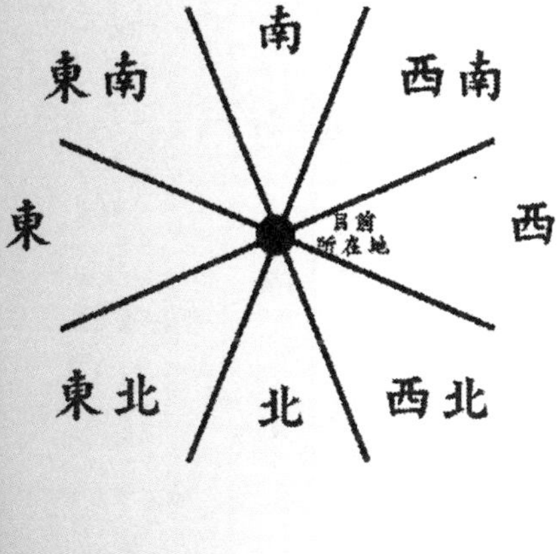

例二：如果辦事地點（目的地）不在您目前所在地的南方，

那請您先前往南方，行進15～20分找地方喝水或深呼吸或稍作停留，

再前往目的地，這樣一來才能達成所要的目標。

二、您可並用座盤方式來加強座向盤或立向盤的功效，在座位方的選擇可選擇坐在「南」方位，以求得最佳的優勢。

例一：如果在辦事時需要坐下談論時，建議您可選擇坐在南方位來進行，對該事情有極大幫助。

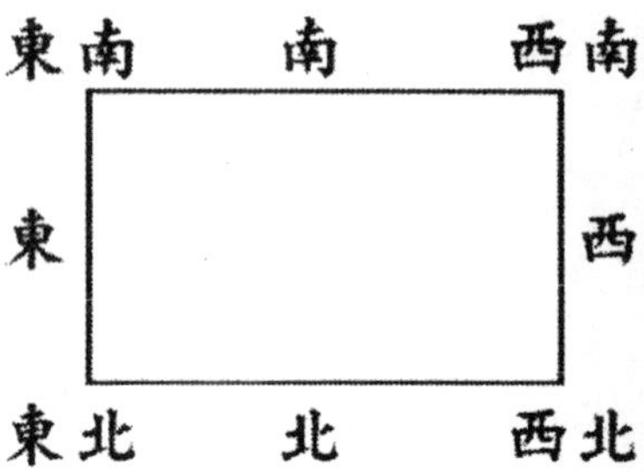

三、您可以同時選用紅色、紫色的衣服或隨身搭配物來加強該時辰的最佳運勢。

本條的用意為；在本用事時辰，如能配合穿著之顏色或隨身配戴物，含身上內衣，均可增加該用時的能量。

PS：在進行的過程中有可能會碰到以下狀況：兆應

1、見赤衣人，或東方有人修剪花木，或青衣人、青鳥成群而來。七日內進酒物、進人口、進錢財。

2、9里、19里逢喜事車隊多輛相隨。主女人、小孩不寧，或文書失而復得。

3、路逢有狗在追逐或安全人員。主子孫繁衍，官祿不絕。

4、有東方樹倒傷人，鼓樂鳴，女人著紅衣至為應，鵲繞屋飛鳴，因賊破財，作用後，六十日行動不方便之人上門爭吵，婚後生貴子發旺。

第六章

奇門遁甲各種占卜應用方法

有聽說過奇門遁甲的朋友們都知道奇門遁甲不只可以運用在方位的選擇上，更可以運用在事物的占卜上。

目前在坊間的占卜方式很多，大概也都有其準確度，現在我們就來介紹奇門遁甲的占卜方式，它可以占卜財運、購屋、疾病、婚姻、考試、旅遊、失物、生男生女、開店、合夥、討債訴訟等吉凶。

只要您會排奇門遁甲時盤，再記住一些基本公式，您就是一位占卜大師了，使用過奇門遁甲的老師們都深信此種占卜方式很準，所以當您學會了此種占卜方式後，如果遇上一些麻煩而不能做決定的事時，不妨用奇門占卜術來幫您解迷津吧！

第六章列舉十二種案例來說明奇門遁甲占卜實際用法，本中心開發一套電腦軟體可以用在奇門用事及占卜上，能夠在一分鐘內就斷出吉凶，如果您有需求請來電詢問。

第一節 占求財吉凶

要問事時請隨意唸出一個時間點之後就開始起奇門遁甲盤

國曆:2008.01.08 甲辰時盤(陽四局)

占求財吉凶

奇門遁甲時盤

戊 陰 三 天地伏、八門伏、九星伏 戊 杜 輔	癸 合 八 天地伏、八門伏、九星伏 癸 景 英	丙(己) 陳 一 月奇 天地伏、八門伏、九星伏 丙(己) 死 芮
乙 蛇 二 乙奇 天地伏、八門伏、九星伏 乙 傷 沖	四 己 禽	辛 雀 六 天地伏、八門伏、九星伏 辛 驚 柱
壬 符 七 天地伏、八門伏、九星伏 壬 生 任	丁 天 九 三奇 天地伏、八門伏、九星伏 丁 休 蓬	庚 地 五 天地伏、八門伏、九星伏 庚 開 心

五行方位盤

(木)東南	(火)南	(土)西南
(木)東		(金)西
(土)東北	(水)北	(金)西北

依照此盤解籤結果：

B・無法得財。

E・無法得財。

以下為：解盤條件

1、以天盤（戊）為財神。

2、八門的生門為財方（屬意外之財、非投資之財）。

以下為：各種答案

A、如兩宮的五行相生又得三奇或吉格且無八門伏吟

ANS：「可得財」。

B、如兩宮相剋又無吉格則為凶卦

ANS：「無法得財」。

C、如兩宮同五行又得三奇或吉格且無八門伏吟

ANS：「可得小財」。

D、地盤時干為財位得奇門在外地

ANS：「很久才會得財」。

E、如兩宮其一又位於九宮的五黃位或八門伏吟則為凶卦

ANS：「無法得財」。

第二節　占購屋吉凶

要問事時請隨意唸出一個時間點之後就開始起奇門遁甲盤

國曆:2008.02.03 己未時盤(陽九局)

占購屋吉凶

奇門遁甲時盤

己 合 八 八門生、天地剋 不遇 壬 休 蓬	乙 陳 四 三奇、日奇 八門生、天地剋 不遇 戊 生 任	辛 雀 六 八門剋、天地合、入中生 不遇 庚 癸 傷 沖
丁 陰 七 三奇、真詐 八門剋、天地剋 不遇 辛 開 心	九 不遇 癸 芮	壬 地 二 八門剋、天地剋 不遇 丙 杜 輔
丙 蛇 三 八門生、天地生 不遇 乙 驚 柱	庚 癸 符 五 八門剋、天地生、入中剋 刑格、時格、不遇 己 死 禽	戊 天 一 八門剋、天地生 不遇 丁 景 英

五行方位盤

(木)東南	(火)南	(土)西南
(木)東		(金)西
(土)東北	(水)北	(金)西北

依照此盤解籤結果：

F．可以買到更低的價格。

以下為：解盤條件

1、以八門的生門為房屋、死門為土地。

2、以八神的直符為買主。

以下為：各種答案

A、生門所落之宮生直符所落之宮且生門又有三奇及吉格

ANS：「如為此情況：買了會賺錢」。

B、死門所落之宮生直符所落之宮且死門又有三奇及吉格

ANS：「如為此情況：買了會賺錢」。

C、如生門或死門所落之宮剋、直符宮又是凶格

ANS：「如為此情況：買了會破財」。

D、直符宮生死門或生門，亦主不利之格

ANS：「可能會買貴了」。

E、生門或死門所落之宮與直符宮同五行且生或死門是吉格

ANS：「買的價格還算合理」。

F、直符宮剋生門或死門所落之宮

ANS：「可以買到更低的價格」。

第三節 占疾病吉凶

要問事時請隨意唸出一個時間點之後就開始起奇門遁甲盤

國曆:2008.03.05 庚午時盤(陽三局)

占疾病吉凶

奇門遁甲時盤

丙 地 二 三奇 重詐 八門剋、天地生 不遇 己 生 蓬	癸 天 七 八門生、天地剋 螣蛇、不遇 丁 傷 任	戊 符 九 相佐 八門剋、天地剋 不遇 乙(庚) 杜 沖
辛 雀 一 八門生、天地生 不遇 戊 休 心	三 不遇 庚 禽	己 蛇 五 八門剋、天地剋 不遇 壬 景 輔
壬 陳 六 八門生、天地合 不遇 癸 開 柱	乙(庚) 合 八 八門生、天地生 不遇 丙 驚 芮	丁 陰 四 八門生、天地剋 不遇 辛 死 英

五行方位盤

(木)東南	(火)南	(土)西南
(木)東		(金)西
(土)東北	(水)北	(金)西北

依照此盤解籤結果：

E·可能要治療一段時間才可痊癒。

以下為：解盤條件

1、以天芮星為疾病星。

2、以天芮星所落之宮的八門來判斷吉凶，天心為醫生。

以下為：各種答案

A、得生門則

ANS：「生病可以治癒」。

B、得死門則

ANS：「可能很難治癒」。

C、得開門則

ANS：「可能要開刀」。

D、天芮星本為五行屬「土」，芮星落入「震」、「巽」兩宮為病受宮剋，如又得三奇或吉格

ANS：「很快痊癒」。

E、天芮星如落入坎宮為病剋宮

ANS：「可能要治療一段時間才可痊癒」。

F、天芮星落入兌、乾兩宮為病生宮

ANS：「病可能很難治癒」。

G、天芮星落入艮、坤、離，為比旺或宮『生』病

ANS：「可能要長期治療且很難復原」。

H、天心所落宮生天芮星所落宮，天芮宮又是吉格

ANS：「醫生對病人有幫助」。

I、天芮星所落宮與天心所落宮相剋，又是凶格

ANS：「該醫生跟病人磁場不對」。

J、天芮星所落宮與天心所落宮同五行

ANS：「可能要治療一段時間才可痊癒」。

第四節　占婚姻吉凶

要問事時請隨意唸出一個時間點之後就開始起奇門遁甲盤

國曆：2008.04.16 辛卯時盤(陽一局)

占婚姻吉凶

奇門遁甲時盤

庚　符　九 八門剋、天地合 時格 辛　死　沖	辛　蛇　五 八門剋、天地剋 白虎、六儀 乙　驚　輔	乙　陰　七 三奇　真詐、地遁 八門生、天地剋 入墓 己(壬)　開　英
丙　天　八 天假、懽怡、跌穴 八門生、天地剋 熒惑 庚　景　任	一 壬　禽	己(壬)　合　三 八門生、天地生 丁　休　芮
戊　地　四 八門剋、天地生 丙　杜　蓬	癸　雀　六 八門生、天地剋 戊　傷　心	丁　陳　二 三奇 八門生、天地剋 朱雀 癸　生　柱

五行方位盤

(木)東南	(火)南	(土)西南
(木)東		(金)西
(土)東北	(水)北	(金)西北

依照此盤解籤結果：

B．婚事不樂觀。

G．女方會希望媒人盡力促成。

以下為：解盤條件

1、以天盤（庚）為男方，以天盤（乙）為女方。

2、八神的六合為媒人看各落入哪一宮？

以下為：各種答案

A、如庚、乙所落之宮相生或同五行比旺

ANS：「婚事可成」。

B、如庚、乙所落之宮相剋

ANS：「婚事不樂觀」。

C、如六合之宮生庚之宮
ANS：「媒人偏向男方」。
D、如庚之宮生六合之宮
ANS：「男方會希望媒人盡力促成」。
E、如庚之宮與六合之宮比合
ANS：「男方與媒人會很積極盡力促成」。
F、如六合之宮生乙之宮
ANS：「媒人偏向女方」。
G、如乙之宮生六合之宮
ANS：「女方會希望媒人盡力促成」。
H、如乙之宮與六合之宮比合
ANS：「女方與媒人會很積極盡力促成」。

第五節　占考試吉凶

要問事時請隨意唸出一個時間點之後就開始起奇門遁甲盤

國曆：2008.05.11　癸巳時盤（陽四局）

占考試吉凶

奇門遁甲時盤

辛　天　三 八門伏、天地生 戊　杜　柱	庚　符　八 八門伏、天地生 大格、時格 癸　景　心	丁　蛇　一 八門伏、天地合 丙(己)　死　蓬
丙(己)　地　二 八門伏、天地生 乙　傷　芮	四 己　禽	壬　陰　六 八門伏、天地生 辛　驚　任
癸　雀　七 八門伏、天地合 壬　生　英	戊　陳　九 八門伏、天地生 丁　休　輔	乙　合　五 三奇、休詐、懽怡 八門伏、天地剋 庚　開　沖

五行方位盤

(木)東南	(火)南	(土)西南
(木)東		(金)西
(土)東北	(水)北	(金)西北

依照此盤解籤結果：

C‧考試成績不理想。

以下為：解盤條件

條件：以日干（天盤）為考生，直符為主考官，「朱雀、旬首」為考試科目

以下為：各種答案

A、直符所落之宮生或比合（同五行），日干所落之宮又得景門，或為吉格（天地盤）

ANS：「金榜題名」。

B、「朱雀、旬首」所落之宮生或比合（同五行），日干所落之宮又得景門或為吉格（天地盤）

ANS：「金榜題名」。

C、考生與考試科目之宮為相剋狀況又不得景門或不為吉格，

ANS：「考試成績不理想」。

D、如日干所落之宮為傷門或傷門在九宮之五黃位上

ANS：「會很辛苦，要努力一點」。

第六節　占旅遊吉凶

要問事時請隨意唸出一個時間點之後就開始起奇門遁甲盤

國曆:2008.08.11 丁巳時盤(陰二局)

占旅遊吉凶

奇門遁甲時盤

戊(丁) 陰 一 八門生、天地生 丙 休 芮	壬 蛇 六 八門生、天地生 庚 生 柱	癸 符 八 八門剋、天地剋 戊(丁) 傷 心
庚 合 九 八門剋、天地剋 奇格 乙 開 英	二 丁 禽	己 天 四 八門剋、天地剋 壬 杜 蓬
丙 陳 五 八門生、天地剋 辛 驚 輔	乙 雀 七 八門剋、天地剋 己 死 沖	辛 地 三 八門剋、天地生 癸 景 任

五行方位盤

(木)東南	(火)南	(土)西南
(木)東		(金)西
(土)東北	(水)北	(金)西北

依照此盤解籤結果：

B．不太愉快或小意外發生。

以下為：解盤條件

以日干所落之宮為旅行之人，要跟欲旅遊的方位之宮做比對。

以下為：各種答案

A、欲旅遊的方位所座落之宮相生或比合日干所座落之宮且又有三奇（乙、丙、丁），奇門（休、生、開、景）又是吉格

ANS：「會很愉快喔」。

B、欲旅遊的方位所座落之宮剋日干所座落之宮

ANS：「不太愉快或小意外發生」。

C、欲旅遊的方位所座落之宮與日干所座落之宮比合

ANS：「此次旅程感覺還不錯」。

D、欲旅遊的方位所座落之宮為日干所座落之宮沖剋

ANS：「此次旅遊會由您主導喔」。

第七節 占盜賊失物

要問事時請隨意唸出一個時間點之後就開始起奇門遁甲盤

國曆:2008.09.23 癸巳時盤(陰七局)

占盜賊失物

奇門遁甲時盤

辛 陰 六 天地伏、八門伏、九星伏 辛 杜 輔	丙 蛇 二 日奇、丙奇 天地伏、八門伏、九星伏 丙 景 英	癸 庚 符 四 天地伏、八門伏 天網 癸 庚 死 禽
壬 合 五 天地伏、八門伏、九星伏 壬 傷 沖	七 庚 芮	戊 天 九 天地伏、八門伏、九星伏 戊 驚 柱
乙 陳 一 三奇 天地伏、八門伏、九星伏 乙 生 任	丁 雀 三 三奇 天地伏、八門伏、九星伏 丁 休 蓬	己 地 八 天地伏、八門伏、九星伏 己 開 心

五行方位盤

(木)東南	(火)南	(土)西南
(木)東		(金)西
(土)東北	(水)北	(金)西北

依照此盤解籤結果：

A．可破案。捕盜方向為東南方。

以下為：解盤條件

1、以八神的勾陳為警察。

2、以九星的天蓬星為盜賊。

3、以八門的杜門為捕盜方向。

以下為：各種答案

A、如勾陳所落之宮剋天蓬星所落之宮

ANS：「可破案」。

B、如勾陳所落之宮相生或比合天蓬星所落之宮

ANS：「難破案」。

C、如勾陳與天蓬同宮

ANS：「可能是內賊所為」。

D、如天蓬星所落之宮剋勾陳所落之宮同宮

ANS：「可能是盜賊很狡猾」。

E、八門的杜門為捕盜方向。

第八節 占生男生女

要問事時請隨意唸出一個時間點之後就開始起奇門遁甲盤

國曆:2009.03.04 壬戌時盤(陽三局)

占生男生女

奇門遁甲時盤

壬 雀 二 八門剋、天地剋 六儀 己 驚 柱	辛 地 七 八門剋、天地剋 六儀 丁 開 心	丙 天 九 三奇、月奇 八門剋、天地生 乙(庚) 休 蓬
乙(庚) 陳 一 乙奇 八門剋、天地剋 戊 死 芮	三 庚 禽	癸 符 五 八門生、天地合 天網 壬 生 任
丁 合 六 懽怡 八門生、天地剋 朱雀、入墓 癸 景 英	己 陰 八 地假 八門生、天地生 丙 杜 輔	戊 蛇 四 八門剋、天地生 辛 傷 沖

五行方位盤

(木)東南	(火)南	(土)西南
(木)東		(金)西
(土)東北	(水)北	(金)西北

依照此盤解籤結果：

B．可生男孩。

以下為：解盤條件

看落入坤宮的八門為「何種星」來做判斷

以下為：各種答案

A、開門、休門、生門、傷門

ANS：「可生男孩」。

B、杜門、景門、死門、驚門

ANS：「可生女孩」。

第九節　占開店吉凶

要問事時請隨意唸出一個時間點之後就開始起奇門遁甲盤

國曆:2008.11.09 壬戌時盤(陰六局)

占開店吉凶

奇門遁甲時盤

乙　陰　五 星奇 八門剋、天地剋 庚　驚　柱	戊　蛇　一 八門剋、天地生 丁　開　心	癸　符　三 八門剋、天地合 天網 壬(己)　休　蓬
壬　合　四 八門剋、天地生 辛　死　芮	六 己　禽	丙　天　八 三奇　神遁 八門生、天地生 乙　生　任
丁　陳　九 八門生、天地合 入墓 丙　景　英	庚　雀　二 八門生、天地生 伏宮、大格 癸　杜　輔	辛　地　七 八門剋、天地生 戊　傷　沖

五行方位盤

(木)東南	(火)南	(土)西南
(木)東		(金)西
(土)東北	(水)北	(金)西北

依照此盤解籤結果：

A．此次開店會賺錢。

以下為：解盤條件

1．以開門所落之宮為「a」

2．以日干所落之宮為「b」

以下為：各種答案

A、所占之卦象如「a」「b」相生且不落入五黃位又有奇門、吉格（天地盤）

ANS：「此次開店會賺錢」。

B、所占之卦象如「a」「b」為相剋且為凶格或落入五黃宮

ANS：「此次開店會賠錢」。

C、所占之卦象如「a」「b」為比合（同五行）且不落入五黃宮

ANS：「此次開店剛開始不好後來還不錯」。

第十節 占合夥吉凶

要問事時請隨意唸出一個時間點之後就開始起奇門遁甲盤

國曆:2009.03.04 壬戌時盤(陽三局)

占合夥吉凶

奇門遁甲時盤

壬　雀　二 八門剋、天地剋 六儀 己　驚　柱	辛　地　七 八門剋、天地剋 六儀 丁　開　心	丙　天　九 三奇、月奇 八門剋、天地生 乙(庚)　休　蓬
乙(庚)　陳　一 乙奇 八門剋、天地剋 戊　死　芮	三 庚　禽	癸　符　五 八門生、天地合 天網 壬　生　任
丁　合　六 懽怡 八門生、天地剋 朱雀、入墓 癸　景　英	己　陰　八 地假 八門生、天地生 丙　杜　輔	戊　蛇　四 八門剋、天地生 辛　傷　沖

五行方位盤

(木)東南	(火)南	(土)西南
(木)東		(金)西
(土)東北	(水)北	(金)西北

依照此盤解籤結果：

E．我佔優勢但對方有意見。

以下為：解盤條件

1、以日干所落之宮為我。

2、以時干所落之宮為合夥人。

以下為：各種答案

A、時干之宮生日干之宮

ANS：「可合夥且利於我」。

B、日干之宮生時干之宮

ANS：「利於合夥人」。

C、日干之宮與時干之宮比合

ANS：「合夥公平」。

D、時干之宮剋日干之宮，日干之宮剋時干之宮

ANS：「不利於我、最好不要合夥」。

E、日干之宮剋時干之宮

ANS：「我佔優勢但對方有意見」。

第十一節　占朋友來訪吉凶

要問事時請隨意唸出一個時間點之後就開始起奇門遁甲盤

國曆:2009.06.04 丙戌時盤(陽六局)

占朋友來訪

奇門遁甲時盤

庚　符　五 相佐、返首 八門生、天地剋 太白、奇格、時格、不遇、時墓 丙　景　任	丁　蛇　一 八門生、天地剋 不遇、時墓 辛　死　沖	丙　陰　三 月奇 八門生、天地剋 不遇、時墓 癸(乙)　驚　輔
壬　天　四 八門合、天地剋 不遇、時墓 丁　杜　蓬	六 不遇、時墓 乙　禽	辛　合　八 八門合、天地生 不遇、時墓 己　開　英
戊　地　九 八門剋、天地生 不遇、時墓 庚　傷　心	己　雀　二 八門剋、天地剋 不遇、時墓 壬　生　柱	癸(乙)　陳　七 八門生、天地剋 不遇、時墓 戊　休　芮

五行方位盤

(木)東南	(火)南	(土)西南
(木)東		(金)西
(土)東北	(水)北	(金)西北

依照此盤解籤結果：

C．不利於我。

以下為：解盤條件

1．以朋友所居住的方位宮（天地）盤為標的。

2．天盤為朋友。

3．地盤為我。

以下為：各種答案

A、天盤生地盤

ANS：「有利於我」。

B、地盤生天盤

ANS：「不利於我」。

C、地盤跟天盤相剋

ANS：「不利於我」。

D、地盤跟天盤比合

ANS：「見面相談甚歡」。

第十二節　占討債訴訟吉凶

要問事時請隨意唸出一個時間點之後就開始起奇門遁甲盤

國曆:2009.06.27 丁巳時盤(陰三局)

占討債訴訟

奇門遁甲時盤

戊　陳　二 八門剋、天地剋 乙　驚　沖	乙　合　七 三奇、日奇、休詐、雲遁 八門剋、天地剋 逃走 辛　開　輔	辛　陰　九 八門剋、天地生 己(丙)　休　英
壬　雀　一 八門剋、天地剋 戊　死　任	三 丙　禽	己(丙)　蛇　五 八門生、天地剋 癸　生　芮
庚　地　六 八門生、天地生 六儀、上格 壬　景　蓬	丁　天　八 八門生、天地剋 庚　杜　心	癸　符　四 相佐 八門剋、天地剋 螣蛇、天網 丁　傷　柱

五行方位盤

(木)東南	(火)南	(土)西南
(木)東		(金)西
(土)東北	(水)北	(金)西北

依照此盤解籤結果：

D．要不到錢。

以下為：解盤條件

1．以日干所落之宮為我。

2．以時干所落之宮為欠債之人。

以下為：各種答案

A、如時干所落之宮有傷門且不剋日干

ANS：「可要到錢」。

B、如時干所落之宮生日干所落之宮

ANS：「可要到錢」。

C、如時干所落之宮無傷門且剋日干所落之宮

ANS：「要不到錢」。

D、如日干所落之宮生時干所落之宮且無傷門

ANS：「要不到錢」。

E、如日干所落之宮與時干所落之宮同五行

ANS：「還會拖一陣子」。

F、如日干所落之宮剋時干所落之宮

ANS：「會強行要回」。

第七章

奇門遁甲萬年曆

西元2001年（辛巳）肖蛇 民國90年（男艮命）

奇門遁甲局數如標示為 一 ～九表示陰局　　如標示為1 ～9 表示陽局

六月					五月					閏四月					四月					三月					二月					正月				
乙未					甲午					甲午					癸巳					壬辰					辛卯					庚寅				
六白金					七赤金										八白土					九紫火					一白水					二黑土				
立秋 18時54分 十八酉時		大暑 02時28分 初三丑時	奇門遁甲局數		小暑 09時08分 十七巳時		夏至 15時39分 初一申時	奇門遁甲局數		芒種 22時55分 十四亥時			奇門遁甲局數		小滿 07時45分 廿九辰時		立夏 18時46分 十三酉時	奇門遁甲局數		穀雨 08時37分 廿七辰時		清明 01時26分 十二丑時	奇門遁甲局數		春分 21時32分 廿六亥時		驚蟄 20時34分 十一戌時	奇門遁甲局數		雨水 22時29分 廿六亥時		立春 02時30分 十二丑時	奇門遁甲局數	
農曆	國曆	干支	時盤	日盤	農曆	國曆	干支	時盤	日盤	農曆	國曆	干支	時盤	日盤	農曆	國曆	干支	時盤	日盤	農曆	國曆	干支	時盤	日盤	農曆	國曆	干支	時盤	日盤	農曆	國曆	干支	時盤	日盤
1	7/21	乙酉	一	六	1	6/21	乙卯	三	九	1	5/23	丙戌	2	8	1	4/23	丙辰	2	5	1	3/25	丁亥	9	3	1	2/23	丁巳	6	9	1	1/24	丁亥	9	6
2	7/22	丙戌	一	五	2	6/22	丙辰	三	八	2	5/24	丁亥	2	9	2	4/24	丁巳	2	6	2	3/26	戊子	9	4	2	2/24	戊午	6	1	2	1/25	戊子	9	7
3	7/23	丁亥	一	四	3	6/23	丁巳	三	七	3	5/25	戊子	2	1	3	4/25	戊午	2	7	3	3/27	己丑	6	5	3	2/25	己未	3	2	3	1/26	己丑	6	8
4	7/24	戊子	一	三	4	6/24	戊午	三	六	4	5/26	己丑	8	2	4	4/26	己未	8	8	4	3/28	庚寅	6	6	4	2/26	庚申	3	3	4	1/27	庚寅	6	9
5	7/25	己丑	四	二	5	6/25	己未	六	五	5	5/27	庚寅	8	3	5	4/27	庚申	8	9	5	3/29	辛卯	6	7	5	2/27	辛酉	3	4	5	1/28	辛卯	6	1
6	7/26	庚寅	四	一	6	6/26	庚申	六	四	6	5/28	辛卯	8	4	6	4/28	辛酉	8	1	6	3/30	壬辰	6	8	6	2/28	壬戌	3	5	6	1/29	壬辰	6	2
7	7/27	辛卯	四	九	7	6/27	辛酉	六	三	7	5/29	壬辰	8	5	7	4/29	壬戌	8	2	7	3/31	癸巳	6	9	7	3/1	癸亥	3	6	7	1/30	癸巳	6	3
8	7/28	壬辰	四	八	8	6/28	壬戌	六	二	8	5/30	癸巳	8	6	8	4/30	癸亥	8	3	8	4/1	甲午	4	1	8	3/2	甲子	1	7	8	1/31	甲午	8	4
9	7/29	癸巳	四	七	9	6/29	癸亥	六	一	9	5/31	甲午	6	7	9	5/1	甲子	4	4	9	4/2	乙未	4	2	9	3/3	乙丑	1	8	9	2/1	乙未	8	5
10	7/30	甲午	二	六	10	6/30	甲子	八	九	10	6/1	乙未	6	8	10	5/2	乙丑	4	5	10	4/3	丙申	4	3	10	3/4	丙寅	1	9	10	2/2	丙申	8	6
11	7/31	乙未	二	五	11	7/1	乙丑	八	八	11	6/2	丙申	6	9	11	5/3	丙寅	4	6	11	4/4	丁酉	4	4	11	3/5	丁卯	1	1	11	2/3	丁酉	8	7
12	8/1	丙申	二	四	12	7/2	丙寅	八	七	12	6/3	丁酉	6	1	12	5/4	丁卯	4	7	12	4/5	戊戌	4	5	12	3/6	戊辰	1	2	12	2/4	戊戌	8	8
13	8/2	丁酉	二	三	13	7/3	丁卯	八	六	13	6/4	戊戌	6	2	13	5/5	戊辰	4	8	13	4/6	己亥	1	6	13	3/7	己巳	7	3	13	2/5	己亥	5	9
14	8/3	戊戌	二	二	14	7/4	戊辰	八	五	14	6/5	己亥	3	3	14	5/6	己巳	1	9	14	4/7	庚子	1	7	14	3/8	庚午	7	4	14	2/6	庚子	5	1
15	8/4	己亥	五	一	15	7/5	己巳	二	四	15	6/6	庚子	3	4	15	5/7	庚午	1	1	15	4/8	辛丑	1	8	15	3/9	辛未	7	5	15	2/7	辛丑	5	2
16	8/5	庚子	五	九	16	7/6	庚午	二	三	16	6/7	辛丑	3	5	16	5/8	辛未	1	2	16	4/9	壬寅	1	9	16	3/10	壬申	7	6	16	2/8	壬寅	5	3
17	8/6	辛丑	五	八	17	7/7	辛未	二	二	17	6/8	壬寅	3	6	17	5/9	壬申	1	3	17	4/10	癸卯	1	1	17	3/11	癸酉	7	7	17	2/9	癸卯	5	4
18	8/7	壬寅	五	七	18	7/8	壬申	二	一	18	6/9	癸卯	3	7	18	5/10	癸酉	1	4	18	4/11	甲辰	7	2	18	3/12	甲戌	4	8	18	2/10	甲辰	2	5
19	8/8	癸卯	五	六	19	7/9	癸酉	二	九	19	6/10	甲辰	9	8	19	5/11	甲戌	7	5	19	4/12	乙巳	7	3	19	3/13	乙亥	4	9	19	2/11	乙巳	2	6
20	8/9	甲辰	八	五	20	7/10	甲戌	五	八	20	6/11	乙巳	9	9	20	5/12	乙亥	7	6	20	4/13	丙午	7	4	20	3/14	丙子	4	1	20	2/12	丙午	2	7
21	8/10	乙巳	八	四	21	7/11	乙亥	五	七	21	6/12	丙午	9	1	21	5/13	丙子	7	7	21	4/14	丁未	7	5	21	3/15	丁丑	4	2	21	2/13	丁未	2	8
22	8/11	丙午	八	三	22	7/12	丙子	五	六	22	6/13	丁未	9	2	22	5/14	丁丑	7	8	22	4/15	戊申	7	6	22	3/16	戊寅	4	3	22	2/14	戊申	2	9
23	8/12	丁未	八	二	23	7/13	丁丑	五	五	23	6/14	戊申	9	3	23	5/15	戊寅	7	9	23	4/16	己酉	5	7	23	3/17	己卯	3	4	23	2/15	己酉	9	1
24	8/13	戊申	八	一	24	7/14	戊寅	五	四	24	6/15	己酉	九	4	24	5/16	己卯	5	1	24	4/17	庚戌	5	8	24	3/18	庚辰	3	5	24	2/16	庚戌	9	2
25	8/14	己酉	一	九	25	7/15	己卯	七	三	25	6/16	庚戌	九	5	25	5/17	庚辰	5	2	25	4/18	辛亥	5	9	25	3/19	辛巳	3	6	25	2/17	辛亥	9	3
26	8/15	庚戌	一	八	26	7/16	庚辰	七	二	26	6/17	辛亥	九	6	26	5/18	辛巳	5	3	26	4/19	壬子	5	1	26	3/20	壬午	3	7	26	2/18	壬子	9	4
27	8/16	辛亥	一	七	27	7/17	辛巳	七	一	27	6/18	壬子	九	7	27	5/19	壬午	5	4	27	4/20	癸丑	5	2	27	3/21	癸未	3	8	27	2/19	癸丑	9	5
28	8/17	壬子	一	六	28	7/18	壬午	七	九	28	6/19	癸丑	九	8	28	5/20	癸未	5	5	28	4/21	甲寅	2	3	28	3/22	甲申	9	9	28	2/20	甲寅	6	6
29	8/18	癸丑	一	五	29	7/19	癸未	七	八	29	6/20	甲寅	三	9	29	5/21	甲申	2	6	29	4/22	乙卯	2	4	29	3/23	乙酉	9	1	29	2/21	乙卯	6	7
					30	7/20	甲申	一	七						30	5/22	乙酉	2	7						30	3/24	丙戌	9	2	30	2/22	丙辰	6	8

西元2001年（辛巳）肖蛇 民國90年（女兌命）

奇門遁甲局數如標示為 一 ～九表示陰局　　如標示為1 ～9 表示陽局

十二月 辛丑 九紫火

立春：08時26分 廿三辰時　大寒：14時04分 初八未時　奇門遁甲局數

農曆	國曆	干支	時盤	日盤
1	1/13	辛巳	2	9
2	1/14	壬午	2	1
3	1/15	癸未	2	2
4	1/16	甲申	8	3
5	1/17	乙酉	8	4
6	1/18	丙戌	8	5
7	1/19	丁亥	8	6
8	1/20	戊子	8	7
9	1/21	己丑	5	8
10	1/22	庚寅	5	9
11	1/23	辛卯	5	1
12	1/24	壬辰	5	2
13	1/25	癸巳	5	3
14	1/26	甲午	3	4
15	1/27	乙未	3	5
16	1/28	丙申	3	6
17	1/29	丁酉	3	7
18	1/30	戊戌	3	8
19	1/31	己亥	9	9
20	2/1	庚子	9	1
21	2/2	辛丑	9	2
22	2/3	壬寅	9	3
23	2/4	癸卯	9	4
24	2/5	甲辰	6	5
25	2/6	乙巳	6	6
26	2/7	丙午	6	7
27	2/8	丁未	6	8
28	2/9	戊申	6	9
29	2/10	己酉	8	1
30	2/11	庚戌	8	2

十一月 庚子 一白水

小寒：20時45分 廿二戌時　冬至：03時23分 初八寅時　奇門遁甲局數

農曆	國曆	干支	時盤	日盤
1	12/15	壬子	四	三
2	12/16	癸丑	四	二
3	12/17	甲寅	七	一
4	12/18	乙卯	七	九
5	12/19	丙辰	七	八
6	12/20	丁巳	七	七
7	12/21	戊午	七	六
8	12/22	己未	一	5
9	12/23	庚申	一	6
10	12/24	辛酉	一	7
11	12/25	壬戌	一	8
12	12/26	癸亥	一	9
13	12/27	甲子	1	1
14	12/28	乙丑	1	2
15	12/29	丙寅	1	3
16	12/30	丁卯	1	4
17	12/31	戊辰	1	5
18	1/1	己巳	7	6
19	1/2	庚午	7	7
20	1/3	辛未	7	8
21	1/4	壬申	7	9
22	1/5	癸酉	7	1
23	1/6	甲戌	4	2
24	1/7	乙亥	4	3
25	1/8	丙子	4	4
26	1/9	丁丑	4	5
27	1/10	戊寅	4	6
28	1/11	己卯	2	7
29	1/12	庚辰	2	8

十月 己亥 二黑土

大雪：09時30分 廿三巳時　小雪：14時02分 初八未時　奇門遁甲局數

農曆	國曆	干支	時盤	日盤
1	11/15	壬午	五	六
2	11/16	癸未	五	五
3	11/17	甲申	八	四
4	11/18	乙酉	八	三
5	11/19	丙戌	八	二
6	11/20	丁亥	八	一
7	11/21	戊子	八	九
8	11/22	己丑	二	八
9	11/23	庚寅	二	七
10	11/24	辛卯	二	六
11	11/25	壬辰	二	五
12	11/26	癸巳	二	四
13	11/27	甲午	四	三
14	11/28	乙未	四	二
15	11/29	丙申	四	一
16	11/30	丁酉	四	九
17	12/1	戊戌	四	八
18	12/2	己亥	七	七
19	12/3	庚子	七	六
20	12/4	辛丑	七	五
21	12/5	壬寅	七	四
22	12/6	癸卯	七	三
23	12/7	甲辰	一	二
24	12/8	乙巳	一	一
25	12/9	丙午	一	九
26	12/10	丁未	一	八
27	12/11	戊申	一	七
28	12/12	己酉	四	六
29	12/13	庚戌	四	五
30	12/14	辛亥	四	四

九月 戊戌 三碧木

立冬：16時38分 廿二申時　霜降：16時27分 初七申時　奇門遁甲局數

農曆	國曆	干支	時盤	日盤
1	10/17	癸丑	五	八
2	10/18	甲寅	八	七
3	10/19	乙卯	八	六
4	10/20	丙辰	八	五
5	10/21	丁巳	八	四
6	10/22	戊午	八	三
7	10/23	己未	二	二
8	10/24	庚申	二	一
9	10/25	辛酉	二	九
10	10/26	壬戌	二	八
11	10/27	癸亥	二	七
12	10/28	甲子	六	六
13	10/29	乙丑	六	五
14	10/30	丙寅	六	四
15	10/31	丁卯	六	三
16	11/1	戊辰	六	二
17	11/2	己巳	九	一
18	11/3	庚午	九	九
19	11/4	辛未	九	八
20	11/5	壬申	九	七
21	11/6	癸酉	九	六
22	11/7	甲戌	三	五
23	11/8	乙亥	三	四
24	11/9	丙子	三	三
25	11/10	丁丑	三	二
26	11/11	戊寅	三	一
27	11/12	己卯	五	九
28	11/13	庚辰	五	八
29	11/14	辛巳	五	七

八月 丁酉 四綠木

寒露：13時26分 廿二未時　秋分：07時06分 初七辰時　奇門遁甲局數

農曆	國曆	干支	時盤	日盤
1	9/17	癸未	七	二
2	9/18	甲申	一	一
3	9/19	乙酉	一	九
4	9/20	丙戌	一	八
5	9/21	丁亥	一	七
6	9/22	戊子	一	六
7	9/23	己丑	四	五
8	9/24	庚寅	四	四
9	9/25	辛卯	四	三
10	9/26	壬辰	四	二
11	9/27	癸巳	四	一
12	9/28	甲午	六	九
13	9/29	乙未	六	八
14	9/30	丙申	六	七
15	10/1	丁酉	六	六
16	10/2	戊戌	六	五
17	10/3	己亥	九	四
18	10/4	庚子	九	三
19	10/5	辛丑	九	二
20	10/6	壬寅	九	一
21	10/7	癸卯	九	九
22	10/8	甲辰	三	八
23	10/9	乙巳	三	七
24	10/10	丙午	三	六
25	10/11	丁未	三	五
26	10/12	戊申	三	四
27	10/13	己酉	五	三
28	10/14	庚戌	五	二
29	10/15	辛亥	五	一
30	10/16	壬子	五	九

七月 丙申 五黃土

白露：21時47分 二十亥時　處暑：09時29分 初五巳時　奇門遁甲局數

農曆	國曆	干支	時盤	日盤
1	8/19	甲寅	四	四
2	8/20	乙卯	四	三
3	8/21	丙辰	四	二
4	8/22	丁巳	四	一
5	8/23	戊午	四	九
6	8/24	己未	七	八
7	8/25	庚申	七	七
8	8/26	辛酉	七	六
9	8/27	壬戌	七	五
10	8/28	癸亥	七	四
11	8/29	甲子	九	三
12	8/30	乙丑	九	二
13	8/31	丙寅	九	一
14	9/1	丁卯	九	九
15	9/2	戊辰	九	八
16	9/3	己巳	三	七
17	9/4	庚午	三	六
18	9/5	辛未	三	五
19	9/6	壬申	三	四
20	9/7	癸酉	三	三
21	9/8	甲戌	六	二
22	9/9	乙亥	六	一
23	9/10	丙子	六	九
24	9/11	丁丑	六	八
25	9/12	戊寅	六	七
26	9/13	己卯	七	六
27	9/14	庚辰	七	五
28	9/15	辛巳	七	四
29	9/16	壬午	七	三

西元2002年（壬午）肖馬 民國91年（男兌命）

奇門遁甲局數如標示為 一 ～九表示陰局　　如標示為1 ～9 表示陽局

六月					五月					四月					三月					二月					正月				
丁未					丙午					乙巳					甲辰					癸卯					壬寅				
三碧木					四綠木					五黃土					六白金					七赤金					八白土				
立秋 00時41分 三十子時		大暑 08時16分 十四辰時	奇門遁甲局數		小暑 14時57分 廿七未時		夏至 21時26分 十一亥時	奇門遁甲局數		芒種 04時46分 廿六寅時		小滿 13時30分 初十未時	奇門遁甲局數		立夏 00時39分 廿四子時		穀雨 14時22分 初八未時	奇門遁甲局數		清明 07時19分 廿三辰時		春分 03時17分 初八寅時	奇門遁甲局數		驚蟄 02時29分 廿三丑時		雨水 04時15分 初八寅時	奇門遁甲局數	
農曆	國曆	干支	時盤	日盤	農曆	國曆	干支	時盤	日盤	農曆	國曆	干支	時盤	日盤	農曆	國曆	干支	時盤	日盤	農曆	國曆	干支	時盤	日盤	農曆	國曆	干支	時盤	日盤
1	7/10	己卯	八	三	1	6/11	庚戌	6	5	1	5/12	庚辰	4	2	1	4/13	辛亥	4	9	1	3/14	辛巳	1	6	1	2/12	辛亥	8	3
2	7/11	庚辰	八	二	2	6/12	辛亥	6	6	2	5/13	辛巳	4	3	2	4/14	壬子	4	1	2	3/15	壬午	1	7	2	2/13	壬子	8	4
3	7/12	辛巳	八	一	3	6/13	壬子	6	7	3	5/14	壬午	4	4	3	4/15	癸丑	4	2	3	3/16	癸未	1	8	3	2/14	癸丑	8	5
4	7/13	壬午	八	九	4	6/14	癸丑	6	8	4	5/15	癸未	4	5	4	4/16	甲寅	1	3	4	3/17	甲申	7	9	4	2/15	甲寅	5	6
5	7/14	癸未	八	八	5	6/15	甲寅	3	9	5	5/16	甲申	1	6	5	4/17	乙卯	1	4	5	3/18	乙酉	7	1	5	2/16	乙卯	5	7
6	7/15	甲申	二	七	6	6/16	乙卯	3	1	6	5/17	乙酉	1	7	6	4/18	丙辰	1	5	6	3/19	丙戌	7	2	6	2/17	丙辰	5	8
7	7/16	乙酉	二	六	7	6/17	丙辰	3	2	7	5/18	丙戌	1	8	7	4/19	丁巳	1	6	7	3/20	丁亥	7	3	7	2/18	丁巳	5	9
8	7/17	丙戌	二	五	8	6/18	丁巳	3	3	8	5/19	丁亥	1	9	8	4/20	戊午	1	7	8	3/21	戊子	7	4	8	2/19	戊午	5	1
9	7/18	丁亥	二	四	9	6/19	戊午	3	4	9	5/20	戊子	1	1	9	4/21	己未	7	8	9	3/22	己丑	4	5	9	2/20	己未	2	2
10	7/19	戊子	二	三	10	6/20	己未	9	5	10	5/21	己丑	7	2	10	4/22	庚申	7	9	10	3/23	庚寅	4	6	10	2/21	庚申	2	3
11	7/20	己丑	五	二	11	6/21	庚申	9	四	11	5/22	庚寅	7	3	11	4/23	辛酉	7	1	11	3/24	辛卯	4	7	11	2/22	辛酉	2	4
12	7/21	庚寅	五	一	12	6/22	辛酉	9	三	12	5/23	辛卯	7	4	12	4/24	壬戌	7	2	12	3/25	壬辰	4	8	12	2/23	壬戌	2	5
13	7/22	辛卯	五	九	13	6/23	壬戌	9	二	13	5/24	壬辰	7	5	13	4/25	癸亥	7	3	13	3/26	癸巳	4	9	13	2/24	癸亥	2	6
14	7/23	壬辰	五	八	14	6/24	癸亥	9	一	14	5/25	癸巳	7	6	14	4/26	甲子	5	4	14	3/27	甲午	3	1	14	2/25	甲子	9	7
15	7/24	癸巳	五	七	15	6/25	甲子	九	九	15	5/26	甲午	5	7	15	4/27	乙丑	5	5	15	3/28	乙未	3	2	15	2/26	乙丑	9	8
16	7/25	甲午	七	六	16	6/26	乙丑	九	八	16	5/27	乙未	5	8	16	4/28	丙寅	5	6	16	3/29	丙申	3	3	16	2/27	丙寅	9	9
17	7/26	乙未	七	五	17	6/27	丙寅	九	七	17	5/28	丙申	5	9	17	4/29	丁卯	5	7	17	3/30	丁酉	3	4	17	2/28	丁卯	9	1
18	7/27	丙申	七	四	18	6/28	丁卯	九	六	18	5/29	丁酉	5	1	18	4/30	戊辰	5	8	18	3/31	戊戌	3	5	18	3/ 1	戊辰	9	2
19	7/28	丁酉	七	三	19	6/29	戊辰	九	五	19	5/30	戊戌	5	2	19	5/ 1	己巳	2	9	19	4/ 1	己亥	9	6	19	3/ 2	己巳	6	3
20	7/29	戊戌	七	二	20	6/30	己巳	三	四	20	5/31	己亥	2	3	20	5/ 2	庚午	2	1	20	4/ 2	庚子	9	7	20	3/ 3	庚午	6	4
21	7/30	己亥	一	一	21	7/ 1	庚午	三	三	21	6/ 1	庚子	2	4	21	5/ 3	辛未	2	2	21	4/ 3	辛丑	9	8	21	3/ 4	辛未	6	5
22	7/31	庚子	一	九	22	7/ 2	辛未	三	二	22	6/ 2	辛丑	2	5	22	5/ 4	壬申	2	3	22	4/ 4	壬寅	9	9	22	3/ 5	壬申	6	6
23	8/ 1	辛丑	一	八	23	7/ 3	壬申	三	一	23	6/ 3	壬寅	2	6	23	5/ 5	癸酉	2	4	23	4/ 5	癸卯	9	1	23	3/ 6	癸酉	6	7
24	8/ 2	壬寅	一	七	24	7/ 4	癸酉	三	九	24	6/ 4	癸卯	2	7	24	5/ 6	甲戌	8	5	24	4/ 6	甲辰	6	2	24	3/ 7	甲戌	3	8
25	8/ 3	癸卯	一	六	25	7/ 5	甲戌	六	八	25	6/ 5	甲辰	8	8	25	5/ 7	乙亥	8	6	25	4/ 7	乙巳	6	3	25	3/ 8	乙亥	3	9
26	8/ 4	甲辰	四	五	26	7/ 6	乙亥	六	七	26	6/ 6	乙巳	8	9	26	5/ 8	丙子	8	7	26	4/ 8	丙午	6	4	26	3/ 9	丙子	3	1
27	8/ 5	乙巳	四	四	27	7/ 7	丙子	六	六	27	6/ 7	丙午	8	1	27	5/ 9	丁丑	8	8	27	4/ 9	丁未	6	5	27	3/10	丁丑	3	2
28	8/ 6	丙午	四	三	28	7/ 8	丁丑	六	五	28	6/ 8	丁未	8	2	28	5/10	戊寅	8	9	28	4/10	戊申	6	6	28	3/11	戊寅	3	3
29	8/ 7	丁未	四	二	29	7/ 9	戊寅	六	四	29	6/ 9	戊申	8	3	29	5/11	己卯	4	1	29	4/11	己酉	4	7	29	3/12	己卯	1	4
30	8/ 8	戊申	四	一						30	6/10	己酉	6	4						30	4/12	庚戌	4	8	30	3/13	庚辰	1	5

西元2002年（壬午）肖馬 民國91年（女艮命）

奇門遁甲局數如標示為 一 ～九表示陰局　如標示為1 ～9 表示陽局

十二月					十一月					十　月					九　月					八　月					七　月				
癸丑					壬子					辛亥					庚戌					己酉					戊申				
六白金					七赤金					八白土					九紫火					一白水					二黑土				
大寒 19時54分 十八戌時		小寒 02時29分 初四丑時	奇門遁甲局數		冬至 09時16分 十九巳時		大雪 15時16分 初四申時	奇門遁甲局數		小雪 19時55分 十八戌時		立冬 22時23分 初三亥時	奇門遁甲局數		霜降 22時19分 十八亥時		寒露 19時11分 初三戌時	奇門遁甲局數		秋分 12時57分 十七午時		白露 03時32分 初二寅時	奇門遁甲局數		處暑 15時18分 十五申時			奇門遁甲局數	
農曆	國曆	干支	時盤	日盤	農曆	國曆	干支	時盤	日盤	農曆	國曆	干支	時盤	日盤	農曆	國曆	干支	時盤	日盤	農曆	國曆	干支	時盤	日盤	農曆	國曆	干支	時盤	日盤
1	1/3	丙子	4	4	1	12/4	丙午	二	九	1	11/5	丁丑	二	二	1	10/6	丁未	四	五	1	9/7	戊寅	七	七	1	8/9	己酉	二	九
2	1/4	丁丑	4	5	2	12/5	丁未	二	八	2	11/6	戊寅	二	一	2	10/7	戊申	四	四	2	9/8	己卯	九	六	2	8/10	庚戌	二	八
3	1/5	戊寅	4	6	3	12/6	戊申	二	七	3	11/7	己卯	六	九	3	10/8	己酉	六	三	3	9/9	庚辰	九	五	3	8/11	辛亥	二	七
4	1/6	己卯	2	7	4	12/7	己酉	四	六	4	11/8	庚辰	六	八	4	10/9	庚戌	六	二	4	9/10	辛巳	九	四	4	8/12	壬子	二	六
5	1/7	庚辰	2	8	5	12/8	庚戌	四	五	5	11/9	辛巳	六	七	5	10/10	辛亥	六	一	5	9/11	壬午	九	三	5	8/13	癸丑	二	五
6	1/8	辛巳	2	9	6	12/9	辛亥	四	四	6	11/10	壬午	六	六	6	10/11	壬子	六	九	6	9/12	癸未	九	二	6	8/14	甲寅	五	四
7	1/9	壬午	2	1	7	12/10	壬子	四	三	7	11/11	癸未	六	五	7	10/12	癸丑	六	八	7	9/13	甲申	三	一	7	8/15	乙卯	五	三
8	1/10	癸未	2	2	8	12/11	癸丑	四	二	8	11/12	甲申	九	四	8	10/13	甲寅	九	七	8	9/14	乙酉	三	九	8	8/16	丙辰	五	二
9	1/11	甲申	8	3	9	12/12	甲寅	七	一	9	11/13	乙酉	九	三	9	10/14	乙卯	九	六	9	9/15	丙戌	三	八	9	8/17	丁巳	五	一
10	1/12	乙酉	8	4	10	12/13	乙卯	七	九	10	11/14	丙戌	九	二	10	10/15	丙辰	九	五	10	9/16	丁亥	三	七	10	8/18	戊午	五	九
11	1/13	丙戌	8	5	11	12/14	丙辰	七	八	11	11/15	丁亥	九	一	11	10/16	丁巳	九	四	11	9/17	戊子	三	六	11	8/19	己未	八	八
12	1/14	丁亥	8	6	12	12/15	丁巳	七	七	12	11/16	戊子	九	九	12	10/17	戊午	九	三	12	9/18	己丑	六	五	12	8/20	庚申	八	七
13	1/15	戊子	8	7	13	12/16	戊午	七	六	13	11/17	己丑	三	八	13	10/18	己未	三	二	13	9/19	庚寅	六	四	13	8/21	辛酉	八	六
14	1/16	己丑	5	8	14	12/17	己未	一	五	14	11/18	庚寅	三	七	14	10/19	庚申	三	一	14	9/20	辛卯	六	三	14	8/22	壬戌	八	五
15	1/17	庚寅	5	9	15	12/18	庚申	一	四	15	11/19	辛卯	三	六	15	10/20	辛酉	三	九	15	9/21	壬辰	六	二	15	8/23	癸亥	八	四
16	1/18	辛卯	5	1	16	12/19	辛酉	一	三	16	11/20	壬辰	三	五	16	10/21	壬戌	三	八	16	9/22	癸巳	六	一	16	8/24	甲子	一	三
17	1/19	壬辰	5	2	17	12/20	壬戌	一	二	17	11/21	癸巳	三	四	17	10/22	癸亥	三	七	17	9/23	甲午	七	九	17	8/25	乙丑	一	二
18	1/20	癸巳	5	3	18	12/21	癸亥	一	一	18	11/22	甲午	五	三	18	10/23	甲子	五	六	18	9/24	乙未	七	八	18	8/26	丙寅	一	一
19	1/21	甲午	3	4	19	12/22	甲子	1	1	19	11/23	乙未	五	二	19	10/24	乙丑	五	五	19	9/25	丙申	七	七	19	8/27	丁卯	一	九
20	1/22	乙未	3	5	20	12/23	乙丑	1	2	20	11/24	丙申	五	一	20	10/25	丙寅	五	四	20	9/26	丁酉	七	六	20	8/28	戊辰	一	八
21	1/23	丙申	3	6	21	12/24	丙寅	1	3	21	11/25	丁酉	五	九	21	10/26	丁卯	五	三	21	9/27	戊戌	七	五	21	8/29	己巳	四	七
22	1/24	丁酉	3	7	22	12/25	丁卯	1	4	22	11/26	戊戌	五	八	22	10/27	戊辰	五	二	22	9/28	己亥	一	四	22	8/30	庚午	四	六
23	1/25	戊戌	3	8	23	12/26	戊辰	1	5	23	11/27	己亥	八	七	23	10/28	己巳	八	一	23	9/29	庚子	一	三	23	8/31	辛未	四	五
24	1/26	己亥	9	9	24	12/27	己巳	7	6	24	11/28	庚子	八	六	24	10/29	庚午	八	九	24	9/30	辛丑	一	二	24	9/1	壬申	四	四
25	1/27	庚子	9	1	25	12/28	庚午	7	7	25	11/29	辛丑	八	五	25	10/30	辛未	八	八	25	10/1	壬寅	一	一	25	9/2	癸酉	四	三
26	1/28	辛丑	9	2	26	12/29	辛未	7	8	26	11/30	壬寅	八	四	26	10/31	壬申	八	七	26	10/2	癸卯	一	九	26	9/3	甲戌	七	二
27	1/29	壬寅	9	3	27	12/30	壬申	7	9	27	12/1	癸卯	八	三	27	11/1	癸酉	八	六	27	10/3	甲辰	四	八	27	9/4	乙亥	七	一
28	1/30	癸卯	9	4	28	12/31	癸酉	7	1	28	12/2	甲辰	二	二	28	11/2	甲戌	二	五	28	10/4	乙巳	四	七	28	9/5	丙子	七	九
29	1/31	甲辰	6	5	29	1/1	甲戌	4	2	29	12/3	乙巳	二	一	29	11/3	乙亥	二	四	29	10/5	丙午	四	六	29	9/6	丁丑	七	八
					30	1/2	乙亥	4	3						30	11/4	丙子	二	三										

西元2003年（癸未）肖羊 民國92年（男乾命）

奇門遁甲局數如標示為 一 ～九表示陰局　　如標示為1 ～9 表示陽局

六月					五月					四月					三月					二月					正月				
己未					戊午					丁巳					丙辰					乙卯					甲寅				
九紫火					一白水					二黑土					三碧木					四綠木					五黃土				
大暑 14時05分 廿四未時		小暑 20時37分 初八戌時	奇門遁甲局數		夏至 03時12分 廿三寅時		芒種 10時21分 初七巳時	奇門遁甲局數		小滿 19時14分 廿一戌時		立夏 06時12分 初六卯時	奇門遁甲局數		穀雨 20時04分 十九戌時		清明 12時54分 初四午時	奇門遁甲局數		春分 09時01分 十九巳時		驚蟄 08時06分 初四辰時	奇門遁甲局數		雨水 10時02分 十九巳時		立春 14時07分 初四未時	奇門遁甲局數	
農曆	國曆	干支	時盤	日盤	農曆	國曆	干支	時盤	日盤	農曆	國曆	干支	時盤	日盤	農曆	國曆	干支	時盤	日盤	農曆	國曆	干支	時盤	日盤	農曆	國曆	干支	時盤	日盤
1	6/30	甲戌	六	八	1	5/31	甲辰	8	8	1	5/1	甲戌	8	5	1	4/2	乙巳	6	3	1	3/3	乙亥	3	9	1	2/1	乙巳	6	6
2	7/1	乙亥	六	七	2	6/1	乙巳	8	9	2	5/2	乙亥	8	6	2	4/3	丙午	6	4	2	3/4	丙子	3	1	2	2/2	丙午	6	7
3	7/2	丙子	六	六	3	6/2	丙午	8	1	3	5/3	丙子	8	7	3	4/4	丁未	6	5	3	3/5	丁丑	3	2	3	2/3	丁未	6	8
4	7/3	丁丑	六	五	4	6/3	丁未	8	2	4	5/4	丁丑	8	8	4	4/5	戊申	6	6	4	3/6	戊寅	3	3	4	2/4	戊申	6	9
5	7/4	戊寅	六	四	5	6/4	戊申	8	3	5	5/5	戊寅	8	9	5	4/6	己酉	4	7	5	3/7	己卯	1	4	5	2/5	己酉	8	1
6	7/5	己卯	八	三	6	6/5	己酉	6	4	6	5/6	己卯	4	1	6	4/7	庚戌	4	8	6	3/8	庚辰	1	5	6	2/6	庚戌	8	2
7	7/6	庚辰	八	二	7	6/6	庚戌	6	5	7	5/7	庚辰	4	2	7	4/8	辛亥	4	9	7	3/9	辛巳	1	6	7	2/7	辛亥	8	3
8	7/7	辛巳	八	一	8	6/7	辛亥	6	6	8	5/8	辛巳	4	3	8	4/9	壬子	4	1	8	3/10	壬午	1	7	8	2/8	壬子	8	4
9	7/8	壬午	八	九	9	6/8	壬子	6	7	9	5/9	壬午	4	4	9	4/10	癸丑	4	2	9	3/11	癸未	1	8	9	2/9	癸丑	8	5
10	7/9	癸未	八	八	10	6/9	癸丑	6	8	10	5/10	癸未	4	5	10	4/11	甲寅	1	3	10	3/12	甲申	7	9	10	2/10	甲寅	5	6
11	7/10	甲申	二	七	11	6/10	甲寅	3	9	11	5/11	甲申	1	6	11	4/12	乙卯	1	4	11	3/13	乙酉	7	1	11	2/11	乙卯	5	7
12	7/11	乙酉	二	六	12	6/11	乙卯	3	1	12	5/12	乙酉	1	7	12	4/13	丙辰	1	5	12	3/14	丙戌	7	2	12	2/12	丙辰	5	8
13	7/12	丙戌	二	五	13	6/12	丙辰	3	2	13	5/13	丙戌	1	8	13	4/14	丁巳	1	6	13	3/15	丁亥	7	3	13	2/13	丁巳	5	9
14	7/13	丁亥	二	四	14	6/13	丁巳	3	3	14	5/14	丁亥	1	9	14	4/15	戊午	1	7	14	3/16	戊子	7	4	14	2/14	戊午	5	1
15	7/14	戊子	二	三	15	6/14	戊午	3	4	15	5/15	戊子	1	1	15	4/16	己未	7	8	15	3/17	己丑	4	5	15	2/15	己未	2	2
16	7/15	己丑	五	二	16	6/15	己未	9	5	16	5/16	己丑	7	2	16	4/17	庚申	7	9	16	3/18	庚寅	4	6	16	2/16	庚申	2	3
17	7/16	庚寅	五	一	17	6/16	庚申	9	6	17	5/17	庚寅	7	3	17	4/18	辛酉	7	1	17	3/19	辛卯	4	7	17	2/17	辛酉	2	4
18	7/17	辛卯	五	九	18	6/17	辛酉	9	7	18	5/18	辛卯	7	4	18	4/19	壬戌	7	2	18	3/20	壬辰	4	8	18	2/18	壬戌	2	5
19	7/18	壬辰	五	八	19	6/18	壬戌	9	8	19	5/19	壬辰	7	5	19	4/20	癸亥	7	3	19	3/21	癸巳	4	9	19	2/19	癸亥	2	6
20	7/19	癸巳	五	七	20	6/19	癸亥	9	9	20	5/20	癸巳	7	6	20	4/21	甲子	5	4	20	3/22	甲午	3	1	20	2/20	甲子	9	7
21	7/20	甲午	七	六	21	6/20	甲子	九	1	21	5/21	甲午	5	7	21	4/22	乙丑	5	5	21	3/23	乙未	3	2	21	2/21	乙丑	9	8
22	7/21	乙未	七	五	22	6/21	乙丑	九	2	22	5/22	乙未	5	8	22	4/23	丙寅	5	6	22	3/24	丙申	3	3	22	2/22	丙寅	9	9
23	7/22	丙申	七	四	23	6/22	丙寅	九	七	23	5/23	丙申	5	9	23	4/24	丁卯	5	7	23	3/25	丁酉	3	4	23	2/23	丁卯	9	1
24	7/23	丁酉	七	三	24	6/23	丁卯	九	六	24	5/24	丁酉	5	1	24	4/25	戊辰	5	8	24	3/26	戊戌	3	5	24	2/24	戊辰	9	2
25	7/24	戊戌	七	二	25	6/24	戊辰	九	五	25	5/25	戊戌	5	2	25	4/26	己巳	2	9	25	3/27	己亥	9	6	25	2/25	己巳	6	3
26	7/25	己亥	一	一	26	6/25	己巳	三	四	26	5/26	己亥	2	3	26	4/27	庚午	2	1	26	3/28	庚子	9	7	26	2/26	庚午	6	4
27	7/26	庚子	一	九	27	6/26	庚午	三	三	27	5/27	庚子	2	4	27	4/28	辛未	2	2	27	3/29	辛丑	9	8	27	2/27	辛未	6	5
28	7/27	辛丑	一	八	28	6/27	辛未	三	二	28	5/28	辛丑	2	5	28	4/29	壬申	2	3	28	3/30	壬寅	9	9	28	2/28	壬申	6	6
29	7/28	壬寅	一	七	29	6/28	壬申	三	一	29	5/29	壬寅	2	6	29	4/30	癸酉	2	4	29	3/31	癸卯	9	1	29	3/1	癸酉	6	7
					30	6/29	癸酉	三	九	30	5/30	癸卯	2	7						30	4/1	甲辰	6	2	30	3/2	甲戌	3	8

西元2003年（癸未）肖羊 民國92年（女離命）

奇門遁甲局數如標示為 一 ～九表示陰局　　如標示為1 ～9 表示陽局

十二月					十一月					十　月					九　月					八　月					七　月				
乙丑					甲子					癸亥					壬戌					辛酉					庚申				
三碧木					四綠木					五黃土					六白金					七赤金					八白土				
大寒 01時44分 三十丑時		小寒 08時20分 十五辰時	奇門遁甲局數		冬至 15時05分 廿九申時		大雪 21時07分 十四亥時	奇門遁甲局數		小雪 01時45分 三十丑時		立冬 04時15分 十五寅時	奇門遁甲局數		霜降 04時09分 廿九寅時		寒露 01時02分 十四丑時	奇門遁甲局數		秋分 18時48分 廿七酉時		白露 09時22分 十二巳時	奇門遁甲局數		處暑 21時10分 廿六亥時		立秋 06時26分 十一卯時	奇門遁甲局數	
農曆	國曆	干支	時盤	日盤	農曆	國曆	干支	時盤	日盤	農曆	國曆	干支	時盤	日盤	農曆	國曆	干支	時盤	日盤	農曆	國曆	干支	時盤	日盤	農曆	國曆	干支	時盤	日盤
1	12/23	庚午	7	7	1	11/24	辛丑	八	五	1	10/25	辛未	八	八	1	9/26	壬寅	一	一	1	8/28	癸酉	四	三	1	7/29	癸卯	一	六
2	12/24	辛未	7	8	2	11/25	壬寅	八	四	2	10/26	壬申	八	七	2	9/27	癸卯	一	九	2	8/29	甲戌	七	二	2	7/30	甲辰	四	五
3	12/25	壬申	7	9	3	11/26	癸卯	八	三	3	10/27	癸酉	八	六	3	9/28	甲辰	四	八	3	8/30	乙亥	七	一	3	7/31	乙巳	四	四
4	12/26	癸酉	7	1	4	11/27	甲辰	二	二	4	10/28	甲戌	二	五	4	9/29	乙巳	四	七	4	8/31	丙子	七	九	4	8/1	丙午	四	三
5	12/27	甲戌	4	2	5	11/28	乙巳	二	一	5	10/29	乙亥	二	四	5	9/30	丙午	四	六	5	9/1	丁丑	七	八	5	8/2	丁未	四	二
6	12/28	乙亥	4	3	6	11/29	丙午	二	九	6	10/30	丙子	二	三	6	10/1	丁未	四	五	6	9/2	戊寅	七	七	6	8/3	戊申	四	一
7	12/29	丙子	4	4	7	11/30	丁未	二	八	7	10/31	丁丑	二	二	7	10/2	戊申	四	四	7	9/3	己卯	九	六	7	8/4	己酉	二	九
8	12/30	丁丑	4	5	8	12/1	戊申	二	七	8	11/1	戊寅	二	一	8	10/3	己酉	六	三	8	9/4	庚辰	九	五	8	8/5	庚戌	二	八
9	12/31	戊寅	4	6	9	12/2	己酉	四	六	9	11/2	己卯	六	九	9	10/4	庚戌	六	二	9	9/5	辛巳	九	四	9	8/6	辛亥	二	七
10	1/1	己卯	2	7	10	12/3	庚戌	四	五	10	11/3	庚辰	六	八	10	10/5	辛亥	六	一	10	9/6	壬午	九	三	10	8/7	壬子	二	六
11	1/2	庚辰	2	8	11	12/4	辛亥	四	四	11	11/4	辛巳	六	七	11	10/6	壬子	六	九	11	9/7	癸未	九	二	11	8/8	癸丑	二	五
12	1/3	辛巳	2	9	12	12/5	壬子	四	三	12	11/5	壬午	六	六	12	10/7	癸丑	六	八	12	9/8	甲申	三	一	12	8/9	甲寅	五	四
13	1/4	壬午	2	1	13	12/6	癸丑	四	二	13	11/6	癸未	六	五	13	10/8	甲寅	九	七	13	9/9	乙酉	三	九	13	8/10	乙卯	五	三
14	1/5	癸未	2	2	14	12/7	甲寅	七	一	14	11/7	甲申	九	四	14	10/9	乙卯	九	六	14	9/10	丙戌	三	八	14	8/11	丙辰	五	二
15	1/6	甲申	8	3	15	12/8	乙卯	七	九	15	11/8	乙酉	九	三	15	10/10	丙辰	九	五	15	9/11	丁亥	三	七	15	8/12	丁巳	五	一
16	1/7	乙酉	8	4	16	12/9	丙辰	七	八	16	11/9	丙戌	九	二	16	10/11	丁巳	九	四	16	9/12	戊子	三	六	16	8/13	戊午	五	九
17	1/8	丙戌	8	5	17	12/10	丁巳	七	七	17	11/10	丁亥	九	一	17	10/12	戊午	九	三	17	9/13	己丑	六	五	17	8/14	己未	八	八
18	1/9	丁亥	8	6	18	12/11	戊午	七	六	18	11/11	戊子	九	九	18	10/13	己未	三	二	18	9/14	庚寅	六	四	18	8/15	庚申	八	七
19	1/10	戊子	8	7	19	12/12	己未	一	五	19	11/12	己丑	三	八	19	10/14	庚申	三	一	19	9/15	辛卯	六	三	19	8/16	辛酉	八	六
20	1/11	己丑	5	8	20	12/13	庚申	一	四	20	11/13	庚寅	三	七	20	10/15	辛酉	三	九	20	9/16	壬辰	六	二	20	8/17	壬戌	八	五
21	1/12	庚寅	5	9	21	12/14	辛酉	一	三	21	11/14	辛卯	三	六	21	10/16	壬戌	三	八	21	9/17	癸巳	六	一	21	8/18	癸亥	八	四
22	1/13	辛卯	5	1	22	12/15	壬戌	一	二	22	11/15	壬辰	三	五	22	10/17	癸亥	三	七	22	9/18	甲午	七	九	22	8/19	甲子	一	三
23	1/14	壬辰	5	2	23	12/16	癸亥	一	一	23	11/16	癸巳	三	四	23	10/18	甲子	五	六	23	9/19	乙未	七	八	23	8/20	乙丑	一	二
24	1/15	癸巳	5	3	24	12/17	甲子	1	九	24	11/17	甲午	五	三	24	10/19	乙丑	五	五	24	9/20	丙申	七	七	24	8/21	丙寅	一	一
25	1/16	甲午	3	4	25	12/18	乙丑	1	八	25	11/18	乙未	五	二	25	10/20	丙寅	五	四	25	9/21	丁酉	七	六	25	8/22	丁卯	一	九
26	1/17	乙未	3	5	26	12/19	丙寅	1	七	26	11/19	丙申	五	一	26	10/21	丁卯	五	三	26	9/22	戊戌	七	五	26	8/23	戊辰	一	八
27	1/18	丙申	3	6	27	12/20	丁卯	1	六	27	11/20	丁酉	五	九	27	10/22	戊辰	五	二	27	9/23	己亥	一	四	27	8/24	己巳	四	七
28	1/19	丁酉	3	7	28	12/21	戊辰	1	五	28	11/21	戊戌	五	八	28	10/23	己巳	八	一	28	9/24	庚子	一	三	28	8/25	庚午	四	六
29	1/20	戊戌	3	8	29	12/22	己巳	7	6	29	11/22	己亥	八	七	29	10/24	庚午	八	九	29	9/25	辛丑	一	二	29	8/26	辛未	四	五
30	1/21	己亥	9	9						30	11/23	庚子	八	六											30	8/27	壬申	四	四

西元2004年（甲申）肖猴 民國93年（男坤命）

奇門遁甲局數如標示為 一 ～九表示陰局　　如標示為1 ～9 表示陽局

六月					五月					四月					三月					潤二月					二月					正月				
辛未					庚午					己巳					戊辰					戊辰					丁卯					丙寅				
六白金					七赤金					八白土					九紫火										一白水					二黑土				
立秋 12時21分 廿二午時		大暑 19時51分 初六戌時	奇門遁甲局數		小暑 02時33分 二十丑時		夏至 08時58分 初四辰時	奇門遁甲局數		芒種 16時15分 十八申時		小滿 01時00分 初三丑時	奇門遁甲局數		立夏 12時04分 十七午時		穀雨 01時52分 初二丑時	奇門遁甲局數		清明 18時44分 十五酉時			奇門遁甲局數		春分 14時50分 三十未時		驚蟄 13時56分 十五未時	奇門遁甲局數		雨水 15時51分 廿九申時		立春 19時58分 十四戌時	奇門遁甲局數	
農曆	國曆	干支	時盤	日盤	農曆	國曆	干支	時盤	日盤	農曆	國曆	干支	時盤	日盤	農曆	國曆	干支	時盤	日盤	農曆	國曆	干支	時盤	日盤	農曆	國曆	干支	時盤	日盤	農曆	國曆	干支	時盤	日盤
1	7/17	丁酉	七	三	1	6/18	戊辰	九	5	1	5/19	戊戌	5	2	1	4/19	戊辰	5	8	1	3/21	己亥	9	6	1	2/20	己巳	6	3	1	1/22	庚子	9	1
2	7/18	戊戌	七	二	2	6/19	己巳	三	6	2	5/20	己亥	2	3	2	4/20	己巳	2	9	2	3/22	庚子	9	7	2	2/21	庚午	6	4	2	1/23	辛丑	9	2
3	7/19	己亥	一	一	3	6/20	庚午	三	7	3	5/21	庚子	2	4	3	4/21	庚午	2	1	3	3/23	辛丑	9	8	3	2/22	辛未	6	5	3	1/24	壬寅	9	3
4	7/20	庚子	一	九	4	6/21	辛未	三	二	4	5/22	辛丑	2	5	4	4/22	辛未	2	2	4	3/24	壬寅	9	9	4	2/23	壬申	6	6	4	1/25	癸卯	9	4
5	7/21	辛丑	一	八	5	6/22	壬申	三	一	5	5/23	壬寅	2	6	5	4/23	壬申	2	3	5	3/25	癸卯	9	1	5	2/24	癸酉	6	7	5	1/26	甲辰	6	5
6	7/22	壬寅	一	七	6	6/23	癸酉	三	九	6	5/24	癸卯	2	7	6	4/24	癸酉	2	4	6	3/26	甲辰	6	2	6	2/25	甲戌	3	8	6	1/27	乙巳	6	6
7	7/23	癸卯	一	六	7	6/24	甲戌	六	八	7	5/25	甲辰	8	8	7	4/25	甲戌	8	5	7	3/27	乙巳	6	3	7	2/26	乙亥	3	9	7	1/28	丙午	6	7
8	7/24	甲辰	四	五	8	6/25	乙亥	六	七	8	5/26	乙巳	8	9	8	4/26	乙亥	8	6	8	3/28	丙午	6	4	8	2/27	丙子	3	1	8	1/29	丁未	6	8
9	7/25	乙巳	四	四	9	6/26	丙子	六	六	9	5/27	丙午	8	1	9	4/27	丙子	8	7	9	3/29	丁未	6	5	9	2/28	丁丑	3	2	9	1/30	戊申	6	9
10	7/26	丙午	四	三	10	6/27	丁丑	六	五	10	5/28	丁未	8	2	10	4/28	丁丑	8	8	10	3/30	戊申	6	6	10	2/29	戊寅	3	3	10	1/31	己酉	8	1
11	7/27	丁未	四	二	11	6/28	戊寅	六	四	11	5/29	戊申	8	3	11	4/29	戊寅	8	9	11	3/31	己酉	4	7	11	3/1	己卯	1	4	11	2/1	庚戌	8	2
12	7/28	戊申	四	一	12	6/29	己卯	八	三	12	5/30	己酉	6	4	12	4/30	己卯	4	1	12	4/1	庚戌	4	8	12	3/2	庚辰	1	5	12	2/2	辛亥	8	3
13	7/29	己酉	二	九	13	6/30	庚辰	八	二	13	5/31	庚戌	6	5	13	5/1	庚辰	4	2	13	4/2	辛亥	4	9	13	3/3	辛巳	1	6	13	2/3	壬子	8	4
14	7/30	庚戌	二	八	14	7/1	辛巳	八	一	14	6/1	辛亥	6	6	14	5/2	辛巳	4	3	14	4/3	壬子	4	1	14	3/4	壬午	1	7	14	2/4	癸丑	8	5
15	7/31	辛亥	二	七	15	7/2	壬午	八	九	15	6/2	壬子	6	7	15	5/3	壬午	4	4	15	4/4	癸丑	4	2	15	3/5	癸未	1	8	15	2/5	甲寅	5	6
16	8/1	壬子	二	六	16	7/3	癸未	八	八	16	6/3	癸丑	6	8	16	5/4	癸未	4	5	16	4/5	甲寅	1	3	16	3/6	甲申	7	9	16	2/6	乙卯	5	7
17	8/2	癸丑	二	五	17	7/4	甲申	二	七	17	6/4	甲寅	3	9	17	5/5	甲申	1	6	17	4/6	乙卯	1	4	17	3/7	乙酉	7	1	17	2/7	丙辰	5	8
18	8/3	甲寅	五	四	18	7/5	乙酉	二	六	18	6/5	乙卯	3	1	18	5/6	乙酉	1	7	18	4/7	丙辰	1	5	18	3/8	丙戌	7	2	18	2/8	丁巳	5	9
19	8/4	乙卯	五	三	19	7/6	丙戌	二	五	19	6/6	丙辰	3	2	19	5/7	丙戌	1	8	19	4/8	丁巳	1	6	19	3/9	丁亥	7	3	19	2/9	戊午	5	1
20	8/5	丙辰	五	二	20	7/7	丁亥	二	四	20	6/7	丁巳	3	3	20	5/8	丁亥	1	9	20	4/9	戊午	1	7	20	3/10	戊子	7	4	20	2/10	己未	2	2
21	8/6	丁巳	五	一	21	7/8	戊子	二	三	21	6/8	戊午	3	4	21	5/9	戊子	1	1	21	4/10	己未	7	8	21	3/11	己丑	4	5	21	2/11	庚申	2	3
22	8/7	戊午	五	九	22	7/9	己丑	五	二	22	6/9	己未	9	5	22	5/10	己丑	7	2	22	4/11	庚申	7	9	22	3/12	庚寅	4	6	22	2/12	辛酉	2	4
23	8/8	己未	八	八	23	7/10	庚寅	五	一	23	6/10	庚申	9	6	23	5/11	庚寅	7	3	23	4/12	辛酉	7	1	23	3/13	辛卯	4	7	23	2/13	壬戌	2	5
24	8/9	庚申	八	七	24	7/11	辛卯	五	九	24	6/11	辛酉	9	7	24	5/12	辛卯	7	4	24	4/13	壬戌	7	2	24	3/14	壬辰	4	8	24	2/14	癸亥	2	6
25	8/10	辛酉	八	六	25	7/12	壬辰	五	八	25	6/12	壬戌	9	8	25	5/13	壬辰	7	5	25	4/14	癸亥	7	3	25	3/15	癸巳	4	9	25	2/15	甲子	9	7
26	8/11	壬戌	八	五	26	7/13	癸巳	五	七	26	6/13	癸亥	9	9	26	5/14	癸巳	7	6	26	4/15	甲子	5	4	26	3/16	甲午	3	1	26	2/16	乙丑	9	8
27	8/12	癸亥	八	四	27	7/14	甲午	七	六	27	6/14	甲子	九	1	27	5/15	甲午	5	7	27	4/16	乙丑	5	5	27	3/17	乙未	3	2	27	2/17	丙寅	9	9
28	8/13	甲子	一	三	28	7/15	乙未	七	五	28	6/15	乙丑	九	2	28	5/16	乙未	5	8	28	4/17	丙寅	5	6	28	3/18	丙申	3	3	28	2/18	丁卯	9	1
29	8/14	乙丑	一	二	29	7/16	丙申	七	四	29	6/16	丙寅	九	3	29	5/17	丙申	5	9	29	4/18	丁卯	5	7	29	3/19	丁酉	3	4	29	2/19	戊辰	9	2
30	8/15	丙寅	一	一						30	6/17	丁卯	九	4	30	5/18	丁酉	5	1						30	3/20	戊戌	3	5					

西元2004年（甲申）肖猴 民國93年（女坎命）

奇門遁甲局數如標示為 一 ～九表示陰局　　如標示為1 ～9 表示陽局

十二月					十一月					十　月					九　月					八　月					七　月				
丁丑					丙子					乙亥					甲戌					癸酉					壬申				
九紫火					一白水					二黑土					三碧木					四綠木					五黃土				
立春 01時45分 廿六丑時		大寒 07時23分 十一辰時	奇門遁甲局數		小寒 14時10分 廿五未時		冬至 20時43分 初十戌時	奇門遁甲局數		大雪 02時50分 廿六丑時		小雪 07時23分 十一辰時	奇門遁甲局數		立冬 10時00分 廿五巳時		霜降 09時50分 初十巳時	奇門遁甲局數		寒露 06時51分 廿五卯時		秋分 00時31分 初十子時	奇門遁甲局數		白露 15時14分 廿三申時		處暑 02時55分 初八丑時	奇門遁甲局數	
農曆	國曆	干支	時盤	日盤	農曆	國曆	干支	時盤	日盤	農曆	國曆	干支	時盤	日盤	農曆	國曆	干支	時盤	日盤	農曆	國曆	干支	時盤	日盤	農曆	國曆	干支	時盤	日盤
1	1/10	甲午	2	4	1	12/12	乙丑	四	八	1	11/12	乙未	五	二	1	10/14	丙寅	五	四	1	9/14	丙申	七	七	1	8/16	丁卯	一	九
2	1/11	乙未	2	5	2	12/13	丙寅	四	七	2	11/13	丙申	五	一	2	10/15	丁卯	五	三	2	9/15	丁酉	七	六	2	8/17	戊辰	一	八
3	1/12	丙申	2	6	3	12/14	丁卯	四	六	3	11/14	丁酉	五	九	3	10/16	戊辰	五	二	3	9/16	戊戌	七	五	3	8/18	己巳	四	七
4	1/13	丁酉	2	7	4	12/15	戊辰	四	五	4	11/15	戊戌	五	八	4	10/17	己巳	八	一	4	9/17	己亥	一	四	4	8/19	庚午	四	六
5	1/14	戊戌	2	8	5	12/16	己巳	七	四	5	11/16	己亥	八	七	5	10/18	庚午	八	九	5	9/18	庚子	一	三	5	8/20	辛未	四	五
6	1/15	己亥	8	9	6	12/17	庚午	七	三	6	11/17	庚子	八	六	6	10/19	辛未	八	八	6	9/19	辛丑	一	二	6	8/21	壬申	四	四
7	1/16	庚子	8	1	7	12/18	辛未	七	二	7	11/18	辛丑	八	五	7	10/20	壬申	八	七	7	9/20	壬寅	一	一	7	8/22	癸酉	四	三
8	1/17	辛丑	8	2	8	12/19	壬申	七	一	8	11/19	壬寅	八	四	8	10/21	癸酉	八	六	8	9/21	癸卯	一	九	8	8/23	甲戌	七	二
9	1/18	壬寅	8	3	9	12/20	癸酉	七	九	9	11/20	癸卯	八	三	9	10/22	甲戌	二	五	9	9/22	甲辰	四	八	9	8/24	乙亥	七	一
10	1/19	癸卯	8	4	10	12/21	甲戌	一	2	10	11/21	甲辰	二	二	10	10/23	乙亥	二	四	10	9/23	乙巳	四	七	10	8/25	丙子	七	九
11	1/20	甲辰	5	5	11	12/22	乙亥	一	3	11	11/22	乙巳	二	一	11	10/24	丙子	二	三	11	9/24	丙午	四	六	11	8/26	丁丑	七	八
12	1/21	乙巳	5	6	12	12/23	丙子	一	4	12	11/23	丙午	二	九	12	10/25	丁丑	二	二	12	9/25	丁未	四	五	12	8/27	戊寅	七	七
13	1/22	丙午	5	7	13	12/24	丁丑	一	5	13	11/24	丁未	二	八	13	10/26	戊寅	二	一	13	9/26	戊申	四	四	13	8/28	己卯	九	六
14	1/23	丁未	5	8	14	12/25	戊寅	一	6	14	11/25	戊申	二	七	14	10/27	己卯	六	九	14	9/27	己酉	六	三	14	8/29	庚辰	九	五
15	1/24	戊申	5	9	15	12/26	己卯	1	7	15	11/26	己酉	四	六	15	10/28	庚辰	六	八	15	9/28	庚戌	六	二	15	8/30	辛巳	九	四
16	1/25	己酉	3	1	16	12/27	庚辰	1	8	16	11/27	庚戌	四	五	16	10/29	辛巳	六	七	16	9/29	辛亥	六	一	16	8/31	壬午	九	三
17	1/26	庚戌	3	2	17	12/28	辛巳	1	9	17	11/28	辛亥	四	四	17	10/30	壬午	六	六	17	9/30	壬子	六	九	17	9/ 1	癸未	九	二
18	1/27	辛亥	3	3	18	12/29	壬午	1	1	18	11/29	壬子	四	三	18	10/31	癸未	六	五	18	10/ 1	癸丑	六	八	18	9/ 2	甲申	三	一
19	1/28	壬子	3	4	19	12/30	癸未	1	2	19	11/30	癸丑	四	二	19	11/ 1	甲申	九	四	19	10/ 2	甲寅	九	七	19	9/ 3	乙酉	三	九
20	1/29	癸丑	3	5	20	12/31	甲申	7	3	20	12/ 1	甲寅	七	一	20	11/ 2	乙酉	九	三	20	10/ 3	乙卯	九	六	20	9/ 4	丙戌	三	八
21	1/30	甲寅	9	6	21	1/ 1	乙酉	7	4	21	12/ 2	乙卯	七	九	21	11/ 3	丙戌	九	二	21	10/ 4	丙辰	九	五	21	9/ 5	丁亥	三	七
22	1/31	乙卯	9	7	22	1/ 2	丙戌	7	5	22	12/ 3	丙辰	七	八	22	11/ 4	丁亥	九	一	22	10/ 5	丁巳	九	四	22	9/ 6	戊子	三	六
23	2/ 1	丙辰	9	8	23	1/ 3	丁亥	7	6	23	12/ 4	丁巳	七	七	23	11/ 5	戊子	九	九	23	10/ 6	戊午	九	三	23	9/ 7	己丑	六	五
24	2/ 2	丁巳	9	9	24	1/ 4	戊子	7	7	24	12/ 5	戊午	七	六	24	11/ 6	己丑	三	八	24	10/ 7	己未	三	二	24	9/ 8	庚寅	六	四
25	2/ 3	戊午	9	1	25	1/ 5	己丑	4	8	25	12/ 6	己未	一	五	25	11/ 7	庚寅	三	七	25	10/ 8	庚申	三	一	25	9/ 9	辛卯	六	三
26	2/ 4	己未	6	2	26	1/ 6	庚寅	4	9	26	12/ 7	庚申	一	四	26	11/ 8	辛卯	三	六	26	10/ 9	辛酉	三	九	26	9/10	壬辰	六	二
27	2/ 5	庚申	6	3	27	1/ 7	辛卯	4	1	27	12/ 8	辛酉	一	三	27	11/ 9	壬辰	三	五	27	10/10	壬戌	三	八	27	9/11	癸巳	六	一
28	2/ 6	辛酉	6	4	28	1/ 8	壬辰	4	2	28	12/ 9	壬戌	一	二	28	11/10	癸巳	三	四	28	10/11	癸亥	三	七	28	9/12	甲午	七	九
29	2/ 7	壬戌	6	5	29	1/ 9	癸巳	4	3	29	12/10	癸亥	一	一	29	11/11	甲午	五	三	29	10/12	甲子	五	六	29	9/13	乙未	七	八
30	2/ 8	癸亥	6	6						30	12/11	甲子	四	九						30	10/13	乙丑	五	五					

西元2005年（乙酉）肖雞 民國94年（男巽命）

奇門遁甲局數如標示為 一 ～九表示陰局　　如標示為1 ～9 表示陽局

六月					五月					四月					三月					二月					正月				
癸未					壬午					辛巳					庚辰					己卯					戊寅				
三碧木					四綠木					五黃土					六白金					七赤金					八白土				
大暑 01時42分 十八丑時		小暑 08時18分 初二辰時	奇門遁甲局數		夏至 14時47分 十五未時			奇門遁甲局數		芒種 22時03分 廿九亥時		小滿 06時49分 十四卯時	奇門遁甲局數		立夏 17時54分 廿七酉時		穀雨 07時38分 十二辰時	奇門遁甲局數		清明 00時36分 廿七子時		春分 20時35分 十一戌時	奇門遁甲局數		驚蟄 19時46分 廿五戌時		雨水 21時33分 初十亥時	奇門遁甲局數	
農曆	國曆	干支	時盤	日盤	農曆	國曆	干支	時盤	日盤	農曆	國曆	干支	時盤	日盤	農曆	國曆	干支	時盤	日盤	農曆	國曆	干支	時盤	日盤	農曆	國曆	干支	時盤	日盤
1	7/6	辛卯	六	九	1	6/7	壬戌	8	8	1	5/8	壬辰	8	5	1	4/9	癸亥	6	3	1	3/10	癸巳	3	9	1	2/9	甲子	8	7
2	7/7	壬辰	六	八	2	6/8	癸亥	8	9	2	5/9	癸巳	8	6	2	4/10	甲子	4	4	2	3/11	甲午	1	1	2	2/10	乙丑	8	8
3	7/8	癸巳	六	七	3	6/9	甲子	6	1	3	5/10	甲午	4	7	3	4/11	乙丑	4	5	3	3/12	乙未	1	2	3	2/11	丙寅	8	9
4	7/9	甲午	八	六	4	6/10	乙丑	6	2	4	5/11	乙未	4	8	4	4/12	丙寅	4	6	4	3/13	丙申	1	3	4	2/12	丁卯	8	1
5	7/10	乙未	八	五	5	6/11	丙寅	6	3	5	5/12	丙申	4	9	5	4/13	丁卯	4	7	5	3/14	丁酉	1	4	5	2/13	戊辰	8	2
6	7/11	丙申	八	四	6	6/12	丁卯	6	4	6	5/13	丁酉	4	1	6	4/14	戊辰	4	8	6	3/15	戊戌	1	5	6	2/14	己巳	5	3
7	7/12	丁酉	八	三	7	6/13	戊辰	6	5	7	5/14	戊戌	4	2	7	4/15	己巳	1	9	7	3/16	己亥	7	6	7	2/15	庚午	5	4
8	7/13	戊戌	八	二	8	6/14	己巳	3	6	8	5/15	己亥	1	3	8	4/16	庚午	1	1	8	3/17	庚子	7	7	8	2/16	辛未	5	5
9	7/14	己亥	二	一	9	6/15	庚午	3	7	9	5/16	庚子	1	4	9	4/17	辛未	1	2	9	3/18	辛丑	7	8	9	2/17	壬申	5	6
10	7/15	庚子	二	九	10	6/16	辛未	3	8	10	5/17	辛丑	1	5	10	4/18	壬申	1	3	10	3/19	壬寅	7	9	10	2/18	癸酉	5	7
11	7/16	辛丑	二	八	11	6/17	壬申	3	9	11	5/18	壬寅	1	6	11	4/19	癸酉	1	4	11	3/20	癸卯	7	1	11	2/19	甲戌	2	8
12	7/17	壬寅	二	七	12	6/18	癸酉	3	1	12	5/19	癸卯	1	7	12	4/20	甲戌	7	5	12	3/21	甲辰	4	2	12	2/20	乙亥	2	9
13	7/18	癸卯	二	六	13	6/19	甲戌	9	2	13	5/20	甲辰	7	8	13	4/21	乙亥	7	6	13	3/22	乙巳	4	3	13	2/21	丙子	2	1
14	7/19	甲辰	五	五	14	6/20	乙亥	9	3	14	5/21	乙巳	7	9	14	4/22	丙子	7	7	14	3/23	丙午	4	4	14	2/22	丁丑	2	2
15	7/20	乙巳	五	四	15	6/21	丙子	9	六	15	5/22	丙午	7	1	15	4/23	丁丑	7	8	15	3/24	丁未	4	5	15	2/23	戊寅	2	3
16	7/21	丙午	五	三	16	6/22	丁丑	9	五	16	5/23	丁未	7	2	16	4/24	戊寅	7	9	16	3/25	戊申	4	6	16	2/24	己卯	9	4
17	7/22	丁未	五	二	17	6/23	戊寅	9	四	17	5/24	戊申	7	3	17	4/25	己卯	5	1	17	3/26	己酉	3	7	17	2/25	庚辰	9	5
18	7/23	戊申	五	一	18	6/24	己卯	九	三	18	5/25	己酉	5	4	18	4/26	庚辰	5	2	18	3/27	庚戌	3	8	18	2/26	辛巳	9	6
19	7/24	己酉	七	九	19	6/25	庚辰	九	二	19	5/26	庚戌	5	5	19	4/27	辛巳	5	3	19	3/28	辛亥	3	9	19	2/27	壬午	9	7
20	7/25	庚戌	七	八	20	6/26	辛巳	九	一	20	5/27	辛亥	5	6	20	4/28	壬午	5	4	20	3/29	壬子	3	1	20	2/28	癸未	9	8
21	7/26	辛亥	七	七	21	6/27	壬午	九	九	21	5/28	壬子	5	7	21	4/29	癸未	5	5	21	3/30	癸丑	3	2	21	3/1	甲申	6	9
22	7/27	壬子	七	六	22	6/28	癸未	九	八	22	5/29	癸丑	5	8	22	4/30	甲申	2	6	22	3/31	甲寅	9	3	22	3/2	乙酉	6	1
23	7/28	癸丑	七	五	23	6/29	甲申	三	七	23	5/30	甲寅	2	9	23	5/1	乙酉	2	7	23	4/1	乙卯	9	4	23	3/3	丙戌	6	2
24	7/29	甲寅	一	四	24	6/30	乙酉	三	六	24	5/31	乙卯	2	1	24	5/2	丙戌	2	8	24	4/2	丙辰	9	5	24	3/4	丁亥	6	3
25	7/30	乙卯	一	三	25	7/1	丙戌	三	五	25	6/1	丙辰	2	2	25	5/3	丁亥	2	9	25	4/3	丁巳	9	6	25	3/5	戊子	6	4
26	7/31	丙辰	一	二	26	7/2	丁亥	三	四	26	6/2	丁巳	2	3	26	5/4	戊子	2	1	26	4/4	戊午	9	7	26	3/6	己丑	3	5
27	8/1	丁巳	一	一	27	7/3	戊子	三	三	27	6/3	戊午	2	4	27	5/5	己丑	8	2	27	4/5	己未	6	8	27	3/7	庚寅	3	6
28	8/2	戊午	一	九	28	7/4	己丑	六	二	28	6/4	己未	8	5	28	5/6	庚寅	8	3	28	4/6	庚申	6	9	28	3/8	辛卯	3	7
29	8/3	己未	四	八	29	7/5	庚寅	六	一	29	6/5	庚申	8	6	29	5/7	辛卯	8	4	29	4/7	辛酉	6	1	29	3/9	壬辰	3	8
30	8/4	庚申	四	七						30	6/6	辛酉	8	7						30	4/8	壬戌	6	2					

西元2005年（乙酉）肖雞 民國94年（女坤命）

奇門遁甲局數如標示為 一 ～九表示陰局　　如標示為1 ～9 表示陽局

十二月					十一月					十　月					九　月					八　月					七　月				
己丑					戊子					丁亥					丙戌					乙酉					甲申				
六白金					七赤金					八白土					九紫火					一白水					二黑土				
大寒 13時17分 廿一未時		小寒 19時49分 初六戌時	奇門遁甲局數		冬至 02時37分 廿二丑時		大雪 08時34分 初七辰時	奇門遁甲局數		小雪 13時17分 廿一未時		立冬 15時44分 初六申時	奇門遁甲局數		霜降 15時44分 廿一申時		寒露 12時35分 初六午時	奇門遁甲局數		秋分 06時25分 二十卯時		白露 20時58分 初四戌時	奇門遁甲局數		處暑 08時47分 十九辰時		立秋 18時05分 初三酉時	奇門遁甲局數	
農曆	國曆	干支	時盤	日盤	農曆	國曆	干支	時盤	日盤	農曆	國曆	干支	時盤	日盤	農曆	國曆	干支	時盤	日盤	農曆	國曆	干支	時盤	日盤	農曆	國曆	干支	時盤	日盤
1	12/31	己丑	4	8	1	12/1	己未	二	五	1	11/2	庚寅	二	七	1	10/3	庚申	四	一	1	9/4	辛卯	七	三	1	8/5	辛酉	四	六
2	1/1	庚寅	4	9	2	12/2	庚申	二	四	2	11/3	辛卯	二	六	2	10/4	辛酉	四	九	2	9/5	壬辰	七	二	2	8/6	壬戌	四	五
3	1/2	辛卯	4	1	3	12/3	辛酉	二	三	3	11/4	壬辰	二	五	3	10/5	壬戌	四	八	3	9/6	癸巳	七	一	3	8/7	癸亥	四	四
4	1/3	壬辰	4	2	4	12/4	壬戌	二	二	4	11/5	癸巳	二	四	4	10/6	癸亥	四	七	4	9/7	甲午	九	九	4	8/8	甲子	二	三
5	1/4	癸巳	4	3	5	12/5	癸亥	二	一	5	11/6	甲午	六	三	5	10/7	甲子	六	六	5	9/8	乙未	九	八	5	8/9	乙丑	二	二
6	1/5	甲午	2	4	6	12/6	甲子	四	九	6	11/7	乙未	六	二	6	10/8	乙丑	六	五	6	9/9	丙申	九	七	6	8/10	丙寅	二	一
7	1/6	乙未	2	5	7	12/7	乙丑	四	八	7	11/8	丙申	六	一	7	10/9	丙寅	六	四	7	9/10	丁酉	九	六	7	8/11	丁卯	二	九
8	1/7	丙申	2	6	8	12/8	丙寅	四	七	8	11/9	丁酉	六	九	8	10/10	丁卯	六	三	8	9/11	戊戌	九	五	8	8/12	戊辰	二	八
9	1/8	丁酉	2	7	9	12/9	丁卯	四	六	9	11/10	戊戌	六	八	9	10/11	戊辰	六	二	9	9/12	己亥	三	四	9	8/13	己巳	五	七
10	1/9	戊戌	2	8	10	12/10	戊辰	四	五	10	11/11	己亥	九	七	10	10/12	己巳	九	一	10	9/13	庚子	三	三	10	8/14	庚午	五	六
11	1/10	己亥	8	9	11	12/11	己巳	七	四	11	11/12	庚子	九	六	11	10/13	庚午	九	九	11	9/14	辛丑	三	二	11	8/15	辛未	五	五
12	1/11	庚子	8	1	12	12/12	庚午	七	三	12	11/13	辛丑	九	五	12	10/14	辛未	九	八	12	9/15	壬寅	三	一	12	8/16	壬申	五	四
13	1/12	辛丑	8	2	13	12/13	辛未	七	二	13	11/14	壬寅	九	四	13	10/15	壬申	九	七	13	9/16	癸卯	三	九	13	8/17	癸酉	五	三
14	1/13	壬寅	8	3	14	12/14	壬申	七	一	14	11/15	癸卯	九	三	14	10/16	癸酉	九	六	14	9/17	甲辰	六	八	14	8/18	甲戌	八	二
15	1/14	癸卯	8	4	15	12/15	癸酉	七	九	15	11/16	甲辰	三	二	15	10/17	甲戌	三	五	15	9/18	乙巳	六	七	15	8/19	乙亥	八	一
16	1/15	甲辰	5	5	16	12/16	甲戌	一	八	16	11/17	乙巳	三	一	16	10/18	乙亥	三	四	16	9/19	丙午	六	六	16	8/20	丙子	八	九
17	1/16	乙巳	5	6	17	12/17	乙亥	一	七	17	11/18	丙午	三	九	17	10/19	丙子	三	三	17	9/20	丁未	六	五	17	8/21	丁丑	八	八
18	1/17	丙午	5	7	18	12/18	丙子	一	六	18	11/19	丁未	三	八	18	10/20	丁丑	三	二	18	9/21	戊申	六	四	18	8/22	戊寅	八	七
19	1/18	丁未	5	8	19	12/19	丁丑	一	五	19	11/20	戊申	三	七	19	10/21	戊寅	三	一	19	9/22	己酉	七	三	19	8/23	己卯	一	六
20	1/19	戊申	5	9	20	12/20	戊寅	一	四	20	11/21	己酉	五	六	20	10/22	己卯	五	九	20	9/23	庚戌	七	二	20	8/24	庚辰	一	五
21	1/20	己酉	3	1	21	12/21	己卯	1	三	21	11/22	庚戌	五	五	21	10/23	庚辰	五	八	21	9/24	辛亥	七	一	21	8/25	辛巳	一	四
22	1/21	庚戌	3	2	22	12/22	庚辰	1	8	22	11/23	辛亥	五	四	22	10/24	辛巳	五	七	22	9/25	壬子	七	九	22	8/26	壬午	一	三
23	1/22	辛亥	3	3	23	12/23	辛巳	1	9	23	11/24	壬子	五	三	23	10/25	壬午	五	六	23	9/26	癸丑	七	八	23	8/27	癸未	一	二
24	1/23	壬子	3	4	24	12/24	壬午	1	1	24	11/25	癸丑	五	二	24	10/26	癸未	五	五	24	9/27	甲寅	一	七	24	8/28	甲申	四	一
25	1/24	癸丑	3	5	25	12/25	癸未	1	2	25	11/26	甲寅	八	一	25	10/27	甲申	八	四	25	9/28	乙卯	一	六	25	8/29	乙酉	四	九
26	1/25	甲寅	9	6	26	12/26	甲申	7	3	26	11/27	乙卯	八	九	26	10/28	乙酉	八	三	26	9/29	丙辰	一	五	26	8/30	丙戌	四	八
27	1/26	乙卯	9	7	27	12/27	乙酉	7	4	27	11/28	丙辰	八	八	27	10/29	丙戌	八	二	27	9/30	丁巳	一	四	27	8/31	丁亥	四	七
28	1/27	丙辰	9	8	28	12/28	丙戌	7	5	28	11/29	丁巳	八	七	28	10/30	丁亥	八	一	28	10/1	戊午	一	三	28	9/1	戊子	四	六
29	1/28	丁巳	9	9	29	12/29	丁亥	7	6	29	11/30	戊午	八	六	29	10/31	戊子	八	九	29	10/2	己未	四	二	29	9/2	己丑	七	五
					30	12/30	戊子	7	7						30	11/1	己丑	二	八						30	9/3	庚寅	七	四

西元2006年（丙戌）肖狗 民國95年（男震命）

奇門遁甲局數如標示為 一 ～九表示陰局　　如標示為1 ～9 表示陽局

六 月					五 月					四 月				
乙未					甲午					癸巳				
九紫火					一白水					二黑土				
大暑 07時19分 廿八辰時		小暑 13時53分 十二未時	奇門遁甲局數		夏至 20時27分 廿六戌時		芒種 03時38分 十一寅時	奇門遁甲局數		小滿 12時33分 廿四午時		立夏 23時32分 初八子時	奇門遁甲局數	
農曆	國曆	干支	時盤	日盤	農曆	國曆	干支	時盤	日盤	農曆	國曆	干支	時盤	日盤
1	6/26	丙戌	三	五	1	5/27	丙辰	2	2	1	4/28	丁亥	2	9
2	6/27	丁亥	三	四	2	5/28	丁巳	2	3	2	4/29	戊子	2	1
3	6/28	戊子	三	三	3	5/29	戊午	2	4	3	4/30	己丑	8	2
4	6/29	己丑	六	二	4	5/30	己未	8	5	4	5/1	庚寅	8	3
5	6/30	庚寅	六	一	5	5/31	庚申	8	6	5	5/2	辛卯	8	4
6	7/1	辛卯	六	九	6	6/1	辛酉	8	7	6	5/3	壬辰	8	5
7	7/2	壬辰	六	八	7	6/2	壬戌	8	8	7	5/4	癸巳	8	6
8	7/3	癸巳	六	七	8	6/3	癸亥	8	9	8	5/5	甲午	4	7
9	7/4	甲午	八	六	9	6/4	甲子	6	1	9	5/6	乙未	4	8
10	7/5	乙未	八	五	10	6/5	乙丑	6	2	10	5/7	丙申	4	9
11	7/6	丙申	八	四	11	6/6	丙寅	6	3	11	5/8	丁酉	4	1
12	7/7	丁酉	八	三	12	6/7	丁卯	6	4	12	5/9	戊戌	4	2
13	7/8	戊戌	八	二	13	6/8	戊辰	6	5	13	5/10	己亥	1	3
14	7/9	己亥	二	一	14	6/9	己巳	3	6	14	5/11	庚子	1	4
15	7/10	庚子	二	九	15	6/10	庚午	3	7	15	5/12	辛丑	1	5
16	7/11	辛丑	二	八	16	6/11	辛未	3	8	16	5/13	壬寅	1	6
17	7/12	壬寅	二	七	17	6/12	壬申	3	9	17	5/14	癸卯	1	7
18	7/13	癸卯	二	六	18	6/13	癸酉	3	1	18	5/15	甲辰	7	8
19	7/14	甲辰	五	五	19	6/14	甲戌	9	2	19	5/16	乙巳	7	9
20	7/15	乙巳	五	四	20	6/15	乙亥	9	3	20	5/17	丙午	7	1
21	7/16	丙午	五	三	21	6/16	丙子	9	4	21	5/18	丁未	7	2
22	7/17	丁未	五	二	22	6/17	丁丑	9	5	22	5/19	戊申	7	3
23	7/18	戊申	五	一	23	6/18	戊寅	9	6	23	5/20	己酉	5	4
24	7/19	己酉	七	九	24	6/19	己卯	九	7	24	5/21	庚戌	5	5
25	7/20	庚戌	七	八	25	6/20	庚辰	九	8	25	5/22	辛亥	5	6
26	7/21	辛亥	七	七	26	6/21	辛巳	九	一	26	5/23	壬子	5	7
27	7/22	壬子	七	六	27	6/22	壬午	九	九	27	5/24	癸丑	5	8
28	7/23	癸丑	七	五	28	6/23	癸未	九	八	28	5/25	甲寅	2	9
29	7/24	甲寅	一	四	29	6/24	甲申	三	七	29	5/26	乙卯	2	1
					30	6/25	乙酉	三	六					

三 月					二 月					正 月				
壬辰					辛卯					庚寅				
三碧木					四綠木					五黃土				
穀雨 13時27分 廿三未時		清明 06時17分 初八卯時	奇門遁甲局數		春分 02時27分 廿二丑時		驚蟄 01時30分 初七丑時	奇門遁甲局數		雨水 03時27分 廿二寅時		立春 07時29分 初七辰時	奇門遁甲局數	
農曆	國曆	干支	時盤	日盤	農曆	國曆	干支	時盤	日盤	農曆	國曆	干支	時盤	日盤
1	3/29	丁巳	9	6	1	2/28	戊子	6	4	1	1/29	戊午	9	1
2	3/30	戊午	9	7	2	3/1	己丑	3	5	2	1/30	己未	6	2
3	3/31	己未	6	8	3	3/2	庚寅	3	6	3	1/31	庚申	6	3
4	4/1	庚申	6	9	4	3/3	辛卯	3	7	4	2/1	辛酉	6	4
5	4/2	辛酉	6	1	5	3/4	壬辰	3	8	5	2/2	壬戌	6	5
6	4/3	壬戌	6	2	6	3/5	癸巳	3	9	6	2/3	癸亥	6	6
7	4/4	癸亥	6	3	7	3/6	甲午	1	1	7	2/4	甲子	8	7
8	4/5	甲子	4	4	8	3/7	乙未	1	2	8	2/5	乙丑	8	8
9	4/6	乙丑	4	5	9	3/8	丙申	1	3	9	2/6	丙寅	8	9
10	4/7	丙寅	4	6	10	3/9	丁酉	1	4	10	2/7	丁卯	8	1
11	4/8	丁卯	4	7	11	3/10	戊戌	1	5	11	2/8	戊辰	8	2
12	4/9	戊辰	4	8	12	3/11	己亥	7	6	12	2/9	己巳	5	3
13	4/10	己巳	1	9	13	3/12	庚子	7	7	13	2/10	庚午	5	4
14	4/11	庚午	1	1	14	3/13	辛丑	7	8	14	2/11	辛未	5	5
15	4/12	辛未	1	2	15	3/14	壬寅	7	9	15	2/12	壬申	5	6
16	4/13	壬申	1	3	16	3/15	癸卯	7	1	16	2/13	癸酉	5	7
17	4/14	癸酉	1	4	17	3/16	甲辰	4	2	17	2/14	甲戌	2	8
18	4/15	甲戌	7	5	18	3/17	乙巳	4	3	18	2/15	乙亥	2	9
19	4/16	乙亥	7	6	19	3/18	丙午	4	4	19	2/16	丙子	2	1
20	4/17	丙子	7	7	20	3/19	丁未	4	5	20	2/17	丁丑	2	2
21	4/18	丁丑	7	8	21	3/20	戊申	4	6	21	2/18	戊寅	2	3
22	4/19	戊寅	7	9	22	3/21	己酉	3	7	22	2/19	己卯	9	4
23	4/20	己卯	5	1	23	3/22	庚戌	3	8	23	2/20	庚辰	9	5
24	4/21	庚辰	5	2	24	3/23	辛亥	3	9	24	2/21	辛巳	9	6
25	4/22	辛巳	5	3	25	3/24	壬子	3	1	25	2/22	壬午	9	7
26	4/23	壬午	5	4	26	3/25	癸丑	3	2	26	2/23	癸未	9	8
27	4/24	癸未	5	5	27	3/26	甲寅	9	3	27	2/24	甲申	6	9
28	4/25	甲申	2	6	28	3/27	乙卯	9	4	28	2/25	乙酉	6	1
29	4/26	乙酉	2	7	29	3/28	丙辰	9	5	29	2/26	丙戌	6	2
30	4/27	丙戌	2	8						30	2/27	丁亥	6	3

西元2006年（丙戌）肖狗 民國95年（女震命）

奇門遁甲局數如標示為 一 ～九表示陰局　　如標示為1 ～9 表示陽局

十二月				
辛丑				
三碧木				
立春 13時20分 十七未時		大寒 19時02分 初二戌時	奇門遁甲局數	
農曆	國曆	干支	時盤	日盤
1	1/19	癸丑	3	5
2	1/20	甲寅	9	6
3	1/21	乙卯	9	7
4	1/22	丙辰	9	8
5	1/23	丁巳	9	9
6	1/24	戊午	9	1
7	1/25	己未	6	2
8	1/26	庚申	6	3
9	1/27	辛酉	6	4
10	1/28	壬戌	6	5
11	1/29	癸亥	6	6
12	1/30	甲子	8	7
13	1/31	乙丑	8	8
14	2/1	丙寅	8	9
15	2/2	丁卯	8	1
16	2/3	戊辰	8	2
17	2/4	己巳	5	3
18	2/5	庚午	5	4
19	2/6	辛未	5	5
20	2/7	壬申	5	6
21	2/8	癸酉	5	7
22	2/9	甲戌	2	8
23	2/10	乙亥	2	9
24	2/11	丙子	2	1
25	2/12	丁丑	2	2
26	2/13	戊寅	2	3
27	2/14	己卯	9	4
28	2/15	庚辰	9	5
29	2/16	辛巳	9	6
30	2/17	壬午	9	7

十一月				
庚子				
四綠木				
小寒 01時42分 十八丑時		冬至 08時24分 初三辰時	奇門遁甲局數	
農曆	國曆	干支	時盤	日盤
1	12/20	癸未	1	八
2	12/21	甲申	7	七
3	12/22	乙酉	7	4
4	12/23	丙戌	7	5
5	12/24	丁亥	7	6
6	12/25	戊子	7	7
7	12/26	己丑	4	8
8	12/27	庚寅	4	9
9	12/28	辛卯	4	1
10	12/29	壬辰	4	2
11	12/30	癸巳	4	3
12	12/31	甲午	2	4
13	1/1	乙未	2	5
14	1/2	丙申	2	6
15	1/3	丁酉	2	7
16	1/4	戊戌	2	8
17	1/5	己亥	8	9
18	1/6	庚子	8	1
19	1/7	辛丑	8	2
20	1/8	壬寅	8	3
21	1/9	癸卯	8	4
22	1/10	甲辰	5	5
23	1/11	乙巳	5	6
24	1/12	丙午	5	7
25	1/13	丁未	5	8
26	1/14	戊申	5	9
27	1/15	己酉	3	1
28	1/16	庚戌	3	2
29	1/17	辛亥	3	3
30	1/18	壬子	3	4

十月				
己亥				
五黃土				
大雪 14時28分 十七未時		小雪 19時03分 初二戌時	奇門遁甲局數	
農曆	國曆	干支	時盤	日盤
1	11/21	甲寅	八	一
2	11/22	乙卯	八	九
3	11/23	丙辰	八	八
4	11/24	丁巳	八	七
5	11/25	戊午	八	六
6	11/26	己未	二	五
7	11/27	庚申	二	四
8	11/28	辛酉	二	三
9	11/29	壬戌	二	二
10	11/30	癸亥	二	一
11	12/1	甲子	四	九
12	12/2	乙丑	四	八
13	12/3	丙寅	四	七
14	12/4	丁卯	四	六
15	12/5	戊辰	四	五
16	12/6	己巳	七	四
17	12/7	庚午	七	三
18	12/8	辛未	七	二
19	12/9	壬申	七	一
20	12/10	癸酉	七	九
21	12/11	甲戌	一	八
22	12/12	乙亥	一	七
23	12/13	丙子	一	六
24	12/14	丁丑	一	五
25	12/15	戊寅	一	四
26	12/16	己卯	1	三
27	12/17	庚辰	1	二
28	12/18	辛巳	1	一
29	12/19	壬午	1	九

九月				
戊戌				
六白金				
立冬 21時36分 十七亥時		霜降 21時28分 初二亥時	奇門遁甲局數	
農曆	國曆	干支	時盤	日盤
1	10/22	甲申	八	四
2	10/23	乙酉	八	三
3	10/24	丙戌	八	二
4	10/25	丁亥	八	一
5	10/26	戊子	八	九
6	10/27	己丑	二	八
7	10/28	庚寅	二	七
8	10/29	辛卯	二	六
9	10/30	壬辰	二	五
10	10/31	癸巳	二	四
11	11/1	甲午	六	三
12	11/2	乙未	六	二
13	11/3	丙申	六	一
14	11/4	丁酉	六	九
15	11/5	戊戌	六	八
16	11/6	己亥	九	七
17	11/7	庚子	九	六
18	11/8	辛丑	九	五
19	11/9	壬寅	九	四
20	11/10	癸卯	九	三
21	11/11	甲辰	三	二
22	11/12	乙巳	三	一
23	11/13	丙午	三	九
24	11/14	丁未	三	八
25	11/15	戊申	三	七
26	11/16	己酉	五	六
27	11/17	庚戌	五	五
28	11/18	辛亥	五	四
29	11/19	壬子	五	三
30	11/20	癸丑	五	二

八月				
丁酉				
七赤金				
寒露 18時23分 十七酉時		秋分 12時05分 初二午時	奇門遁甲局數	
農曆	國曆	干支	時盤	日盤
1	9/22	甲寅	一	七
2	9/23	乙卯	一	六
3	9/24	丙辰	一	五
4	9/25	丁巳	一	四
5	9/26	戊午	一	三
6	9/27	己未	四	二
7	9/28	庚申	四	一
8	9/29	辛酉	四	九
9	9/30	壬戌	四	八
10	10/1	癸亥	四	七
11	10/2	甲子	六	六
12	10/3	乙丑	六	五
13	10/4	丙寅	六	四
14	10/5	丁卯	六	三
15	10/6	戊辰	六	二
16	10/7	己巳	九	一
17	10/8	庚午	九	九
18	10/9	辛未	九	八
19	10/10	壬申	九	七
20	10/11	癸酉	九	六
21	10/12	甲戌	三	五
22	10/13	乙亥	三	四
23	10/14	丙子	三	三
24	10/15	丁丑	三	二
25	10/16	戊寅	三	一
26	10/17	己卯	五	九
27	10/18	庚辰	五	八
28	10/19	辛巳	五	七
29	10/20	壬午	五	六
30	10/21	癸未	五	五

閏七月				
丁酉				
白露 02時40分 十六丑時			奇門遁甲局數	
農曆	國曆	干支	時盤	日盤
1	8/24	乙酉	四	九
2	8/25	丙戌	四	八
3	8/26	丁亥	四	七
4	8/27	戊子	四	六
5	8/28	己丑	七	五
6	8/29	庚寅	七	四
7	8/30	辛卯	七	三
8	8/31	壬辰	七	二
9	9/1	癸巳	七	一
10	9/2	甲午	九	九
11	9/3	乙未	九	八
12	9/4	丙申	九	七
13	9/5	丁酉	九	六
14	9/6	戊戌	九	五
15	9/7	己亥	三	四
16	9/8	庚子	三	三
17	9/9	辛丑	三	二
18	9/10	壬寅	三	一
19	9/11	癸卯	三	九
20	9/12	甲辰	六	八
21	9/13	乙巳	六	七
22	9/14	丙午	六	六
23	9/15	丁未	六	五
24	9/16	戊申	六	四
25	9/17	己酉	七	三
26	9/18	庚戌	七	二
27	9/19	辛亥	七	一
28	9/20	壬子	七	九
29	9/21	癸丑	七	八

七月			
丙申			
八白土			
處暑 14時24分 三十未時		立秋 23時42分 十四子時	
農曆	國曆	干支	時盤
1	7/25	乙卯	一
2	7/26	丙辰	一
3	7/27	丁巳	一
4	7/28	戊午	一
5	7/29	己未	四
6	7/30	庚申	四
7	7/31	辛酉	四
8	8/1	壬戌	四
9	8/2	癸亥	四
10	8/3	甲子	二
11	8/4	乙丑	二
12	8/5	丙寅	二
13	8/6	丁卯	二
14	8/7	戊辰	二
15	8/8	己巳	五
16	8/9	庚午	五
17	8/10	辛未	五
18	8/11	壬申	五
19	8/12	癸酉	五
20	8/13	甲戌	八
21	8/14	乙亥	八
22	8/15	丙子	八
23	8/16	丁丑	八
24	8/17	戊寅	八
25	8/18	己卯	一
26	8/19	庚辰	一
27	8/20	辛巳	一
28	8/21	壬午	一
29	8/22	癸未	一
30	8/23	甲申	四

西元2007年（丁亥）肖豬 民國96年（男坤命）

奇門遁甲局數如標示為 一 ～九表示陰局　　如標示為1 ～9 表示陽局

六月					五月					四月					三月					二月					正月				
丁未					丙午					乙巳					甲辰					癸卯					壬寅				
六白金					七赤金					八白土					九紫火					一白水					二黑土				
立秋 05時33分 廿六卯時		大暑 13時01分 初十未時	奇門遁甲局數		小暑 19時43分 廿三戌時		夏至 02時08分 初八丑時	奇門遁甲局數		芒種 09時28分 廿一巳時		小滿 18時13分 初五酉時	奇門遁甲局數		立夏 05時21分 二十卯時		穀雨 19時08分 初四戌時	奇門遁甲局數		清明 12時06分 十八午時		春分 08時09分 初三辰時	奇門遁甲局數		驚蟄 07時19分 十七辰時		雨水 09時11分 初二巳時	奇門遁甲局數	
農曆	國曆	干支	時盤	日盤	農曆	國曆	干支	時盤	日盤	農曆	國曆	干支	時盤	日盤	農曆	國曆	干支	時盤	日盤	農曆	國曆	干支	時盤	日盤	農曆	國曆	干支	時盤	日盤
1	7/14	己酉	八	九	1	6/15	庚辰	6	8	1	5/17	辛亥	5	6	1	4/17	辛巳	5	3	1	3/19	壬子	3	1	1	2/18	癸未	9	8
2	7/15	庚戌	八	八	2	6/16	辛巳	6	9	2	5/18	壬子	5	7	2	4/18	壬午	5	4	2	3/20	癸丑	3	2	2	2/19	甲申	6	9
3	7/16	辛亥	八	七	3	6/17	壬午	6	1	3	5/19	癸丑	5	8	3	4/19	癸未	5	5	3	3/21	甲寅	9	3	3	2/20	乙酉	6	1
4	7/17	壬子	八	六	4	6/18	癸未	6	2	4	5/20	甲寅	2	9	4	4/20	甲申	2	6	4	3/22	乙卯	9	4	4	2/21	丙戌	6	2
5	7/18	癸丑	八	五	5	6/19	甲申	3	3	5	5/21	乙卯	2	1	5	4/21	乙酉	2	7	5	3/23	丙辰	9	5	5	2/22	丁亥	6	3
6	7/19	甲寅	二	四	6	6/20	乙酉	3	4	6	5/22	丙辰	2	2	6	4/22	丙戌	2	8	6	3/24	丁巳	9	6	6	2/23	戊子	6	4
7	7/20	乙卯	二	三	7	6/21	丙戌	3	5	7	5/23	丁巳	2	3	7	4/23	丁亥	2	9	7	3/25	戊午	9	7	7	2/24	己丑	3	5
8	7/21	丙辰	二	二	8	6/22	丁亥	3	四	8	5/24	戊午	2	4	8	4/24	戊子	2	1	8	3/26	己未	6	8	8	2/25	庚寅	3	6
9	7/22	丁巳	二	一	9	6/23	戊子	3	三	9	5/25	己未	8	5	9	4/25	己丑	8	2	9	3/27	庚申	6	9	9	2/26	辛卯	3	7
10	7/23	戊午	二	九	10	6/24	己丑	9	二	10	5/26	庚申	8	6	10	4/26	庚寅	8	3	10	3/28	辛酉	6	1	10	2/27	壬辰	3	8
11	7/24	己未	五	八	11	6/25	庚寅	9	一	11	5/27	辛酉	8	7	11	4/27	辛卯	8	4	11	3/29	壬戌	6	2	11	2/28	癸巳	3	9
12	7/25	庚申	五	七	12	6/26	辛卯	9	九	12	5/28	壬戌	8	8	12	4/28	壬辰	8	5	12	3/30	癸亥	6	3	12	3/ 1	甲午	1	1
13	7/26	辛酉	五	六	13	6/27	壬辰	9	八	13	5/29	癸亥	8	9	13	4/29	癸巳	8	6	13	3/31	甲子	4	4	13	3/ 2	乙未	1	2
14	7/27	壬戌	五	五	14	6/28	癸巳	9	七	14	5/30	甲子	6	1	14	4/30	甲午	4	7	14	4/ 1	乙丑	4	5	14	3/ 3	丙申	1	3
15	7/28	癸亥	五	四	15	6/29	甲午	九	六	15	5/31	乙丑	6	2	15	5/ 1	乙未	4	8	15	4/ 2	丙寅	4	6	15	3/ 4	丁酉	1	4
16	7/29	甲子	七	三	16	6/30	乙未	九	五	16	6/ 1	丙寅	6	3	16	5/ 2	丙申	4	9	16	4/ 3	丁卯	4	7	16	3/ 5	戊戌	1	5
17	7/30	乙丑	七	二	17	7/ 1	丙申	九	四	17	6/ 2	丁卯	6	4	17	5/ 3	丁酉	4	1	17	4/ 4	戊辰	4	8	17	3/ 6	己亥	7	6
18	7/31	丙寅	七	一	18	7/ 2	丁酉	九	三	18	6/ 3	戊辰	6	5	18	5/ 4	戊戌	4	2	18	4/ 5	己巳	1	9	18	3/ 7	庚子	7	7
19	8/ 1	丁卯	七	九	19	7/ 3	戊戌	九	二	19	6/ 4	己巳	3	6	19	5/ 5	己亥	1	3	19	4/ 6	庚午	1	1	19	3/ 8	辛丑	7	8
20	8/ 2	戊辰	七	八	20	7/ 4	己亥	三	一	20	6/ 5	庚午	3	7	20	5/ 6	庚子	1	4	20	4/ 7	辛未	1	2	20	3/ 9	壬寅	7	9
21	8/ 3	己巳	一	七	21	7/ 5	庚子	三	九	21	6/ 6	辛未	3	8	21	5/ 7	辛丑	1	5	21	4/ 8	壬申	1	3	21	3/10	癸卯	7	1
22	8/ 4	庚午	一	六	22	7/ 6	辛丑	三	八	22	6/ 7	壬申	3	9	22	5/ 8	壬寅	1	6	22	4/ 9	癸酉	1	4	22	3/11	甲辰	4	2
23	8/ 5	辛未	一	五	23	7/ 7	壬寅	三	七	23	6/ 8	癸酉	3	1	23	5/ 9	癸卯	1	7	23	4/10	甲戌	7	5	23	3/12	乙巳	4	3
24	8/ 6	壬申	一	四	24	7/ 8	癸卯	三	六	24	6/ 9	甲戌	9	2	24	5/10	甲辰	7	8	24	4/11	乙亥	7	6	24	3/13	丙午	4	4
25	8/ 7	癸酉	一	三	25	7/ 9	甲辰	六	五	25	6/10	乙亥	9	3	25	5/11	乙巳	7	9	25	4/12	丙子	7	7	25	3/14	丁未	4	5
26	8/ 8	甲戌	四	二	26	7/10	乙巳	六	四	26	6/11	丙子	9	4	26	5/12	丙午	7	1	26	4/13	丁丑	7	8	26	3/15	戊申	4	6
27	8/ 9	乙亥	四	一	27	7/11	丙午	六	三	27	6/12	丁丑	9	5	27	5/13	丁未	7	2	27	4/14	戊寅	7	9	27	3/16	己酉	3	7
28	8/10	丙子	四	九	28	7/12	丁未	六	二	28	6/13	戊寅	9	6	28	5/14	戊申	7	3	28	4/15	己卯	5	1	28	3/17	庚戌	3	8
29	8/11	丁丑	四	八	29	7/13	戊申	六	一	29	6/14	己卯	6	7	29	5/15	己酉	5	4	29	4/16	庚辰	5	2	29	3/18	辛亥	3	9
30	8/12	戊寅	四	七											30	5/16	庚戌	5	5										

西元2007年（丁亥）肖豬 民國96年（女巽命）

奇門遁甲局數如標示為 一 ～九表示陰局　　如標示為1 ～9 表示陽局

十二月					十一月					十　月					九　月					八　月					七　月				
癸丑					壬子					辛亥					庚戌					己酉					戊申				
九紫火					一白水					二黑土					三碧木					四綠木					五黃土				
立春 19時02分 廿八戌時		大寒 00時45分 十四子時	奇門遁甲局數		小寒 07時26分 廿八辰時		冬至 14時09分 十三未時	奇門遁甲局數		大雪 20時16分 廿八戌時		小雪 00時52分 十四子時	奇門遁甲局數		立冬 03時25分 廿九寅時		霜降 03時17分 十四寅時	奇門遁甲局數		寒露 00時13分 廿九子時		秋分 17時53分 十三酉時	奇門遁甲局數		白露 08時31分 廿七辰時		處暑 20時09分 十一戌時	奇門遁甲局數	
農曆	國曆	干支	時盤	日盤	農曆	國曆	干支	時盤	日盤	農曆	國曆	干支	時盤	日盤	農曆	國曆	干支	時盤	日盤	農曆	國曆	干支	時盤	日盤	農曆	國曆	干支	時盤	日盤
1	1/8	丁未	4	8	1	12/10	戊寅	二	四	1	11/10	戊申	二	七	1	10/11	戊寅	四	一	1	9/11	戊申	七	四	1	8/13	己卯	二	六
2	1/9	戊申	4	9	2	12/11	己卯	四	三	2	11/11	己酉	六	六	2	10/12	己卯	六	九	2	9/12	己酉	九	三	2	8/14	庚辰	二	五
3	1/10	己酉	2	1	3	12/12	庚辰	四	二	3	11/12	庚戌	六	五	3	10/13	庚辰	六	八	3	9/13	庚戌	九	二	3	8/15	辛巳	二	四
4	1/11	庚戌	2	2	4	12/13	辛巳	四	一	4	11/13	辛亥	六	四	4	10/14	辛巳	六	七	4	9/14	辛亥	九	一	4	8/16	壬午	二	三
5	1/12	辛亥	2	3	5	12/14	壬午	四	九	5	11/14	壬子	六	三	5	10/15	壬午	六	六	5	9/15	壬子	九	九	5	8/17	癸未	二	二
6	1/13	壬子	2	4	6	12/15	癸未	四	八	6	11/15	癸丑	六	二	6	10/16	癸未	六	五	6	9/16	癸丑	九	八	6	8/18	甲申	五	一
7	1/14	癸丑	2	5	7	12/16	甲申	七	七	7	11/16	甲寅	九	一	7	10/17	甲申	九	四	7	9/17	甲寅	三	七	7	8/19	乙酉	五	九
8	1/15	甲寅	8	6	8	12/17	乙酉	七	六	8	11/17	乙卯	九	九	8	10/18	乙酉	九	三	8	9/18	乙卯	三	六	8	8/20	丙戌	五	八
9	1/16	乙卯	8	7	9	12/18	丙戌	七	五	9	11/18	丙辰	九	八	9	10/19	丙戌	九	二	9	9/19	丙辰	三	五	9	8/21	丁亥	五	七
10	1/17	丙辰	8	8	10	12/19	丁亥	七	四	10	11/19	丁巳	九	七	10	10/20	丁亥	九	一	10	9/20	丁巳	三	四	10	8/22	戊子	五	六
11	1/18	丁巳	8	9	11	12/20	戊子	七	三	11	11/20	戊午	九	六	11	10/21	戊子	九	九	11	9/21	戊午	三	三	11	8/23	己丑	八	五
12	1/19	戊午	8	1	12	12/21	己丑	一	二	12	11/21	己未	三	五	12	10/22	己丑	三	八	12	9/22	己未	六	二	12	8/24	庚寅	八	四
13	1/20	己未	5	2	13	12/22	庚寅	一	9	13	11/22	庚申	三	四	13	10/23	庚寅	三	七	13	9/23	庚申	六	一	13	8/25	辛卯	八	三
14	1/21	庚申	5	3	14	12/23	辛卯	一	1	14	11/23	辛酉	三	三	14	10/24	辛卯	三	六	14	9/24	辛酉	六	九	14	8/26	壬辰	八	二
15	1/22	辛酉	5	4	15	12/24	壬辰	一	2	15	11/24	壬戌	三	二	15	10/25	壬辰	三	五	15	9/25	壬戌	六	八	15	8/27	癸巳	八	一
16	1/23	壬戌	5	5	16	12/25	癸巳	一	3	16	11/25	癸亥	三	一	16	10/26	癸巳	三	四	16	9/26	癸亥	六	七	16	8/28	甲午	一	九
17	1/24	癸亥	5	6	17	12/26	甲午	1	4	17	11/26	甲子	五	九	17	10/27	甲午	五	三	17	9/27	甲子	七	六	17	8/29	乙未	一	八
18	1/25	甲子	3	7	18	12/27	乙未	1	5	18	11/27	乙丑	五	八	18	10/28	乙未	五	二	18	9/28	乙丑	七	五	18	8/30	丙申	一	七
19	1/26	乙丑	3	8	19	12/28	丙申	1	6	19	11/28	丙寅	五	七	19	10/29	丙申	五	一	19	9/29	丙寅	七	四	19	8/31	丁酉	一	六
20	1/27	丙寅	3	9	20	12/29	丁酉	1	7	20	11/29	丁卯	五	六	20	10/30	丁酉	五	九	20	9/30	丁卯	七	三	20	9/1	戊戌	一	五
21	1/28	丁卯	3	1	21	12/30	戊戌	1	8	21	11/30	戊辰	五	五	21	10/31	戊戌	五	八	21	10/1	戊辰	七	二	21	9/2	己亥	四	四
22	1/29	戊辰	3	2	22	12/31	己亥	7	9	22	12/1	己巳	八	四	22	11/1	己亥	八	七	22	10/2	己巳	一	一	22	9/3	庚子	四	三
23	1/30	己巳	9	3	23	1/1	庚子	7	1	23	12/2	庚午	八	三	23	11/2	庚子	八	六	23	10/3	庚午	一	九	23	9/4	辛丑	四	二
24	1/31	庚午	9	4	24	1/2	辛丑	7	2	24	12/3	辛未	八	二	24	11/3	辛丑	八	五	24	10/4	辛未	一	八	24	9/5	壬寅	四	一
25	2/1	辛未	9	5	25	1/3	壬寅	7	3	25	12/4	壬申	八	一	25	11/4	壬寅	八	四	25	10/5	壬申	一	七	25	9/6	癸卯	四	九
26	2/2	壬申	9	6	26	1/4	癸卯	7	4	26	12/5	癸酉	八	九	26	11/5	癸卯	八	三	26	10/6	癸酉	一	六	26	9/7	甲辰	七	八
27	2/3	癸酉	9	7	27	1/5	甲辰	4	5	27	12/6	甲戌	二	八	27	11/6	甲辰	二	二	27	10/7	甲戌	四	五	27	9/8	乙巳	七	七
28	2/4	甲戌	6	8	28	1/6	乙巳	4	6	28	12/7	乙亥	二	七	28	11/7	乙巳	二	一	28	10/8	乙亥	四	四	28	9/9	丙午	七	六
29	2/5	乙亥	6	9	29	1/7	丙午	4	7	29	12/8	丙子	二	六	29	11/8	丙午	二	九	29	10/9	丙子	四	三	29	9/10	丁未	七	五
30	2/6	丙子	6	1						30	12/9	丁丑	二	五	30	11/9	丁未	二	八	30	10/10	丁丑	四	二					

西元2008年（戊子）肖鼠 民國97年（男坎命）

奇門遁甲局數如標示為 一 ～九表示陰局　　如標示為1 ～9 表示陽局

六月					五月					四月					三月					二月					正月				
己未					戊午					丁巳					丙辰					乙卯					甲寅				
三碧木					四綠木					五黃土					六白金					七赤金					八白土				
大暑 18時56分 二十酉時		小暑 01時29分 初五丑時	奇門遁甲局數		夏至 08時01分 十八辰時		芒種 15時13分 初二申時	奇門遁甲局數		小滿 00時02分 十七子時		立夏 11時05分 初一午時	奇門遁甲局數		穀雨 00時52分 十五子時			奇門遁甲局數		清明 17時47分 廿八酉時		春分 13時50分 十三未時	奇門遁甲局數		驚蟄 13時00分 廿八未時		雨水 14時51分 十三未時	奇門遁甲局數	
農曆	國曆	干支	時盤	日盤	農曆	國曆	干支	時盤	日盤	農曆	國曆	干支	時盤	日盤	農曆	國曆	干支	時盤	日盤	農曆	國曆	干支	時盤	日盤	農曆	國曆	干支	時盤	日盤
1	7/3	甲辰	六	五	1	6/4	乙亥	8	3	1	5/5	乙巳	8	9	1	4/6	丙子	6	7	1	3/8	丁未	3	5	1	2/7	丁丑	6	2
2	7/4	乙巳	六	四	2	6/5	丙子	8	4	2	5/6	丙午	8	1	2	4/7	丁丑	6	8	2	3/9	戊申	3	6	2	2/8	戊寅	6	3
3	7/5	丙午	六	三	3	6/6	丁丑	8	5	3	5/7	丁未	8	2	3	4/8	戊寅	6	9	3	3/10	己酉	1	7	3	2/9	己卯	8	4
4	7/6	丁未	六	二	4	6/7	戊寅	8	6	4	5/8	戊申	8	3	4	4/9	己卯	4	1	4	3/11	庚戌	1	8	4	2/10	庚辰	8	5
5	7/7	戊申	六	一	5	6/8	己卯	6	7	5	5/9	己酉	4	4	5	4/10	庚辰	4	2	5	3/12	辛亥	1	9	5	2/11	辛巳	8	6
6	7/8	己酉	八	九	6	6/9	庚辰	6	8	6	5/10	庚戌	4	5	6	4/11	辛巳	4	3	6	3/13	壬子	1	1	6	2/12	壬午	8	7
7	7/9	庚戌	八	八	7	6/10	辛巳	6	9	7	5/11	辛亥	4	6	7	4/12	壬午	4	4	7	3/14	癸丑	1	2	7	2/13	癸未	8	8
8	7/10	辛亥	八	七	8	6/11	壬午	6	1	8	5/12	壬子	4	7	8	4/13	癸未	4	5	8	3/15	甲寅	7	3	8	2/14	甲申	5	9
9	7/11	壬子	八	六	9	6/12	癸未	6	2	9	5/13	癸丑	4	8	9	4/14	甲申	1	6	9	3/16	乙卯	7	4	9	2/15	乙酉	5	1
10	7/12	癸丑	八	五	10	6/13	甲申	3	3	10	5/14	甲寅	1	9	10	4/15	乙酉	1	7	10	3/17	丙辰	7	5	10	2/16	丙戌	5	2
11	7/13	甲寅	二	四	11	6/14	乙酉	3	4	11	5/15	乙卯	1	1	11	4/16	丙戌	1	8	11	3/18	丁巳	7	6	11	2/17	丁亥	5	3
12	7/14	乙卯	二	三	12	6/15	丙戌	3	5	12	5/16	丙辰	1	2	12	4/17	丁亥	1	9	12	3/19	戊午	7	7	12	2/18	戊子	5	4
13	7/15	丙辰	二	二	13	6/16	丁亥	3	6	13	5/17	丁巳	1	3	13	4/18	戊子	1	1	13	3/20	己未	4	8	13	2/19	己丑	2	5
14	7/16	丁巳	二	一	14	6/17	戊子	3	7	14	5/18	戊午	1	4	14	4/19	己丑	7	2	14	3/21	庚申	4	9	14	2/20	庚寅	2	6
15	7/17	戊午	二	九	15	6/18	己丑	9	8	15	5/19	己未	7	5	15	4/20	庚寅	7	3	15	3/22	辛酉	4	1	15	2/21	辛卯	2	7
16	7/18	己未	五	八	16	6/19	庚寅	9	9	16	5/20	庚申	7	6	16	4/21	辛卯	7	4	16	3/23	壬戌	4	2	16	2/22	壬辰	2	8
17	7/19	庚申	五	七	17	6/20	辛卯	9	1	17	5/21	辛酉	7	7	17	4/22	壬辰	7	5	17	3/24	癸亥	4	3	17	2/23	癸巳	2	9
18	7/20	辛酉	五	六	18	6/21	壬辰	9	八	18	5/22	壬戌	7	8	18	4/23	癸巳	7	6	18	3/25	甲子	3	4	18	2/24	甲午	9	1
19	7/21	壬戌	五	五	19	6/22	癸巳	9	七	19	5/23	癸亥	7	9	19	4/24	甲午	5	7	19	3/26	乙丑	3	5	19	2/25	乙未	9	2
20	7/22	癸亥	五	四	20	6/23	甲午	九	六	20	5/24	甲子	5	1	20	4/25	乙未	5	8	20	3/27	丙寅	3	6	20	2/26	丙申	9	3
21	7/23	甲子	七	三	21	6/24	乙未	九	五	21	5/25	乙丑	5	2	21	4/26	丙申	5	9	21	3/28	丁卯	3	7	21	2/27	丁酉	9	4
22	7/24	乙丑	七	二	22	6/25	丙申	九	四	22	5/26	丙寅	5	3	22	4/27	丁酉	5	1	22	3/29	戊辰	3	8	22	2/28	戊戌	9	5
23	7/25	丙寅	七	一	23	6/26	丁酉	九	三	23	5/27	丁卯	5	4	23	4/28	戊戌	5	2	23	3/30	己巳	9	9	23	2/29	己亥	6	6
24	7/26	丁卯	七	九	24	6/27	戊戌	九	二	24	5/28	戊辰	5	5	24	4/29	己亥	2	3	24	3/31	庚午	9	1	24	3/1	庚子	6	7
25	7/27	戊辰	七	八	25	6/28	己亥	三	一	25	5/29	己巳	2	6	25	4/30	庚子	2	4	25	4/1	辛未	9	2	25	3/2	辛丑	6	8
26	7/28	己巳	一	七	26	6/29	庚子	三	九	26	5/30	庚午	2	7	26	5/1	辛丑	2	5	26	4/2	壬申	9	3	26	3/3	壬寅	6	9
27	7/29	庚午	一	六	27	6/30	辛丑	三	八	27	5/31	辛未	2	8	27	5/2	壬寅	2	6	27	4/3	癸酉	9	4	27	3/4	癸卯	6	1
28	7/30	辛未	一	五	28	7/1	壬寅	三	七	28	6/1	壬申	2	9	28	5/3	癸卯	2	7	28	4/4	甲戌	6	5	28	3/5	甲辰	3	2
29	7/31	壬申	一	四	29	7/2	癸卯	三	六	29	6/2	癸酉	2	1	29	5/4	甲辰	8	8	29	4/5	乙亥	6	6	29	3/6	乙巳	3	3
										30	6/3	甲戌	8	2											30	3/7	丙午	3	4

西元2008年（戊子）肖鼠 民國97年（女艮命）

奇門遁甲局數如標示為 一 ～九表示陰局　　如標示為1 ～9 表示陽局

十二月					十一月					十 月					九 月					八 月					七 月				
乙丑					甲子					癸亥					壬戌					辛酉					庚申				
六白金					七赤金					八白土					九紫火					一白水					二黑土				
大寒 06時42分 廿五卯時		小寒 13時16分 初十未時	奇門遁甲局數		冬至 20時05分 廿四戌時		大雪 02時03分 初十丑時	奇門遁甲局數		小雪 06時46分 廿五卯時		立冬 09時12分 初十巳時	奇門遁甲局數		霜降 09時10分 廿五巳時		寒露 05時58分 初十卯時	奇門遁甲局數		秋分 23時46分 廿三子時		白露 14時15分 初八未時	奇門遁甲局數		處暑 02時04分 廿三丑時		立秋 11時17分 初七午時	奇門遁甲局數	
農曆	國曆	干支	時盤	日盤	農曆	國曆	干支	時盤	日盤	農曆	國曆	干支	時盤	日盤	農曆	國曆	干支	時盤	日盤	農曆	國曆	干支	時盤	日盤	農曆	國曆	干支	時盤	日盤
1	12/27	辛丑	7	5	1	11/28	壬申	八	一	1	10/29	壬寅	八	四	1	9/29	壬申	一	七	1	8/31	癸卯	四	九	1	8/1	癸酉	一	三
2	12/28	壬寅	7	6	2	11/29	癸酉	八	九	2	10/30	癸卯	八	三	2	9/30	癸酉	一	六	2	9/1	甲辰	七	八	2	8/2	甲戌	四	二
3	12/29	癸卯	7	7	3	11/30	甲戌	二	八	3	10/31	甲辰	二	二	3	10/1	甲戌	四	五	3	9/2	乙巳	七	七	3	8/3	乙亥	四	一
4	12/30	甲辰	4	8	4	12/1	乙亥	二	七	4	11/1	乙巳	二	一	4	10/2	乙亥	四	四	4	9/3	丙午	七	六	4	8/4	丙子	四	九
5	12/31	乙巳	4	9	5	12/2	丙子	二	六	5	11/2	丙午	二	九	5	10/3	丙子	四	三	5	9/4	丁未	七	五	5	8/5	丁丑	四	八
6	1/1	丙午	4	1	6	12/3	丁丑	二	五	6	11/3	丁未	二	八	6	10/4	丁丑	四	二	6	9/5	戊申	七	四	6	8/6	戊寅	四	七
7	1/2	丁未	4	2	7	12/4	戊寅	二	四	7	11/4	戊申	二	七	7	10/5	戊寅	四	一	7	9/6	己酉	九	三	7	8/7	己卯	二	六
8	1/3	戊申	4	3	8	12/5	己卯	四	三	8	11/5	己酉	六	六	8	10/6	己卯	六	九	8	9/7	庚戌	九	二	8	8/8	庚辰	二	五
9	1/4	己酉	2	4	9	12/6	庚辰	四	二	9	11/6	庚戌	六	五	9	10/7	庚辰	六	八	9	9/8	辛亥	九	一	9	8/9	辛巳	二	四
10	1/5	庚戌	2	5	10	12/7	辛巳	四	一	10	11/7	辛亥	六	四	10	10/8	辛巳	六	七	10	9/9	壬子	九	九	10	8/10	壬午	二	三
11	1/6	辛亥	2	6	11	12/8	壬午	四	九	11	11/8	壬子	六	三	11	10/9	壬午	六	六	11	9/10	癸丑	九	八	11	8/11	癸未	二	二
12	1/7	壬子	2	7	12	12/9	癸未	四	八	12	11/9	癸丑	六	二	12	10/10	癸未	六	五	12	9/11	甲寅	三	七	12	8/12	甲申	五	一
13	1/8	癸丑	2	8	13	12/10	甲申	七	七	13	11/10	甲寅	九	一	13	10/11	甲申	九	四	13	9/12	乙卯	三	六	13	8/13	乙酉	五	九
14	1/9	甲寅	8	9	14	12/11	乙酉	七	六	14	11/11	乙卯	九	九	14	10/12	乙酉	九	三	14	9/13	丙辰	三	五	14	8/14	丙戌	五	八
15	1/10	乙卯	8	1	15	12/12	丙戌	七	五	15	11/12	丙辰	九	八	15	10/13	丙戌	九	二	15	9/14	丁巳	三	四	15	8/15	丁亥	五	七
16	1/11	丙辰	8	2	16	12/13	丁亥	七	四	16	11/13	丁巳	九	七	16	10/14	丁亥	九	一	16	9/15	戊午	三	三	16	8/16	戊子	五	六
17	1/12	丁巳	8	3	17	12/14	戊子	七	三	17	11/14	戊午	九	六	17	10/15	戊子	九	九	17	9/16	己未	六	二	17	8/17	己丑	八	五
18	1/13	戊午	8	4	18	12/15	己丑	一	二	18	11/15	己未	三	五	18	10/16	己丑	三	八	18	9/17	庚申	六	一	18	8/18	庚寅	八	四
19	1/14	己未	5	5	19	12/16	庚寅	一	一	19	11/16	庚申	三	四	19	10/17	庚寅	三	七	19	9/18	辛酉	六	九	19	8/19	辛卯	八	三
20	1/15	庚申	5	6	20	12/17	辛卯	一	九	20	11/17	辛酉	三	三	20	10/18	辛卯	三	六	20	9/19	壬戌	六	八	20	8/20	壬辰	八	二
21	1/16	辛酉	5	7	21	12/18	壬辰	一	八	21	11/18	壬戌	三	二	21	10/19	壬辰	三	五	21	9/20	癸亥	六	七	21	8/21	癸巳	八	一
22	1/17	壬戌	5	8	22	12/19	癸巳	一	七	22	11/19	癸亥	三	一	22	10/20	癸巳	三	四	22	9/21	甲子	七	六	22	8/22	甲午	一	九
23	1/18	癸亥	5	9	23	12/20	甲午	1	六	23	11/20	甲子	五	九	23	10/21	甲午	五	三	23	9/22	乙丑	七	五	23	8/23	乙未	一	八
24	1/19	甲子	3	1	24	12/21	乙未	1	8	24	11/21	乙丑	五	八	24	10/22	乙未	五	二	24	9/23	丙寅	七	四	24	8/24	丙申	一	七
25	1/20	乙丑	3	2	25	12/22	丙申	1	9	25	11/22	丙寅	五	七	25	10/23	丙申	五	一	25	9/24	丁卯	七	三	25	8/25	丁酉	一	六
26	1/21	丙寅	3	3	26	12/23	丁酉	1	1	26	11/23	丁卯	五	六	26	10/24	丁酉	五	九	26	9/25	戊辰	七	二	26	8/26	戊戌	一	五
27	1/22	丁卯	3	4	27	12/24	戊戌	1	2	27	11/24	戊辰	五	五	27	10/25	戊戌	五	八	27	9/26	己巳	一	一	27	8/27	己亥	四	四
28	1/23	戊辰	3	5	28	12/25	己亥	7	3	28	11/25	己巳	八	四	28	10/26	己亥	八	七	28	9/27	庚午	一	九	28	8/28	庚子	四	三
29	1/24	己巳	9	6	29	12/26	庚子	7	4	29	11/26	庚午	八	三	29	10/27	庚子	八	六	29	9/28	辛未	一	八	29	8/29	辛丑	四	二
30	1/25	庚午	9	7						30	11/27	辛未	八	二	30	10/28	辛丑	八	五						30	8/30	壬寅	四	一

西元2009年（己丑）肖牛 民國98年（男離命）

奇門遁甲局數如標示為 一 ～九表示陰局　　如標示為1 ～9 表示陽局

六月					潤五月					五月					四月					三月					二月					正月				
辛未					辛未					庚午					己巳					戊辰					丁卯					丙寅				
九紫火										一白水					二黑土					三碧木					四綠木					五黃土				
立秋		大暑	奇門遁甲局數		小暑			奇門遁甲局數		夏至		芒種	奇門遁甲局數		小滿		立夏	奇門遁甲局數		穀雨		清明	奇門遁甲局數		春分		驚蟄	奇門遁甲局數		雨水		立春	奇門遁甲局數	
17時02分	十七酉時	00時37分初二子時			07時15分	十五辰時				13時47分	廿九未時	21時00分十三亥時			05時52分	廿七卯時	16時52分十一申時			06時46分	廿五卯時	23時35分初九子時			19時45分	廿四戌時	18時49分初九酉時			20時48分	廿四戌時	00時51分初十子時		
農曆	國曆	干支	時盤	日盤	農曆	國曆	干支	時盤	日盤	農曆	國曆	干支	時盤	日盤	農曆	國曆	干支	時盤	日盤	農曆	國曆	干支	時盤	日盤	農曆	國曆	干支	時盤	日盤	農曆	國曆	干支	時盤	日盤
1	7/22	戊辰	七	五	1	6/23	己亥	三	七	1	5/24	己巳	2	9	1	4/25	庚子	2	7	1	3/27	辛未	9	5	1	2/25	辛丑	6	2	1	1/26	辛未	9	8
2	7/23	己巳	一	四	2	6/24	庚子	三	六	2	5/25	庚午	2	1	2	4/26	辛丑	2	8	2	3/28	壬申	9	6	2	2/26	壬寅	6	3	2	1/27	壬申	9	9
3	7/24	庚午	一	三	3	6/25	辛丑	三	五	3	5/26	辛未	2	2	3	4/27	壬寅	2	9	3	3/29	癸酉	9	7	3	2/27	癸卯	6	4	3	1/28	癸酉	9	1
4	7/25	辛未	一	二	4	6/26	壬寅	三	四	4	5/27	壬申	2	3	4	4/28	癸卯	2	1	4	3/30	甲戌	6	8	4	2/28	甲辰	3	5	4	1/29	甲戌	6	2
5	7/26	壬申	一	一	5	6/27	癸卯	三	三	5	5/28	癸酉	2	4	5	4/29	甲辰	8	2	5	3/31	乙亥	6	9	5	3/1	乙巳	3	6	5	1/30	乙亥	6	3
6	7/27	癸酉	一	九	6	6/28	甲辰	六	二	6	5/29	甲戌	8	5	6	4/30	乙巳	8	3	6	4/1	丙子	6	1	6	3/2	丙午	3	7	6	1/31	丙子	6	4
7	7/28	甲戌	四	八	7	6/29	乙巳	六	一	7	5/30	乙亥	8	6	7	5/1	丙午	8	4	7	4/2	丁丑	6	2	7	3/3	丁未	3	8	7	2/1	丁丑	6	5
8	7/29	乙亥	四	七	8	6/30	丙午	六	九	8	5/31	丙子	8	7	8	5/2	丁未	8	5	8	4/3	戊寅	6	3	8	3/4	戊申	3	9	8	2/2	戊寅	6	6
9	7/30	丙子	四	六	9	7/1	丁未	六	八	9	6/1	丁丑	8	8	9	5/3	戊申	8	6	9	4/4	己卯	4	4	9	3/5	己酉	1	1	9	2/3	己卯	8	7
10	7/31	丁丑	四	五	10	7/2	戊申	六	七	10	6/2	戊寅	8	9	10	5/4	己酉	4	7	10	4/5	庚辰	4	5	10	3/6	庚戌	1	2	10	2/4	庚辰	8	8
11	8/1	戊寅	四	四	11	7/3	己酉	八	六	11	6/3	己卯	6	1	11	5/5	庚戌	4	8	11	4/6	辛巳	4	6	11	3/7	辛亥	1	3	11	2/5	辛巳	8	9
12	8/2	己卯	二	三	12	7/4	庚戌	八	五	12	6/4	庚辰	6	2	12	5/6	辛亥	4	9	12	4/7	壬午	4	7	12	3/8	壬子	1	4	12	2/6	壬午	8	1
13	8/3	庚辰	二	二	13	7/5	辛亥	八	四	13	6/5	辛巳	6	3	13	5/7	壬子	4	1	13	4/8	癸未	4	8	13	3/9	癸丑	1	5	13	2/7	癸未	8	2
14	8/4	辛巳	二	一	14	7/6	壬子	八	三	14	6/6	壬午	6	4	14	5/8	癸丑	4	2	14	4/9	甲申	1	9	14	3/10	甲寅	7	6	14	2/8	甲申	5	3
15	8/5	壬午	二	九	15	7/7	癸丑	八	二	15	6/7	癸未	6	5	15	5/9	甲寅	1	3	15	4/10	乙酉	1	1	15	3/11	乙卯	7	7	15	2/9	乙酉	5	4
16	8/6	癸未	二	八	16	7/8	甲寅	二	一	16	6/8	甲申	3	6	16	5/10	乙卯	1	4	16	4/11	丙戌	1	2	16	3/12	丙辰	7	8	16	2/10	丙戌	5	5
17	8/7	甲申	五	七	17	7/9	乙卯	二	九	17	6/9	乙酉	3	7	17	5/11	丙辰	1	5	17	4/12	丁亥	1	3	17	3/13	丁巳	7	9	17	2/11	丁亥	5	6
18	8/8	乙酉	五	六	18	7/10	丙辰	二	八	18	6/10	丙戌	3	8	18	5/12	丁巳	1	6	18	4/13	戊子	1	4	18	3/14	戊午	7	1	18	2/12	戊子	5	7
19	8/9	丙戌	五	五	19	7/11	丁巳	二	七	19	6/11	丁亥	3	9	19	5/13	戊午	1	7	19	4/14	己丑	7	5	19	3/15	己未	4	2	19	2/13	己丑	2	8
20	8/10	丁亥	五	四	20	7/12	戊午	二	六	20	6/12	戊子	3	1	20	5/14	己未	7	8	20	4/15	庚寅	7	6	20	3/16	庚申	4	3	20	2/14	庚寅	2	9
21	8/11	戊子	五	三	21	7/13	己未	五	五	21	6/13	己丑	9	2	21	5/15	庚申	7	9	21	4/16	辛卯	7	7	21	3/17	辛酉	4	4	21	2/15	辛卯	2	1
22	8/12	己丑	八	二	22	7/14	庚申	五	四	22	6/14	庚寅	9	3	22	5/16	辛酉	7	1	22	4/17	壬辰	7	8	22	3/18	壬戌	4	5	22	2/16	壬辰	2	2
23	8/13	庚寅	八	一	23	7/15	辛酉	五	三	23	6/15	辛卯	9	4	23	5/17	壬戌	7	2	23	4/18	癸巳	7	9	23	3/19	癸亥	4	6	23	2/17	癸巳	2	3
24	8/14	辛卯	八	九	24	7/16	壬戌	五	二	24	6/16	壬辰	9	5	24	5/18	癸亥	7	3	24	4/19	甲午	5	1	24	3/20	甲子	3	7	24	2/18	甲午	9	4
25	8/15	壬辰	八	八	25	7/17	癸亥	五	一	25	6/17	癸巳	9	6	25	5/19	甲子	5	4	25	4/20	乙未	5	2	25	3/21	乙丑	3	8	25	2/19	乙未	9	5
26	8/16	癸巳	八	七	26	7/18	甲子	七	九	26	6/18	甲午	九	7	26	5/20	乙丑	5	5	26	4/21	丙申	5	3	26	3/22	丙寅	3	9	26	2/20	丙申	9	6
27	8/17	甲午	一	六	27	7/19	乙丑	七	八	27	6/19	乙未	九	8	27	5/21	丙寅	5	6	27	4/22	丁酉	5	4	27	3/23	丁卯	3	1	27	2/21	丁酉	9	7
28	8/18	乙未	一	五	28	7/20	丙寅	七	七	28	6/20	丙申	九	9	28	5/22	丁卯	5	7	28	4/23	戊戌	5	5	28	3/24	戊辰	3	2	28	2/22	戊戌	9	8
29	8/19	丙申	一	四	29	7/21	丁卯	七	六	29	6/21	丁酉	九	九	29	5/23	戊辰	5	8	29	4/24	己亥	2	6	29	3/25	己巳	9	3	29	2/23	己亥	6	9
										30	6/22	戊戌	九	八											30	3/26	庚午	9	4	30	2/24	庚子	6	1

西元2009年（己丑）肖牛 民國98年（女乾命）

奇門遁甲局數如標示為 一 ～九表示陰局　　如標示為1 ～9 表示陽局

十二月					十一月					十 月					九 月					八 月					七 月				
丁丑					丙子					乙亥					甲戌					癸酉					壬申				
三碧木					四綠木					五黃土					六白金					七赤金					八白土				
立春 06時49分 廿一卯時		大寒 12時29分 初六午時	奇門遁甲局數		小寒 19時10分 廿一戌時		冬至 01時48分 初七丑時	奇門遁甲局數		大雪 07時54分 廿一辰時		小雪 12時24分 初六午時	奇門遁甲局數		立冬 14時58分 廿一未時		霜降 14時45分 初六未時	奇門遁甲局數		寒露 11時42分 二十午時		秋分 05時20分 初五卯時	奇門遁甲局數		白露 19時59分 十九戌時		處暑 07時40分 初四辰時	奇門遁甲局數	
農曆	國曆	干支	時盤	日盤	農曆	國曆	干支	時盤	日盤	農曆	國曆	干支	時盤	日盤	農曆	國曆	干支	時盤	日盤	農曆	國曆	干支	時盤	日盤	農曆	國曆	干支	時盤	日盤
1	1/15	乙丑	3	2	1	12/16	乙未	1	二	1	11/17	丙寅	五	四	1	10/18	丙申	五	七	1	9/19	丁卯	七	九	1	8/20	丁酉	一	三
2	1/16	丙寅	3	3	2	12/17	丙申	1	一	2	11/18	丁卯	五	三	2	10/19	丁酉	五	六	2	9/20	戊辰	七	八	2	8/21	戊戌	一	二
3	1/17	丁卯	3	4	3	12/18	丁酉	1	九	3	11/19	戊辰	五	二	3	10/20	戊戌	五	五	3	9/21	己巳	一	七	3	8/22	己亥	四	一
4	1/18	戊辰	3	5	4	12/19	戊戌	1	八	4	11/20	己巳	八	一	4	10/21	己亥	八	四	4	9/22	庚午	一	六	4	8/23	庚子	四	九
5	1/19	己巳	9	6	5	12/20	己亥	7	七	5	11/21	庚午	八	九	5	10/22	庚子	八	三	5	9/23	辛未	一	五	5	8/24	辛丑	四	八
6	1/20	庚午	9	7	6	12/21	庚子	7	六	6	11/22	辛未	八	八	6	10/23	辛丑	八	二	6	9/24	壬申	一	四	6	8/25	壬寅	四	七
7	1/21	辛未	9	8	7	12/22	辛丑	7	5	7	11/23	壬申	八	七	7	10/24	壬寅	八	一	7	9/25	癸酉	一	三	7	8/26	癸卯	四	六
8	1/22	壬申	9	9	8	12/23	壬寅	7	6	8	11/24	癸酉	八	六	8	10/25	癸卯	八	九	8	9/26	甲戌	四	二	8	8/27	甲辰	七	五
9	1/23	癸酉	9	1	9	12/24	癸卯	7	7	9	11/25	甲戌	二	五	9	10/26	甲辰	二	八	9	9/27	乙亥	四	一	9	8/28	乙巳	七	四
10	1/24	甲戌	6	2	10	12/25	甲辰	4	8	10	11/26	乙亥	二	四	10	10/27	乙巳	二	七	10	9/28	丙子	四	九	10	8/29	丙午	七	三
11	1/25	乙亥	6	3	11	12/26	乙巳	4	9	11	11/27	丙子	二	三	11	10/28	丙午	二	六	11	9/29	丁丑	四	八	11	8/30	丁未	七	二
12	1/26	丙子	6	4	12	12/27	丙午	4	1	12	11/28	丁丑	二	二	12	10/29	丁未	二	五	12	9/30	戊寅	四	七	12	8/31	戊申	七	一
13	1/27	丁丑	6	5	13	12/28	丁未	4	2	13	11/29	戊寅	二	一	13	10/30	戊申	二	四	13	10/ 1	己卯	六	六	13	9/ 1	己酉	九	九
14	1/28	戊寅	6	6	14	12/29	戊申	4	3	14	11/30	己卯	四	九	14	10/31	己酉	六	三	14	10/ 2	庚辰	六	五	14	9/ 2	庚戌	九	八
15	1/29	己卯	8	7	15	12/30	己酉	2	4	15	12/ 1	庚辰	四	八	15	11/ 1	庚戌	六	二	15	10/ 3	辛巳	六	四	15	9/ 3	辛亥	九	七
16	1/30	庚辰	8	8	16	12/31	庚戌	2	5	16	12/ 2	辛巳	四	七	16	11/ 2	辛亥	六	一	16	10/ 4	壬午	六	三	16	9/ 4	壬子	九	六
17	1/31	辛巳	8	9	17	1/ 1	辛亥	2	6	17	12/ 3	壬午	四	六	17	11/ 3	壬子	六	九	17	10/ 5	癸未	六	二	17	9/ 5	癸丑	九	五
18	2/ 1	壬午	8	1	18	1/ 2	壬子	2	7	18	12/ 4	癸未	四	五	18	11/ 4	癸丑	六	八	18	10/ 6	甲申	九	一	18	9/ 6	甲寅	三	四
19	2/ 2	癸未	8	2	19	1/ 3	癸丑	2	8	19	12/ 5	甲申	七	四	19	11/ 5	甲寅	九	七	19	10/ 7	乙酉	九	九	19	9/ 7	乙卯	三	三
20	2/ 3	甲申	5	3	20	1/ 4	甲寅	8	9	20	12/ 6	乙酉	七	三	20	11/ 6	乙卯	九	六	20	10/ 8	丙戌	九	八	20	9/ 8	丙辰	三	二
21	2/ 4	乙酉	5	4	21	1/ 5	乙卯	8	1	21	12/ 7	丙戌	七	二	21	11/ 7	丙辰	九	五	21	10/ 9	丁亥	九	七	21	9/ 9	丁巳	三	一
22	2/ 5	丙戌	5	5	22	1/ 6	丙辰	8	2	22	12/ 8	丁亥	七	一	22	11/ 8	丁巳	九	四	22	10/10	戊子	九	六	22	9/10	戊午	三	九
23	2/ 6	丁亥	5	6	23	1/ 7	丁巳	8	3	23	12/ 9	戊子	七	九	23	11/ 9	戊午	九	三	23	10/11	己丑	三	五	23	9/11	己未	六	八
24	2/ 7	戊子	5	7	24	1/ 8	戊午	8	4	24	12/10	己丑	一	八	24	11/10	己未	三	二	24	10/12	庚寅	三	四	24	9/12	庚申	六	七
25	2/ 8	己丑	2	8	25	1/ 9	己未	5	5	25	12/11	庚寅	一	七	25	11/11	庚申	三	一	25	10/13	辛卯	三	三	25	9/13	辛酉	六	六
26	2/ 9	庚寅	2	9	26	1/10	庚申	5	6	26	12/12	辛卯	一	六	26	11/12	辛酉	三	九	26	10/14	壬辰	三	二	26	9/14	壬戌	六	五
27	2/10	辛卯	2	1	27	1/11	辛酉	5	7	27	12/13	壬辰	一	五	27	11/13	壬戌	三	八	27	10/15	癸巳	三	一	27	9/15	癸亥	六	四
28	2/11	壬辰	2	2	28	1/12	壬戌	5	8	28	12/14	癸巳	一	四	28	11/14	癸亥	三	七	28	10/16	甲午	五	九	28	9/16	甲子	七	三
29	2/12	癸巳	2	3	29	1/13	癸亥	5	9	29	12/15	甲午	1	三	29	11/15	甲子	五	六	29	10/17	乙未	五	八	29	9/17	乙丑	七	二
30	2/13	甲午	9	4	30	1/14	甲子	3	1						30	11/16	乙丑	五	五						30	9/18	丙寅	七	一

西元2010年（庚寅）肖虎 民國99年（男艮命）

奇門遁甲局數如標示為 一 ～九表示陰局　　如標示為1 ～9 表示陽局

六月					五月					四月					三月					二月					正月				
癸未					壬午					辛巳					庚辰					己卯					戊寅				
六白金					七赤金					八白土					九紫火					一白水					二黑土				
立秋 22時50分 廿七亥時		大暑 06時23分 十二卯時	奇門遁甲局數		小暑 13時04分 廿六未時		夏至 19時30分 初十戌時	奇門遁甲局數		芒種 02時51分 廿四丑時		小滿 11時35分 初八午時	奇門遁甲局數		立夏 22時45分 廿二亥時		穀雨 12時31分 初七午時	奇門遁甲局數		清明 05時32分 廿一卯時		春分 01時34分 初六丑時	奇門遁甲局數		驚蟄 01時48分 廿一丑時		雨水 02時37分 初六丑時	奇門遁甲局數	
農曆	國曆	干支	時盤	日盤	農曆	國曆	干支	時盤	日盤	農曆	國曆	干支	時盤	日盤	農曆	國曆	干支	時盤	日盤	農曆	國曆	干支	時盤	日盤	農曆	國曆	干支	時盤	日盤
1	7/12	癸亥	六	一	1	6/12	癸巳	9	6	1	5/14	甲子	5	4	1	4/14	甲午	5	1	1	3/16	乙丑	3	8	1	2/14	乙未	9	5
2	7/13	甲子	八	九	2	6/13	甲午	6	7	2	5/15	乙丑	5	5	2	4/15	乙未	5	2	2	3/17	丙寅	3	9	2	2/15	丙申	9	6
3	7/14	乙丑	八	八	3	6/14	乙未	6	8	3	5/16	丙寅	5	6	3	4/16	丙申	5	3	3	3/18	丁卯	3	1	3	2/16	丁酉	9	7
4	7/15	丙寅	八	七	4	6/15	丙申	6	9	4	5/17	丁卯	5	7	4	4/17	丁酉	5	4	4	3/19	戊辰	3	2	4	2/17	戊戌	9	8
5	7/16	丁卯	八	六	5	6/16	丁酉	6	1	5	5/18	戊辰	5	8	5	4/18	戊戌	5	5	5	3/20	己巳	9	3	5	2/18	己亥	6	9
6	7/17	戊辰	八	五	6	6/17	戊戌	6	2	6	5/19	己巳	2	9	6	4/19	己亥	2	6	6	3/21	庚午	9	4	6	2/19	庚子	6	1
7	7/18	己巳	二	四	7	6/18	己亥	3	3	7	5/20	庚午	2	1	7	4/20	庚子	2	7	7	3/22	辛未	9	5	7	2/20	辛丑	6	2
8	7/19	庚午	二	三	8	6/19	庚子	3	4	8	5/21	辛未	2	2	8	4/21	辛丑	2	8	8	3/23	壬申	9	6	8	2/21	壬寅	6	3
9	7/20	辛未	二	二	9	6/20	辛丑	3	5	9	5/22	壬申	2	3	9	4/22	壬寅	2	9	9	3/24	癸酉	9	7	9	2/22	癸卯	6	4
10	7/21	壬申	二	一	10	6/21	壬寅	3	四	10	5/23	癸酉	2	4	10	4/23	癸卯	2	1	10	3/25	甲戌	6	8	10	2/23	甲辰	3	5
11	7/22	癸酉	二	九	11	6/22	癸卯	3	三	11	5/24	甲戌	8	5	11	4/24	甲辰	8	2	11	3/26	乙亥	6	9	11	2/24	乙巳	3	6
12	7/23	甲戌	五	八	12	6/23	甲辰	9	二	12	5/25	乙亥	8	6	12	4/25	乙巳	8	3	12	3/27	丙子	6	1	12	2/25	丙午	3	7
13	7/24	乙亥	五	七	13	6/24	乙巳	9	一	13	5/26	丙子	8	7	13	4/26	丙午	8	4	13	3/28	丁丑	6	2	13	2/26	丁未	3	8
14	7/25	丙子	五	六	14	6/25	丙午	9	九	14	5/27	丁丑	8	8	14	4/27	丁未	8	5	14	3/29	戊寅	6	3	14	2/27	戊申	3	9
15	7/26	丁丑	五	五	15	6/26	丁未	9	八	15	5/28	戊寅	8	9	15	4/28	戊申	8	6	15	3/30	己卯	4	4	15	2/28	己酉	1	1
16	7/27	戊寅	五	四	16	6/27	戊申	9	七	16	5/29	己卯	6	1	16	4/29	己酉	4	7	16	3/31	庚辰	4	5	16	3/1	庚戌	1	2
17	7/28	己卯	七	三	17	6/28	己酉	九	六	17	5/30	庚辰	6	2	17	4/30	庚戌	4	8	17	4/1	辛巳	4	6	17	3/2	辛亥	1	3
18	7/29	庚辰	七	二	18	6/29	庚戌	九	五	18	5/31	辛巳	6	3	18	5/1	辛亥	4	9	18	4/2	壬午	4	7	18	3/3	壬子	1	4
19	7/30	辛巳	七	一	19	6/30	辛亥	九	四	19	6/1	壬午	6	4	19	5/2	壬子	4	1	19	4/3	癸未	4	8	19	3/4	癸丑	1	5
20	7/31	壬午	七	九	20	7/1	壬子	九	三	20	6/2	癸未	6	5	20	5/3	癸丑	4	2	20	4/4	甲申	1	9	20	3/5	甲寅	7	6
21	8/1	癸未	七	八	21	7/2	癸丑	九	二	21	6/3	甲申	3	6	21	5/4	甲寅	1	3	21	4/5	乙酉	1	1	21	3/6	乙卯	7	7
22	8/2	甲申	一	七	22	7/3	甲寅	三	一	22	6/4	乙酉	3	7	22	5/5	乙卯	1	4	22	4/6	丙戌	1	2	22	3/7	丙辰	7	8
23	8/3	乙酉	一	六	23	7/4	乙卯	三	九	23	6/5	丙戌	3	8	23	5/6	丙辰	1	5	23	4/7	丁亥	1	3	23	3/8	丁巳	7	9
24	8/4	丙戌	一	五	24	7/5	丙辰	三	八	24	6/6	丁亥	3	9	24	5/7	丁巳	1	6	24	4/8	戊子	1	4	24	3/9	戊午	7	1
25	8/5	丁亥	一	四	25	7/6	丁巳	三	七	25	6/7	戊子	3	1	25	5/8	戊午	1	7	25	4/9	己丑	7	5	25	3/10	己未	4	2
26	8/6	戊子	一	三	26	7/7	戊午	三	六	26	6/8	己丑	9	2	26	5/9	己未	7	8	26	4/10	庚寅	7	6	26	3/11	庚申	4	3
27	8/7	己丑	四	二	27	7/8	己未	六	五	27	6/9	庚寅	9	3	27	5/10	庚申	7	9	27	4/11	辛卯	7	7	27	3/12	辛酉	4	4
28	8/8	庚寅	四	一	28	7/9	庚申	六	四	28	6/10	辛卯	9	4	28	5/11	辛酉	7	1	28	4/12	壬辰	7	8	28	3/13	壬戌	4	5
29	8/9	辛卯	四	九	29	7/10	辛酉	六	三	29	6/11	壬辰	9	5	29	5/12	壬戌	7	2	29	4/13	癸巳	7	9	29	3/14	癸亥	4	6
					30	7/11	壬戌	六	二						30	5/13	癸亥	7	3						30	3/15	甲子	3	7

西元2010年（庚寅）肖虎 民國99年（女兌命）

奇門遁甲局數如標示為 一 ～九表示陰局　　如標示為1 ～9 表示陽局

十二月					十一月					十　月					九　月					八　月					七　月				
己丑					戊子					丁亥					丙戌					乙酉					甲申				
九紫火					一白水					二黑土					三碧木					四綠木					五黃土				
大寒 18時20分 十七酉時		小寒 00時56分 初三子時	奇門遁甲局數		冬至 07時40分 十七辰時		大雪 13時40分 初二未時	奇門遁甲局數		小雪 18時16分 十七酉時		立冬 20時44分 初二戌時	奇門遁甲局數		霜降 20時37分 十六戌時		寒露 17時28分 初一酉時	奇門遁甲局數		秋分 11時11分 十六午時		白露 01時46分 初一丑時	奇門遁甲局數		處暑 13時28分 十四未時			奇門遁甲局數	
農曆	國曆	干支	時盤	日盤	農曆	國曆	干支	時盤	日盤	農曆	國曆	干支	時盤	日盤	農曆	國曆	干支	時盤	日盤	農曆	國曆	干支	時盤	日盤	農曆	國曆	干支	時盤	日盤
1	1/4	己未	4	5	1	12/6	庚寅	二	七	1	11/6	庚申	二	一	1	10/8	辛卯	四	三	1	9/8	辛酉	七	六	1	8/10	壬辰	四	八
2	1/5	庚申	4	6	2	12/7	辛卯	二	六	2	11/7	辛酉	二	九	2	10/9	壬辰	四	二	2	9/9	壬戌	七	五	2	8/11	癸巳	四	七
3	1/6	辛酉	4	7	3	12/8	壬辰	二	五	3	11/8	壬戌	二	八	3	10/10	癸巳	四	一	3	9/10	癸亥	七	四	3	8/12	甲午	二	六
4	1/7	壬戌	4	8	4	12/9	癸巳	二	四	4	11/9	癸亥	二	七	4	10/11	甲午	六	九	4	9/11	甲子	九	三	4	8/13	乙未	二	五
5	1/8	癸亥	4	9	5	12/10	甲午	四	三	5	11/10	甲子	六	六	5	10/12	乙未	六	八	5	9/12	乙丑	九	二	5	8/14	丙申	二	四
6	1/9	甲子	2	1	6	12/11	乙未	四	二	6	11/11	乙丑	六	五	6	10/13	丙申	六	七	6	9/13	丙寅	九	一	6	8/15	丁酉	二	三
7	1/10	乙丑	2	2	7	12/12	丙申	四	一	7	11/12	丙寅	六	四	7	10/14	丁酉	六	六	7	9/14	丁卯	九	九	7	8/16	戊戌	二	二
8	1/11	丙寅	2	3	8	12/13	丁酉	四	九	8	11/13	丁卯	六	三	8	10/15	戊戌	六	五	8	9/15	戊辰	九	八	8	8/17	己亥	五	一
9	1/12	丁卯	2	4	9	12/14	戊戌	四	八	9	11/14	戊辰	六	二	9	10/16	己亥	九	四	9	9/16	己巳	三	七	9	8/18	庚子	五	九
10	1/13	戊辰	2	5	10	12/15	己亥	七	七	10	11/15	己巳	九	一	10	10/17	庚子	九	三	10	9/17	庚午	三	六	10	8/19	辛丑	五	八
11	1/14	己巳	8	6	11	12/16	庚子	七	六	11	11/16	庚午	九	九	11	10/18	辛丑	九	二	11	9/18	辛未	三	五	11	8/20	壬寅	五	七
12	1/15	庚午	8	7	12	12/17	辛丑	七	五	12	11/17	辛未	九	八	12	10/19	壬寅	九	一	12	9/19	壬申	三	四	12	8/21	癸卯	五	六
13	1/16	辛未	8	8	13	12/18	壬寅	七	四	13	11/18	壬申	九	七	13	10/20	癸卯	九	九	13	9/20	癸酉	三	三	13	8/22	甲辰	八	五
14	1/17	壬申	8	9	14	12/19	癸卯	七	三	14	11/19	癸酉	九	六	14	10/21	甲辰	三	八	14	9/21	甲戌	六	二	14	8/23	乙巳	八	四
15	1/18	癸酉	8	1	15	12/20	甲辰	一	二	15	11/20	甲戌	三	五	15	10/22	乙巳	三	七	15	9/22	乙亥	六	一	15	8/24	丙午	八	三
16	1/19	甲戌	5	2	16	12/21	乙巳	一	一	16	11/21	乙亥	三	四	16	10/23	丙午	三	六	16	9/23	丙子	六	九	16	8/25	丁未	八	二
17	1/20	乙亥	5	3	17	12/22	丙午	一	1	17	11/22	丙子	三	三	17	10/24	丁未	三	五	17	9/24	丁丑	六	八	17	8/26	戊申	八	一
18	1/21	丙子	5	4	18	12/23	丁未	一	2	18	11/23	丁丑	三	二	18	10/25	戊申	三	四	18	9/25	戊寅	六	七	18	8/27	己酉	一	九
19	1/22	丁丑	5	5	19	12/24	戊申	一	3	19	11/24	戊寅	三	一	19	10/26	己酉	五	三	19	9/26	己卯	七	六	19	8/28	庚戌	一	八
20	1/23	戊寅	5	6	20	12/25	己酉	1	4	20	11/25	己卯	五	九	20	10/27	庚戌	五	二	20	9/27	庚辰	七	五	20	8/29	辛亥	一	七
21	1/24	己卯	3	7	21	12/26	庚戌	1	5	21	11/26	庚辰	五	八	21	10/28	辛亥	五	一	21	9/28	辛巳	七	四	21	8/30	壬子	一	六
22	1/25	庚辰	3	8	22	12/27	辛亥	1	6	22	11/27	辛巳	五	七	22	10/29	壬子	五	九	22	9/29	壬午	七	三	22	8/31	癸丑	一	五
23	1/26	辛巳	3	9	23	12/28	壬子	1	7	23	11/28	壬午	五	六	23	10/30	癸丑	五	八	23	9/30	癸未	七	二	23	9/1	甲寅	四	四
24	1/27	壬午	3	1	24	12/29	癸丑	1	8	24	11/29	癸未	五	五	24	10/31	甲寅	八	七	24	10/1	甲申	一	一	24	9/2	乙卯	四	三
25	1/28	癸未	3	2	25	12/30	甲寅	7	9	25	11/30	甲申	八	四	25	11/1	乙卯	八	六	25	10/2	乙酉	一	九	25	9/3	丙辰	四	二
26	1/29	甲申	9	3	26	12/31	乙卯	7	1	26	12/1	乙酉	八	三	26	11/2	丙辰	八	五	26	10/3	丙戌	一	八	26	9/4	丁巳	四	一
27	1/30	乙酉	9	4	27	1/1	丙辰	7	2	27	12/2	丙戌	八	二	27	11/3	丁巳	八	四	27	10/4	丁亥	一	七	27	9/5	戊午	四	九
28	1/31	丙戌	9	5	28	1/2	丁巳	7	3	28	12/3	丁亥	八	一	28	11/4	戊午	八	三	28	10/5	戊子	一	六	28	9/6	己未	七	八
29	2/1	丁亥	9	6	29	1/3	戊午	7	4	29	12/4	戊子	八	九	29	11/5	己未	二	二	29	10/6	己丑	四	五	29	9/7	庚申	七	七
30	2/2	戊子	9	7						30	12/5	己丑	二	八						30	10/7	庚寅	四	四					

西元2011年（辛卯）肖兔 民國100年（男兌命）

奇門遁甲局數如標示為 一 ～九表示陰局　　如標示為1 ～9 表示陽局

六月					五月					四月					三月					二月					正月				
乙未					甲午					癸巳					壬辰					辛卯					庚寅				
三碧木					四綠木					五黃土					六白金					七赤金					八白土				
大暑 12時13分 廿三午時		小暑 18時43分 初七酉時	奇門遁甲局數		夏至 01時18分 廿一丑時		芒種 08時28分 初五辰時	奇門遁甲局數		小滿 17時22分 十九酉時		立夏 04時25分 初四寅時	奇門遁甲局數		穀雨 18時19分 十八酉時		清明 11時13分 初三午時	奇門遁甲局數		春分 07時22分 十七辰時		驚蟄 06時31分 初二卯時	奇門遁甲局數		雨水 08時27分 十七辰時		立春 12時34分 初二午時	奇門遁甲局數	
農曆	國曆	干支	時盤	日盤	農曆	國曆	干支	時盤	日盤	農曆	國曆	干支	時盤	日盤	農曆	國曆	干支	時盤	日盤	農曆	國曆	干支	時盤	日盤	農曆	國曆	干支	時盤	日盤
1	7/1	丁巳	三	七	1	6/2	戊子	2	1	1	5/3	戊午	2	7	1	4/3	戊子	9	4	1	3/5	己未	3	2	1	2/3	己丑	6	8
2	7/2	戊午	三	六	2	6/3	己丑	8	2	2	5/4	己未	8	8	2	4/4	己丑	6	5	2	3/6	庚申	3	3	2	2/4	庚寅	6	9
3	7/3	己未	六	五	3	6/4	庚寅	8	3	3	5/5	庚申	8	9	3	4/5	庚寅	6	6	3	3/7	辛酉	3	4	3	2/5	辛卯	6	1
4	7/4	庚申	六	四	4	6/5	辛卯	8	4	4	5/6	辛酉	8	1	4	4/6	辛卯	6	7	4	3/8	壬戌	3	5	4	2/6	壬辰	6	2
5	7/5	辛酉	六	三	5	6/6	壬辰	8	5	5	5/7	壬戌	8	2	5	4/7	壬辰	6	8	5	3/9	癸亥	3	6	5	2/7	癸巳	6	3
6	7/6	壬戌	六	二	6	6/7	癸巳	8	6	6	5/8	癸亥	8	3	6	4/8	癸巳	6	9	6	3/10	甲子	1	7	6	2/8	甲午	8	4
7	7/7	癸亥	六	一	7	6/8	甲午	6	7	7	5/9	甲子	4	4	7	4/9	甲午	4	1	7	3/11	乙丑	1	8	7	2/9	乙未	8	5
8	7/8	甲子	八	九	8	6/9	乙未	6	8	8	5/10	乙丑	4	5	8	4/10	乙未	4	2	8	3/12	丙寅	1	9	8	2/10	丙申	8	6
9	7/9	乙丑	八	八	9	6/10	丙申	6	9	9	5/11	丙寅	4	6	9	4/11	丙申	4	3	9	3/13	丁卯	1	1	9	2/11	丁酉	8	7
10	7/10	丙寅	八	七	10	6/11	丁酉	6	1	10	5/12	丁卯	4	7	10	4/12	丁酉	4	4	10	3/14	戊辰	1	2	10	2/12	戊戌	8	8
11	7/11	丁卯	八	六	11	6/12	戊戌	6	2	11	5/13	戊辰	4	8	11	4/13	戊戌	4	5	11	3/15	己巳	7	3	11	2/13	己亥	5	9
12	7/12	戊辰	八	五	12	6/13	己亥	3	3	12	5/14	己巳	1	9	12	4/14	己亥	1	6	12	3/16	庚午	7	4	12	2/14	庚子	5	1
13	7/13	己巳	二	四	13	6/14	庚子	3	4	13	5/15	庚午	1	1	13	4/15	庚子	1	7	13	3/17	辛未	7	5	13	2/15	辛丑	5	2
14	7/14	庚午	二	三	14	6/15	辛丑	3	5	14	5/16	辛未	1	2	14	4/16	辛丑	1	8	14	3/18	壬申	7	6	14	2/16	壬寅	5	3
15	7/15	辛未	二	二	15	6/16	壬寅	3	6	15	5/17	壬申	1	3	15	4/17	壬寅	1	9	15	3/19	癸酉	7	7	15	2/17	癸卯	5	4
16	7/16	壬申	二	一	16	6/17	癸卯	3	7	16	5/18	癸酉	1	4	16	4/18	癸卯	1	1	16	3/20	甲戌	4	8	16	2/18	甲辰	2	5
17	7/17	癸酉	二	九	17	6/18	甲辰	9	8	17	5/19	甲戌	7	5	17	4/19	甲辰	7	2	17	3/21	乙亥	4	9	17	2/19	乙巳	2	6
18	7/18	甲戌	五	八	18	6/19	乙巳	9	9	18	5/20	乙亥	7	6	18	4/20	乙巳	7	3	18	3/22	丙子	4	1	18	2/20	丙午	2	7
19	7/19	乙亥	五	七	19	6/20	丙午	9	1	19	5/21	丙子	7	7	19	4/21	丙午	7	4	19	3/23	丁丑	4	2	19	2/21	丁未	2	8
20	7/20	丙子	五	六	20	6/21	丁未	9	2	20	5/22	丁丑	7	8	20	4/22	丁未	7	5	20	3/24	戊寅	4	3	20	2/22	戊申	2	9
21	7/21	丁丑	五	五	21	6/22	戊申	9	七	21	5/23	戊寅	7	9	21	4/23	戊申	7	6	21	3/25	己卯	3	4	21	2/23	己酉	9	1
22	7/22	戊寅	五	四	22	6/23	己酉	九	六	22	5/24	己卯	5	1	22	4/24	己酉	5	7	22	3/26	庚辰	3	5	22	2/24	庚戌	9	2
23	7/23	己卯	七	三	23	6/24	庚戌	九	五	23	5/25	庚辰	5	2	23	4/25	庚戌	5	8	23	3/27	辛巳	3	6	23	2/25	辛亥	9	3
24	7/24	庚辰	七	二	24	6/25	辛亥	九	四	24	5/26	辛巳	5	3	24	4/26	辛亥	5	9	24	3/28	壬午	3	7	24	2/26	壬子	9	4
25	7/25	辛巳	七	一	25	6/26	壬子	九	三	25	5/27	壬午	5	4	25	4/27	壬子	5	1	25	3/29	癸未	3	8	25	2/27	癸丑	9	5
26	7/26	壬午	七	九	26	6/27	癸丑	九	二	26	5/28	癸未	5	5	26	4/28	癸丑	5	2	26	3/30	甲申	9	9	26	2/28	甲寅	6	6
27	7/27	癸未	七	八	27	6/28	甲寅	三	一	27	5/29	甲申	2	6	27	4/29	甲寅	2	3	27	3/31	乙酉	9	1	27	3/1	乙卯	6	7
28	7/28	甲申	一	七	28	6/29	乙卯	三	九	28	5/30	乙酉	2	7	28	4/30	乙卯	2	4	28	4/1	丙戌	9	2	28	3/2	丙辰	6	8
29	7/29	乙酉	一	六	29	6/30	丙辰	三	八	29	5/31	丙戌	2	8	29	5/1	丙辰	2	5	29	4/2	丁亥	9	3	29	3/3	丁巳	6	9
30	7/30	丙戌	一	五						30	6/1	丁亥	2	9	30	5/2	丁巳	2	6						30	3/4	戊午	6	1

西元2011年（辛卯）肖兔 民國100年（女艮命）

奇門遁甲局數如標示為 一 ～九表示陰局　　如標示為1 ～9 表示陽局

十二月　辛丑　六白金

大寒：00時11分 廿八子時　小寒：06時45分 十三卯時　奇門遁甲局數

農曆	國曆	干支	時盤	日盤
1	12/25	甲寅	7	9
2	12/26	乙卯	7	1
3	12/27	丙辰	7	2
4	12/28	丁巳	7	3
5	12/29	戊午	7	4
6	12/30	己未	4	5
7	12/31	庚申	4	6
8	1/1	辛酉	4	7
9	1/2	壬戌	4	8
10	1/3	癸亥	4	9
11	1/4	甲子	2	1
12	1/5	乙丑	2	2
13	1/6	丙寅	2	3
14	1/7	丁卯	2	4
15	1/8	戊辰	2	5
16	1/9	己巳	8	6
17	1/10	庚午	8	7
18	1/11	辛未	8	8
19	1/12	壬申	8	9
20	1/13	癸酉	8	1
21	1/14	甲戌	5	2
22	1/15	乙亥	5	3
23	1/16	丙子	5	4
24	1/17	丁丑	5	5
25	1/18	戊寅	5	6
26	1/19	己卯	3	7
27	1/20	庚辰	3	8
28	1/21	辛巳	3	9
29	1/22	壬午	3	1

十一月　庚子　七赤金

冬至：13時32分 廿八未時　大雪：19時30分 十三戌時　奇門遁甲局數

農曆	國曆	干支	時盤	日盤
1	11/25	甲申	八	四
2	11/26	乙酉	八	三
3	11/27	丙戌	八	二
4	11/28	丁亥	八	一
5	11/29	戊子	八	九
6	11/30	己丑	二	八
7	12/1	庚寅	二	七
8	12/2	辛卯	二	六
9	12/3	壬辰	二	五
10	12/4	癸巳	二	四
11	12/5	甲午	四	三
12	12/6	乙未	四	二
13	12/7	丙申	四	一
14	12/8	丁酉	四	九
15	12/9	戊戌	四	八
16	12/10	己亥	七	七
17	12/11	庚子	七	六
18	12/12	辛丑	七	五
19	12/13	壬寅	七	四
20	12/14	癸卯	七	三
21	12/15	甲辰	一	二
22	12/16	乙巳	一	一
23	12/17	丙午	一	九
24	12/18	丁未	一	八
25	12/19	戊申	一	七
26	12/20	己酉	1	六
27	12/21	庚戌	1	五
28	12/22	辛亥	1	6
29	12/23	壬子	1	7
30	12/24	癸丑	1	8

十月　己亥　八白土

小雪：00時09分 廿八子時　立冬：02時37分 十三丑時　奇門遁甲局數

農曆	國曆	干支	時盤	日盤
1	10/27	乙卯	八	六
2	10/28	丙辰	八	五
3	10/29	丁巳	八	四
4	10/30	戊午	八	三
5	10/31	己未	二	二
6	11/1	庚申	二	一
7	11/2	辛酉	二	九
8	11/3	壬戌	二	八
9	11/4	癸亥	二	七
10	11/5	甲子	六	六
11	11/6	乙丑	六	五
12	11/7	丙寅	六	四
13	11/8	丁卯	六	三
14	11/9	戊辰	六	二
15	11/10	己巳	九	一
16	11/11	庚午	九	九
17	11/12	辛未	九	八
18	11/13	壬申	九	七
19	11/14	癸酉	九	六
20	11/15	甲戌	三	五
21	11/16	乙亥	三	四
22	11/17	丙子	三	三
23	11/18	丁丑	三	二
24	11/19	戊寅	三	一
25	11/20	己卯	五	九
26	11/21	庚辰	五	八
27	11/22	辛巳	五	七
28	11/23	壬午	五	六
29	11/24	癸未	五	五

九月　戊戌　九紫火

霜降：02時32分 廿八丑時　寒露：23時20分 十二子時　奇門遁甲局數

農曆	國曆	干支	時盤	日盤
1	9/27	乙酉	一	九
2	9/28	丙戌	一	八
3	9/29	丁亥	一	七
4	9/30	戊子	一	六
5	10/1	己丑	四	五
6	10/2	庚寅	四	四
7	10/3	辛卯	四	三
8	10/4	壬辰	四	二
9	10/5	癸巳	四	一
10	10/6	甲午	六	九
11	10/7	乙未	六	八
12	10/8	丙申	六	七
13	10/9	丁酉	六	六
14	10/10	戊戌	六	五
15	10/11	己亥	九	四
16	10/12	庚子	九	三
17	10/13	辛丑	九	二
18	10/14	壬寅	九	一
19	10/15	癸卯	九	九
20	10/16	甲辰	三	八
21	10/17	乙巳	三	七
22	10/18	丙午	三	六
23	10/19	丁未	三	五
24	10/20	戊申	三	四
25	10/21	己酉	五	三
26	10/22	庚戌	五	二
27	10/23	辛亥	五	一
28	10/24	壬子	五	九
29	10/25	癸丑	五	八
30	10/26	甲寅	八	七

八月　丁酉　一白水

秋分：17時06分 廿六酉時　白露：07時35分 十一辰時　奇門遁甲局數

農曆	國曆	干支	時盤	日盤
1	8/29	丙辰	四	二
2	8/30	丁巳	四	一
3	8/31	戊午	四	九
4	9/1	己未	七	八
5	9/2	庚申	七	七
6	9/3	辛酉	七	六
7	9/4	壬戌	七	五
8	9/5	癸亥	七	四
9	9/6	甲子	九	三
10	9/7	乙丑	九	二
11	9/8	丙寅	九	一
12	9/9	丁卯	九	九
13	9/10	戊辰	九	八
14	9/11	己巳	三	七
15	9/12	庚午	三	六
16	9/13	辛未	三	五
17	9/14	壬申	三	四
18	9/15	癸酉	三	三
19	9/16	甲戌	六	二
20	9/17	乙亥	六	一
21	9/18	丙子	六	九
22	9/19	丁丑	六	八
23	9/20	戊寅	六	七
24	9/21	己卯	七	六
25	9/22	庚辰	七	五
26	9/23	辛巳	七	四
27	9/24	壬午	七	三
28	9/25	癸未	七	二
29	9/26	甲申	一	一

七月　丙申　二黑土

處暑：19時22分 廿四戌時　立秋：04時35分 初九寅時　奇門遁甲局數

農曆	國曆	干支	時盤	日盤
1	7/31	丁亥	一	四
2	8/1	戊子	一	三
3	8/2	己丑	四	二
4	8/3	庚寅	四	一
5	8/4	辛卯	四	九
6	8/5	壬辰	四	八
7	8/6	癸巳	四	七
8	8/7	甲午	二	六
9	8/8	乙未	二	五
10	8/9	丙申	二	四
11	8/10	丁酉	二	三
12	8/11	戊戌	二	二
13	8/12	己亥	五	一
14	8/13	庚子	五	九
15	8/14	辛丑	五	八
16	8/15	壬寅	五	七
17	8/16	癸卯	五	六
18	8/17	甲辰	八	五
19	8/18	乙巳	八	四
20	8/19	丙午	八	三
21	8/20	丁未	八	二
22	8/21	戊申	八	一
23	8/22	己酉	一	九
24	8/23	庚戌	一	八
25	8/24	辛亥	一	七
26	8/25	壬子	一	六
27	8/26	癸丑	一	五
28	8/27	甲寅	四	四
29	8/28	乙卯	四	三

西元2012年（壬辰）肖龍 民國101年（男乾命）

奇門遁甲局數如標示為 一 ～九表示陰局　　如標示為1 ～9 表示陽局

六月					五月					閏四月					四月					三月					二月					正月				
丁未					丙午					丙午					乙巳					甲辰					癸卯					壬寅				
九紫火					一白水										二黑土					三碧木					四綠木					五黃土				
立秋 10時32分 二十巳時		大暑 18時02分 初四酉時	奇門遁甲局數		小暑 00時42分 十九子時		夏至 07時10分 初三辰時	奇門遁甲局數		芒種 14時27分 十六未時			奇門遁甲局數		小滿 23時17分 三十子時		立夏 10時21分 十五巳時	奇門遁甲局數		穀雨 00時13分 三十子時		清明 17時07分 十四酉時	奇門遁甲局數		春分 13時16分 廿八未時		驚蟄 12時23分 十三午時	奇門遁甲局數		雨水 14時19分 廿八未時		立春 18時24分 十三酉時	奇門遁甲局數	
農曆	國曆	干支	時盤	日盤	農曆	國曆	干支	時盤	日盤	農曆	國曆	干支	時盤	日盤	農曆	國曆	干支	時盤	日盤	農曆	國曆	干支	時盤	日盤	農曆	國曆	干支	時盤	日盤	農曆	國曆	干支	時盤	日盤
1	7/19	辛巳	七	一	1	6/19	辛亥	九	6	1	5/21	壬午	5	4	1	4/21	壬子	5	1	1	3/22	壬午	3	7	1	2/22	癸丑	9	5	1	1/23	癸未	3	2
2	7/20	壬午	七	九	2	6/20	壬子	九	7	2	5/22	癸未	5	5	2	4/22	癸丑	5	2	2	3/23	癸未	3	8	2	2/23	甲寅	6	6	2	1/24	甲申	9	3
3	7/21	癸未	七	八	3	6/21	癸丑	九	二	3	5/23	甲申	2	6	3	4/23	甲寅	2	3	3	3/24	甲申	9	9	3	2/24	乙卯	6	7	3	1/25	乙酉	9	4
4	7/22	甲申	一	七	4	6/22	甲寅	三	一	4	5/24	乙酉	2	7	4	4/24	乙卯	2	4	4	3/25	乙酉	9	1	4	2/25	丙辰	6	8	4	1/26	丙戌	9	5
5	7/23	乙酉	一	六	5	6/23	乙卯	三	九	5	5/25	丙戌	2	8	5	4/25	丙辰	2	5	5	3/26	丙戌	9	2	5	2/26	丁巳	6	9	5	1/27	丁亥	9	6
6	7/24	丙戌	一	五	6	6/24	丙辰	三	八	6	5/26	丁亥	2	9	6	4/26	丁巳	2	6	6	3/27	丁亥	9	3	6	2/27	戊午	6	1	6	1/28	戊子	9	7
7	7/25	丁亥	一	四	7	6/25	丁巳	三	七	7	5/27	戊子	2	1	7	4/27	戊午	2	7	7	3/28	戊子	9	4	7	2/28	己未	3	2	7	1/29	己丑	6	8
8	7/26	戊子	一	三	8	6/26	戊午	三	六	8	5/28	己丑	8	2	8	4/28	己未	8	8	8	3/29	己丑	6	5	8	2/29	庚申	3	3	8	1/30	庚寅	6	9
9	7/27	己丑	四	二	9	6/27	己未	六	五	9	5/29	庚寅	8	3	9	4/29	庚申	8	9	9	3/30	庚寅	6	6	9	3/1	辛酉	3	4	9	1/31	辛卯	6	1
10	7/28	庚寅	四	一	10	6/28	庚申	六	四	10	5/30	辛卯	8	4	10	4/30	辛酉	8	1	10	3/31	辛卯	6	7	10	3/2	壬戌	3	5	10	2/1	壬辰	6	2
11	7/29	辛卯	四	九	11	6/29	辛酉	六	三	11	5/31	壬辰	8	5	11	5/1	壬戌	8	2	11	4/1	壬辰	6	8	11	3/3	癸亥	3	6	11	2/2	癸巳	6	3
12	7/30	壬辰	四	八	12	6/30	壬戌	六	二	12	6/1	癸巳	8	6	12	5/2	癸亥	8	3	12	4/2	癸巳	6	9	12	3/4	甲子	1	7	12	2/3	甲午	8	4
13	7/31	癸巳	四	七	13	7/1	癸亥	六	一	13	6/2	甲午	6	7	13	5/3	甲子	4	4	13	4/3	甲午	4	1	13	3/5	乙丑	1	8	13	2/4	乙未	8	5
14	8/1	甲午	二	六	14	7/2	甲子	八	九	14	6/3	乙未	6	8	14	5/4	乙丑	4	5	14	4/4	乙未	4	2	14	3/6	丙寅	1	9	14	2/5	丙申	8	6
15	8/2	乙未	二	五	15	7/3	乙丑	八	八	15	6/4	丙申	6	9	15	5/5	丙寅	4	6	15	4/5	丙申	4	3	15	3/7	丁卯	1	1	15	2/6	丁酉	8	7
16	8/3	丙申	二	四	16	7/4	丙寅	八	七	16	6/5	丁酉	6	1	16	5/6	丁卯	4	7	16	4/6	丁酉	4	4	16	3/8	戊辰	1	2	16	2/7	戊戌	8	8
17	8/4	丁酉	二	三	17	7/5	丁卯	八	六	17	6/6	戊戌	6	2	17	5/7	戊辰	4	8	17	4/7	戊戌	4	5	17	3/9	己巳	7	3	17	2/8	己亥	5	9
18	8/5	戊戌	二	二	18	7/6	戊辰	八	五	18	6/7	己亥	3	3	18	5/8	己巳	1	9	18	4/8	己亥	1	6	18	3/10	庚午	7	4	18	2/9	庚子	5	1
19	8/6	己亥	五	一	19	7/7	己巳	二	四	19	6/8	庚子	3	4	19	5/9	庚午	1	1	19	4/9	庚子	1	7	19	3/11	辛未	7	5	19	2/10	辛丑	5	2
20	8/7	庚子	五	九	20	7/8	庚午	二	三	20	6/9	辛丑	3	5	20	5/10	辛未	1	2	20	4/10	辛丑	1	8	20	3/12	壬申	7	6	20	2/11	壬寅	5	3
21	8/8	辛丑	五	八	21	7/9	辛未	二	二	21	6/10	壬寅	3	6	21	5/11	壬申	1	3	21	4/11	壬寅	1	9	21	3/13	癸酉	7	7	21	2/12	癸卯	5	4
22	8/9	壬寅	五	七	22	7/10	壬申	二	一	22	6/11	癸卯	3	7	22	5/12	癸酉	1	4	22	4/12	癸卯	1	1	22	3/14	甲戌	4	8	22	2/13	甲辰	2	5
23	8/10	癸卯	五	六	23	7/11	癸酉	二	九	23	6/12	甲辰	9	8	23	5/13	甲戌	7	5	23	4/13	甲辰	7	2	23	3/15	乙亥	4	9	23	2/14	乙巳	2	6
24	8/11	甲辰	八	五	24	7/12	甲戌	五	八	24	6/13	乙巳	9	9	24	5/14	乙亥	7	6	24	4/14	乙巳	7	3	24	3/16	丙子	4	1	24	2/15	丙午	2	7
25	8/12	乙巳	八	四	25	7/13	乙亥	五	七	25	6/14	丙午	9	1	25	5/15	丙子	7	7	25	4/15	丙午	7	4	25	3/17	丁丑	4	2	25	2/16	丁未	2	8
26	8/13	丙午	八	三	26	7/14	丙子	五	六	26	6/15	丁未	9	2	26	5/16	丁丑	7	8	26	4/16	丁未	7	5	26	3/18	戊寅	4	3	26	2/17	戊申	2	9
27	8/14	丁未	八	二	27	7/15	丁丑	五	五	27	6/16	戊申	9	3	27	5/17	戊寅	7	9	27	4/17	戊申	7	6	27	3/19	己卯	3	4	27	2/18	己酉	9	1
28	8/15	戊申	八	一	28	7/16	戊寅	五	四	28	6/17	己酉	九	4	28	5/18	己卯	5	1	28	4/18	己酉	5	7	28	3/20	庚辰	3	5	28	2/19	庚戌	9	2
29	8/16	己酉	一	九	29	7/17	己卯	七	三	29	6/18	庚戌	九	5	29	5/19	庚辰	5	2	29	4/19	庚戌	5	8	29	3/21	辛巳	3	6	29	2/20	辛亥	9	3
					30	7/18	庚辰	七	二						30	5/20	辛巳	5	3	30	4/20	辛亥	5	9						30	2/21	壬子	9	4

西元2012年（壬辰）肖龍 民國101年（女離命）

奇門遁甲局數如標示為 一 ～九表示陰局　　如標示為1 ～9 表示陽局

十二月					十一月					十　月					九　月					八　月					七　月				
癸丑					壬子					辛亥					庚戌					己酉					戊申				
三碧木					四綠木					五黃土					六白金					七赤金					八白土				
立春 00時15分 廿四子時		大寒 05時53分 初九卯時	奇門遁甲局數		小寒 12時35分 廿四午時		冬至 19時13分 初九戌時	奇門遁甲局數		大雪 01時21分 廿四丑時		小雪 05時52分 初九卯時	奇門遁甲局數		立冬 08時27分 廿四辰時		霜降 08時15分 初九辰時	奇門遁甲局數		寒露 05時13分 廿三卯時		秋分 22時51分 初七亥時	奇門遁甲局數		白露 13時30分 廿二未時		處暑 01時08分 初七丑時	奇門遁甲局數	
農曆	國曆	干支	時盤	日盤	農曆	國曆	干支	時盤	日盤	農曆	國曆	干支	時盤	日盤	農曆	國曆	干支	時盤	日盤	農曆	國曆	干支	時盤	日盤	農曆	國曆	干支	時盤	日盤
1	1/12	戊寅	5	6	1	12/13	戊申	一	七	1	11/14	己卯	五	九	1	10/15	己酉	五	三	1	9/16	庚辰	七	五	1	8/17	庚戌	一	八
2	1/13	己卯	3	7	2	12/14	己酉	1	六	2	11/15	庚辰	五	八	2	10/16	庚戌	五	二	2	9/17	辛巳	七	四	2	8/18	辛亥	一	七
3	1/14	庚辰	3	8	3	12/15	庚戌	1	五	3	11/16	辛巳	五	七	3	10/17	辛亥	五	一	3	9/18	壬午	七	三	3	8/19	壬子	一	六
4	1/15	辛巳	3	9	4	12/16	辛亥	1	四	4	11/17	壬午	五	六	4	10/18	壬子	五	九	4	9/19	癸未	七	二	4	8/20	癸丑	一	五
5	1/16	壬午	3	1	5	12/17	壬子	1	三	5	11/18	癸未	五	五	5	10/19	癸丑	五	八	5	9/20	甲申	一	一	5	8/21	甲寅	四	四
6	1/17	癸未	3	2	6	12/18	癸丑	1	二	6	11/19	甲申	八	四	6	10/20	甲寅	八	七	6	9/21	乙酉	一	九	6	8/22	乙卯	四	三
7	1/18	甲申	9	3	7	12/19	甲寅	7	一	7	11/20	乙酉	八	三	7	10/21	乙卯	八	六	7	9/22	丙戌	一	八	7	8/23	丙辰	四	二
8	1/19	乙酉	9	4	8	12/20	乙卯	7	九	8	11/21	丙戌	八	二	8	10/22	丙辰	八	五	8	9/23	丁亥	一	七	8	8/24	丁巳	四	一
9	1/20	丙戌	9	5	9	12/21	丙辰	7	2	9	11/22	丁亥	八	一	9	10/23	丁巳	八	四	9	9/24	戊子	一	六	9	8/25	戊午	四	九
10	1/21	丁亥	9	6	10	12/22	丁巳	7	3	10	11/23	戊子	八	九	10	10/24	戊午	八	三	10	9/25	己丑	四	五	10	8/26	己未	七	八
11	1/22	戊子	9	7	11	12/23	戊午	7	4	11	11/24	己丑	二	八	11	10/25	己未	二	二	11	9/26	庚寅	四	四	11	8/27	庚申	七	七
12	1/23	己丑	6	8	12	12/24	己未	4	5	12	11/25	庚寅	二	七	12	10/26	庚申	二	一	12	9/27	辛卯	四	三	12	8/28	辛酉	七	六
13	1/24	庚寅	6	9	13	12/25	庚申	4	6	13	11/26	辛卯	二	六	13	10/27	辛酉	二	九	13	9/28	壬辰	四	二	13	8/29	壬戌	七	五
14	1/25	辛卯	6	1	14	12/26	辛酉	4	7	14	11/27	壬辰	二	五	14	10/28	壬戌	二	八	14	9/29	癸巳	四	一	14	8/30	癸亥	七	四
15	1/26	壬辰	6	2	15	12/27	壬戌	4	8	15	11/28	癸巳	二	四	15	10/29	癸亥	二	七	15	9/30	甲午	六	九	15	8/31	甲子	九	三
16	1/27	癸巳	6	3	16	12/28	癸亥	4	9	16	11/29	甲午	四	三	16	10/30	甲子	六	六	16	10/1	乙未	六	八	16	9/1	乙丑	九	二
17	1/28	甲午	8	4	17	12/29	甲子	2	1	17	11/30	乙未	四	二	17	10/31	乙丑	六	五	17	10/2	丙申	六	七	17	9/2	丙寅	九	一
18	1/29	乙未	8	5	18	12/30	乙丑	2	2	18	12/1	丙申	四	一	18	11/1	丙寅	六	四	18	10/3	丁酉	六	六	18	9/3	丁卯	九	九
19	1/30	丙申	8	6	19	12/31	丙寅	2	3	19	12/2	丁酉	四	九	19	11/2	丁卯	六	三	19	10/4	戊戌	六	五	19	9/4	戊辰	九	八
20	1/31	丁酉	8	7	20	1/1	丁卯	2	4	20	12/3	戊戌	四	八	20	11/3	戊辰	六	二	20	10/5	己亥	九	四	20	9/5	己巳	三	七
21	2/1	戊戌	8	8	21	1/2	戊辰	2	5	21	12/4	己亥	七	七	21	11/4	己巳	九	一	21	10/6	庚子	九	三	21	9/6	庚午	三	六
22	2/2	己亥	5	9	22	1/3	己巳	8	6	22	12/5	庚子	七	六	22	11/5	庚午	九	九	22	10/7	辛丑	九	二	22	9/7	辛未	三	五
23	2/3	庚子	5	1	23	1/4	庚午	8	7	23	12/6	辛丑	七	五	23	11/6	辛未	九	八	23	10/8	壬寅	九	一	23	9/8	壬申	三	四
24	2/4	辛丑	5	2	24	1/5	辛未	8	8	24	12/7	壬寅	七	四	24	11/7	壬申	九	七	24	10/9	癸卯	九	九	24	9/9	癸酉	三	三
25	2/5	壬寅	5	3	25	1/6	壬申	8	9	25	12/8	癸卯	七	三	25	11/8	癸酉	九	六	25	10/10	甲辰	三	八	25	9/10	甲戌	六	二
26	2/6	癸卯	5	4	26	1/7	癸酉	8	1	26	12/9	甲辰	一	二	26	11/9	甲戌	三	五	26	10/11	乙巳	三	七	26	9/11	乙亥	六	一
27	2/7	甲辰	2	5	27	1/8	甲戌	5	2	27	12/10	乙巳	一	一	27	11/10	乙亥	三	四	27	10/12	丙午	三	六	27	9/12	丙子	六	九
28	2/8	乙巳	2	6	28	1/9	乙亥	5	3	28	12/11	丙午	一	九	28	11/11	丙子	三	三	28	10/13	丁未	三	五	28	9/13	丁丑	六	八
29	2/9	丙午	2	7	29	1/10	丙子	5	4	29	12/12	丁未	一	八	29	11/12	丁丑	三	二	29	10/14	戊申	三	四	29	9/14	戊寅	六	七
					30	1/11	丁丑	5	5						30	11/13	戊寅	三	一						30	9/15	己卯	七	六

西元2013年（癸巳）肖蛇 民國102年（男坤命）

奇門遁甲局數如標示為 一 ～九表示陰局　　如標示為1 ～9 表示陽局

六月					五月					四月					三月					二月					正月				
己未					戊午					丁巳					丙辰					乙卯					甲寅				
六白金					七赤金					八白土					九紫火					一白水					二黑土				
大暑 23時57分 十五子時			奇門遁甲局數		小暑 07時09分 廿九辰時		夏至 13時05分 十四未時	奇門遁甲局數		芒種 20時24分 廿七戌時		小滿 05時11分 十二卯時	奇門遁甲局數		立夏 16時20分 廿六申時		穀雨 06時05分 十一卯時	奇門遁甲局數		清明 23時04分 廿四子時		春分 19時03分 初九戌時	奇門遁甲局數		驚蟄 18時16分 廿四酉時		雨水 20時03分 初九戌時	奇門遁甲局數	
農曆	國曆	干支	時盤	日盤	農曆	國曆	干支	時盤	日盤	農曆	國曆	干支	時盤	日盤	農曆	國曆	干支	時盤	日盤	農曆	國曆	干支	時盤	日盤	農曆	國曆	干支	時盤	日盤
1	7/8	乙亥	六	七	1	6/9	丙午	9	1	1	5/10	丙子	7	7	1	4/10	丙午	7	4	1	3/12	丁丑	4	2	1	2/10	丁未	2	8
2	7/9	丙子	六	六	2	6/10	丁未	9	2	2	5/11	丁丑	7	8	2	4/11	丁未	7	5	2	3/13	戊寅	4	3	2	2/11	戊申	2	9
3	7/10	丁丑	六	五	3	6/11	戊申	9	3	3	5/12	戊寅	7	9	3	4/12	戊申	7	6	3	3/14	己卯	3	4	3	2/12	己酉	9	1
4	7/11	戊寅	六	四	4	6/12	己酉	6	4	4	5/13	己卯	5	1	4	4/13	己酉	5	7	4	3/15	庚辰	3	5	4	2/13	庚戌	9	2
5	7/12	己卯	八	三	5	6/13	庚戌	6	5	5	5/14	庚辰	5	2	5	4/14	庚戌	5	8	5	3/16	辛巳	3	6	5	2/14	辛亥	9	3
6	7/13	庚辰	八	二	6	6/14	辛亥	6	6	6	5/15	辛巳	5	3	6	4/15	辛亥	5	9	6	3/17	壬午	3	7	6	2/15	壬子	9	4
7	7/14	辛巳	八	一	7	6/15	壬子	6	7	7	5/16	壬午	5	4	7	4/16	壬子	5	1	7	3/18	癸未	3	8	7	2/16	癸丑	9	5
8	7/15	壬午	八	九	8	6/16	癸丑	6	8	8	5/17	癸未	5	5	8	4/17	癸丑	5	2	8	3/19	甲申	9	9	8	2/17	甲寅	6	6
9	7/16	癸未	八	八	9	6/17	甲寅	3	9	9	5/18	甲申	2	6	9	4/18	甲寅	2	3	9	3/20	乙酉	9	1	9	2/18	乙卯	6	7
10	7/17	甲申	二	七	10	6/18	乙卯	3	1	10	5/19	乙酉	2	7	10	4/19	乙卯	2	4	10	3/21	丙戌	9	2	10	2/19	丙辰	6	8
11	7/18	乙酉	二	六	11	6/19	丙辰	3	2	11	5/20	丙戌	2	8	11	4/20	丙辰	2	5	11	3/22	丁亥	9	3	11	2/20	丁巳	6	9
12	7/19	丙戌	二	五	12	6/20	丁巳	3	3	12	5/21	丁亥	2	9	12	4/21	丁巳	2	6	12	3/23	戊子	9	4	12	2/21	戊午	6	1
13	7/20	丁亥	二	四	13	6/21	戊午	3	4	13	5/22	戊子	2	1	13	4/22	戊午	2	7	13	3/24	己丑	6	5	13	2/22	己未	3	2
14	7/21	戊子	二	三	14	6/22	己未	9	五	14	5/23	己丑	8	2	14	4/23	己未	8	8	14	3/25	庚寅	6	6	14	2/23	庚申	3	3
15	7/22	己丑	五	二	15	6/23	庚申	9	四	15	5/24	庚寅	8	3	15	4/24	庚申	8	9	15	3/26	辛卯	6	7	15	2/24	辛酉	3	4
16	7/23	庚寅	五	一	16	6/24	辛酉	9	三	16	5/25	辛卯	8	4	16	4/25	辛酉	8	1	16	3/27	壬辰	6	8	16	2/25	壬戌	3	5
17	7/24	辛卯	五	九	17	6/25	壬戌	9	二	17	5/26	壬辰	8	5	17	4/26	壬戌	8	2	17	3/28	癸巳	6	9	17	2/26	癸亥	3	6
18	7/25	壬辰	五	八	18	6/26	癸亥	9	一	18	5/27	癸巳	8	6	18	4/27	癸亥	8	3	18	3/29	甲午	4	1	18	2/27	甲子	1	7
19	7/26	癸巳	五	七	19	6/27	甲子	九	九	19	5/28	甲午	6	7	19	4/28	甲子	4	4	19	3/30	乙未	4	2	19	2/28	乙丑	1	8
20	7/27	甲午	七	六	20	6/28	乙丑	九	八	20	5/29	乙未	6	8	20	4/29	乙丑	4	5	20	3/31	丙申	4	3	20	3/1	丙寅	1	9
21	7/28	乙未	七	五	21	6/29	丙寅	九	七	21	5/30	丙申	6	9	21	4/30	丙寅	4	6	21	4/1	丁酉	4	4	21	3/2	丁卯	1	1
22	7/29	丙申	七	四	22	6/30	丁卯	九	六	22	5/31	丁酉	6	1	22	5/1	丁卯	4	7	22	4/2	戊戌	4	5	22	3/3	戊辰	1	2
23	7/30	丁酉	七	三	23	7/1	戊辰	九	五	23	6/1	戊戌	6	2	23	5/2	戊辰	4	8	23	4/3	己亥	1	6	23	3/4	己巳	7	3
24	7/31	戊戌	七	二	24	7/2	己巳	三	四	24	6/2	己亥	3	3	24	5/3	己巳	1	9	24	4/4	庚子	1	7	24	3/5	庚午	7	4
25	8/1	己亥	一	一	25	7/3	庚午	三	三	25	6/3	庚子	3	4	25	5/4	庚午	1	1	25	4/5	辛丑	1	8	25	3/6	辛未	7	5
26	8/2	庚子	一	九	26	7/4	辛未	三	二	26	6/4	辛丑	3	5	26	5/5	辛未	1	2	26	4/6	壬寅	1	9	26	3/7	壬申	7	6
27	8/3	辛丑	一	八	27	7/5	壬申	三	一	27	6/5	壬寅	3	6	27	5/6	壬申	1	3	27	4/7	癸卯	1	1	27	3/8	癸酉	7	7
28	8/4	壬寅	一	七	28	7/6	癸酉	三	九	28	6/6	癸卯	3	7	28	5/7	癸酉	1	4	28	4/8	甲辰	7	2	28	3/9	甲戌	4	8
29	8/5	癸卯	一	六	29	7/7	甲戌	六	八	29	6/7	甲辰	9	8	29	5/8	甲戌	7	5	29	4/9	乙巳	7	3	29	3/10	乙亥	4	9
30	8/6	甲辰	四	五						30	6/8	乙巳	9	9	30	5/9	乙亥	7	6						30	3/11	丙子	4	1

西元2013年（癸巳）肖蛇 民國102年（女坎命）

奇門遁甲局數如標示為 一 ～九表示陰局　　如標示為1 ～9 表示陽局

十二月					十一月					十　月					九　月					八　月					七　月				
乙丑					甲子					癸亥					壬戌					辛酉					庚申				
九紫火					一白水					二黑土					三碧木					四綠木					五黃土				
大寒 11時53分 二十午時		小寒 18時26分 初五酉時	奇門遁甲局數		冬至 01時13分 二十丑時		大雪 07時10分 初五辰時	奇門遁甲局數		小雪 11時50分 二十午時		立冬 14時15分 初五未時	奇門遁甲局數		霜降 14時11分 十九未時		寒露 11時00分 初四午時	奇門遁甲局數		秋分 04時46分 十九寅時		白露 19時18分 初三戌時	奇門遁甲局數		處暑 07時03分 十七辰時		立秋 16時22分 初一申時	奇門遁甲局數	
農曆	國曆	干支	時盤	日盤	農曆	國曆	干支	時盤	日盤	農曆	國曆	干支	時盤	日盤	農曆	國曆	干支	時盤	日盤	農曆	國曆	干支	時盤	日盤	農曆	國曆	干支	時盤	日盤
1	1/1	壬申	7	9	1	12/3	癸卯	八	三	1	11/3	癸酉	八	六	1	10/5	甲辰	四	八	1	9/5	甲戌	七	二	1	8/7	乙巳	四	四
2	1/2	癸酉	7	1	2	12/4	甲辰	二	二	2	11/4	甲戌	二	五	2	10/6	乙巳	四	七	2	9/6	乙亥	七	一	2	8/8	丙午	四	三
3	1/3	甲戌	4	2	3	12/5	乙巳	二	一	3	11/5	乙亥	二	四	3	10/7	丙午	四	六	3	9/7	丙子	七	九	3	8/9	丁未	四	二
4	1/4	乙亥	4	3	4	12/6	丙午	二	九	4	11/6	丙子	二	三	4	10/8	丁未	四	五	4	9/8	丁丑	七	八	4	8/10	戊申	四	一
5	1/5	丙子	4	4	5	12/7	丁未	二	八	5	11/7	丁丑	二	二	5	10/9	戊申	四	四	5	9/9	戊寅	七	七	5	8/11	己酉	二	九
6	1/6	丁丑	4	5	6	12/8	戊申	二	七	6	11/8	戊寅	二	一	6	10/10	己酉	六	三	6	9/10	己卯	九	六	6	8/12	庚戌	二	八
7	1/7	戊寅	4	6	7	12/9	己酉	四	六	7	11/9	己卯	六	九	7	10/11	庚戌	六	二	7	9/11	庚辰	九	五	7	8/13	辛亥	二	七
8	1/8	己卯	2	7	8	12/10	庚戌	四	五	8	11/10	庚辰	六	八	8	10/12	辛亥	六	一	8	9/12	辛巳	九	四	8	8/14	壬子	二	六
9	1/9	庚辰	2	8	9	12/11	辛亥	四	四	9	11/11	辛巳	六	七	9	10/13	壬子	六	九	9	9/13	壬午	九	三	9	8/15	癸丑	二	五
10	1/10	辛巳	2	9	10	12/12	壬子	四	三	10	11/12	壬午	六	六	10	10/14	癸丑	六	八	10	9/14	癸未	九	二	10	8/16	甲寅	五	四
11	1/11	壬午	2	1	11	12/13	癸丑	四	二	11	11/13	癸未	六	五	11	10/15	甲寅	九	七	11	9/15	甲申	三	一	11	8/17	乙卯	五	三
12	1/12	癸未	2	2	12	12/14	甲寅	七	一	12	11/14	甲申	九	四	12	10/16	乙卯	九	六	12	9/16	乙酉	三	九	12	8/18	丙辰	五	二
13	1/13	甲申	8	3	13	12/15	乙卯	七	九	13	11/15	乙酉	九	三	13	10/17	丙辰	九	五	13	9/17	丙戌	三	八	13	8/19	丁巳	五	一
14	1/14	乙酉	8	4	14	12/16	丙辰	七	八	14	11/16	丙戌	九	二	14	10/18	丁巳	九	四	14	9/18	丁亥	三	七	14	8/20	戊午	五	九
15	1/15	丙戌	8	5	15	12/17	丁巳	七	七	15	11/17	丁亥	九	一	15	10/19	戊午	九	三	15	9/19	戊子	三	六	15	8/21	己未	八	八
16	1/16	丁亥	8	6	16	12/18	戊午	七	六	16	11/18	戊子	九	九	16	10/20	己未	三	二	16	9/20	己丑	六	五	16	8/22	庚申	八	七
17	1/17	戊子	8	7	17	12/19	己未	一	五	17	11/19	己丑	三	八	17	10/21	庚申	三	一	17	9/21	庚寅	六	四	17	8/23	辛酉	八	六
18	1/18	己丑	5	8	18	12/20	庚申	一	四	18	11/20	庚寅	三	七	18	10/22	辛酉	三	九	18	9/22	辛卯	六	三	18	8/24	壬戌	八	五
19	1/19	庚寅	5	9	19	12/21	辛酉	一	三	19	11/21	辛卯	三	六	19	10/23	壬戌	三	八	19	9/23	壬辰	六	二	19	8/25	癸亥	八	四
20	1/20	辛卯	5	1	20	12/22	壬戌	一	8	20	11/22	壬辰	三	五	20	10/24	癸亥	三	七	20	9/24	癸巳	六	一	20	8/26	甲子	一	三
21	1/21	壬辰	5	2	21	12/23	癸亥	一	9	21	11/23	癸巳	三	四	21	10/25	甲子	五	六	21	9/25	甲午	七	九	21	8/27	乙丑	一	二
22	1/22	癸巳	5	3	22	12/24	甲子	1	1	22	11/24	甲午	五	三	22	10/26	乙丑	五	五	22	9/26	乙未	七	八	22	8/28	丙寅	一	一
23	1/23	甲午	3	4	23	12/25	乙丑	1	2	23	11/25	乙未	五	二	23	10/27	丙寅	五	四	23	9/27	丙申	七	七	23	8/29	丁卯	一	九
24	1/24	乙未	3	5	24	12/26	丙寅	1	3	24	11/26	丙申	五	一	24	10/28	丁卯	五	三	24	9/28	丁酉	七	六	24	8/30	戊辰	一	八
25	1/25	丙申	3	6	25	12/27	丁卯	1	4	25	11/27	丁酉	五	九	25	10/29	戊辰	五	二	25	9/29	戊戌	七	五	25	8/31	己巳	四	七
26	1/26	丁酉	3	7	26	12/28	戊辰	1	5	26	11/28	戊戌	五	八	26	10/30	己巳	八	一	26	9/30	己亥	一	四	26	9/1	庚午	四	六
27	1/27	戊戌	3	8	27	12/29	己巳	7	6	27	11/29	己亥	八	七	27	10/31	庚午	八	九	27	10/1	庚子	一	三	27	9/2	辛未	四	五
28	1/28	己亥	9	9	28	12/30	庚午	7	7	28	11/30	庚子	八	六	28	11/1	辛未	八	八	28	10/2	辛丑	一	二	28	9/3	壬申	四	四
29	1/29	庚子	9	1	29	12/31	辛未	7	8	29	12/1	辛丑	八	五	29	11/2	壬申	八	七	29	10/3	壬寅	一	一	29	9/4	癸酉	四	三
30	1/30	辛丑	9	2						30	12/2	壬寅	八	四						30	10/4	癸卯	一	九					

西元2014年（甲午）肖馬 民國103年（男巽命）

奇門遁甲局數如標示為 一 ～九表示陰局　　如標示為1 ～9 表示陽局

六月					五月					四月					三月					二月					正月				
辛未					庚午					己巳					戊辰					丁卯					丙寅				
三碧木					四綠木					五黃土					六白金					七赤金					八白土				
大暑 05時43分 廿七卯時		小暑 12時16分 十一午時	奇門遁甲局數		夏至 18時52分 廿四酉時		芒種 02時04分 初九丑時	奇門遁甲局數		小滿 11時00分 廿三午時		立夏 22時01分 初七亥時	奇門遁甲局數		穀雨 11時57分 廿一午時		清明 04時48分 初六寅時	奇門遁甲局數		春分 00時59分 廿一子時		驚蟄 00時04分 初六子時	奇門遁甲局數		雨水 02時01分 二十丑時		立春 06時05分 初五卯時	奇門遁甲局數	
農曆	國曆	干支	時盤	日盤	農曆	國曆	干支	時盤	日盤	農曆	國曆	干支	時盤	日盤	農曆	國曆	干支	時盤	日盤	農曆	國曆	干支	時盤	日盤	農曆	國曆	干支	時盤	日盤
1	6/27	己巳	三	四	1	5/29	庚子	2	4	1	4/29	庚午	2	1	1	3/31	辛丑	9	8	1	3/1	辛未	6	5	1	1/31	壬寅	9	3
2	6/28	庚午	三	三	2	5/30	辛丑	2	5	2	4/30	辛未	2	2	2	4/1	壬寅	9	9	2	3/2	壬申	6	6	2	2/1	癸卯	9	4
3	6/29	辛未	三	二	3	5/31	壬寅	2	6	3	5/1	壬申	2	3	3	4/2	癸卯	9	1	3	3/3	癸酉	6	7	3	2/2	甲辰	6	5
4	6/30	壬申	三	一	4	6/1	癸卯	2	7	4	5/2	癸酉	2	4	4	4/3	甲辰	6	2	4	3/4	甲戌	3	8	4	2/3	乙巳	6	6
5	7/1	癸酉	三	九	5	6/2	甲辰	8	8	5	5/3	甲戌	8	5	5	4/4	乙巳	6	3	5	3/5	乙亥	3	9	5	2/4	丙午	6	7
6	7/2	甲戌	六	八	6	6/3	乙巳	8	9	6	5/4	乙亥	8	6	6	4/5	丙午	6	4	6	3/6	丙子	3	1	6	2/5	丁未	6	8
7	7/3	乙亥	六	七	7	6/4	丙午	8	1	7	5/5	丙子	8	7	7	4/6	丁未	6	5	7	3/7	丁丑	3	2	7	2/6	戊申	6	9
8	7/4	丙子	六	六	8	6/5	丁未	8	2	8	5/6	丁丑	8	8	8	4/7	戊申	6	6	8	3/8	戊寅	3	3	8	2/7	己酉	8	1
9	7/5	丁丑	六	五	9	6/6	戊申	8	3	9	5/7	戊寅	8	9	9	4/8	己酉	4	7	9	3/9	己卯	1	4	9	2/8	庚戌	8	2
10	7/6	戊寅	六	四	10	6/7	己酉	6	4	10	5/8	己卯	4	1	10	4/9	庚戌	4	8	10	3/10	庚辰	1	5	10	2/9	辛亥	8	3
11	7/7	己卯	八	三	11	6/8	庚戌	6	5	11	5/9	庚辰	4	2	11	4/10	辛亥	4	9	11	3/11	辛巳	1	6	11	2/10	壬子	8	4
12	7/8	庚辰	八	二	12	6/9	辛亥	6	6	12	5/10	辛巳	4	3	12	4/11	壬子	4	1	12	3/12	壬午	1	7	12	2/11	癸丑	8	5
13	7/9	辛巳	八	一	13	6/10	壬子	6	7	13	5/11	壬午	4	4	13	4/12	癸丑	4	2	13	3/13	癸未	1	8	13	2/12	甲寅	5	6
14	7/10	壬午	八	九	14	6/11	癸丑	6	8	14	5/12	癸未	4	5	14	4/13	甲寅	1	3	14	3/14	甲申	7	9	14	2/13	乙卯	5	7
15	7/11	癸未	八	八	15	6/12	甲寅	3	9	15	5/13	甲申	1	6	15	4/14	乙卯	1	4	15	3/15	乙酉	7	1	15	2/14	丙辰	5	8
16	7/12	甲申	二	七	16	6/13	乙卯	3	1	16	5/14	乙酉	1	7	16	4/15	丙辰	1	5	16	3/16	丙戌	7	2	16	2/15	丁巳	5	9
17	7/13	乙酉	二	六	17	6/14	丙辰	3	2	17	5/15	丙戌	1	8	17	4/16	丁巳	1	6	17	3/17	丁亥	7	3	17	2/16	戊午	5	1
18	7/14	丙戌	二	五	18	6/15	丁巳	3	3	18	5/16	丁亥	1	9	18	4/17	戊午	1	7	18	3/18	戊子	7	4	18	2/17	己未	2	2
19	7/15	丁亥	二	四	19	6/16	戊午	3	4	19	5/17	戊子	1	1	19	4/18	己未	7	8	19	3/19	己丑	4	5	19	2/18	庚申	2	3
20	7/16	戊子	二	三	20	6/17	己未	9	5	20	5/18	己丑	7	2	20	4/19	庚申	7	9	20	3/20	庚寅	4	6	20	2/19	辛酉	2	4
21	7/17	己丑	五	二	21	6/18	庚申	9	6	21	5/19	庚寅	7	3	21	4/20	辛酉	7	1	21	3/21	辛卯	4	7	21	2/20	壬戌	2	5
22	7/18	庚寅	五	一	22	6/19	辛酉	9	7	22	5/20	辛卯	7	4	22	4/21	壬戌	7	2	22	3/22	壬辰	4	8	22	2/21	癸亥	2	6
23	7/19	辛卯	五	九	23	6/20	壬戌	9	8	23	5/21	壬辰	7	5	23	4/22	癸亥	7	3	23	3/23	癸巳	4	9	23	2/22	甲子	9	7
24	7/20	壬辰	五	八	24	6/21	癸亥	9	一	24	5/22	癸巳	7	6	24	4/23	甲子	5	4	24	3/24	甲午	3	1	24	2/23	乙丑	9	8
25	7/21	癸巳	五	七	25	6/22	甲子	九	九	25	5/23	甲午	5	7	25	4/24	乙丑	5	5	25	3/25	乙未	3	2	25	2/24	丙寅	9	9
26	7/22	甲午	七	六	26	6/23	乙丑	九	八	26	5/24	乙未	5	8	26	4/25	丙寅	5	6	26	3/26	丙申	3	3	26	2/25	丁卯	9	1
27	7/23	乙未	七	五	27	6/24	丙寅	九	七	27	5/25	丙申	5	9	27	4/26	丁卯	5	7	27	3/27	丁酉	3	4	27	2/26	戊辰	9	2
28	7/24	丙申	七	四	28	6/25	丁卯	九	六	28	5/26	丁酉	5	1	28	4/27	戊辰	5	8	28	3/28	戊戌	3	5	28	2/27	己巳	6	3
29	7/25	丁酉	七	三	29	6/26	戊辰	九	五	29	5/27	戊戌	5	2	29	4/28	己巳	2	9	29	3/29	己亥	9	6	29	2/28	庚午	6	4
30	7/26	戊戌	七	二						30	5/28	己亥	2	3						30	3/30	庚子	9	7					

西元2014年（甲午）肖馬 民國103年（女坤命）

奇門遁甲局數如標示為 一 ～九表示陰局　　如標示為1 ～9 表示陽局

十二月					十一月					十　月					潤九　月				
丁丑					丙子					乙亥					乙亥				
六白金					七赤金					八白土									
立春 12時00分 十六午時		大寒 17時45分 初一酉時	奇門遁甲局數		小寒 00時22分 十六子時		冬至 07時05分 初一辰時	奇門遁甲局數		大雪 13時06分 十六未時		小雪 17時40分 初一酉時	奇門遁甲局數		立冬 20時08分 十五戌時			奇門遁甲局數	
農曆	國曆	干支	時盤	日盤	農曆	國曆	干支	時盤	日盤	農曆	國曆	干支	時盤	日盤	農曆	國曆	干支	時盤	日盤
1	1/20	丙申	3	6	1	12/22	丁卯	1	4	1	11/22	丁酉	五	九	1	10/24	戊辰	五	二
2	1/21	丁酉	3	7	2	12/23	戊辰	1	5	2	11/23	戊戌	五	八	2	10/25	己巳	八	一
3	1/22	戊戌	3	8	3	12/24	己巳	7	6	3	11/24	己亥	八	七	3	10/26	庚午	八	九
4	1/23	己亥	9	9	4	12/25	庚午	7	7	4	11/25	庚子	八	六	4	10/27	辛未	八	八
5	1/24	庚子	9	1	5	12/26	辛未	7	8	5	11/26	辛丑	八	五	5	10/28	壬申	八	七
6	1/25	辛丑	9	2	6	12/27	壬申	7	9	6	11/27	壬寅	八	四	6	10/29	癸酉	八	六
7	1/26	壬寅	9	3	7	12/28	癸酉	7	1	7	11/28	癸卯	八	三	7	10/30	甲戌	二	五
8	1/27	癸卯	9	4	8	12/29	甲戌	4	2	8	11/29	甲辰	二	二	8	10/31	乙亥	二	四
9	1/28	甲辰	6	5	9	12/30	乙亥	4	3	9	11/30	乙巳	二	一	9	11/1	丙子	二	三
10	1/29	乙巳	6	6	10	12/31	丙子	4	4	10	12/1	丙午	二	九	10	11/2	丁丑	二	二
11	1/30	丙午	6	7	11	1/1	丁丑	4	5	11	12/2	丁未	二	八	11	11/3	戊寅	二	一
12	1/31	丁未	6	8	12	1/2	戊寅	4	6	12	12/3	戊申	二	七	12	11/4	己卯	六	九
13	2/1	戊申	6	9	13	1/3	己卯	2	7	13	12/4	己酉	四	六	13	11/5	庚辰	六	八
14	2/2	己酉	8	1	14	1/4	庚辰	2	8	14	12/5	庚戌	四	五	14	11/6	辛巳	六	七
15	2/3	庚戌	8	2	15	1/5	辛巳	2	9	15	12/6	辛亥	四	四	15	11/7	壬午	六	六
16	2/4	辛亥	8	3	16	1/6	壬午	2	1	16	12/7	壬子	四	三	16	11/8	癸未	六	五
17	2/5	壬子	8	4	17	1/7	癸未	2	2	17	12/8	癸丑	四	二	17	11/9	甲申	九	四
18	2/6	癸丑	8	5	18	1/8	甲申	8	3	18	12/9	甲寅	七	一	18	11/10	乙酉	九	三
19	2/7	甲寅	5	6	19	1/9	乙酉	8	4	19	12/10	乙卯	七	九	19	11/11	丙戌	九	二
20	2/8	乙卯	5	7	20	1/10	丙戌	8	5	20	12/11	丙辰	七	八	20	11/12	丁亥	九	一
21	2/9	丙辰	5	8	21	1/11	丁亥	8	6	21	12/12	丁巳	七	七	21	11/13	戊子	九	九
22	2/10	丁巳	5	9	22	1/12	戊子	8	7	22	12/13	戊午	七	六	22	11/14	己丑	三	八
23	2/11	戊午	5	1	23	1/13	己丑	5	8	23	12/14	己未	一	五	23	11/15	庚寅	三	七
24	2/12	己未	2	2	24	1/14	庚寅	5	9	24	12/15	庚申	一	四	24	11/16	辛卯	三	六
25	2/13	庚申	2	3	25	1/15	辛卯	5	1	25	12/16	辛酉	一	三	25	11/17	壬辰	三	五
26	2/14	辛酉	2	4	26	1/16	壬辰	5	2	26	12/17	壬戌	一	二	26	11/18	癸巳	三	四
27	2/15	壬戌	2	5	27	1/17	癸巳	5	3	27	12/18	癸亥	一	一	27	11/19	甲午	五	三
28	2/16	癸亥	2	6	28	1/18	甲午	3	4	28	12/19	甲子	1	九	28	11/20	乙未	五	二
29	2/17	甲子	9	7	29	1/19	乙未	3	5	29	12/20	乙丑	1	八	29	11/21	丙申	五	一
30	2/18	乙丑	9	8						30	12/21	丙寅	1	七					

九　月					八　月					七　月			
甲戌					癸酉					壬申			
九紫火					一白水					二黑土			
霜降 19時59分 三十戌時		寒露 16時49分 十五申時	奇門遁甲局數		秋分 10時31分 三十巳時		白露 01時03分 十五丑時	奇門遁甲局數		處暑 12時47分 廿八午時		立秋 22時04分 十二亥時	奇門遁甲局數
農曆	國曆	干支	時盤	日盤	農曆	國曆	干支	時盤	日盤	農曆	國曆	干支	時盤
1	9/24	戊戌	七	五	1	8/25	戊辰	一	八	1	7/27	己亥	一
2	9/25	己亥	一	四	2	8/26	己巳	四	七	2	7/28	庚子	一
3	9/26	庚子	一	三	3	8/27	庚午	四	六	3	7/29	辛丑	一
4	9/27	辛丑	一	二	4	8/28	辛未	四	五	4	7/30	壬寅	一
5	9/28	壬寅	一	一	5	8/29	壬申	四	四	5	7/31	癸卯	一
6	9/29	癸卯	一	九	6	8/30	癸酉	四	三	6	8/1	甲辰	四
7	9/30	甲辰	四	八	7	8/31	甲戌	七	二	7	8/2	乙巳	四
8	10/1	乙巳	四	七	8	9/1	乙亥	七	一	8	8/3	丙午	四
9	10/2	丙午	四	六	9	9/2	丙子	七	九	9	8/4	丁未	四
10	10/3	丁未	四	五	10	9/3	丁丑	七	八	10	8/5	戊申	四
11	10/4	戊申	四	四	11	9/4	戊寅	七	七	11	8/6	己酉	二
12	10/5	己酉	六	三	12	9/5	己卯	九	六	12	8/7	庚戌	二
13	10/6	庚戌	六	二	13	9/6	庚辰	九	五	13	8/8	辛亥	二
14	10/7	辛亥	六	一	14	9/7	辛巳	九	四	14	8/9	壬子	二
15	10/8	壬子	六	九	15	9/8	壬午	九	三	15	8/10	癸丑	二
16	10/9	癸丑	六	八	16	9/9	癸未	九	二	16	8/11	甲寅	五
17	10/10	甲寅	九	七	17	9/10	甲申	三	一	17	8/12	乙卯	五
18	10/11	乙卯	九	六	18	9/11	乙酉	三	九	18	8/13	丙辰	五
19	10/12	丙辰	九	五	19	9/12	丙戌	三	八	19	8/14	丁巳	五
20	10/13	丁巳	九	四	20	9/13	丁亥	三	七	20	8/15	戊午	五
21	10/14	戊午	九	三	21	9/14	戊子	三	六	21	8/16	己未	八
22	10/15	己未	三	二	22	9/15	己丑	六	五	22	8/17	庚申	八
23	10/16	庚申	三	一	23	9/16	庚寅	六	四	23	8/18	辛酉	八
24	10/17	辛酉	三	九	24	9/17	辛卯	六	三	24	8/19	壬戌	八
25	10/18	壬戌	三	八	25	9/18	壬辰	六	二	25	8/20	癸亥	八
26	10/19	癸亥	三	七	26	9/19	癸巳	六	一	26	8/21	甲子	一
27	10/20	甲子	五	六	27	9/20	甲午	七	九	27	8/22	乙丑	一
28	10/21	乙丑	五	五	28	9/21	乙未	七	八	28	8/23	丙寅	一
29	10/22	丙寅	五	四	29	9/22	丙申	七	七	29	8/24	丁卯	一
30	10/23	丁卯	五	三	30	9/23	丁酉	七	六				

西元2015年（乙未）肖羊 民國104年（男震命）

奇門遁甲局數如標示為 一 ～九表示陰局　　如標示為1 ～9 表示陽局

六月					五月					四月					三月					二月					正月				
癸未					壬午					辛巳					庚辰					己卯					戊寅				
九紫火					一白水					二黑土					三碧木					四綠木					五黃土				
立秋 04時03分 廿四寅時		大暑 11時32分 初八午時	奇門遁甲局數		小暑 18時13分 廿二酉時		夏至 00時39分 初七子時	奇門遁甲局數		芒種 08時00分 二十辰時		小滿 16時46分 初四申時	奇門遁甲局數		立夏 03時54分 十八寅時		穀雨 17時43分 初二酉時	奇門遁甲局數		清明 10時40分 十七巳時		春分 06時47分 初二卯時	奇門遁甲局數		驚蟄 05時57分 十六卯時		雨水 07時51分 初一辰時	奇門遁甲局數	
農曆	國曆	干支	時盤	日盤	農曆	國曆	干支	時盤	日盤	農曆	國曆	干支	時盤	日盤	農曆	國曆	干支	時盤	日盤	農曆	國曆	干支	時盤	日盤	農曆	國曆	干支	時盤	日盤
1	7/16	癸巳	五	七	1	6/16	癸亥	9	9	1	5/18	甲午	5	7	1	4/19	乙丑	5	5	1	3/20	乙未	3	2	1	2/19	丙寅	9	9
2	7/17	甲午	七	六	2	6/17	甲子	九	1	2	5/19	乙未	5	8	2	4/20	丙寅	5	6	2	3/21	丙申	3	3	2	2/20	丁卯	9	1
3	7/18	乙未	七	五	3	6/18	乙丑	九	2	3	5/20	丙申	5	9	3	4/21	丁卯	5	7	3	3/22	丁酉	3	4	3	2/21	戊辰	9	2
4	7/19	丙申	七	四	4	6/19	丙寅	九	3	4	5/21	丁酉	5	1	4	4/22	戊辰	5	8	4	3/23	戊戌	3	5	4	2/22	己巳	6	3
5	7/20	丁酉	七	三	5	6/20	丁卯	九	4	5	5/22	戊戌	5	2	5	4/23	己巳	2	9	5	3/24	己亥	9	6	5	2/23	庚午	6	4
6	7/21	戊戌	七	二	6	6/21	戊辰	九	5	6	5/23	己亥	2	3	6	4/24	庚午	2	1	6	3/25	庚子	9	7	6	2/24	辛未	6	5
7	7/22	己亥	一	一	7	6/22	己巳	三	四	7	5/24	庚子	2	4	7	4/25	辛未	2	2	7	3/26	辛丑	9	8	7	2/25	壬申	6	6
8	7/23	庚子	一	九	8	6/23	庚午	三	三	8	5/25	辛丑	2	5	8	4/26	壬申	2	3	8	3/27	壬寅	9	9	8	2/26	癸酉	6	7
9	7/24	辛丑	一	八	9	6/24	辛未	三	二	9	5/26	壬寅	2	6	9	4/27	癸酉	2	4	9	3/28	癸卯	9	1	9	2/27	甲戌	3	8
10	7/25	壬寅	一	七	10	6/25	壬申	三	一	10	5/27	癸卯	2	7	10	4/28	甲戌	8	5	10	3/29	甲辰	6	2	10	2/28	乙亥	3	9
11	7/26	癸卯	一	六	11	6/26	癸酉	三	九	11	5/28	甲辰	8	8	11	4/29	乙亥	8	6	11	3/30	乙巳	6	3	11	3/1	丙子	3	1
12	7/27	甲辰	四	五	12	6/27	甲戌	六	八	12	5/29	乙巳	8	9	12	4/30	丙子	8	7	12	3/31	丙午	6	4	12	3/2	丁丑	3	2
13	7/28	乙巳	四	四	13	6/28	乙亥	六	七	13	5/30	丙午	8	1	13	5/1	丁丑	8	8	13	4/1	丁未	6	5	13	3/3	戊寅	3	3
14	7/29	丙午	四	三	14	6/29	丙子	六	六	14	5/31	丁未	8	2	14	5/2	戊寅	8	9	14	4/2	戊申	6	6	14	3/4	己卯	1	4
15	7/30	丁未	四	二	15	6/30	丁丑	六	五	15	6/1	戊申	8	3	15	5/3	己卯	4	1	15	4/3	己酉	4	7	15	3/5	庚辰	1	5
16	7/31	戊申	四	一	16	7/1	戊寅	六	四	16	6/2	己酉	6	4	16	5/4	庚辰	4	2	16	4/4	庚戌	4	8	16	3/6	辛巳	1	6
17	8/1	己酉	二	九	17	7/2	己卯	八	三	17	6/3	庚戌	6	5	17	5/5	辛巳	4	3	17	4/5	辛亥	4	9	17	3/7	壬午	1	7
18	8/2	庚戌	二	八	18	7/3	庚辰	八	二	18	6/4	辛亥	6	6	18	5/6	壬午	4	4	18	4/6	壬子	4	1	18	3/8	癸未	1	8
19	8/3	辛亥	二	七	19	7/4	辛巳	八	一	19	6/5	壬子	6	7	19	5/7	癸未	4	5	19	4/7	癸丑	4	2	19	3/9	甲申	7	9
20	8/4	壬子	二	六	20	7/5	壬午	八	九	20	6/6	癸丑	6	8	20	5/8	甲申	1	6	20	4/8	甲寅	1	3	20	3/10	乙酉	7	1
21	8/5	癸丑	二	五	21	7/6	癸未	八	八	21	6/7	甲寅	3	9	21	5/9	乙酉	1	7	21	4/9	乙卯	1	4	21	3/11	丙戌	7	2
22	8/6	甲寅	五	四	22	7/7	甲申	二	七	22	6/8	乙卯	3	1	22	5/10	丙戌	1	8	22	4/10	丙辰	1	5	22	3/12	丁亥	7	3
23	8/7	乙卯	五	三	23	7/8	乙酉	二	六	23	6/9	丙辰	3	2	23	5/11	丁亥	1	9	23	4/11	丁巳	1	6	23	3/13	戊子	7	4
24	8/8	丙辰	五	二	24	7/9	丙戌	二	五	24	6/10	丁巳	3	3	24	5/12	戊子	1	1	24	4/12	戊午	1	7	24	3/14	己丑	4	5
25	8/9	丁巳	五	一	25	7/10	丁亥	二	四	25	6/11	戊午	3	4	25	5/13	己丑	7	2	25	4/13	己未	7	8	25	3/15	庚寅	4	6
26	8/10	戊午	五	九	26	7/11	戊子	二	三	26	6/12	己未	9	5	26	5/14	庚寅	7	3	26	4/14	庚申	7	9	26	3/16	辛卯	4	7
27	8/11	己未	八	八	27	7/12	己丑	五	二	27	6/13	庚申	9	6	27	5/15	辛卯	7	4	27	4/15	辛酉	7	1	27	3/17	壬辰	4	8
28	8/12	庚申	八	七	28	7/13	庚寅	五	一	28	6/14	辛酉	9	7	28	5/16	壬辰	7	5	28	4/16	壬戌	7	2	28	3/18	癸巳	4	9
29	8/13	辛酉	八	六	29	7/14	辛卯	五	九	29	6/15	壬戌	9	8	29	5/17	癸巳	7	6	29	4/17	癸亥	7	3	29	3/19	甲午	3	1
					30	7/15	壬辰	五	八											30	4/18	甲子	5	4					

西元2015年（乙未）肖羊 民國104年（女震命）

奇門遁甲局數如標示為 一 ～九表示陰局　　如標示為1 ～9 表示陽局

十二月					十一月					十　月					九　月					八　月					七　月				
己丑					戊子					丁亥					丙戌					乙酉					甲申				
三碧木					四綠木					五黃土					六白金					七赤金					八白土				
立春		大寒	奇門遁甲局數		小寒		冬至	奇門遁甲局數		大雪		小雪	奇門遁甲局數		立冬		霜降	奇門遁甲局數		寒露		秋分	奇門遁甲局數		白露		處暑	奇門遁甲局數	
17時48分	廿六酉時	23時29分 十一子時			06時10分	廿七卯時	12時50分 十二午時			18時55分	廿六酉時	23時27分 十一子時			02時00分	廿七丑時	01時48分 十二丑時			22時44分	廿七亥時	16時22分 十一申時			07時01分	廿六辰時	18時39分 初十酉時		
農曆	國曆	干支	時盤	日盤	農曆	國曆	干支	時盤	日盤	農曆	國曆	干支	時盤	日盤	農曆	國曆	干支	時盤	日盤	農曆	國曆	干支	時盤	日盤	農曆	國曆	干支	時盤	日盤
1	1/10	辛卯	4	1	1	12/11	辛酉	一	三	1	11/12	壬辰	三	五	1	10/13	壬戌	三	八	1	9/13	壬辰	六	二	1	8/14	壬戌	八	五
2	1/11	壬辰	4	2	2	12/12	壬戌	一	二	2	11/13	癸巳	三	四	2	10/14	癸亥	三	七	2	9/14	癸巳	六	一	2	8/15	癸亥	八	四
3	1/12	癸巳	4	3	3	12/13	癸亥	一	一	3	11/14	甲午	五	三	3	10/15	甲子	五	六	3	9/15	甲午	七	九	3	8/16	甲子	一	三
4	1/13	甲午	2	4	4	12/14	甲子	四	九	4	11/15	乙未	五	二	4	10/16	乙丑	五	五	4	9/16	乙未	七	八	4	8/17	乙丑	一	二
5	1/14	乙未	2	5	5	12/15	乙丑	四	八	5	11/16	丙申	五	一	5	10/17	丙寅	五	四	5	9/17	丙申	七	七	5	8/18	丙寅	一	一
6	1/15	丙申	2	6	6	12/16	丙寅	四	七	6	11/17	丁酉	五	九	6	10/18	丁卯	五	三	6	9/18	丁酉	七	六	6	8/19	丁卯	一	九
7	1/16	丁酉	2	7	7	12/17	丁卯	四	六	7	11/18	戊戌	五	八	7	10/19	戊辰	五	二	7	9/19	戊戌	七	五	7	8/20	戊辰	一	八
8	1/17	戊戌	2	8	8	12/18	戊辰	四	五	8	11/19	己亥	八	七	8	10/20	己巳	八	一	8	9/20	己亥	一	四	8	8/21	己巳	四	七
9	1/18	己亥	8	9	9	12/19	己巳	七	四	9	11/20	庚子	八	六	9	10/21	庚午	八	九	9	9/21	庚子	一	三	9	8/22	庚午	四	六
10	1/19	庚子	8	1	10	12/20	庚午	七	三	10	11/21	辛丑	八	五	10	10/22	辛未	八	八	10	9/22	辛丑	一	二	10	8/23	辛未	四	五
11	1/20	辛丑	8	2	11	12/21	辛未	七	二	11	11/22	壬寅	八	四	11	10/23	壬申	八	七	11	9/23	壬寅	一	一	11	8/24	壬申	四	四
12	1/21	壬寅	8	3	12	12/22	壬申	七	9	12	11/23	癸卯	八	三	12	10/24	癸酉	八	六	12	9/24	癸卯	一	九	12	8/25	癸酉	四	三
13	1/22	癸卯	8	4	13	12/23	癸酉	七	1	13	11/24	甲辰	二	二	13	10/25	甲戌	二	五	13	9/25	甲辰	四	八	13	8/26	甲戌	七	二
14	1/23	甲辰	5	5	14	12/24	甲戌	一	2	14	11/25	乙巳	二	一	14	10/26	乙亥	二	四	14	9/26	乙巳	四	七	14	8/27	乙亥	七	一
15	1/24	乙巳	5	6	15	12/25	乙亥	一	3	15	11/26	丙午	二	九	15	10/27	丙子	二	三	15	9/27	丙午	四	六	15	8/28	丙子	七	九
16	1/25	丙午	5	7	16	12/26	丙子	一	4	16	11/27	丁未	二	八	16	10/28	丁丑	二	二	16	9/28	丁未	四	五	16	8/29	丁丑	七	八
17	1/26	丁未	5	8	17	12/27	丁丑	一	5	17	11/28	戊申	二	七	17	10/29	戊寅	二	一	17	9/29	戊申	四	四	17	8/30	戊寅	七	七
18	1/27	戊申	5	9	18	12/28	戊寅	一	6	18	11/29	己酉	四	六	18	10/30	己卯	六	九	18	9/30	己酉	六	三	18	8/31	己卯	九	六
19	1/28	己酉	3	1	19	12/29	己卯	1	7	19	11/30	庚戌	四	五	19	10/31	庚辰	六	八	19	10/1	庚戌	六	二	19	9/1	庚辰	九	五
20	1/29	庚戌	3	2	20	12/30	庚辰	1	8	20	12/1	辛亥	四	四	20	11/1	辛巳	六	七	20	10/2	辛亥	六	一	20	9/2	辛巳	九	四
21	1/30	辛亥	3	3	21	12/31	辛巳	1	9	21	12/2	壬子	四	三	21	11/2	壬午	六	六	21	10/3	壬子	六	九	21	9/3	壬午	九	三
22	1/31	壬子	3	4	22	1/1	壬午	1	1	22	12/3	癸丑	四	二	22	11/3	癸未	六	五	22	10/4	癸丑	六	八	22	9/4	癸未	九	二
23	2/1	癸丑	3	5	23	1/2	癸未	1	2	23	12/4	甲寅	七	一	23	11/4	甲申	九	四	23	10/5	甲寅	九	七	23	9/5	甲申	三	一
24	2/2	甲寅	9	6	24	1/3	甲申	7	3	24	12/5	乙卯	七	九	24	11/5	乙酉	九	三	24	10/6	乙卯	九	六	24	9/6	乙酉	三	九
25	2/3	乙卯	9	7	25	1/4	乙酉	7	4	25	12/6	丙辰	七	八	25	11/6	丙戌	九	二	25	10/7	丙辰	九	五	25	9/7	丙戌	三	八
26	2/4	丙辰	9	8	26	1/5	丙戌	7	5	26	12/7	丁巳	七	七	26	11/7	丁亥	九	一	26	10/8	丁巳	九	四	26	9/8	丁亥	三	七
27	2/5	丁巳	9	9	27	1/6	丁亥	7	6	27	12/8	戊午	七	六	27	11/8	戊子	九	九	27	10/9	戊午	九	三	27	9/9	戊子	三	六
28	2/6	戊午	9	1	28	1/7	戊子	7	7	28	12/9	己未	一	五	28	11/9	己丑	三	八	28	10/10	己未	三	二	28	9/10	己丑	六	五
29	2/7	己未	6	2	29	1/8	己丑	4	8	29	12/10	庚申	一	四	29	11/10	庚寅	三	七	29	10/11	庚申	三	一	29	9/11	庚寅	六	四
					30	1/9	庚寅	4	9						30	11/11	辛卯	三	六	30	10/12	辛酉	三	九	30	9/12	辛卯	六	三

西元2016年（丙申）肖猴 民國105年（男坤命）

奇門遁甲局數如標示為 一 ～九表示陰局　　如標示為1 ～9 表示陽局

六　月				
乙未				
六白金				
大暑 17時32分 十九酉時		小暑 00時05分 初四子時	奇門遁甲局數	
農曆	國曆	干支	時盤	日盤
1	7/4	丁亥	三	四
2	7/5	戊子	三	三
3	7/6	己丑	六	二
4	7/7	庚寅	六	一
5	7/8	辛卯	六	九
6	7/9	壬辰	六	八
7	7/10	癸巳	六	七
8	7/11	甲午	八	六
9	7/12	乙未	八	五
10	7/13	丙申	八	四
11	7/14	丁酉	八	三
12	7/15	戊戌	八	二
13	7/16	己亥	二	一
14	7/17	庚子	二	九
15	7/18	辛丑	二	八
16	7/19	壬寅	二	七
17	7/20	癸卯	二	六
18	7/21	甲辰	五	五
19	7/22	乙巳	五	四
20	7/23	丙午	五	三
21	7/24	丁未	五	二
22	7/25	戊申	五	一
23	7/26	己酉	七	九
24	7/27	庚戌	七	八
25	7/28	辛亥	七	七
26	7/29	壬子	七	六
27	7/30	癸丑	七	五
28	7/31	甲寅	一	四
29	8/1	乙卯	一	三
30	8/2	丙辰	一	二

五　月				
甲午				
七赤金				
夏至 06時35分 十七卯時		芒種 13時50分 初一未時	奇門遁甲局數	
農曆	國曆	干支	時盤	日盤
1	6/5	戊午	2	4
2	6/6	己未	8	5
3	6/7	庚申	8	6
4	6/8	辛酉	8	7
5	6/9	壬戌	8	8
6	6/10	癸亥	8	9
7	6/11	甲子	6	1
8	6/12	乙丑	6	2
9	6/13	丙寅	6	3
10	6/14	丁卯	6	4
11	6/15	戊辰	6	5
12	6/16	己巳	3	6
13	6/17	庚午	3	7
14	6/18	辛未	3	8
15	6/19	壬申	3	9
16	6/20	癸酉	3	1
17	6/21	甲戌	9	八
18	6/22	乙亥	9	七
19	6/23	丙子	9	六
20	6/24	丁丑	9	五
21	6/25	戊寅	9	四
22	6/26	己卯	九	三
23	6/27	庚辰	九	二
24	6/28	辛巳	九	一
25	6/29	壬午	九	九
26	6/30	癸未	九	八
27	7/1	甲申	三	七
28	7/2	乙酉	三	六
29	7/3	丙戌	三	五

四　月				
癸巳				
八白土				
小滿 22時38分 十四亥時			奇門遁甲局數	
農曆	國曆	干支	時盤	日盤
1	5/7	己丑	8	2
2	5/8	庚寅	8	3
3	5/9	辛卯	8	4
4	5/10	壬辰	8	5
5	5/11	癸巳	8	6
6	5/12	甲午	4	7
7	5/13	乙未	4	8
8	5/14	丙申	4	9
9	5/15	丁酉	4	1
10	5/16	戊戌	4	2
11	5/17	己亥	1	3
12	5/18	庚子	1	4
13	5/19	辛丑	1	5
14	5/20	壬寅	1	6
15	5/21	癸卯	1	7
16	5/22	甲辰	7	8
17	5/23	乙巳	7	9
18	5/24	丙午	7	1
19	5/25	丁未	7	2
20	5/26	戊申	7	3
21	5/27	己酉	5	4
22	5/28	庚戌	5	5
23	5/29	辛亥	5	6
24	5/30	壬子	5	7
25	5/31	癸丑	5	8
26	6/1	甲寅	2	9
27	6/2	乙卯	2	1
28	6/3	丙辰	2	2
29	6/4	丁巳	2	3

三　月				
壬辰				
九紫火				
立夏 09時43分 廿九巳時		穀雨 23時31分 十三子時	奇門遁甲局數	
農曆	國曆	干支	時盤	日盤
1	4/7	己未	6	8
2	4/8	庚申	6	9
3	4/9	辛酉	6	1
4	4/10	壬戌	6	2
5	4/11	癸亥	6	3
6	4/12	甲子	4	4
7	4/13	乙丑	4	5
8	4/14	丙寅	4	6
9	4/15	丁卯	4	7
10	4/16	戊辰	4	8
11	4/17	己巳	1	9
12	4/18	庚午	1	1
13	4/19	辛未	1	2
14	4/20	壬申	1	3
15	4/21	癸酉	1	4
16	4/22	甲戌	7	5
17	4/23	乙亥	7	6
18	4/24	丙子	7	7
19	4/25	丁丑	7	8
20	4/26	戊寅	7	9
21	4/27	己卯	5	1
22	4/28	庚辰	5	2
23	4/29	辛巳	5	3
24	4/30	壬午	5	4
25	5/1	癸未	5	5
26	5/2	甲申	2	6
27	5/3	乙酉	2	7
28	5/4	丙戌	2	8
29	5/5	丁亥	2	9
30	5/6	戊子	2	1

二　月				
辛卯				
一白水				
清明 16時29分 廿七申時		春分 12時32分 十二午時	奇門遁甲局數	
農曆	國曆	干支	時盤	日盤
1	3/9	庚寅	3	6
2	3/10	辛卯	3	7
3	3/11	壬辰	3	8
4	3/12	癸巳	3	9
5	3/13	甲午	1	1
6	3/14	乙未	1	2
7	3/15	丙申	1	3
8	3/16	丁酉	1	4
9	3/17	戊戌	1	5
10	3/18	己亥	7	6
11	3/19	庚子	7	7
12	3/20	辛丑	7	8
13	3/21	壬寅	7	9
14	3/22	癸卯	7	1
15	3/23	甲辰	4	2
16	3/24	乙巳	4	3
17	3/25	丙午	4	4
18	3/26	丁未	4	5
19	3/27	戊申	4	6
20	3/28	己酉	3	7
21	3/29	庚戌	3	8
22	3/30	辛亥	3	9
23	3/31	壬子	3	1
24	4/1	癸丑	3	2
25	4/2	甲寅	9	3
26	4/3	乙卯	9	4
27	4/4	丙辰	9	5
28	4/5	丁巳	9	6
29	4/6	戊午	9	7

正　月				
庚寅				
二黑土				
驚蟄 11時45分 廿七午時		雨水 13時35分 十二未時	奇門遁甲局數	
農曆	國曆	干支	時盤	日盤
1	2/8	庚申	6	3
2	2/9	辛酉	6	4
3	2/10	壬戌	6	5
4	2/11	癸亥	6	6
5	2/12	甲子	8	7
6	2/13	乙丑	8	8
7	2/14	丙寅	8	9
8	2/15	丁卯	8	1
9	2/16	戊辰	8	2
10	2/17	己巳	5	3
11	2/18	庚午	5	4
12	2/19	辛未	5	5
13	2/20	壬申	5	6
14	2/21	癸酉	5	7
15	2/22	甲戌	2	8
16	2/23	乙亥	2	9
17	2/24	丙子	2	1
18	2/25	丁丑	2	2
19	2/26	戊寅	2	3
20	2/27	己卯	9	4
21	2/28	庚辰	9	5
22	2/29	辛巳	9	6
23	3/1	壬午	9	7
24	3/2	癸未	9	8
25	3/3	甲申	6	9
26	3/4	乙酉	6	1
27	3/5	丙戌	6	2
28	3/6	丁亥	6	3
29	3/7	戊子	6	4
30	3/8	己丑	3	5

西元2016年（丙申）肖猴 民國105年（女巽命）

奇門遁甲局數如標示為 一 ～九表示陰局　　如標示為1 ～9 表示陽局

十二月					十一月					十　月					九　月					八　月					七　月				
辛丑					庚子					己亥					戊戌					丁酉					丙申				
九紫火					一白水					二黑土					三碧木					四綠木					五黃土				
大寒 05時25分 廿三卯時		小寒 11時57分 初八午時	奇門遁甲局數		冬至 18時46分 廿三酉時		大雪 00時43分 初九子時	奇門遁甲局數		小雪 05時24分 廿三卯時		立冬 07時49分 初八辰時	奇門遁甲局數		霜降 07時47分 廿三辰時		寒露 04時35分 初八寅時	奇門遁甲局數		秋分 22時23分 廿二亥時		白露 12時53分 初七午時	奇門遁甲局數		處暑 00時40分 廿一子時		立秋 09時54分 初五巳時	奇門遁甲局數	
農曆	國曆	干支	時盤	日盤	農曆	國曆	干支	時盤	日盤	農曆	國曆	干支	時盤	日盤	農曆	國曆	干支	時盤	日盤	農曆	國曆	干支	時盤	日盤	農曆	國曆	干支	時盤	日盤
1	12/29	乙酉	7	4	1	11/29	乙卯	八	九	1	10/31	丙戌	八	二	1	10/1	丙辰	一	五	1	9/1	丙戌	四	八	1	8/3	丁巳	一	一
2	12/30	丙戌	7	5	2	11/30	丙辰	八	八	2	11/1	丁亥	八	一	2	10/2	丁巳	一	四	2	9/2	丁亥	四	七	2	8/4	戊午	一	九
3	12/31	丁亥	7	6	3	12/1	丁巳	八	七	3	11/2	戊子	八	九	3	10/3	戊午	一	三	3	9/3	戊子	四	六	3	8/5	己未	四	八
4	1/1	戊子	7	7	4	12/2	戊午	八	六	4	11/3	己丑	二	八	4	10/4	己未	四	二	4	9/4	己丑	七	五	4	8/6	庚申	四	七
5	1/2	己丑	4	8	5	12/3	己未	二	五	5	11/4	庚寅	二	七	5	10/5	庚申	四	一	5	9/5	庚寅	七	四	5	8/7	辛酉	四	六
6	1/3	庚寅	4	9	6	12/4	庚申	二	四	6	11/5	辛卯	二	六	6	10/6	辛酉	四	九	6	9/6	辛卯	七	三	6	8/8	壬戌	四	五
7	1/4	辛卯	4	1	7	12/5	辛酉	二	三	7	11/6	壬辰	二	五	7	10/7	壬戌	四	八	7	9/7	壬辰	七	二	7	8/9	癸亥	四	四
8	1/5	壬辰	4	2	8	12/6	壬戌	二	二	8	11/7	癸巳	二	四	8	10/8	癸亥	四	七	8	9/8	癸巳	七	一	8	8/10	甲子	二	三
9	1/6	癸巳	4	3	9	12/7	癸亥	二	一	9	11/8	甲午	六	三	9	10/9	甲子	六	六	9	9/9	甲午	九	九	9	8/11	乙丑	二	二
10	1/7	甲午	2	4	10	12/8	甲子	四	九	10	11/9	乙未	六	二	10	10/10	乙丑	六	五	10	9/10	乙未	九	八	10	8/12	丙寅	二	一
11	1/8	乙未	2	5	11	12/9	乙丑	四	八	11	11/10	丙申	六	一	11	10/11	丙寅	六	四	11	9/11	丙申	九	七	11	8/13	丁卯	二	九
12	1/9	丙申	2	6	12	12/10	丙寅	四	七	12	11/11	丁酉	六	九	12	10/12	丁卯	六	三	12	9/12	丁酉	九	六	12	8/14	戊辰	二	八
13	1/10	丁酉	2	7	13	12/11	丁卯	四	六	13	11/12	戊戌	六	八	13	10/13	戊辰	六	二	13	9/13	戊戌	九	五	13	8/15	己巳	五	七
14	1/11	戊戌	2	8	14	12/12	戊辰	四	五	14	11/13	己亥	九	七	14	10/14	己巳	九	一	14	9/14	己亥	三	四	14	8/16	庚午	五	六
15	1/12	己亥	8	9	15	12/13	己巳	七	四	15	11/14	庚子	九	六	15	10/15	庚午	九	九	15	9/15	庚子	三	三	15	8/17	辛未	五	五
16	1/13	庚子	8	1	16	12/14	庚午	七	三	16	11/15	辛丑	九	五	16	10/16	辛未	九	八	16	9/16	辛丑	三	二	16	8/18	壬申	五	四
17	1/14	辛丑	8	2	17	12/15	辛未	七	二	17	11/16	壬寅	九	四	17	10/17	壬申	九	七	17	9/17	壬寅	三	一	17	8/19	癸酉	五	三
18	1/15	壬寅	8	3	18	12/16	壬申	七	一	18	11/17	癸卯	九	三	18	10/18	癸酉	九	六	18	9/18	癸卯	三	九	18	8/20	甲戌	八	二
19	1/16	癸卯	8	4	19	12/17	癸酉	七	九	19	11/18	甲辰	三	二	19	10/19	甲戌	三	五	19	9/19	甲辰	六	八	19	8/21	乙亥	八	一
20	1/17	甲辰	5	5	20	12/18	甲戌	一	八	20	11/19	乙巳	三	一	20	10/20	乙亥	三	四	20	9/20	乙巳	六	七	20	8/22	丙子	八	九
21	1/18	乙巳	5	6	21	12/19	乙亥	一	七	21	11/20	丙午	三	九	21	10/21	丙子	三	三	21	9/21	丙午	六	六	21	8/23	丁丑	八	八
22	1/19	丙午	5	7	22	12/20	丙子	一	六	22	11/21	丁未	三	八	22	10/22	丁丑	三	二	22	9/22	丁未	六	五	22	8/24	戊寅	八	七
23	1/20	丁未	5	8	23	12/21	丁丑	一	5	23	11/22	戊申	三	七	23	10/23	戊寅	三	一	23	9/23	戊申	六	四	23	8/25	己卯	一	六
24	1/21	戊申	5	9	24	12/22	戊寅	一	6	24	11/23	己酉	五	六	24	10/24	己卯	五	九	24	9/24	己酉	七	三	24	8/26	庚辰	一	五
25	1/22	己酉	3	1	25	12/23	己卯	1	7	25	11/24	庚戌	五	五	25	10/25	庚辰	五	八	25	9/25	庚戌	七	二	25	8/27	辛巳	一	四
26	1/23	庚戌	3	2	26	12/24	庚辰	1	8	26	11/25	辛亥	五	四	26	10/26	辛巳	五	七	26	9/26	辛亥	七	一	26	8/28	壬午	一	三
27	1/24	辛亥	3	3	27	12/25	辛巳	1	9	27	11/26	壬子	五	三	27	10/27	壬午	五	六	27	9/27	壬子	七	九	27	8/29	癸未	一	二
28	1/25	壬子	3	4	28	12/26	壬午	1	1	28	11/27	癸丑	五	二	28	10/28	癸未	五	五	28	9/28	癸丑	七	八	28	8/30	甲申	四	一
29	1/26	癸丑	3	5	29	12/27	癸未	1	2	29	11/28	甲寅	八	一	29	10/29	甲申	八	四	29	9/29	甲寅	一	七	29	8/31	乙酉	四	九
30	1/27	甲寅	9	6	30	12/28	甲申	7	3						30	10/30	乙酉	八	三	30	9/30	乙卯	一	六					

西元2017年（丁酉）肖雞 民國106年（男坎命）

奇門遁甲局數如標示為 一 ～九表示陰局　　如標示為1 ～9 表示陽局

閏六　月					六　月					五　月					四　月					三　月					二　月					正　月				
戊申					丁未					丙午					乙巳					甲辰					癸卯					壬寅				
					三碧木					四綠木					五黃土					六白金					七赤金					八白土				
立秋 15時41分 十六申時			奇門遁甲局數		大暑 23時17分 廿九子時		小暑 05時52分 十四卯時	奇門遁甲局數		夏至 12時25分 廿七午時		芒種 19時38分 十一戌時	奇門遁甲局數		小滿 04時32分 廿六寅時		立夏 15時33分 初十申時	奇門遁甲局數		穀雨 05時28分 廿四卯時		清明 22時19分 初八亥時	奇門遁甲局數		春分 18時30分 廿三酉時		驚蟄 17時34分 初八酉時	奇門遁甲局數		雨水 19時33分 廿二戌時		立春 23時36分 初七子時	奇門遁甲局數	
農曆	國曆	干支	時盤	日盤	農曆	國曆	干支	時盤	日盤	農曆	國曆	干支	時盤	日盤	農曆	國曆	干支	時盤	日盤	農曆	國曆	干支	時盤	日盤	農曆	國曆	干支	時盤	日盤	農曆	國曆	干支	時盤	日盤
1	7/23	辛亥	七	七	1	6/24	壬午	九	九	1	5/26	癸丑	5	8	1	4/26	癸未	5	5	1	3/28	甲寅	9	3	1	2/26	甲申	6	9	1	1/28	乙卯	9	7
2	7/24	壬子	七	六	2	6/25	癸未	九	八	2	5/27	甲寅	2	9	2	4/27	甲申	2	6	2	3/29	乙卯	9	4	2	2/27	乙酉	6	1	2	1/29	丙辰	9	8
3	7/25	癸丑	七	五	3	6/26	甲申	三	七	3	5/28	乙卯	2	1	3	4/28	乙酉	2	7	3	3/30	丙辰	9	5	3	2/28	丙戌	6	2	3	1/30	丁巳	9	9
4	7/26	甲寅	一	四	4	6/27	乙酉	三	六	4	5/29	丙辰	2	2	4	4/29	丙戌	2	8	4	3/31	丁巳	9	6	4	3/ 1	丁亥	6	3	4	1/31	戊午	9	1
5	7/27	乙卯	一	三	5	6/28	丙戌	三	五	5	5/30	丁巳	2	3	5	4/30	丁亥	2	9	5	4/ 1	戊午	9	7	5	3/ 2	戊子	6	4	5	2/ 1	己未	6	2
6	7/28	丙辰	一	二	6	6/29	丁亥	三	四	6	5/31	戊午	2	4	6	5/ 1	戊子	2	1	6	4/ 2	己未	6	8	6	3/ 3	己丑	3	5	6	2/ 2	庚申	6	3
7	7/29	丁巳	一	一	7	6/30	戊子	三	三	7	6/ 1	己未	8	5	7	5/ 2	己丑	8	2	7	4/ 3	庚申	6	9	7	3/ 4	庚寅	3	6	7	2/ 3	辛酉	6	4
8	7/30	戊午	一	九	8	7/ 1	己丑	六	二	8	6/ 2	庚申	8	6	8	5/ 3	庚寅	8	3	8	4/ 4	辛酉	6	1	8	3/ 5	辛卯	3	7	8	2/ 4	壬戌	6	5
9	7/31	己未	四	八	9	7/ 2	庚寅	六	一	9	6/ 3	辛酉	8	7	9	5/ 4	辛卯	8	4	9	4/ 5	壬戌	6	2	9	3/ 6	壬辰	3	8	9	2/ 5	癸亥	6	6
10	8/ 1	庚申	四	七	10	7/ 3	辛卯	六	九	10	6/ 4	壬戌	8	8	10	5/ 5	壬辰	8	5	10	4/ 6	癸亥	6	3	10	3/ 7	癸巳	3	9	10	2/ 6	甲子	8	7
11	8/ 2	辛酉	四	六	11	7/ 4	壬辰	六	八	11	6/ 5	癸亥	8	9	11	5/ 6	癸巳	8	6	11	4/ 7	甲子	4	4	11	3/ 8	甲午	1	1	11	2/ 7	乙丑	8	8
12	8/ 3	壬戌	四	五	12	7/ 5	癸巳	六	七	12	6/ 6	甲子	6	1	12	5/ 7	甲午	4	7	12	4/ 8	乙丑	4	5	12	3/ 9	乙未	1	2	12	2/ 8	丙寅	8	9
13	8/ 4	癸亥	四	四	13	7/ 6	甲午	八	六	13	6/ 7	乙丑	6	2	13	5/ 8	乙未	4	8	13	4/ 9	丙寅	4	6	13	3/10	丙申	1	3	13	2/ 9	丁卯	8	1
14	8/ 5	甲子	二	三	14	7/ 7	乙未	八	五	14	6/ 8	丙寅	6	3	14	5/ 9	丙申	4	9	14	4/10	丁卯	4	7	14	3/11	丁酉	1	4	14	2/10	戊辰	8	2
15	8/ 6	乙丑	二	二	15	7/ 8	丙申	八	四	15	6/ 9	丁卯	6	4	15	5/10	丁酉	4	1	15	4/11	戊辰	4	8	15	3/12	戊戌	1	5	15	2/11	己巳	5	3
16	8/ 7	丙寅	二	一	16	7/ 9	丁酉	八	三	16	6/10	戊辰	6	5	16	5/11	戊戌	4	2	16	4/12	己巳	1	9	16	3/13	己亥	7	6	16	2/12	庚午	5	4
17	8/ 8	丁卯	二	九	17	7/10	戊戌	八	二	17	6/11	己巳	3	6	17	5/12	己亥	1	3	17	4/13	庚午	1	1	17	3/14	庚子	7	7	17	2/13	辛未	5	5
18	8/ 9	戊辰	二	八	18	7/11	己亥	二	一	18	6/12	庚午	3	7	18	5/13	庚子	1	4	18	4/14	辛未	1	2	18	3/15	辛丑	7	8	18	2/14	壬申	5	6
19	8/10	己巳	五	七	19	7/12	庚子	二	九	19	6/13	辛未	3	8	19	5/14	辛丑	1	5	19	4/15	壬申	1	3	19	3/16	壬寅	7	9	19	2/15	癸酉	5	7
20	8/11	庚午	五	六	20	7/13	辛丑	二	八	20	6/14	壬申	3	9	20	5/15	壬寅	1	6	20	4/16	癸酉	1	4	20	3/17	癸卯	7	1	20	2/16	甲戌	2	8
21	8/12	辛未	五	五	21	7/14	壬寅	二	七	21	6/15	癸酉	3	1	21	5/16	癸卯	1	7	21	4/17	甲戌	7	5	21	3/18	甲辰	4	2	21	2/17	乙亥	2	9
22	8/13	壬申	五	四	22	7/15	癸卯	二	六	22	6/16	甲戌	9	2	22	5/17	甲辰	7	8	22	4/18	乙亥	7	6	22	3/19	乙巳	4	3	22	2/18	丙子	2	1
23	8/14	癸酉	五	三	23	7/16	甲辰	五	五	23	6/17	乙亥	9	3	23	5/18	乙巳	7	9	23	4/19	丙子	7	7	23	3/20	丙午	4	4	23	2/19	丁丑	2	2
24	8/15	甲戌	八	二	24	7/17	乙巳	五	四	24	6/18	丙子	9	4	24	5/19	丙午	7	1	24	4/20	丁丑	7	8	24	3/21	丁未	4	5	24	2/20	戊寅	2	3
25	8/16	乙亥	八	一	25	7/18	丙午	五	三	25	6/19	丁丑	9	5	25	5/20	丁未	7	2	25	4/21	戊寅	7	9	25	3/22	戊申	4	6	25	2/21	己卯	9	4
26	8/17	丙子	八	九	26	7/19	丁未	五	二	26	6/20	戊寅	9	6	26	5/21	戊申	7	3	26	4/22	己卯	5	1	26	3/23	己酉	3	7	26	2/22	庚辰	9	5
27	8/18	丁丑	八	八	27	7/20	戊申	五	一	27	6/21	己卯	九	三	27	5/22	己酉	5	4	27	4/23	庚辰	5	2	27	3/24	庚戌	3	8	27	2/23	辛巳	9	6
28	8/19	戊寅	八	七	28	7/21	己酉	七	九	28	6/22	庚辰	九	二	28	5/23	庚戌	5	5	28	4/24	辛巳	5	3	28	3/25	辛亥	3	9	28	2/24	壬午	9	7
29	8/20	己卯	一	六	29	7/22	庚戌	七	八	29	6/23	辛巳	九	一	29	5/24	辛亥	5	6	29	4/25	壬午	5	4	29	3/26	壬子	3	1	29	2/25	癸未	9	8
30	8/21	庚辰	一	五											30	5/25	壬子	5	7						30	3/27	癸丑	3	2					

西元2017年（丁酉）肖雞 民國106年（女艮命）

奇門遁甲局數如標示為 一 ～九表示陰局　　如標示為1 ～9 表示陽局

十二月					十一月					十　月					九　月					八　月					七　月				
癸丑					壬子					辛亥					庚戌					己酉					戊申				
六白金					七赤金					八白土					九紫火					一白水					二黑土				
立春 05時30分 十九卯時		大寒 11時11分 初六午時	奇門遁甲局數		小寒 17時50分 十九酉時		冬至 00時30分 初五子時	奇門遁甲局數		大雪 06時34分 二十卯時		小雪 11時06分 初五午時	奇門遁甲局數		立冬 13時39分 十九未時		霜降 13時28分 初四未時	奇門遁甲局數		寒露 10時24分 十九巳時		秋分 04時03分 初四寅時	奇門遁甲局數		白露 18時40分 十七酉時		處暑 06時22分 初二卯時	奇門遁甲局數	
農曆	國曆	干支	時盤	日盤	農曆	國曆	干支	時盤	日盤	農曆	國曆	干支	時盤	日盤	農曆	國曆	干支	時盤	日盤	農曆	國曆	干支	時盤	日盤	農曆	國曆	干支	時盤	日盤
1	1/17	己酉	3	1	1	12/18	己卯	1	三	1	11/18	己酉	五	六	1	10/20	庚辰	五	八	1	9/20	庚戌	七	二	1	8/22	辛巳	一	四
2	1/18	庚戌	3	2	2	12/19	庚辰	1	二	2	11/19	庚戌	五	五	2	10/21	辛巳	五	七	2	9/21	辛亥	七	一	2	8/23	壬午	一	三
3	1/19	辛亥	3	3	3	12/20	辛巳	1	一	3	11/20	辛亥	五	四	3	10/22	壬午	五	六	3	9/22	壬子	七	九	3	8/24	癸未	一	二
4	1/20	壬子	3	4	4	12/21	壬午	1	九	4	11/21	壬子	五	三	4	10/23	癸未	五	五	4	9/23	癸丑	七	八	4	8/25	甲申	四	一
5	1/21	癸丑	3	5	5	12/22	癸未	1	2	5	11/22	癸丑	五	二	5	10/24	甲申	八	四	5	9/24	甲寅	一	七	5	8/26	乙酉	四	九
6	1/22	甲寅	9	6	6	12/23	甲申	7	3	6	11/23	甲寅	八	一	6	10/25	乙酉	八	三	6	9/25	乙卯	一	六	6	8/27	丙戌	四	八
7	1/23	乙卯	9	7	7	12/24	乙酉	7	4	7	11/24	乙卯	八	九	7	10/26	丙戌	八	二	7	9/26	丙辰	一	五	7	8/28	丁亥	四	七
8	1/24	丙辰	9	8	8	12/25	丙戌	7	5	8	11/25	丙辰	八	八	8	10/27	丁亥	八	一	8	9/27	丁巳	一	四	8	8/29	戊子	四	六
9	1/25	丁巳	9	9	9	12/26	丁亥	7	6	9	11/26	丁巳	八	七	9	10/28	戊子	八	九	9	9/28	戊午	一	三	9	8/30	己丑	七	五
10	1/26	戊午	9	1	10	12/27	戊子	7	7	10	11/27	戊午	八	六	10	10/29	己丑	二	八	10	9/29	己未	四	二	10	8/31	庚寅	七	四
11	1/27	己未	6	2	11	12/28	己丑	4	8	11	11/28	己未	二	五	11	10/30	庚寅	二	七	11	9/30	庚申	四	一	11	9/1	辛卯	七	三
12	1/28	庚申	6	3	12	12/29	庚寅	4	9	12	11/29	庚申	二	四	12	10/31	辛卯	二	六	12	10/1	辛酉	四	九	12	9/2	壬辰	七	二
13	1/29	辛酉	6	4	13	12/30	辛卯	4	1	13	11/30	辛酉	二	三	13	11/1	壬辰	二	五	13	10/2	壬戌	四	八	13	9/3	癸巳	七	一
14	1/30	壬戌	6	5	14	12/31	壬辰	4	2	14	12/1	壬戌	二	二	14	11/2	癸巳	二	四	14	10/3	癸亥	四	七	14	9/4	甲午	九	九
15	1/31	癸亥	6	6	15	1/1	癸巳	4	3	15	12/2	癸亥	二	一	15	11/3	甲午	六	三	15	10/4	甲子	六	六	15	9/5	乙未	九	八
16	2/1	甲子	8	7	16	1/2	甲午	2	4	16	12/3	甲子	四	九	16	11/4	乙未	六	二	16	10/5	乙丑	六	五	16	9/6	丙申	九	七
17	2/2	乙丑	8	8	17	1/3	乙未	2	5	17	12/4	乙丑	四	八	17	11/5	丙申	六	一	17	10/6	丙寅	六	四	17	9/7	丁酉	九	六
18	2/3	丙寅	8	9	18	1/4	丙申	2	6	18	12/5	丙寅	四	七	18	11/6	丁酉	六	九	18	10/7	丁卯	六	三	18	9/8	戊戌	九	五
19	2/4	丁卯	8	1	19	1/5	丁酉	2	7	19	12/6	丁卯	四	六	19	11/7	戊戌	六	八	19	10/8	戊辰	六	二	19	9/9	己亥	三	四
20	2/5	戊辰	8	2	20	1/6	戊戌	2	8	20	12/7	戊辰	四	五	20	11/8	己亥	九	七	20	10/9	己巳	九	一	20	9/10	庚子	三	三
21	2/6	己巳	5	3	21	1/7	己亥	8	9	21	12/8	己巳	七	四	21	11/9	庚子	九	六	21	10/10	庚午	九	九	21	9/11	辛丑	三	二
22	2/7	庚午	5	4	22	1/8	庚子	8	1	22	12/9	庚午	七	三	22	11/10	辛丑	九	五	22	10/11	辛未	九	八	22	9/12	壬寅	三	一
23	2/8	辛未	5	5	23	1/9	辛丑	8	2	23	12/10	辛未	七	二	23	11/11	壬寅	九	四	23	10/12	壬申	九	七	23	9/13	癸卯	三	九
24	2/9	壬申	5	6	24	1/10	壬寅	8	3	24	12/11	壬申	七	一	24	11/12	癸卯	九	三	24	10/13	癸酉	九	六	24	9/14	甲辰	六	八
25	2/10	癸酉	5	7	25	1/11	癸卯	8	4	25	12/12	癸酉	七	九	25	11/13	甲辰	三	二	25	10/14	甲戌	三	五	25	9/15	乙巳	六	七
26	2/11	甲戌	2	8	26	1/12	甲辰	5	5	26	12/13	甲戌	一	八	26	11/14	乙巳	三	一	26	10/15	乙亥	三	四	26	9/16	丙午	六	六
27	2/12	乙亥	2	9	27	1/13	乙巳	5	6	27	12/14	乙亥	一	七	27	11/15	丙午	三	九	27	10/16	丙子	三	三	27	9/17	丁未	六	五
28	2/13	丙子	2	1	28	1/14	丙午	5	7	28	12/15	丙子	一	六	28	11/16	丁未	三	八	28	10/17	丁丑	三	二	28	9/18	戊申	六	四
29	2/14	丁丑	2	2	29	1/15	丁未	5	8	29	12/16	丁丑	一	五	29	11/17	戊申	三	七	29	10/18	戊寅	三	一	29	9/19	己酉	七	三
30	2/15	戊寅	2	3	30	1/16	戊申	5	9	30	12/17	戊寅	一	四						30	10/19	己卯	五	九					

西元2018年（戊戌）肖狗 民國107年（男離命）

奇門遁甲局數如標示為 一 ～九表示陰局　　如標示為1 ～9 表示陽局

六　月					五　月					四　月					三　月					二　月					正　月				
己未					戊午					丁巳					丙辰					乙卯					甲寅				
九紫火					一白水					二黑土					三碧木					四綠木					五黃土				
立秋 21時32分 廿六亥時		大暑 05時02分 十一卯時	奇門遁甲局數		小暑 11時43分 廿四午時		夏至 18時09分 初八酉時	奇門遁甲局數		芒種 01時31分 廿三丑時		小滿 10時16分 初七巳時	奇門遁甲局數		立夏 21時27分 二十亥時		穀雨 11時14分 初五午時	奇門遁甲局數		清明 04時14分 二十寅時		春分 00時17分 初五子時	奇門遁甲局數		驚蟄 23時30分 十八子時		雨水 01時20分 初四丑時	奇門遁甲局數	
農曆	國曆	干支	時盤	日盤	農曆	國曆	干支	時盤	日盤	農曆	國曆	干支	時盤	日盤	農曆	國曆	干支	時盤	日盤	農曆	國曆	干支	時盤	日盤	農曆	國曆	干支	時盤	日盤
1	7/13	丙午	五	三	1	6/14	丁丑	9	5	1	5/15	丁未	7	2	1	4/16	戊寅	7	9	1	3/17	戊申	4	6	1	2/16	己卯	9	4
2	7/14	丁未	五	二	2	6/15	戊寅	9	6	2	5/16	戊申	7	3	2	4/17	己卯	5	1	2	3/18	己酉	3	7	2	2/17	庚辰	9	5
3	7/15	戊申	五	一	3	6/16	己卯	九	7	3	5/17	己酉	5	4	3	4/18	庚辰	5	2	3	3/19	庚戌	3	8	3	2/18	辛巳	9	6
4	7/16	己酉	七	九	4	6/17	庚辰	九	8	4	5/18	庚戌	5	5	4	4/19	辛巳	5	3	4	3/20	辛亥	3	9	4	2/19	壬午	9	7
5	7/17	庚戌	七	八	5	6/18	辛巳	九	9	5	5/19	辛亥	5	6	5	4/20	壬午	5	4	5	3/21	壬子	3	1	5	2/20	癸未	9	8
6	7/18	辛亥	七	七	6	6/19	壬午	九	1	6	5/20	壬子	5	7	6	4/21	癸未	5	5	6	3/22	癸丑	3	2	6	2/21	甲申	6	9
7	7/19	壬子	七	六	7	6/20	癸未	九	2	7	5/21	癸丑	5	8	7	4/22	甲申	2	6	7	3/23	甲寅	9	3	7	2/22	乙酉	6	1
8	7/20	癸丑	七	五	8	6/21	甲申	三	七	8	5/22	甲寅	2	9	8	4/23	乙酉	2	7	8	3/24	乙卯	9	4	8	2/23	丙戌	6	2
9	7/21	甲寅	一	四	9	6/22	乙酉	三	六	9	5/23	乙卯	2	1	9	4/24	丙戌	2	8	9	3/25	丙辰	9	5	9	2/24	丁亥	6	3
10	7/22	乙卯	一	三	10	6/23	丙戌	三	五	10	5/24	丙辰	2	2	10	4/25	丁亥	2	9	10	3/26	丁巳	9	6	10	2/25	戊子	6	4
11	7/23	丙辰	一	二	11	6/24	丁亥	三	四	11	5/25	丁巳	2	3	11	4/26	戊子	2	1	11	3/27	戊午	9	7	11	2/26	己丑	3	5
12	7/24	丁巳	一	一	12	6/25	戊子	三	三	12	5/26	戊午	2	4	12	4/27	己丑	8	2	12	3/28	己未	6	8	12	2/27	庚寅	3	6
13	7/25	戊午	一	九	13	6/26	己丑	六	二	13	5/27	己未	8	5	13	4/28	庚寅	8	3	13	3/29	庚申	6	9	13	2/28	辛卯	3	7
14	7/26	己未	四	八	14	6/27	庚寅	六	一	14	5/28	庚申	8	6	14	4/29	辛卯	8	4	14	3/30	辛酉	6	1	14	3/ 1	壬辰	3	8
15	7/27	庚申	四	七	15	6/28	辛卯	六	九	15	5/29	辛酉	8	7	15	4/30	壬辰	8	5	15	3/31	壬戌	6	2	15	3/ 2	癸巳	3	9
16	7/28	辛酉	四	六	16	6/29	壬辰	六	八	16	5/30	壬戌	8	8	16	5/ 1	癸巳	8	6	16	4/ 1	癸亥	6	3	16	3/ 3	甲午	1	1
17	7/29	壬戌	四	五	17	6/30	癸巳	六	七	17	5/31	癸亥	8	9	17	5/ 2	甲午	4	7	17	4/ 2	甲子	4	4	17	3/ 4	乙未	1	2
18	7/30	癸亥	四	四	18	7/ 1	甲午	八	六	18	6/ 1	甲子	6	1	18	5/ 3	乙未	4	8	18	4/ 3	乙丑	4	5	18	3/ 5	丙申	1	3
19	7/31	甲子	二	三	19	7/ 2	乙未	八	五	19	6/ 2	乙丑	6	2	19	5/ 4	丙申	4	9	19	4/ 4	丙寅	4	6	19	3/ 6	丁酉	1	4
20	8/ 1	乙丑	二	二	20	7/ 3	丙申	八	四	20	6/ 3	丙寅	6	3	20	5/ 5	丁酉	4	1	20	4/ 5	丁卯	4	7	20	3/ 7	戊戌	1	5
21	8/ 2	丙寅	二	一	21	7/ 4	丁酉	八	三	21	6/ 4	丁卯	6	4	21	5/ 6	戊戌	4	2	21	4/ 6	戊辰	4	8	21	3/ 8	己亥	7	6
22	8/ 3	丁卯	二	九	22	7/ 5	戊戌	八	二	22	6/ 5	戊辰	6	5	22	5/ 7	己亥	1	3	22	4/ 7	己巳	1	9	22	3/ 9	庚子	7	7
23	8/ 4	戊辰	二	八	23	7/ 6	己亥	二	一	23	6/ 6	己巳	3	6	23	5/ 8	庚子	1	4	23	4/ 8	庚午	1	1	23	3/10	辛丑	7	8
24	8/ 5	己巳	五	七	24	7/ 7	庚子	二	九	24	6/ 7	庚午	3	7	24	5/ 9	辛丑	1	5	24	4/ 9	辛未	1	2	24	3/11	壬寅	7	9
25	8/ 6	庚午	五	六	25	7/ 8	辛丑	二	八	25	6/ 8	辛未	3	8	25	5/10	壬寅	1	6	25	4/10	壬申	1	3	25	3/12	癸卯	7	1
26	8/ 7	辛未	五	五	26	7/ 9	壬寅	二	七	26	6/ 9	壬申	3	9	26	5/11	癸卯	1	7	26	4/11	癸酉	1	4	26	3/13	甲辰	4	2
27	8/ 8	壬申	五	四	27	7/10	癸卯	二	六	27	6/10	癸酉	3	1	27	5/12	甲辰	7	8	27	4/12	甲戌	7	5	27	3/14	乙巳	4	3
28	8/ 9	癸酉	五	三	28	7/11	甲辰	五	五	28	6/11	甲戌	9	2	28	5/13	乙巳	7	9	28	4/13	乙亥	7	6	28	3/15	丙午	4	4
29	8/10	甲戌	八	二	29	7/12	乙巳	五	四	29	6/12	乙亥	9	3	29	5/14	丙午	7	1	29	4/14	丙子	7	7	29	3/16	丁未	4	5
										30	6/13	丙子	9	4						30	4/15	丁丑	7	8					

西元2018年（戊戌）肖狗 民國107年（女乾命）

奇門遁甲局數如標示為 一 ～九表示陰局　　如標示為1 ～9 表示陽局

十二月					十一月					十　月					九　月					八　月					七　月				
乙丑					甲子					癸亥					壬戌					辛酉					庚申				
三碧木					四綠木					五黃土					六白金					七赤金					八白土				
大寒 17時01分 十五酉時		小寒 23時41分 三十子時	奇門遁甲局數		冬至 06時24分 十六卯時		大雪 12時28分 初一午時	奇門遁甲局數		小雪 17時03分 十五酉時			奇門遁甲局數		立冬 19時33分 三十戌時		霜降 19時24分 十五戌時	奇門遁甲局數		寒露 16時16分 廿九申時		秋分 09時56分 十四巳時	奇門遁甲局數		白露 00時31分 廿九子時		處暑 12時10分 十三午時	奇門遁甲局數	
農曆	國曆	干支	時盤	日盤	農曆	國曆	干支	時盤	日盤	農曆	國曆	干支	時盤	日盤	農曆	國曆	干支	時盤	日盤	農曆	國曆	干支	時盤	日盤	農曆	國曆	干支	時盤	日盤
1	1/6	癸卯	7	4	1	12/7	癸酉	七	九	1	11/8	甲辰	三	二	1	10/9	甲戌	三	五	1	9/10	乙巳	六	七	1	8/11	乙亥	八	一
2	1/7	甲辰	4	5	2	12/8	甲戌	一	八	2	11/9	乙巳	三	一	2	10/10	乙亥	三	四	2	9/11	丙午	六	六	2	8/12	丙子	八	九
3	1/8	乙巳	4	6	3	12/9	乙亥	一	七	3	11/10	丙午	三	九	3	10/11	丙子	三	三	3	9/12	丁未	六	五	3	8/13	丁丑	八	八
4	1/9	丙午	4	7	4	12/10	丙子	一	六	4	11/11	丁未	三	八	4	10/12	丁丑	三	二	4	9/13	戊申	六	四	4	8/14	戊寅	八	七
5	1/10	丁未	4	8	5	12/11	丁丑	一	五	5	11/12	戊申	三	七	5	10/13	戊寅	三	一	5	9/14	己酉	七	三	5	8/15	己卯	一	六
6	1/11	戊申	4	9	6	12/12	戊寅	一	四	6	11/13	己酉	五	六	6	10/14	己卯	五	九	6	9/15	庚戌	七	二	6	8/16	庚辰	一	五
7	1/12	己酉	2	1	7	12/13	己卯	四	三	7	11/14	庚戌	五	五	7	10/15	庚辰	五	八	7	9/16	辛亥	七	一	7	8/17	辛巳	一	四
8	1/13	庚戌	2	2	8	12/14	庚辰	四	二	8	11/15	辛亥	五	四	8	10/16	辛巳	五	七	8	9/17	壬子	七	九	8	8/18	壬午	一	三
9	1/14	辛亥	2	3	9	12/15	辛巳	四	一	9	11/16	壬子	五	三	9	10/17	壬午	五	六	9	9/18	癸丑	七	八	9	8/19	癸未	一	二
10	1/15	壬子	2	4	10	12/16	壬午	四	九	10	11/17	癸丑	五	二	10	10/18	癸未	五	五	10	9/19	甲寅	一	七	10	8/20	甲申	四	一
11	1/16	癸丑	2	5	11	12/17	癸未	四	八	11	11/18	甲寅	八	一	11	10/19	甲申	八	四	11	9/20	乙卯	一	六	11	8/21	乙酉	四	九
12	1/17	甲寅	8	6	12	12/18	甲申	七	七	12	11/19	乙卯	八	九	12	10/20	乙酉	八	三	12	9/21	丙辰	一	五	12	8/22	丙戌	四	八
13	1/18	乙卯	8	7	13	12/19	乙酉	七	六	13	11/20	丙辰	八	八	13	10/21	丙戌	八	二	13	9/22	丁巳	一	四	13	8/23	丁亥	四	七
14	1/19	丙辰	8	8	14	12/20	丙戌	七	五	14	11/21	丁巳	八	七	14	10/22	丁亥	八	一	14	9/23	戊午	一	三	14	8/24	戊子	四	六
15	1/20	丁巳	8	9	15	12/21	丁亥	七	四	15	11/22	戊午	八	六	15	10/23	戊子	八	九	15	9/24	己未	四	二	15	8/25	己丑	七	五
16	1/21	戊午	8	1	16	12/22	戊子	七	7	16	11/23	己未	二	五	16	10/24	己丑	二	八	16	9/25	庚申	四	一	16	8/26	庚寅	七	四
17	1/22	己未	5	2	17	12/23	己丑	一	8	17	11/24	庚申	二	四	17	10/25	庚寅	二	七	17	9/26	辛酉	四	九	17	8/27	辛卯	七	三
18	1/23	庚申	5	3	18	12/24	庚寅	一	9	18	11/25	辛酉	二	三	18	10/26	辛卯	二	六	18	9/27	壬戌	四	八	18	8/28	壬辰	七	二
19	1/24	辛酉	5	4	19	12/25	辛卯	一	1	19	11/26	壬戌	二	二	19	10/27	壬辰	二	五	19	9/28	癸亥	四	七	19	8/29	癸巳	七	一
20	1/25	壬戌	5	5	20	12/26	壬辰	一	2	20	11/27	癸亥	二	一	20	10/28	癸巳	二	四	20	9/29	甲子	六	六	20	8/30	甲午	九	九
21	1/26	癸亥	5	6	21	12/27	癸巳	一	3	21	11/28	甲子	四	九	21	10/29	甲午	六	三	21	9/30	乙丑	六	五	21	8/31	乙未	九	八
22	1/27	甲子	3	7	22	12/28	甲午	1	4	22	11/29	乙丑	四	八	22	10/30	乙未	六	二	22	10/1	丙寅	六	四	22	9/1	丙申	九	七
23	1/28	乙丑	3	8	23	12/29	乙未	1	5	23	11/30	丙寅	四	七	23	10/31	丙申	六	一	23	10/2	丁卯	六	三	23	9/2	丁酉	九	六
24	1/29	丙寅	3	9	24	12/30	丙申	1	6	24	12/1	丁卯	四	六	24	11/1	丁酉	六	九	24	10/3	戊辰	六	二	24	9/3	戊戌	九	五
25	1/30	丁卯	3	1	25	12/31	丁酉	1	7	25	12/2	戊辰	四	五	25	11/2	戊戌	六	八	25	10/4	己巳	九	一	25	9/4	己亥	三	四
26	1/31	戊辰	3	2	26	1/1	戊戌	1	8	26	12/3	己巳	七	四	26	11/3	己亥	九	七	26	10/5	庚午	九	九	26	9/5	庚子	三	三
27	2/1	己巳	9	3	27	1/2	己亥	7	9	27	12/4	庚午	七	三	27	11/4	庚子	九	六	27	10/6	辛未	九	八	27	9/6	辛丑	三	二
28	2/2	庚午	9	4	28	1/3	庚子	7	1	28	12/5	辛未	七	二	28	11/5	辛丑	九	五	28	10/7	壬申	九	七	28	9/7	壬寅	三	一
29	2/3	辛未	9	5	29	1/4	辛丑	7	2	29	12/6	壬申	七	一	29	11/6	壬寅	九	四	29	10/8	癸酉	九	六	29	9/8	癸卯	三	九
30	2/4	壬申	9	6	30	1/5	壬寅	7	3						30	11/7	癸卯	九	三						30	9/9	甲辰	六	八

西元2019年（己亥）肖豬 民國108年（男艮命）

奇門遁甲局數如標示為 一 ～九表示陰局　如標示為1 ～9 表示陽局

六月					五月					四月					三月					二月					正月				
辛未					庚午					己巳					戊辰					丁卯					丙寅				
六白金					七赤金					八白土					九紫火					一白水					二黑土				
大暑 10時52分 廿一巳時		小暑 17時22分 初五酉時	奇門遁甲局數		夏至 23時56分 十九子時		芒種 07時08分 初四辰時	奇門遁甲局數		小滿 16時00分 十七申時		立夏 03時04分 初二寅時	奇門遁甲局數		穀雨 16時57分 十六申時		清明 09時53分 初一巳時	奇門遁甲局數		春分 06時00分 十六卯時		驚蟄 05時11分 初一卯時	奇門遁甲局數		雨水 07時06分 十五辰時		立春 11時16分 三十午時	奇門遁甲局數	
農曆	國曆	干支	時盤	日盤	農曆	國曆	干支	時盤	日盤	農曆	國曆	干支	時盤	日盤	農曆	國曆	干支	時盤	日盤	農曆	國曆	干支	時盤	日盤	農曆	國曆	干支	時盤	日盤
1	7/3	辛丑	三	八	1	6/3	辛未	2	8	1	5/5	壬寅	2	6	1	4/5	壬申	9	3	1	3/6	壬寅	6	9	1	2/5	癸酉	9	7
2	7/4	壬寅	三	七	2	6/4	壬申	2	9	2	5/6	癸卯	2	7	2	4/6	癸酉	9	4	2	3/7	癸卯	6	1	2	2/6	甲戌	6	8
3	7/5	癸卯	三	六	3	6/5	癸酉	2	1	3	5/7	甲辰	8	8	3	4/7	甲戌	6	5	3	3/8	甲辰	3	2	3	2/7	乙亥	6	9
4	7/6	甲辰	六	五	4	6/6	甲戌	8	2	4	5/8	乙巳	8	9	4	4/8	乙亥	6	6	4	3/9	乙巳	3	3	4	2/8	丙子	6	1
5	7/7	乙巳	六	四	5	6/7	乙亥	8	3	5	5/9	丙午	8	1	5	4/9	丙子	6	7	5	3/10	丙午	3	4	5	2/9	丁丑	6	2
6	7/8	丙午	六	三	6	6/8	丙子	8	4	6	5/10	丁未	8	2	6	4/10	丁丑	6	8	6	3/11	丁未	3	5	6	2/10	戊寅	6	3
7	7/9	丁未	六	二	7	6/9	丁丑	8	5	7	5/11	戊申	8	3	7	4/11	戊寅	6	9	7	3/12	戊申	3	6	7	2/11	己卯	8	4
8	7/10	戊申	六	一	8	6/10	戊寅	8	6	8	5/12	己酉	4	4	8	4/12	己卯	4	1	8	3/13	己酉	1	7	8	2/12	庚辰	8	5
9	7/11	己酉	八	九	9	6/11	己卯	6	7	9	5/13	庚戌	4	5	9	4/13	庚辰	4	2	9	3/14	庚戌	1	8	9	2/13	辛巳	8	6
10	7/12	庚戌	八	八	10	6/12	庚辰	6	8	10	5/14	辛亥	4	6	10	4/14	辛巳	4	3	10	3/15	辛亥	1	9	10	2/14	壬午	8	7
11	7/13	辛亥	八	七	11	6/13	辛巳	6	9	11	5/15	壬子	4	7	11	4/15	壬午	4	4	11	3/16	壬子	1	1	11	2/15	癸未	8	8
12	7/14	壬子	八	六	12	6/14	壬午	6	1	12	5/16	癸丑	4	8	12	4/16	癸未	4	5	12	3/17	癸丑	1	2	12	2/16	甲申	5	9
13	7/15	癸丑	八	五	13	6/15	癸未	6	2	13	5/17	甲寅	1	9	13	4/17	甲申	1	6	13	3/18	甲寅	7	3	13	2/17	乙酉	5	1
14	7/16	甲寅	二	四	14	6/16	甲申	3	3	14	5/18	乙卯	1	1	14	4/18	乙酉	1	7	14	3/19	乙卯	7	4	14	2/18	丙戌	5	2
15	7/17	乙卯	二	三	15	6/17	乙酉	3	4	15	5/19	丙辰	1	2	15	4/19	丙戌	1	8	15	3/20	丙辰	7	5	15	2/19	丁亥	5	3
16	7/18	丙辰	二	二	16	6/18	丙戌	3	5	16	5/20	丁巳	1	3	16	4/20	丁亥	1	9	16	3/21	丁巳	7	6	16	2/20	戊子	5	4
17	7/19	丁巳	二	一	17	6/19	丁亥	3	6	17	5/21	戊午	1	4	17	4/21	戊子	1	1	17	3/22	戊午	7	7	17	2/21	己丑	2	5
18	7/20	戊午	二	九	18	6/20	戊子	3	7	18	5/22	己未	7	5	18	4/22	己丑	7	2	18	3/23	己未	4	8	18	2/22	庚寅	2	6
19	7/21	己未	五	八	19	6/21	己丑	9	二	19	5/23	庚申	7	6	19	4/23	庚寅	7	3	19	3/24	庚申	4	9	19	2/23	辛卯	2	7
20	7/22	庚申	五	七	20	6/22	庚寅	9	一	20	5/24	辛酉	7	7	20	4/24	辛卯	7	4	20	3/25	辛酉	4	1	20	2/24	壬辰	2	8
21	7/23	辛酉	五	六	21	6/23	辛卯	9	九	21	5/25	壬戌	7	8	21	4/25	壬辰	7	5	21	3/26	壬戌	4	2	21	2/25	癸巳	2	9
22	7/24	壬戌	五	五	22	6/24	壬辰	9	八	22	5/26	癸亥	7	9	22	4/26	癸巳	7	6	22	3/27	癸亥	4	3	22	2/26	甲午	9	1
23	7/25	癸亥	五	四	23	6/25	癸巳	9	七	23	5/27	甲子	5	1	23	4/27	甲午	5	7	23	3/28	甲子	3	4	23	2/27	乙未	9	2
24	7/26	甲子	七	三	24	6/26	甲午	九	六	24	5/28	乙丑	5	2	24	4/28	乙未	5	8	24	3/29	乙丑	3	5	24	2/28	丙申	9	3
25	7/27	乙丑	七	二	25	6/27	乙未	九	五	25	5/29	丙寅	5	3	25	4/29	丙申	5	9	25	3/30	丙寅	3	6	25	3/1	丁酉	9	4
26	7/28	丙寅	七	一	26	6/28	丙申	九	四	26	5/30	丁卯	5	4	26	4/30	丁酉	5	1	26	3/31	丁卯	3	7	26	3/2	戊戌	9	5
27	7/29	丁卯	七	九	27	6/29	丁酉	九	三	27	5/31	戊辰	5	5	27	5/1	戊戌	5	2	27	4/1	戊辰	3	8	27	3/3	己亥	6	6
28	7/30	戊辰	七	八	28	6/30	戊戌	九	二	28	6/1	己巳	2	6	28	5/2	己亥	2	3	28	4/2	己巳	9	9	28	3/4	庚子	6	7
29	7/31	己巳	一	七	29	7/1	己亥	三	一	29	6/2	庚午	2	7	29	5/3	庚子	2	4	29	4/3	庚午	9	1	29	3/5	辛丑	6	8
					30	7/2	庚子	三	九						30	5/4	辛丑	2	5	30	4/4	辛未	9	2					

西元2019年（己亥）肖豬 民國108年（女兌命）

奇門遁甲局數如標示為 一 ～九表示陰局　　如標示為1 ～9 表示陽局

十二月					十一月					十月					九月					八月					七月				
丁丑					丙子					乙亥					甲戌					癸酉					壬申				
九紫火					一白水					二黑土					三碧木					四綠木					五黃土				
大寒		小寒	奇門遁甲局數		冬至		大雪	奇門遁甲局數		小雪		立冬	奇門遁甲局數		霜降		寒露	奇門遁甲局數		秋分		白露	奇門遁甲局數		處暑		立秋	奇門遁甲局數	
22時56分	廿六亥時	05時32分十二卯時			12時21分	廿七午時	18時20分十二酉時			23時01分	廿六子時	01時26分十二丑時			01時21分	廿六丑時	22時07分初十亥時			15時52分	廿五申時	06時19分初十卯時			18時03分	廿三酉時	03時14分初八寅時		
農曆	國曆	干支	時盤	日盤	農曆	國曆	干支	時盤	日盤	農曆	國曆	干支	時盤	日盤	農曆	國曆	干支	時盤	日盤	農曆	國曆	干支	時盤	日盤	農曆	國曆	干支	時盤	日盤
1	12/26	丁酉	1	7	1	11/26	丁卯	五	六	1	10/28	戊戌	五	八	1	9/29	己巳	一	一	1	8/30	己亥	四	四	1	8/1	庚午	一	六
2	12/27	戊戌	1	8	2	11/27	戊辰	五	五	2	10/29	己亥	八	七	2	9/30	庚午	一	九	2	8/31	庚子	四	三	2	8/2	辛未	一	五
3	12/28	己亥	7	9	3	11/28	己巳	八	四	3	10/30	庚子	八	六	3	10/1	辛未	一	八	3	9/1	辛丑	四	二	3	8/3	壬申	一	四
4	12/29	庚子	7	1	4	11/29	庚午	八	三	4	10/31	辛丑	八	五	4	10/2	壬申	一	七	4	9/2	壬寅	四	一	4	8/4	癸酉	一	三
5	12/30	辛丑	7	2	5	11/30	辛未	八	二	5	11/1	壬寅	八	四	5	10/3	癸酉	一	六	5	9/3	癸卯	四	九	5	8/5	甲戌	四	二
6	12/31	壬寅	7	3	6	12/1	壬申	八	一	6	11/2	癸卯	八	三	6	10/4	甲戌	四	五	6	9/4	甲辰	七	八	6	8/6	乙亥	四	一
7	1/1	癸卯	7	4	7	12/2	癸酉	八	九	7	11/3	甲辰	二	二	7	10/5	乙亥	四	四	7	9/5	乙巳	七	七	7	8/7	丙子	四	九
8	1/2	甲辰	4	5	8	12/3	甲戌	二	八	8	11/4	乙巳	二	一	8	10/6	丙子	四	三	8	9/6	丙午	七	六	8	8/8	丁丑	四	八
9	1/3	乙巳	4	6	9	12/4	乙亥	二	七	9	11/5	丙午	二	九	9	10/7	丁丑	四	二	9	9/7	丁未	七	五	9	8/9	戊寅	四	七
10	1/4	丙午	4	7	10	12/5	丙子	二	六	10	11/6	丁未	二	八	10	10/8	戊寅	四	一	10	9/8	戊申	七	四	10	8/10	己卯	二	六
11	1/5	丁未	4	8	11	12/6	丁丑	二	五	11	11/7	戊申	二	七	11	10/9	己卯	六	九	11	9/9	己酉	九	三	11	8/11	庚辰	二	五
12	1/6	戊申	4	9	12	12/7	戊寅	二	四	12	11/8	己酉	六	六	12	10/10	庚辰	六	八	12	9/10	庚戌	九	二	12	8/12	辛巳	二	四
13	1/7	己酉	2	1	13	12/8	己卯	四	三	13	11/9	庚戌	六	五	13	10/11	辛巳	六	七	13	9/11	辛亥	九	一	13	8/13	壬午	二	三
14	1/8	庚戌	2	2	14	12/9	庚辰	四	二	14	11/10	辛亥	六	四	14	10/12	壬午	六	六	14	9/12	壬子	九	九	14	8/14	癸未	二	二
15	1/9	辛亥	2	3	15	12/10	辛巳	四	一	15	11/11	壬子	六	三	15	10/13	癸未	六	五	15	9/13	癸丑	九	八	15	8/15	甲申	五	一
16	1/10	壬子	2	4	16	12/11	壬午	四	九	16	11/12	癸丑	六	二	16	10/14	甲申	九	四	16	9/14	甲寅	三	七	16	8/16	乙酉	五	九
17	1/11	癸丑	2	5	17	12/12	癸未	四	八	17	11/13	甲寅	九	一	17	10/15	乙酉	九	三	17	9/15	乙卯	三	六	17	8/17	丙戌	五	八
18	1/12	甲寅	8	6	18	12/13	甲申	七	七	18	11/14	乙卯	九	九	18	10/16	丙戌	九	二	18	9/16	丙辰	三	五	18	8/18	丁亥	五	七
19	1/13	乙卯	8	7	19	12/14	乙酉	七	六	19	11/15	丙辰	九	八	19	10/17	丁亥	九	一	19	9/17	丁巳	三	四	19	8/19	戊子	五	六
20	1/14	丙辰	8	8	20	12/15	丙戌	七	五	20	11/16	丁巳	九	七	20	10/18	戊子	九	九	20	9/18	戊午	三	三	20	8/20	己丑	八	五
21	1/15	丁巳	8	9	21	12/16	丁亥	七	四	21	11/17	戊午	九	六	21	10/19	己丑	三	八	21	9/19	己未	六	二	21	8/21	庚寅	八	四
22	1/16	戊午	8	1	22	12/17	戊子	七	三	22	11/18	己未	三	五	22	10/20	庚寅	三	七	22	9/20	庚申	六	一	22	8/22	辛卯	八	三
23	1/17	己未	5	2	23	12/18	己丑	一	二	23	11/19	庚申	三	四	23	10/21	辛卯	三	六	23	9/21	辛酉	六	九	23	8/23	壬辰	八	二
24	1/18	庚申	5	3	24	12/19	庚寅	一	一	24	11/20	辛酉	三	三	24	10/22	壬辰	三	五	24	9/22	壬戌	六	八	24	8/24	癸巳	八	一
25	1/19	辛酉	5	4	25	12/20	辛卯	一	九	25	11/21	壬戌	三	二	25	10/23	癸巳	三	四	25	9/23	癸亥	六	七	25	8/25	甲午	一	九
26	1/20	壬戌	5	5	26	12/21	壬辰	一	八	26	11/22	癸亥	三	一	26	10/24	甲午	五	三	26	9/24	甲子	七	六	26	8/26	乙未	一	八
27	1/21	癸亥	5	6	27	12/22	癸巳	一	3	27	11/23	甲子	五	九	27	10/25	乙未	五	二	27	9/25	乙丑	七	五	27	8/27	丙申	一	七
28	1/22	甲子	3	7	28	12/23	甲午	1	4	28	11/24	乙丑	五	八	28	10/26	丙申	五	一	28	9/26	丙寅	七	四	28	8/28	丁酉	一	六
29	1/23	乙丑	3	8	29	12/24	乙未	1	5	29	11/25	丙寅	五	七	29	10/27	丁酉	五	九	29	9/27	丁卯	七	三	29	8/29	戊戌	一	五
30	1/24	丙寅	3	9	30	12/25	丙申	1	6											30	9/28	戊辰	七	二					

西元2020年（庚子）肖鼠 民國109年（男兌命）

奇門遁甲局數如標示為 一 ～九表示陰局　　如標示為1 ～9 表示陽局

六 月				
癸未				
三碧木				
立秋 09時08分 十八巳時		大暑 16時38分 初二申時	奇門遁甲局數	
農曆	國曆	干支	時盤	日盤
1	7/21	乙丑	七	八
2	7/22	丙寅	七	七
3	7/23	丁卯	七	六
4	7/24	戊辰	七	五
5	7/25	己巳	一	四
6	7/26	庚午	一	三
7	7/27	辛未	一	二
8	7/28	壬申	一	一
9	7/29	癸酉	一	九
10	7/30	甲戌	四	八
11	7/31	乙亥	四	七
12	8/1	丙子	四	六
13	8/2	丁丑	四	五
14	8/3	戊寅	四	四
15	8/4	己卯	二	三
16	8/5	庚辰	二	二
17	8/6	辛巳	二	一
18	8/7	壬午	二	九
19	8/8	癸未	二	八
20	8/9	甲申	五	七
21	8/10	乙酉	五	六
22	8/11	丙戌	五	五
23	8/12	丁亥	五	四
24	8/13	戊子	五	三
25	8/14	己丑	八	二
26	8/15	庚寅	八	一
27	8/16	辛卯	八	九
28	8/17	壬辰	八	八
29	8/18	癸巳	八	七

五 月				
壬午				
四綠木				
小暑 23時16分 十六子時		夏至 05時45分 初一卯時	奇門遁甲局數	
農曆	國曆	干支	時盤	日盤
1	6/21	乙未	九	二
2	6/22	丙申	九	一
3	6/23	丁酉	九	九
4	6/24	戊戌	九	八
5	6/25	己亥	三	七
6	6/26	庚子	三	六
7	6/27	辛丑	三	五
8	6/28	壬寅	三	四
9	6/29	癸卯	三	三
10	6/30	甲辰	六	二
11	7/1	乙巳	六	一
12	7/2	丙午	六	九
13	7/3	丁未	六	八
14	7/4	戊申	六	七
15	7/5	己酉	八	六
16	7/6	庚戌	八	五
17	7/7	辛亥	八	四
18	7/8	壬子	八	三
19	7/9	癸丑	八	二
20	7/10	甲寅	二	一
21	7/11	乙卯	二	九
22	7/12	丙辰	二	八
23	7/13	丁巳	二	七
24	7/14	戊午	二	六
25	7/15	己未	五	五
26	7/16	庚申	五	四
27	7/17	辛酉	五	三
28	7/18	壬戌	五	二
29	7/19	癸亥	五	一
30	7/20	甲子	七	九

潤四 月				
壬午				
芒種 13時00分 十四未時			奇門遁甲局數	
農曆	國曆	干支	時盤	日盤
1	5/23	丙寅	5	3
2	5/24	丁卯	5	4
3	5/25	戊辰	5	5
4	5/26	己巳	2	6
5	5/27	庚午	2	7
6	5/28	辛未	2	8
7	5/29	壬申	2	9
8	5/30	癸酉	2	1
9	5/31	甲戌	8	2
10	6/1	乙亥	8	3
11	6/2	丙子	8	4
12	6/3	丁丑	8	5
13	6/4	戊寅	8	6
14	6/5	己卯	6	7
15	6/6	庚辰	6	8
16	6/7	辛巳	6	9
17	6/8	壬午	6	1
18	6/9	癸未	6	2
19	6/10	甲申	3	3
20	6/11	乙酉	3	4
21	6/12	丙戌	3	5
22	6/13	丁亥	3	6
23	6/14	戊子	3	7
24	6/15	己丑	9	8
25	6/16	庚寅	9	9
26	6/17	辛卯	9	1
27	6/18	壬辰	9	2
28	6/19	癸巳	9	3
29	6/20	甲午	九	4

四 月				
辛巳				
五黃土				
小滿 21時51分 廿八亥時		立夏 08時53分 十三辰時	奇門遁甲局數	
農曆	國曆	干支	時盤	日盤
1	4/23	丙申	5	9
2	4/24	丁酉	5	1
3	4/25	戊戌	5	2
4	4/26	己亥	2	3
5	4/27	庚子	2	4
6	4/28	辛丑	2	5
7	4/29	壬寅	2	6
8	4/30	癸卯	2	7
9	5/1	甲辰	8	8
10	5/2	乙巳	8	9
11	5/3	丙午	8	1
12	5/4	丁未	8	2
13	5/5	戊申	8	3
14	5/6	己酉	4	4
15	5/7	庚戌	4	5
16	5/8	辛亥	4	6
17	5/9	壬子	4	7
18	5/10	癸丑	4	8
19	5/11	甲寅	1	9
20	5/12	乙卯	1	1
21	5/13	丙辰	1	2
22	5/14	丁巳	1	3
23	5/15	戊午	1	4
24	5/16	己未	7	5
25	5/17	庚申	7	6
26	5/18	辛酉	7	7
27	5/19	壬戌	7	8
28	5/20	癸亥	7	9
29	5/21	甲子	5	1
30	5/22	乙丑	5	2

三 月				
庚辰				
六白金				
穀雨 22時47分 廿七亥時		清明 15時40分 十二申時	奇門遁甲局數	
農曆	國曆	干支	時盤	日盤
1	3/24	丙寅	3	6
2	3/25	丁卯	3	7
3	3/26	戊辰	3	8
4	3/27	己巳	9	9
5	3/28	庚午	9	1
6	3/29	辛未	9	2
7	3/30	壬申	9	3
8	3/31	癸酉	9	4
9	4/1	甲戌	6	5
10	4/2	乙亥	6	6
11	4/3	丙子	6	7
12	4/4	丁丑	6	8
13	4/5	戊寅	6	9
14	4/6	己卯	4	1
15	4/7	庚辰	4	2
16	4/8	辛巳	4	3
17	4/9	壬午	4	4
18	4/10	癸未	4	5
19	4/11	甲申	1	6
20	4/12	乙酉	1	7
21	4/13	丙戌	1	8
22	4/14	丁亥	1	9
23	4/15	戊子	1	1
24	4/16	己丑	7	2
25	4/17	庚寅	7	3
26	4/18	辛卯	7	4
27	4/19	壬辰	7	5
28	4/20	癸巳	7	6
29	4/21	甲午	5	7
30	4/22	乙未	5	8

二 月				
己卯				
七赤金				
春分 11時51分 廿七午時		驚蟄 10時59分 十二巳時	奇門遁甲局數	
農曆	國曆	干支	時盤	日盤
1	2/23	丙申	9	3
2	2/24	丁酉	9	4
3	2/25	戊戌	9	5
4	2/26	己亥	6	6
5	2/27	庚子	6	7
6	2/28	辛丑	6	8
7	2/29	壬寅	6	9
8	3/1	癸卯	6	1
9	3/2	甲辰	3	2
10	3/3	乙巳	3	3
11	3/4	丙午	3	4
12	3/5	丁未	3	5
13	3/6	戊申	3	6
14	3/7	己酉	1	7
15	3/8	庚戌	1	8
16	3/9	辛亥	1	9
17	3/10	壬子	1	1
18	3/11	癸丑	1	2
19	3/12	甲寅	7	3
20	3/13	乙卯	7	4
21	3/14	丙辰	7	5
22	3/15	丁巳	7	6
23	3/16	戊午	7	7
24	3/17	己未	4	8
25	3/18	庚申	4	9
26	3/19	辛酉	4	1
27	3/20	壬戌	4	2
28	3/21	癸亥	4	3
29	3/22	甲子	3	4
30	3/23	乙丑	3	5

正 月				
戊寅				
八白土				
雨水 12時59分 廿六午時		立春 17時05分 十一酉時	奇門遁甲局數	
農曆	國曆	干支	時盤	日盤
1	1/25	丁卯	3	1
2	1/26	戊辰	3	2
3	1/27	己巳	9	3
4	1/28	庚午	9	4
5	1/29	辛未	9	5
6	1/30	壬申	9	6
7	1/31	癸酉	9	7
8	2/1	甲戌	6	8
9	2/2	乙亥	6	9
10	2/3	丙子	6	1
11	2/4	丁丑	6	2
12	2/5	戊寅	6	3
13	2/6	己卯	8	4
14	2/7	庚辰	8	5
15	2/8	辛巳	8	6
16	2/9	壬午	8	7
17	2/10	癸未	8	8
18	2/11	甲申	5	9
19	2/12	乙酉	5	1
20	2/13	丙戌	5	2
21	2/14	丁亥	5	3
22	2/15	戊子	5	4
23	2/16	己丑	2	5
24	2/17	庚寅	2	6
25	2/18	辛卯	2	7
26	2/19	壬辰	2	8
27	2/20	癸巳	2	9
28	2/21	甲午	9	1
29	2/22	乙未	9	2

西元2020年（庚子）肖鼠 民國109年（女艮命）

奇門遁甲局數如標示為 一 ～九表示陰局　　如標示為1 ～9 表示陽局

十二月					十一月					十　月					九　月					八　月					七　月				
己丑					戊子					丁亥					丙戌					乙酉					甲申				
六白金					七赤金					八白土					九紫火					一白水					二黑土				
立春 23時00分 廿二子時		大寒 04時42分 初八寅時	奇門遁甲局數		小寒 11時25分 廿二午時		冬至 18時04分 初七酉時	奇門遁甲局數		大雪 00時11分 廿三子時		小雪 04時42分 初八寅時	奇門遁甲局數		立冬 07時16分 廿二辰時		霜降 07時01分 初七辰時	奇門遁甲局數		寒露 03時57分 廿二寅時		秋分 21時32分 初六亥時	奇門遁甲局數		白露 12時09分 二十午時		處暑 23時46分 初四子時	奇門遁甲局數	
農曆	國曆	干支	時盤	日盤	農曆	國曆	干支	時盤	日盤	農曆	國曆	干支	時盤	日盤	農曆	國曆	干支	時盤	日盤	農曆	國曆	干支	時盤	日盤	農曆	國曆	干支	時盤	日盤
1	1/13	辛酉	5	7	1	12/15	壬辰	一	五	1	11/15	壬戌	三	八	1	10/17	癸巳	三	一	1	9/17	癸亥	六	四	1	8/19	甲午	一	六
2	1/14	壬戌	5	8	2	12/16	癸巳	一	四	2	11/16	癸亥	三	七	2	10/18	甲午	五	九	2	9/18	甲子	七	三	2	8/20	乙未	一	五
3	1/15	癸亥	5	9	3	12/17	甲午	1	三	3	11/17	甲子	五	六	3	10/19	乙未	五	八	3	9/19	乙丑	七	二	3	8/21	丙申	一	四
4	1/16	甲子	3	1	4	12/18	乙未	1	二	4	11/18	乙丑	五	五	4	10/20	丙申	五	七	4	9/20	丙寅	七	一	4	8/22	丁酉	一	三
5	1/17	乙丑	3	2	5	12/19	丙申	1	一	5	11/19	丙寅	五	四	5	10/21	丁酉	五	六	5	9/21	丁卯	七	九	5	8/23	戊戌	一	二
6	1/18	丙寅	3	3	6	12/20	丁酉	1	九	6	11/20	丁卯	五	三	6	10/22	戊戌	五	五	6	9/22	戊辰	七	八	6	8/24	己亥	四	一
7	1/19	丁卯	3	4	7	12/21	戊戌	1	2	7	11/21	戊辰	五	二	7	10/23	己亥	八	四	7	9/23	己巳	一	七	7	8/25	庚子	四	九
8	1/20	戊辰	3	5	8	12/22	己亥	7	3	8	11/22	己巳	八	一	8	10/24	庚子	八	三	8	9/24	庚午	一	六	8	8/26	辛丑	四	八
9	1/21	己巳	9	6	9	12/23	庚子	7	4	9	11/23	庚午	八	九	9	10/25	辛丑	八	二	9	9/25	辛未	一	五	9	8/27	壬寅	四	七
10	1/22	庚午	9	7	10	12/24	辛丑	7	5	10	11/24	辛未	八	八	10	10/26	壬寅	八	一	10	9/26	壬申	一	四	10	8/28	癸卯	四	六
11	1/23	辛未	9	8	11	12/25	壬寅	7	6	11	11/25	壬申	八	七	11	10/27	癸卯	八	九	11	9/27	癸酉	一	三	11	8/29	甲辰	七	五
12	1/24	壬申	9	9	12	12/26	癸卯	7	7	12	11/26	癸酉	八	六	12	10/28	甲辰	二	八	12	9/28	甲戌	四	二	12	8/30	乙巳	七	四
13	1/25	癸酉	9	1	13	12/27	甲辰	4	8	13	11/27	甲戌	二	五	13	10/29	乙巳	二	七	13	9/29	乙亥	四	一	13	8/31	丙午	七	三
14	1/26	甲戌	6	2	14	12/28	乙巳	4	9	14	11/28	乙亥	二	四	14	10/30	丙午	二	六	14	9/30	丙子	四	九	14	9/1	丁未	七	二
15	1/27	乙亥	6	3	15	12/29	丙午	4	1	15	11/29	丙子	二	三	15	10/31	丁未	二	五	15	10/1	丁丑	四	八	15	9/2	戊申	七	一
16	1/28	丙子	6	4	16	12/30	丁未	4	2	16	11/30	丁丑	二	二	16	11/1	戊申	二	四	16	10/2	戊寅	四	七	16	9/3	己酉	九	九
17	1/29	丁丑	6	5	17	12/31	戊申	4	3	17	12/1	戊寅	二	一	17	11/2	己酉	六	三	17	10/3	己卯	六	六	17	9/4	庚戌	九	八
18	1/30	戊寅	6	6	18	1/1	己酉	2	4	18	12/2	己卯	四	九	18	11/3	庚戌	六	二	18	10/4	庚辰	六	五	18	9/5	辛亥	九	七
19	1/31	己卯	8	7	19	1/2	庚戌	2	5	19	12/3	庚辰	四	八	19	11/4	辛亥	六	一	19	10/5	辛巳	六	四	19	9/6	壬子	九	六
20	2/1	庚辰	8	8	20	1/3	辛亥	2	6	20	12/4	辛巳	四	七	20	11/5	壬子	六	九	20	10/6	壬午	六	三	20	9/7	癸丑	九	五
21	2/2	辛巳	8	9	21	1/4	壬子	2	7	21	12/5	壬午	四	六	21	11/6	癸丑	六	八	21	10/7	癸未	六	二	21	9/8	甲寅	三	四
22	2/3	壬午	8	1	22	1/5	癸丑	2	8	22	12/6	癸未	四	五	22	11/7	甲寅	九	七	22	10/8	甲申	九	一	22	9/9	乙卯	三	三
23	2/4	癸未	8	2	23	1/6	甲寅	8	9	23	12/7	甲申	七	四	23	11/8	乙卯	九	六	23	10/9	乙酉	九	九	23	9/10	丙辰	三	二
24	2/5	甲申	5	3	24	1/7	乙卯	8	1	24	12/8	乙酉	七	三	24	11/9	丙辰	九	五	24	10/10	丙戌	九	八	24	9/11	丁巳	三	一
25	2/6	乙酉	5	4	25	1/8	丙辰	8	2	25	12/9	丙戌	七	二	25	11/10	丁巳	九	四	25	10/11	丁亥	九	七	25	9/12	戊午	三	九
26	2/7	丙戌	5	5	26	1/9	丁巳	8	3	26	12/10	丁亥	七	一	26	11/11	戊午	九	三	26	10/12	戊子	九	六	26	9/13	己未	六	八
27	2/8	丁亥	5	6	27	1/10	戊午	8	4	27	12/11	戊子	七	九	27	11/12	己未	三	二	27	10/13	己丑	三	五	27	9/14	庚申	六	七
28	2/9	戊子	5	7	28	1/11	己未	5	5	28	12/12	己丑	一	八	28	11/13	庚申	三	一	28	10/14	庚寅	三	四	28	9/15	辛酉	六	六
29	2/10	己丑	2	8	29	1/12	庚申	5	6	29	12/13	庚寅	一	七	29	11/14	辛酉	三	九	29	10/15	辛卯	三	三	29	9/16	壬戌	六	五
30	2/11	庚寅	2	9						30	12/14	辛卯	一	六						30	10/16	壬辰	三	二					

西元2021年（辛丑）肖牛 民國110年（男乾命）

奇門遁甲局數如標示為 一 ～九表示陰局　　如標示為1 ～9 表示陽局

六　月					五　月					四　月					三　月					二　月					正　月				
乙未					甲午					癸巳					壬辰					辛卯					庚寅				
九紫火					一白水					二黑土					三碧木					四綠木					五黃土				
立秋 14時55分 廿九未時		大暑 22時28分 十三亥時	奇門遁甲局數		小暑 05時07分 廿八卯時		夏至 11時34分 十二午時	奇門遁甲局數		芒種 18時53分 廿五酉時		小滿 03時39分 初十寅時	奇門遁甲局數		立夏 21時49分 廿四亥時		穀雨 04時35分 初九寅時	奇門遁甲局數		清明 21時37分 廿三亥時		春分 17時39分 初八酉時	奇門遁甲局數		驚蟄 16時55分 廿二申時		雨水 18時46分 初七酉時	奇門遁甲局數	
農曆	國曆	干支	時盤	日盤	農曆	國曆	干支	時盤	日盤	農曆	國曆	干支	時盤	日盤	農曆	國曆	干支	時盤	日盤	農曆	國曆	干支	時盤	日盤	農曆	國曆	干支	時盤	日盤
1	7/10	己未	五	五	1	6/10	己丑	9	2	1	5/12	庚申	7	9	1	4/12	庚寅	7	6	1	3/13	庚申	4	3	1	2/12	辛卯	2	1
2	7/11	庚申	五	四	2	6/11	庚寅	9	3	2	5/13	辛酉	7	1	2	4/13	辛卯	7	7	2	3/14	辛酉	4	4	2	2/13	壬辰	2	2
3	7/12	辛酉	五	三	3	6/12	辛卯	9	4	3	5/14	壬戌	7	2	3	4/14	壬辰	7	8	3	3/15	壬戌	4	5	3	2/14	癸巳	2	3
4	7/13	壬戌	五	二	4	6/13	壬辰	9	5	4	5/15	癸亥	7	3	4	4/15	癸巳	7	9	4	3/16	癸亥	4	6	4	2/15	甲午	9	4
5	7/14	癸亥	五	一	5	6/14	癸巳	9	6	5	5/16	甲子	5	4	5	4/16	甲午	5	1	5	3/17	甲子	3	7	5	2/16	乙未	9	5
6	7/15	甲子	七	九	6	6/15	甲午	九	7	6	5/17	乙丑	5	5	6	4/17	乙未	5	2	6	3/18	乙丑	3	8	6	2/17	丙申	9	6
7	7/16	乙丑	七	八	7	6/16	乙未	九	8	7	5/18	丙寅	5	6	7	4/18	丙申	5	3	7	3/19	丙寅	3	9	7	2/18	丁酉	9	7
8	7/17	丙寅	七	七	8	6/17	丙申	九	9	8	5/19	丁卯	5	7	8	4/19	丁酉	5	4	8	3/20	丁卯	3	1	8	2/19	戊戌	9	8
9	7/18	丁卯	七	六	9	6/18	丁酉	九	1	9	5/20	戊辰	5	8	9	4/20	戊戌	5	5	9	3/21	戊辰	3	2	9	2/20	己亥	6	9
10	7/19	戊辰	七	五	10	6/19	戊戌	九	2	10	5/21	己巳	2	9	10	4/21	己亥	2	6	10	3/22	己巳	9	3	10	2/21	庚子	6	1
11	7/20	己巳	一	四	11	6/20	己亥	三	3	11	5/22	庚午	2	1	11	4/22	庚子	2	7	11	3/23	庚午	9	4	11	2/22	辛丑	6	2
12	7/21	庚午	一	三	12	6/21	庚子	三	六	12	5/23	辛未	2	2	12	4/23	辛丑	2	8	12	3/24	辛未	9	5	12	2/23	壬寅	6	3
13	7/22	辛未	一	二	13	6/22	辛丑	三	五	13	5/24	壬申	2	3	13	4/24	壬寅	2	9	13	3/25	壬申	9	6	13	2/24	癸卯	6	4
14	7/23	壬申	一	一	14	6/23	壬寅	三	四	14	5/25	癸酉	2	4	14	4/25	癸卯	2	1	14	3/26	癸酉	9	7	14	2/25	甲辰	3	5
15	7/24	癸酉	一	九	15	6/24	癸卯	三	三	15	5/26	甲戌	8	5	15	4/26	甲辰	8	2	15	3/27	甲戌	6	8	15	2/26	乙巳	3	6
16	7/25	甲戌	四	八	16	6/25	甲辰	六	二	16	5/27	乙亥	8	6	16	4/27	乙巳	8	3	16	3/28	乙亥	6	9	16	2/27	丙午	3	7
17	7/26	乙亥	四	七	17	6/26	乙巳	六	一	17	5/28	丙子	8	7	17	4/28	丙午	8	4	17	3/29	丙子	6	1	17	2/28	丁未	3	8
18	7/27	丙子	四	六	18	6/27	丙午	六	九	18	5/29	丁丑	8	8	18	4/29	丁未	8	5	18	3/30	丁丑	6	2	18	3/ 1	戊申	3	9
19	7/28	丁丑	四	五	19	6/28	丁未	六	八	19	5/30	戊寅	8	9	19	4/30	戊申	8	6	19	3/31	戊寅	6	3	19	3/ 2	己酉	1	1
20	7/29	戊寅	四	四	20	6/29	戊申	六	七	20	5/31	己卯	6	1	20	5/ 1	己酉	4	7	20	4/ 1	己卯	4	4	20	3/ 3	庚戌	1	2
21	7/30	己卯	二	三	21	6/30	己酉	八	六	21	6/ 1	庚辰	6	2	21	5/ 2	庚戌	4	8	21	4/ 2	庚辰	4	5	21	3/ 4	辛亥	1	3
22	7/31	庚辰	二	二	22	7/ 1	庚戌	八	五	22	6/ 2	辛巳	6	3	22	5/ 3	辛亥	4	9	22	4/ 3	辛巳	4	6	22	3/ 5	壬子	1	4
23	8/ 1	辛巳	二	一	23	7/ 2	辛亥	八	四	23	6/ 3	壬午	6	4	23	5/ 4	壬子	4	1	23	4/ 4	壬午	4	7	23	3/ 6	癸丑	1	5
24	8/ 2	壬午	二	九	24	7/ 3	壬子	八	三	24	6/ 4	癸未	6	5	24	5/ 5	癸丑	4	2	24	4/ 5	癸未	4	8	24	3/ 7	甲寅	7	6
25	8/ 3	癸未	二	八	25	7/ 4	癸丑	八	二	25	6/ 5	甲申	3	6	25	5/ 6	甲寅	1	3	25	4/ 6	甲申	1	9	25	3/ 8	乙卯	7	7
26	8/ 4	甲申	五	七	26	7/ 5	甲寅	二	一	26	6/ 6	乙酉	3	7	26	5/ 7	乙卯	1	4	26	4/ 7	乙酉	1	1	26	3/ 9	丙辰	7	8
27	8/ 5	乙酉	五	六	27	7/ 6	乙卯	二	九	27	6/ 7	丙戌	3	8	27	5/ 8	丙辰	1	5	27	4/ 8	丙戌	1	2	27	3/10	丁巳	7	9
28	8/ 6	丙戌	五	五	28	7/ 7	丙辰	二	八	28	6/ 8	丁亥	3	9	28	5/ 9	丁巳	1	6	28	4/ 9	丁亥	1	3	28	3/11	戊午	7	1
29	8/ 7	丁亥	五	四	29	7/ 8	丁巳	二	七	29	6/ 9	戊子	3	1	29	5/10	戊午	1	7	29	4/10	戊子	1	4	29	3/12	己未	4	2
					30	7/ 9	戊午	二	六						30	5/11	己未	7	8	30	4/11	己丑	7	5					

西元2021年（辛丑）肖牛 民國110年（女離命）

奇門遁甲局數如標示為 一 ～九表示陰局　　如標示為1 ～9 表示陽局

十二月					十一月					十　月					九　月					八　月					七　月				
辛丑					庚子					己亥					戊戌					丁酉					丙申				
三碧木					四綠木					五黃土					六白金					七赤金					八白土				
大寒 10時41分 十八巳時		小寒 17時16分 初三酉時	奇門遁甲局數		冬至 00時01分 十九子時		大雪 05時59分 初四卯時	奇門遁甲局數		小雪 10時36分 十八巳時		立冬 13時00分 初三未時	奇門遁甲局數		霜降 12時53分 十八午時		寒露 09時41分 初三巳時	奇門遁甲局數		秋分 03時23分 十七寅時		白露 17時55分 初一酉時	奇門遁甲局數		處暑 05時37分 十六卯時			奇門遁甲局數	
農曆	國曆	干支	時盤	日盤	農曆	國曆	干支	時盤	日盤	農曆	國曆	干支	時盤	日盤	農曆	國曆	干支	時盤	日盤	農曆	國曆	干支	時盤	日盤	農曆	國曆	干支	時盤	日盤
1	1/3	丙辰	7	2	1	12/4	丙戌	七	二	1	11/5	丁巳	九	四	1	10/6	丁亥	九	七	1	9/7	戊午	三	九	1	8/8	戊子	五	三
2	1/4	丁巳	7	3	2	12/5	丁亥	七	一	2	11/6	戊午	九	三	2	10/7	戊子	九	六	2	9/8	己未	六	八	2	8/9	己丑	八	二
3	1/5	戊午	7	4	3	12/6	戊子	七	九	3	11/7	己未	三	二	3	10/8	己丑	三	五	3	9/9	庚申	六	七	3	8/10	庚寅	八	一
4	1/6	己未	4	5	4	12/7	己丑	一	八	4	11/8	庚申	三	一	4	10/9	庚寅	三	四	4	9/10	辛酉	六	六	4	8/11	辛卯	八	九
5	1/7	庚申	4	6	5	12/8	庚寅	一	七	5	11/9	辛酉	三	九	5	10/10	辛卯	三	三	5	9/11	壬戌	六	五	5	8/12	壬辰	八	八
6	1/8	辛酉	4	7	6	12/9	辛卯	一	六	6	11/10	壬戌	三	八	6	10/11	壬辰	三	二	6	9/12	癸亥	六	四	6	8/13	癸巳	八	七
7	1/9	壬戌	4	8	7	12/10	壬辰	一	五	7	11/11	癸亥	三	七	7	10/12	癸巳	三	一	7	9/13	甲子	七	三	7	8/14	甲午	一	六
8	1/10	癸亥	4	9	8	12/11	癸巳	一	四	8	11/12	甲子	五	六	8	10/13	甲午	五	九	8	9/14	乙丑	七	二	8	8/15	乙未	一	五
9	1/11	甲子	2	1	9	12/12	甲午	四	三	9	11/13	乙丑	五	五	9	10/14	乙未	五	八	9	9/15	丙寅	七	一	9	8/16	丙申	一	四
10	1/12	乙丑	2	2	10	12/13	乙未	四	二	10	11/14	丙寅	五	四	10	10/15	丙申	五	七	10	9/16	丁卯	七	九	10	8/17	丁酉	一	三
11	1/13	丙寅	2	3	11	12/14	丙申	四	一	11	11/15	丁卯	五	三	11	10/16	丁酉	五	六	11	9/17	戊辰	七	八	11	8/18	戊戌	一	二
12	1/14	丁卯	2	4	12	12/15	丁酉	四	九	12	11/16	戊辰	五	二	12	10/17	戊戌	五	五	12	9/18	己巳	一	七	12	8/19	己亥	四	一
13	1/15	戊辰	2	5	13	12/16	戊戌	四	八	13	11/17	己巳	八	一	13	10/18	己亥	八	四	13	9/19	庚午	一	六	13	8/20	庚子	四	九
14	1/16	己巳	8	6	14	12/17	己亥	七	七	14	11/18	庚午	八	九	14	10/19	庚子	八	三	14	9/20	辛未	一	五	14	8/21	辛丑	四	八
15	1/17	庚午	8	7	15	12/18	庚子	七	六	15	11/19	辛未	八	八	15	10/20	辛丑	八	二	15	9/21	壬申	一	四	15	8/22	壬寅	四	七
16	1/18	辛未	8	8	16	12/19	辛丑	七	五	16	11/20	壬申	八	七	16	10/21	壬寅	八	一	16	9/22	癸酉	一	三	16	8/23	癸卯	四	六
17	1/19	壬申	8	9	17	12/20	壬寅	七	四	17	11/21	癸酉	八	六	17	10/22	癸卯	八	九	17	9/23	甲戌	四	二	17	8/24	甲辰	七	五
18	1/20	癸酉	8	1	18	12/21	癸卯	七	三	18	11/22	甲戌	二	五	18	10/23	甲辰	二	八	18	9/24	乙亥	四	一	18	8/25	乙巳	七	四
19	1/21	甲戌	5	2	19	12/22	甲辰	一	8	19	11/23	乙亥	二	四	19	10/24	乙巳	二	七	19	9/25	丙子	四	九	19	8/26	丙午	七	三
20	1/22	乙亥	5	3	20	12/23	乙巳	一	9	20	11/24	丙子	二	三	20	10/25	丙午	二	六	20	9/26	丁丑	四	八	20	8/27	丁未	七	二
21	1/23	丙子	5	4	21	12/24	丙午	一	1	21	11/25	丁丑	二	二	21	10/26	丁未	二	五	21	9/27	戊寅	四	七	21	8/28	戊申	七	一
22	1/24	丁丑	5	5	22	12/25	丁未	一	2	22	11/26	戊寅	二	一	22	10/27	戊申	二	四	22	9/28	己卯	六	六	22	8/29	己酉	九	九
23	1/25	戊寅	5	6	23	12/26	戊申	一	3	23	11/27	己卯	四	九	23	10/28	己酉	六	三	23	9/29	庚辰	六	五	23	8/30	庚戌	九	八
24	1/26	己卯	3	7	24	12/27	己酉	1	4	24	11/28	庚辰	四	八	24	10/29	庚戌	六	二	24	9/30	辛巳	六	四	24	8/31	辛亥	九	七
25	1/27	庚辰	3	8	25	12/28	庚戌	1	5	25	11/29	辛巳	四	七	25	10/30	辛亥	六	一	25	10/1	壬午	六	三	25	9/1	壬子	九	六
26	1/28	辛巳	3	9	26	12/29	辛亥	1	6	26	11/30	壬午	四	六	26	10/31	壬子	六	九	26	10/2	癸未	六	二	26	9/2	癸丑	九	五
27	1/29	壬午	3	1	27	12/30	壬子	1	7	27	12/1	癸未	四	五	27	11/1	癸丑	六	八	27	10/3	甲申	九	一	27	9/3	甲寅	三	四
28	1/30	癸未	3	2	28	12/31	癸丑	1	8	28	12/2	甲申	七	四	28	11/2	甲寅	九	七	28	10/4	乙酉	九	九	28	9/4	乙卯	三	三
29	1/31	甲申	9	3	29	1/1	甲寅	7	9	29	12/3	乙酉	七	三	29	11/3	乙卯	九	六	29	10/5	丙戌	九	八	29	9/5	丙辰	三	二
					30	1/2	乙卯	7	1						30	11/4	丙辰	九	五						30	9/6	丁巳	三	一

西元2022年（壬寅）肖虎 民國111年（男坤命）

奇門遁甲局數如標示為 一 ～九表示陰局　　如標示為1 ～9 表示陽局

六月				
丁未				
六白金				
大暑 04時08分 廿五寅時		小暑 10時39分 初九巳時	奇門遁甲局數	
農曆	國曆	干支	時盤	日盤
1	6/29	癸丑	九	二
2	6/30	甲寅	三	一
3	7/1	乙卯	三	九
4	7/2	丙辰	三	八
5	7/3	丁巳	三	七
6	7/4	戊午	三	六
7	7/5	己未	六	五
8	7/6	庚申	六	四
9	7/7	辛酉	六	三
10	7/8	壬戌	六	二
11	7/9	癸亥	六	一
12	7/10	甲子	八	九
13	7/11	乙丑	八	八
14	7/12	丙寅	八	七
15	7/13	丁卯	八	六
16	7/14	戊辰	八	五
17	7/15	己巳	二	四
18	7/16	庚午	二	三
19	7/17	辛未	二	二
20	7/18	壬申	二	一
21	7/19	癸酉	二	九
22	7/20	甲戌	五	八
23	7/21	乙亥	五	七
24	7/22	丙子	五	六
25	7/23	丁丑	五	五
26	7/24	戊寅	五	四
27	7/25	己卯	七	三
28	7/26	庚辰	七	二
29	7/27	辛巳	七	一
30	7/28	壬午	七	九

五月				
丙午				
七赤金				
夏至 17時15分 廿三酉時		芒種 00時27分 初八子時	奇門遁甲局數	
農曆	國曆	干支	時盤	日盤
1	5/30	癸未	5	5
2	5/31	甲申	2	6
3	6/1	乙酉	2	7
4	6/2	丙戌	2	8
5	6/3	丁亥	2	9
6	6/4	戊子	2	1
7	6/5	己丑	8	2
8	6/6	庚寅	8	3
9	6/7	辛卯	8	4
10	6/8	壬辰	8	5
11	6/9	癸巳	8	6
12	6/10	甲午	6	7
13	6/11	乙未	6	8
14	6/12	丙申	6	9
15	6/13	丁酉	6	1
16	6/14	戊戌	6	2
17	6/15	己亥	3	3
18	6/16	庚子	3	4
19	6/17	辛丑	3	5
20	6/18	壬寅	3	6
21	6/19	癸卯	3	7
22	6/20	甲辰	9	8
23	6/21	乙巳	9	一
24	6/22	丙午	9	九
25	6/23	丁未	9	八
26	6/24	戊申	9	七
27	6/25	己酉	九	六
28	6/26	庚戌	九	五
29	6/27	辛亥	九	四
30	6/28	壬子	九	三

四月				
乙巳				
八白土				
小滿 09時24分 廿一巳時		立夏 20時27分 初五戌時	奇門遁甲局數	
農曆	國曆	干支	時盤	日盤
1	5/1	甲寅	2	3
2	5/2	乙卯	2	4
3	5/3	丙辰	2	5
4	5/4	丁巳	2	6
5	5/5	戊午	2	7
6	5/6	己未	8	8
7	5/7	庚申	8	9
8	5/8	辛酉	8	1
9	5/9	壬戌	8	2
10	5/10	癸亥	8	3
11	5/11	甲子	4	4
12	5/12	乙丑	4	5
13	5/13	丙寅	4	6
14	5/14	丁卯	4	7
15	5/15	戊辰	4	8
16	5/16	己巳	1	9
17	5/17	庚午	1	1
18	5/18	辛未	1	2
19	5/19	壬申	1	3
20	5/20	癸酉	1	4
21	5/21	甲戌	7	5
22	5/22	乙亥	7	6
23	5/23	丙子	7	7
24	5/24	丁丑	7	8
25	5/25	戊寅	7	9
26	5/26	己卯	5	1
27	5/27	庚辰	5	2
28	5/28	辛巳	5	3
29	5/29	壬午	5	4

三月				
甲辰				
九紫火				
穀雨 10時26分 二十巳時		清明 03時22分 初五寅時	奇門遁甲局數	
農曆	國曆	干支	時盤	日盤
1	4/1	甲申	9	9
2	4/2	乙酉	9	1
3	4/3	丙戌	9	2
4	4/4	丁亥	9	3
5	4/5	戊子	9	4
6	4/6	己丑	6	5
7	4/7	庚寅	6	6
8	4/8	辛卯	6	7
9	4/9	壬辰	6	8
10	4/10	癸巳	6	9
11	4/11	甲午	4	1
12	4/12	乙未	4	2
13	4/13	丙申	4	3
14	4/14	丁酉	4	4
15	4/15	戊戌	4	5
16	4/16	己亥	1	6
17	4/17	庚子	1	7
18	4/18	辛丑	1	8
19	4/19	壬寅	1	9
20	4/20	癸卯	1	1
21	4/21	甲辰	7	2
22	4/22	乙巳	7	3
23	4/23	丙午	7	4
24	4/24	丁未	7	5
25	4/25	戊申	7	6
26	4/26	己酉	5	7
27	4/27	庚戌	5	8
28	4/28	辛亥	5	9
29	4/29	壬子	5	1
30	4/30	癸丑	5	2

二月				
癸卯				
一白水				
春分 23時35分 十八子時		驚蟄 22時45分 初三亥時	奇門遁甲局數	
農曆	國曆	干支	時盤	日盤
1	3/3	乙卯	6	7
2	3/4	丙辰	6	8
3	3/5	丁巳	6	9
4	3/6	戊午	6	1
5	3/7	己未	3	2
6	3/8	庚申	3	3
7	3/9	辛酉	3	4
8	3/10	壬戌	3	5
9	3/11	癸亥	3	6
10	3/12	甲子	1	7
11	3/13	乙丑	1	8
12	3/14	丙寅	1	9
13	3/15	丁卯	1	1
14	3/16	戊辰	1	2
15	3/17	己巳	7	3
16	3/18	庚午	7	4
17	3/19	辛未	7	5
18	3/20	壬申	7	6
19	3/21	癸酉	7	7
20	3/22	甲戌	4	8
21	3/23	乙亥	4	9
22	3/24	丙子	4	1
23	3/25	丁丑	4	2
24	3/26	戊寅	4	3
25	3/27	己卯	3	4
26	3/28	庚辰	3	5
27	3/29	辛巳	3	6
28	3/30	壬午	3	7
29	3/31	癸未	3	8

正月				
壬寅				
二黑土				
雨水 00時44分 十九子時		立春 04時52分 初四寅時	奇門遁甲局數	
農曆	國曆	干支	時盤	日盤
1	2/1	乙酉	9	4
2	2/2	丙戌	9	5
3	2/3	丁亥	9	6
4	2/4	戊子	9	7
5	2/5	己丑	6	8
6	2/6	庚寅	6	9
7	2/7	辛卯	6	1
8	2/8	壬辰	6	2
9	2/9	癸巳	6	3
10	2/10	甲午	8	4
11	2/11	乙未	8	5
12	2/12	丙申	8	6
13	2/13	丁酉	8	7
14	2/14	戊戌	8	8
15	2/15	己亥	5	9
16	2/16	庚子	5	1
17	2/17	辛丑	5	2
18	2/18	壬寅	5	3
19	2/19	癸卯	5	4
20	2/20	甲辰	2	5
21	2/21	乙巳	2	6
22	2/22	丙午	2	7
23	2/23	丁未	2	8
24	2/24	戊申	2	9
25	2/25	己酉	9	1
26	2/26	庚戌	9	2
27	2/27	辛亥	9	3
28	2/28	壬子	9	4
29	3/1	癸丑	9	5
30	3/2	甲寅	6	6

西元2022年（壬寅）肖虎 民國111年（女坎命）

奇門遁甲局數如標示為 一 ～九表示陰局　　如標示為1 ～9 表示陽局

十二月				
癸丑				
九紫火				
大寒 16時31分 廿九申時		小寒 23時06分 十四子時	奇門遁甲局數	
農曆	國曆	干支	時盤	日盤
1	12/23	庚戌	1	5
2	12/24	辛亥	1	6
3	12/25	壬子	1	7
4	12/26	癸丑	1	8
5	12/27	甲寅	7	9
6	12/28	乙卯	7	1
7	12/29	丙辰	7	2
8	12/30	丁巳	7	3
9	12/31	戊午	7	4
10	1/1	己未	4	5
11	1/2	庚申	4	6
12	1/3	辛酉	4	7
13	1/4	壬戌	4	8
14	1/5	癸亥	4	9
15	1/6	甲子	2	1
16	1/7	乙丑	2	2
17	1/8	丙寅	2	3
18	1/9	丁卯	2	4
19	1/10	戊辰	2	5
20	1/11	己巳	8	6
21	1/12	庚午	8	7
22	1/13	辛未	8	8
23	1/14	壬申	8	9
24	1/15	癸酉	8	1
25	1/16	甲戌	5	2
26	1/17	乙亥	5	3
27	1/18	丙子	5	4
28	1/19	丁丑	5	5
29	1/20	戊寅	5	6
30	1/21	己卯	3	7

十一月				
壬子				
一白水				
冬至 05時50分 廿九卯時		大雪 11時49分 十四午時	奇門遁甲局數	
農曆	國曆	干支	時盤	日盤
1	11/24	辛巳	五	七
2	11/25	壬午	五	六
3	11/26	癸未	五	五
4	11/27	甲申	八	四
5	11/28	乙酉	八	三
6	11/29	丙戌	八	二
7	11/30	丁亥	八	一
8	12/1	戊子	八	九
9	12/2	己丑	二	八
10	12/3	庚寅	二	七
11	12/4	辛卯	二	六
12	12/5	壬辰	二	五
13	12/6	癸巳	二	四
14	12/7	甲午	四	三
15	12/8	乙未	四	二
16	12/9	丙申	四	一
17	12/10	丁酉	四	九
18	12/11	戊戌	四	八
19	12/12	己亥	七	七
20	12/13	庚子	七	六
21	12/14	辛丑	七	五
22	12/15	壬寅	七	四
23	12/16	癸卯	七	三
24	12/17	甲辰	一	二
25	12/18	乙巳	一	一
26	12/19	丙午	一	九
27	12/20	丁未	一	八
28	12/21	戊申	一	七
29	12/22	己酉	1	4

十　月				
辛亥				
二黑土				
小雪 16時22分 廿九申時		立冬 18時47分 十四酉時	奇門遁甲局數	
農曆	國曆	干支	時盤	日盤
1	10/25	辛亥	五	一
2	10/26	壬子	五	九
3	10/27	癸丑	五	八
4	10/28	甲寅	八	七
5	10/29	乙卯	八	六
6	10/30	丙辰	八	五
7	10/31	丁巳	八	四
8	11/1	戊午	八	三
9	11/2	己未	二	二
10	11/3	庚申	二	一
11	11/4	辛酉	二	九
12	11/5	壬戌	二	八
13	11/6	癸亥	二	七
14	11/7	甲子	六	六
15	11/8	乙丑	六	五
16	11/9	丙寅	六	四
17	11/10	丁卯	六	三
18	11/11	戊辰	六	二
19	11/12	己巳	九	一
20	11/13	庚午	九	九
21	11/14	辛未	九	八
22	11/15	壬申	九	七
23	11/16	癸酉	九	六
24	11/17	甲戌	三	五
25	11/18	乙亥	三	四
26	11/19	丙子	三	三
27	11/20	丁丑	三	二
28	11/21	戊寅	三	一
29	11/22	己卯	五	九
30	11/23	庚辰	五	八

九　月				
庚戌				
三碧木				
霜降 18時37分 廿八酉時		寒露 15時24分 十三申時	奇門遁甲局數	
農曆	國曆	干支	時盤	日盤
1	9/26	壬午	七	三
2	9/27	癸未	七	二
3	9/28	甲申	一	一
4	9/29	乙酉	一	九
5	9/30	丙戌	一	八
6	10/1	丁亥	一	七
7	10/2	戊子	一	六
8	10/3	己丑	四	五
9	10/4	庚寅	四	四
10	10/5	辛卯	四	三
11	10/6	壬辰	四	二
12	10/7	癸巳	四	一
13	10/8	甲午	六	九
14	10/9	乙未	六	八
15	10/10	丙申	六	七
16	10/11	丁酉	六	六
17	10/12	戊戌	六	五
18	10/13	己亥	九	四
19	10/14	庚子	九	三
20	10/15	辛丑	九	二
21	10/16	壬寅	九	一
22	10/17	癸卯	九	九
23	10/18	甲辰	三	八
24	10/19	乙巳	三	七
25	10/20	丙午	三	六
26	10/21	丁未	三	五
27	10/22	戊申	三	四
28	10/23	己酉	五	三
29	10/24	庚戌	五	二

八　月				
己酉				
四綠木				
秋分 09時05分 廿八巳時		白露 23時34分 十二子時	奇門遁甲局數	
農曆	國曆	干支	時盤	日盤
1	8/27	壬子	一	六
2	8/28	癸丑	一	五
3	8/29	甲寅	四	四
4	8/30	乙卯	四	三
5	8/31	丙辰	四	二
6	9/1	丁巳	四	一
7	9/2	戊午	四	九
8	9/3	己未	七	八
9	9/4	庚申	七	七
10	9/5	辛酉	七	六
11	9/6	壬戌	七	五
12	9/7	癸亥	七	四
13	9/8	甲子	九	三
14	9/9	乙丑	九	二
15	9/10	丙寅	九	一
16	9/11	丁卯	九	九
17	9/12	戊辰	九	八
18	9/13	己巳	三	七
19	9/14	庚午	三	六
20	9/15	辛未	三	五
21	9/16	壬申	三	四
22	9/17	癸酉	三	三
23	9/18	甲戌	六	二
24	9/19	乙亥	六	一
25	9/20	丙子	六	九
26	9/21	丁丑	六	八
27	9/22	戊寅	六	七
28	9/23	己卯	七	六
29	9/24	庚辰	七	五
30	9/25	辛巳	七	四

七　月				
戊申				
五黃土				
處暑 11時18分 廿六午時		立秋 20時31分 初十戌時	奇門遁甲局數	
農曆	國曆	干支	時盤	日盤
1	7/29	癸未	七	八
2	7/30	甲申	一	七
3	7/31	乙酉	一	六
4	8/1	丙戌	一	五
5	8/2	丁亥	一	四
6	8/3	戊子	一	三
7	8/4	己丑	四	二
8	8/5	庚寅	四	一
9	8/6	辛卯	四	九
10	8/7	壬辰	四	八
11	8/8	癸巳	四	七
12	8/9	甲午	二	六
13	8/10	乙未	二	五
14	8/11	丙申	二	四
15	8/12	丁酉	二	三
16	8/13	戊戌	二	二
17	8/14	己亥	五	一
18	8/15	庚子	五	九
19	8/16	辛丑	五	八
20	8/17	壬寅	五	七
21	8/18	癸卯	五	六
22	8/19	甲辰	八	五
23	8/20	乙巳	八	四
24	8/21	丙午	八	三
25	8/22	丁未	八	二
26	8/23	戊申	八	一
27	8/24	己酉	一	九
28	8/25	庚戌	一	八
29	8/26	辛亥	一	七

西元2023年（癸卯）肖兔 民國112年（男巽命）

奇門遁甲局數如標示為 一 ～九表示陰局　　如標示為1 ～9 表示陽局

六　月					五　月					四　月					三　月					潤二　月					二　月					正　月				
己未					戊午					丁巳					丙辰					丙辰					乙卯					甲寅				
三碧木					四綠木					五黃土					六白金										七赤金					八白土				
立秋 2時24分 廿二丑時		大暑 09時52分 初六巳時	奇門遁甲局數		小暑 16時32分 二十申時		夏至 22時59分 初四亥時	奇門遁甲局數		芒種 06時20分 十九卯時		小滿 15時11分 初三申時	奇門遁甲局數		立夏 02時20分 十七丑時		穀雨 16時15分 初一申時	奇門遁甲局數		清明 09時14分 十五巳時			奇門遁甲局數		春分 05時26分 三十卯時		驚蟄 04時38分 十五寅時	奇門遁甲局數		雨水 06時36分 廿九卯時		立春 10時44分 十四巳時	奇門遁甲局數	
農曆	國曆	干支	時盤	日盤	農曆	國曆	干支	時盤	日盤	農曆	國曆	干支	時盤	日盤	農曆	國曆	干支	時盤	日盤	農曆	國曆	干支	時盤	日盤	農曆	國曆	干支	時盤	日盤	農曆	國曆	干支	時盤	日盤
1	7/18	丁丑	五	五	1	6/18	丁未	9	2	1	5/20	戊寅	7	9	1	4/20	戊申	7	6	1	3/22	己卯	3	4	1	2/20	己酉	9	1	1	1/22	庚辰	3	8
2	7/19	戊寅	五	四	2	6/19	戊申	9	3	2	5/21	己卯	5	1	2	4/21	己酉	5	7	2	3/23	庚辰	3	5	2	2/21	庚戌	9	2	2	1/23	辛巳	3	9
3	7/20	己卯	七	三	3	6/20	己酉	九	4	3	5/22	庚辰	5	2	3	4/22	庚戌	5	8	3	3/24	辛巳	3	6	3	2/22	辛亥	9	3	3	1/24	壬午	3	1
4	7/21	庚辰	七	二	4	6/21	庚戌	九	五	4	5/23	辛巳	5	3	4	4/23	辛亥	5	9	4	3/25	壬午	3	7	4	2/23	壬子	9	4	4	1/25	癸未	3	2
5	7/22	辛巳	七	一	5	6/22	辛亥	九	四	5	5/24	壬午	5	4	5	4/24	壬子	5	1	5	3/26	癸未	3	8	5	2/24	癸丑	9	5	5	1/26	甲申	9	3
6	7/23	壬午	七	九	6	6/23	壬子	九	三	6	5/25	癸未	5	5	6	4/25	癸丑	5	2	6	3/27	甲申	9	9	6	2/25	甲寅	6	6	6	1/27	乙酉	9	4
7	7/24	癸未	七	八	7	6/24	癸丑	九	二	7	5/26	甲申	2	6	7	4/26	甲寅	2	3	7	3/28	乙酉	9	1	7	2/26	乙卯	6	7	7	1/28	丙戌	9	5
8	7/25	甲申	一	七	8	6/25	甲寅	三	一	8	5/27	乙酉	2	7	8	4/27	乙卯	2	4	8	3/29	丙戌	9	2	8	2/27	丙辰	6	8	8	1/29	丁亥	9	6
9	7/26	乙酉	一	六	9	6/26	乙卯	三	九	9	5/28	丙戌	2	8	9	4/28	丙辰	2	5	9	3/30	丁亥	9	3	9	2/28	丁巳	6	9	9	1/30	戊子	9	7
10	7/27	丙戌	一	五	10	6/27	丙辰	三	八	10	5/29	丁亥	2	9	10	4/29	丁巳	2	6	10	3/31	戊子	9	4	10	3/1	戊午	6	1	10	1/31	己丑	6	8
11	7/28	丁亥	一	四	11	6/28	丁巳	三	七	11	5/30	戊子	2	1	11	4/30	戊午	2	7	11	4/1	己丑	6	5	11	3/2	己未	3	2	11	2/1	庚寅	6	9
12	7/29	戊子	一	三	12	6/29	戊午	三	六	12	5/31	己丑	8	2	12	5/1	己未	8	8	12	4/2	庚寅	6	6	12	3/3	庚申	3	3	12	2/2	辛卯	6	1
13	7/30	己丑	四	二	13	6/30	己未	六	五	13	6/1	庚寅	8	3	13	5/2	庚申	8	9	13	4/3	辛卯	6	7	13	3/4	辛酉	3	4	13	2/3	壬辰	6	2
14	7/31	庚寅	四	一	14	7/1	庚申	六	四	14	6/2	辛卯	8	4	14	5/3	辛酉	8	1	14	4/4	壬辰	6	8	14	3/5	壬戌	3	5	14	2/4	癸巳	6	3
15	8/1	辛卯	四	九	15	7/2	辛酉	六	三	15	6/3	壬辰	8	5	15	5/4	壬戌	8	2	15	4/5	癸巳	6	9	15	3/6	癸亥	3	6	15	2/5	甲午	8	4
16	8/2	壬辰	四	八	16	7/3	壬戌	六	二	16	6/4	癸巳	8	6	16	5/5	癸亥	8	3	16	4/6	甲午	4	1	16	3/7	甲子	1	7	16	2/6	乙未	8	5
17	8/3	癸巳	四	七	17	7/4	癸亥	六	一	17	6/5	甲午	6	7	17	5/6	甲子	4	4	17	4/7	乙未	4	2	17	3/8	乙丑	1	8	17	2/7	丙申	8	6
18	8/4	甲午	二	六	18	7/5	甲子	八	九	18	6/6	乙未	6	8	18	5/7	乙丑	4	5	18	4/8	丙申	4	3	18	3/9	丙寅	1	9	18	2/8	丁酉	8	7
19	8/5	乙未	二	五	19	7/6	乙丑	八	八	19	6/7	丙申	6	9	19	5/8	丙寅	4	6	19	4/9	丁酉	4	4	19	3/10	丁卯	1	1	19	2/9	戊戌	8	8
20	8/6	丙申	二	四	20	7/7	丙寅	八	七	20	6/8	丁酉	6	1	20	5/9	丁卯	4	7	20	4/10	戊戌	4	5	20	3/11	戊辰	1	2	20	2/10	己亥	5	9
21	8/7	丁酉	二	三	21	7/8	丁卯	八	六	21	6/9	戊戌	6	2	21	5/10	戊辰	4	8	21	4/11	己亥	1	6	21	3/12	己巳	7	3	21	2/11	庚子	5	1
22	8/8	戊戌	二	二	22	7/9	戊辰	八	五	22	6/10	己亥	3	3	22	5/11	己巳	1	9	22	4/12	庚子	1	7	22	3/13	庚午	7	4	22	2/12	辛丑	5	2
23	8/9	己亥	五	一	23	7/10	己巳	二	四	23	6/11	庚子	3	4	23	5/12	庚午	1	1	23	4/13	辛丑	1	8	23	3/14	辛未	7	5	23	2/13	壬寅	5	3
24	8/10	庚子	五	九	24	7/11	庚午	二	三	24	6/12	辛丑	3	5	24	5/13	辛未	1	2	24	4/14	壬寅	1	9	24	3/15	壬申	7	6	24	2/14	癸卯	5	4
25	8/11	辛丑	五	八	25	7/12	辛未	二	二	25	6/13	壬寅	3	6	25	5/14	壬申	1	3	25	4/15	癸卯	1	1	25	3/16	癸酉	7	7	25	2/15	甲辰	2	5
26	8/12	壬寅	五	七	26	7/13	壬申	二	一	26	6/14	癸卯	3	7	26	5/15	癸酉	1	4	26	4/16	甲辰	7	2	26	3/17	甲戌	4	8	26	2/16	乙巳	2	6
27	8/13	癸卯	五	六	27	7/14	癸酉	二	九	27	6/15	甲辰	9	8	27	5/16	甲戌	7	5	27	4/17	乙巳	7	3	27	3/18	乙亥	4	9	27	2/17	丙午	2	7
28	8/14	甲辰	八	五	28	7/15	甲戌	五	八	28	6/16	乙巳	9	9	28	5/17	乙亥	7	6	28	4/18	丙午	7	4	28	3/19	丙子	4	1	28	2/18	丁未	2	8
29	8/15	乙巳	八	四	29	7/16	乙亥	五	七	29	6/17	丙午	9	1	29	5/18	丙子	7	7	29	4/19	丁未	7	5	29	3/20	丁丑	4	2	29	2/19	戊申	2	9
					30	7/17	丙子	五	六						30	5/19	丁丑	7	8						30	3/21	戊寅	4	3					

西元2023年（癸卯）肖兔 民國112年（女坤命）

奇門遁甲局數如標示為 一 ～九表示陰局　　如標示為1 ～9 表示陽局

十二月					十一月					十　月					九　月					八　月					七　月				
乙丑					甲子					癸亥					壬戌					辛酉					庚申				
六白金					七赤金					八白土					九紫火					一白水					二黑土				
立春 16時29分 廿五申時		大寒 22時09分 初十亥時	奇門遁甲局數		小寒 04時51分 廿五寅時		冬至 11時29分 初十午時	奇門遁甲局數		大雪 17時35分 廿五酉時		小雪 22時04分 初十亥時	奇門遁甲局數		立冬 00時37分 廿五子時		霜降 00時23分 初十子時	奇門遁甲局數		寒露 21時17分 廿四亥時		秋分 14時52分 初九未時	奇門遁甲局數		白露 05時28分 廿四卯時		處暑 17時03分 初八酉時	奇門遁甲局數	
農曆	國曆	干支	時盤	日盤	農曆	國曆	干支	時盤	日盤	農曆	國曆	干支	時盤	日盤	農曆	國曆	干支	時盤	日盤	農曆	國曆	干支	時盤	日盤	農曆	國曆	干支	時盤	日盤
1	1/11	甲戌	5	2	1	12/13	乙巳	一	一	1	11/13	乙亥	三	四	1	10/15	丙午	三	六	1	9/15	丙子	六	九	1	8/16	丙午	八	三
2	1/12	乙亥	5	3	2	12/14	丙午	一	九	2	11/14	丙子	三	三	2	10/16	丁未	三	五	2	9/16	丁丑	六	八	2	8/17	丁未	八	二
3	1/13	丙子	5	4	3	12/15	丁未	一	八	3	11/15	丁丑	三	二	3	10/17	戊申	三	四	3	9/17	戊寅	六	七	3	8/18	戊申	八	一
4	1/14	丁丑	5	5	4	12/16	戊申	一	七	4	11/16	戊寅	三	一	4	10/18	己酉	五	三	4	9/18	己卯	七	六	4	8/19	己酉	一	九
5	1/15	戊寅	5	6	5	12/17	己酉	1	六	5	11/17	己卯	五	九	5	10/19	庚戌	五	二	5	9/19	庚辰	七	五	5	8/20	庚戌	一	八
6	1/16	己卯	3	7	6	12/18	庚戌	1	五	6	11/18	庚辰	五	八	6	10/20	辛亥	五	一	6	9/20	辛巳	七	四	6	8/21	辛亥	一	七
7	1/17	庚辰	3	8	7	12/19	辛亥	1	四	7	11/19	辛巳	五	七	7	10/21	壬子	五	九	7	9/21	壬午	七	三	7	8/22	壬子	一	六
8	1/18	辛巳	3	9	8	12/20	壬子	1	三	8	11/20	壬午	五	六	8	10/22	癸丑	五	八	8	9/22	癸未	七	二	8	8/23	癸丑	一	五
9	1/19	壬午	3	1	9	12/21	癸丑	1	二	9	11/21	癸未	五	五	9	10/23	甲寅	八	七	9	9/23	甲申	一	一	9	8/24	甲寅	四	四
10	1/20	癸未	3	2	10	12/22	甲寅	7	9	10	11/22	甲申	八	四	10	10/24	乙卯	八	六	10	9/24	乙酉	一	九	10	8/25	乙卯	四	三
11	1/21	甲申	9	3	11	12/23	乙卯	7	1	11	11/23	乙酉	八	三	11	10/25	丙辰	八	五	11	9/25	丙戌	一	八	11	8/26	丙辰	四	二
12	1/22	乙酉	9	4	12	12/24	丙辰	7	2	12	11/24	丙戌	八	二	12	10/26	丁巳	八	四	12	9/26	丁亥	一	七	12	8/27	丁巳	四	一
13	1/23	丙戌	9	5	13	12/25	丁巳	7	3	13	11/25	丁亥	八	一	13	10/27	戊午	八	三	13	9/27	戊子	一	六	13	8/28	戊午	四	九
14	1/24	丁亥	9	6	14	12/26	戊午	7	4	14	11/26	戊子	八	九	14	10/28	己未	二	二	14	9/28	己丑	四	五	14	8/29	己未	七	八
15	1/25	戊子	9	7	15	12/27	己未	4	5	15	11/27	己丑	二	八	15	10/29	庚申	二	一	15	9/29	庚寅	四	四	15	8/30	庚申	七	七
16	1/26	己丑	6	8	16	12/28	庚申	4	6	16	11/28	庚寅	二	七	16	10/30	辛酉	二	九	16	9/30	辛卯	四	三	16	8/31	辛酉	七	六
17	1/27	庚寅	6	9	17	12/29	辛酉	4	7	17	11/29	辛卯	二	六	17	10/31	壬戌	二	八	17	10/ 1	壬辰	四	二	17	9/ 1	壬戌	七	五
18	1/28	辛卯	6	1	18	12/30	壬戌	4	8	18	11/30	壬辰	二	五	18	11/ 1	癸亥	二	七	18	10/ 2	癸巳	四	一	18	9/ 2	癸亥	七	四
19	1/29	壬辰	6	2	19	12/31	癸亥	4	9	19	12/ 1	癸巳	二	四	19	11/ 2	甲子	六	六	19	10/ 3	甲午	六	九	19	9/ 3	甲子	九	三
20	1/30	癸巳	6	3	20	1/ 1	甲子	2	1	20	12/ 2	甲午	四	三	20	11/ 3	乙丑	六	五	20	10/ 4	乙未	六	八	20	9/ 4	乙丑	九	二
21	1/31	甲午	8	4	21	1/ 2	乙丑	2	2	21	12/ 3	乙未	四	二	21	11/ 4	丙寅	六	四	21	10/ 5	丙申	六	七	21	9/ 5	丙寅	九	一
22	2/ 1	乙未	8	5	22	1/ 3	丙寅	2	3	22	12/ 4	丙申	四	一	22	11/ 5	丁卯	六	三	22	10/ 6	丁酉	六	六	22	9/ 6	丁卯	九	九
23	2/ 2	丙申	8	6	23	1/ 4	丁卯	2	4	23	12/ 5	丁酉	四	九	23	11/ 6	戊辰	六	二	23	10/ 7	戊戌	六	五	23	9/ 7	戊辰	九	八
24	2/ 3	丁酉	8	7	24	1/ 5	戊辰	2	5	24	12/ 6	戊戌	四	八	24	11/ 7	己巳	九	一	24	10/ 8	己亥	九	四	24	9/ 8	己巳	三	七
25	2/ 4	戊戌	8	8	25	1/ 6	己巳	8	6	25	12/ 7	己亥	七	七	25	11/ 8	庚午	九	九	25	10/ 9	庚子	九	三	25	9/ 9	庚午	三	六
26	2/ 5	己亥	5	9	26	1/ 7	庚午	8	7	26	12/ 8	庚子	七	六	26	11/ 9	辛未	九	八	26	10/10	辛丑	九	二	26	9/10	辛未	三	五
27	2/ 6	庚子	5	1	27	1/ 8	辛未	8	8	27	12/ 9	辛丑	七	五	27	11/10	壬申	九	七	27	10/11	壬寅	九	一	27	9/11	壬申	三	四
28	2/ 7	辛丑	5	2	28	1/ 9	壬申	8	9	28	12/10	壬寅	七	四	28	11/11	癸酉	九	六	28	10/12	癸卯	九	九	28	9/12	癸酉	三	三
29	2/ 8	壬寅	5	3	29	1/10	癸酉	8	1	29	12/11	癸卯	七	三	29	11/12	甲戌	三	五	29	10/13	甲辰	三	八	29	9/13	甲戌	六	二
30	2/ 9	癸卯	5	4						30	12/12	甲辰	一	二						30	10/14	乙巳	三	七	30	9/14	乙亥	六	一

西元2024年（甲辰）肖龍 民國113年（男震命）

奇門遁甲局數如標示為 一 ～九表示陰局　　如標示為1 ～9 表示陽局

六　月					五　月					四　月					三　月					二　月					正　月				
辛未					庚午					己巳					戊辰					丁卯					丙寅				
九紫火					一白水					二黑土					三碧木					四綠木					五黃土				
大暑 15時46分 十七申時		小暑 22時21分 初一亥時	奇門遁甲局數		夏至 04時52分 十六寅時			奇門遁甲局數		芒種 12時11分 廿九午時		小滿 21時01分 十三亥時	奇門遁甲局數		立夏 08時12分 廿七辰時		穀雨 22時01分 十一亥時	奇門遁甲局數		清明 15時04分 廿六申時		春分 11時08分 十一午時	奇門遁甲局數		驚蟄 10時24分 廿五巳時		雨水 12時15分 初十午時	奇門遁甲局數	
農曆	國曆	干支	時盤	日盤	農曆	國曆	干支	時盤	日盤	農曆	國曆	干支	時盤	日盤	農曆	國曆	干支	時盤	日盤	農曆	國曆	干支	時盤	日盤	農曆	國曆	干支	時盤	日盤
1	7/6	辛未	二	二	1	6/6	辛丑	3	5	1	5/8	壬申	1	3	1	4/9	癸卯	1	1	1	3/10	癸酉	7	7	1	2/10	甲辰	2	5
2	7/7	壬申	二	一	2	6/7	壬寅	3	6	2	5/9	癸酉	1	4	2	4/10	甲辰	7	2	2	3/11	甲戌	4	8	2	2/11	乙巳	2	6
3	7/8	癸酉	二	九	3	6/8	癸卯	3	7	3	5/10	甲戌	7	5	3	4/11	乙巳	7	3	3	3/12	乙亥	4	9	3	2/12	丙午	2	7
4	7/9	甲戌	五	八	4	6/9	甲辰	9	8	4	5/11	乙亥	7	6	4	4/12	丙午	7	4	4	3/13	丙子	4	1	4	2/13	丁未	2	8
5	7/10	乙亥	五	七	5	6/10	乙巳	9	9	5	5/12	丙子	7	7	5	4/13	丁未	7	5	5	3/14	丁丑	4	2	5	2/14	戊申	2	9
6	7/11	丙子	五	六	6	6/11	丙午	9	1	6	5/13	丁丑	7	8	6	4/14	戊申	7	6	6	3/15	戊寅	4	3	6	2/15	己酉	9	1
7	7/12	丁丑	五	五	7	6/12	丁未	9	2	7	5/14	戊寅	7	9	7	4/15	己酉	5	7	7	3/16	己卯	3	4	7	2/16	庚戌	9	2
8	7/13	戊寅	五	四	8	6/13	戊申	9	3	8	5/15	己卯	5	1	8	4/16	庚戌	5	8	8	3/17	庚辰	3	5	8	2/17	辛亥	9	3
9	7/14	己卯	七	三	9	6/14	己酉	九	4	9	5/16	庚辰	5	2	9	4/17	辛亥	5	9	9	3/18	辛巳	3	6	9	2/18	壬子	9	4
10	7/15	庚辰	七	二	10	6/15	庚戌	九	5	10	5/17	辛巳	5	3	10	4/18	壬子	5	1	10	3/19	壬午	3	7	10	2/19	癸丑	9	5
11	7/16	辛巳	七	一	11	6/16	辛亥	九	6	11	5/18	壬午	5	4	11	4/19	癸丑	5	2	11	3/20	癸未	3	8	11	2/20	甲寅	6	6
12	7/17	壬午	七	九	12	6/17	壬子	九	7	12	5/19	癸未	5	5	12	4/20	甲寅	2	3	12	3/21	甲申	9	9	12	2/21	乙卯	6	7
13	7/18	癸未	七	八	13	6/18	癸丑	九	8	13	5/20	甲申	2	6	13	4/21	乙卯	2	4	13	3/22	乙酉	9	1	13	2/22	丙辰	6	8
14	7/19	甲申	一	七	14	6/19	甲寅	三	9	14	5/21	乙酉	2	7	14	4/22	丙辰	2	5	14	3/23	丙戌	9	2	14	2/23	丁巳	6	9
15	7/20	乙酉	一	六	15	6/20	乙卯	三	1	15	5/22	丙戌	2	8	15	4/23	丁巳	2	6	15	3/24	丁亥	9	3	15	2/24	戊午	6	1
16	7/21	丙戌	一	五	16	6/21	丙辰	三	八	16	5/23	丁亥	2	9	16	4/24	戊午	2	7	16	3/25	戊子	9	4	16	2/25	己未	3	2
17	7/22	丁亥	一	四	17	6/22	丁巳	三	七	17	5/24	戊子	2	1	17	4/25	己未	8	8	17	3/26	己丑	6	5	17	2/26	庚申	3	3
18	7/23	戊子	一	三	18	6/23	戊午	三	六	18	5/25	己丑	8	2	18	4/26	庚申	8	9	18	3/27	庚寅	6	6	18	2/27	辛酉	3	4
19	7/24	己丑	四	二	19	6/24	己未	六	五	19	5/26	庚寅	8	3	19	4/27	辛酉	8	1	19	3/28	辛卯	6	7	19	2/28	壬戌	3	5
20	7/25	庚寅	四	一	20	6/25	庚申	六	四	20	5/27	辛卯	8	4	20	4/28	壬戌	8	2	20	3/29	壬辰	6	8	20	2/29	癸亥	3	6
21	7/26	辛卯	四	九	21	6/26	辛酉	六	三	21	5/28	壬辰	8	5	21	4/29	癸亥	8	3	21	3/30	癸巳	6	9	21	3/1	甲子	1	7
22	7/27	壬辰	四	八	22	6/27	壬戌	六	二	22	5/29	癸巳	8	6	22	4/30	甲子	4	4	22	3/31	甲午	4	1	22	3/2	乙丑	1	8
23	7/28	癸巳	四	七	23	6/28	癸亥	六	一	23	5/30	甲午	6	7	23	5/1	乙丑	4	5	23	4/1	乙未	4	2	23	3/3	丙寅	1	9
24	7/29	甲午	二	六	24	6/29	甲子	八	九	24	5/31	乙未	6	8	24	5/2	丙寅	4	6	24	4/2	丙申	4	3	24	3/4	丁卯	1	1
25	7/30	乙未	二	五	25	6/30	乙丑	八	八	25	6/1	丙申	6	9	25	5/3	丁卯	4	7	25	4/3	丁酉	4	4	25	3/5	戊辰	1	2
26	7/31	丙申	二	四	26	7/1	丙寅	八	七	26	6/2	丁酉	6	1	26	5/4	戊辰	4	8	26	4/4	戊戌	4	5	26	3/6	己巳	7	3
27	8/1	丁酉	二	三	27	7/2	丁卯	八	六	27	6/3	戊戌	6	2	27	5/5	己巳	1	9	27	4/5	己亥	1	6	27	3/7	庚午	7	4
28	8/2	戊戌	二	二	28	7/3	戊辰	八	五	28	6/4	己亥	3	3	28	5/6	庚午	1	1	28	4/6	庚子	1	7	28	3/8	辛未	7	5
29	8/3	己亥	五	一	29	7/4	己巳	二	四	29	6/5	庚子	3	4	29	5/7	辛未	1	2	29	4/7	辛丑	1	8	29	3/9	壬申	7	6
					30	7/5	庚午	二	三											30	4/8	壬寅	1	9					

西元2024年（甲辰）肖龍 民國113年（女震命）

奇門遁甲局數如標示為 一 ～九表示陰局　　如標示為1 ～9 表示陽局

十二月					十一月					十　月					九　月					八　月					七　月				
丁丑					丙子					乙亥					甲戌					癸酉					壬申				
三碧木					四綠木					五黃土					六白金					七赤金					八白土				
大寒 04時02分 廿一寅時		小寒 10時35分 初六巳時	奇門遁甲局數		冬至 17時22分 廿一酉時		大雪 23時19分 初六子時	奇門遁甲局數		小雪 03時58分 廿二寅時		立冬 06時22分 初七卯時	奇門遁甲局數		霜降 06時16分 廿一卯時		寒露 03時02分 初六寅時	奇門遁甲局數		秋分 20時45分 二十戌時		白露 11時13分 初五午時	奇門遁甲局數		處暑 22時57分 十九亥時		立秋 08時11分 初四辰時	奇門遁甲局數	
農曆	國曆	干支	時盤	日盤	農曆	國曆	干支	時盤	日盤	農曆	國曆	干支	時盤	日盤	農曆	國曆	干支	時盤	日盤	農曆	國曆	干支	時盤	日盤	農曆	國曆	干支	時盤	日盤
1	12/31	己巳	7	6	1	12/1	己亥	七	七	1	11/1	己巳	九	一	1	10/3	庚子	九	三	1	9/3	庚午	三	六	1	8/4	庚子	五	九
2	1/1	庚午	7	7	2	12/2	庚子	七	六	2	11/2	庚午	九	九	2	10/4	辛丑	九	二	2	9/4	辛未	三	五	2	8/5	辛丑	五	八
3	1/2	辛未	7	8	3	12/3	辛丑	七	五	3	11/3	辛未	九	八	3	10/5	壬寅	九	一	3	9/5	壬申	三	四	3	8/6	壬寅	五	七
4	1/3	壬申	7	9	4	12/4	壬寅	七	四	4	11/4	壬申	九	七	4	10/6	癸卯	九	九	4	9/6	癸酉	三	三	4	8/7	癸卯	五	六
5	1/4	癸酉	7	1	5	12/5	癸卯	七	三	5	11/5	癸酉	九	六	5	10/7	甲辰	三	八	5	9/7	甲戌	六	二	5	8/8	甲辰	八	五
6	1/5	甲戌	4	2	6	12/6	甲辰	一	二	6	11/6	甲戌	三	五	6	10/8	乙巳	三	七	6	9/8	乙亥	六	一	6	8/9	乙巳	八	四
7	1/6	乙亥	4	3	7	12/7	乙巳	一	一	7	11/7	乙亥	三	四	7	10/9	丙午	三	六	7	9/9	丙子	六	九	7	8/10	丙午	八	三
8	1/7	丙子	4	4	8	12/8	丙午	一	九	8	11/8	丙子	三	三	8	10/10	丁未	三	五	8	9/10	丁丑	六	八	8	8/11	丁未	八	二
9	1/8	丁丑	4	5	9	12/9	丁未	一	八	9	11/9	丁丑	三	二	9	10/11	戊申	三	四	9	9/11	戊寅	六	七	9	8/12	戊申	八	一
10	1/9	戊寅	4	6	10	12/10	戊申	一	七	10	11/10	戊寅	三	一	10	10/12	己酉	五	三	10	9/12	己卯	七	六	10	8/13	己酉	一	九
11	1/10	己卯	2	7	11	12/11	己酉	四	六	11	11/11	己卯	五	九	11	10/13	庚戌	五	二	11	9/13	庚辰	七	五	11	8/14	庚戌	一	八
12	1/11	庚辰	2	8	12	12/12	庚戌	四	五	12	11/12	庚辰	五	八	12	10/14	辛亥	五	一	12	9/14	辛巳	七	四	12	8/15	辛亥	一	七
13	1/12	辛巳	2	9	13	12/13	辛亥	四	四	13	11/13	辛巳	五	七	13	10/15	壬子	五	九	13	9/15	壬午	七	三	13	8/16	壬子	一	六
14	1/13	壬午	2	1	14	12/14	壬子	四	三	14	11/14	壬午	五	六	14	10/16	癸丑	五	八	14	9/16	癸未	七	二	14	8/17	癸丑	一	五
15	1/14	癸未	2	2	15	12/15	癸丑	四	二	15	11/15	癸未	五	五	15	10/17	甲寅	八	七	15	9/17	甲申	一	一	15	8/18	甲寅	四	四
16	1/15	甲申	8	3	16	12/16	甲寅	七	一	16	11/16	甲申	八	四	16	10/18	乙卯	八	六	16	9/18	乙酉	一	九	16	8/19	乙卯	四	三
17	1/16	乙酉	8	4	17	12/17	乙卯	七	九	17	11/17	乙酉	八	三	17	10/19	丙辰	八	五	17	9/19	丙戌	一	八	17	8/20	丙辰	四	二
18	1/17	丙戌	8	5	18	12/18	丙辰	七	八	18	11/18	丙戌	八	二	18	10/20	丁巳	八	四	18	9/20	丁亥	一	七	18	8/21	丁巳	四	一
19	1/18	丁亥	8	6	19	12/19	丁巳	七	七	19	11/19	丁亥	八	一	19	10/21	戊午	八	三	19	9/21	戊子	一	六	19	8/22	戊午	四	九
20	1/19	戊子	8	7	20	12/20	戊午	七	六	20	11/20	戊子	八	九	20	10/22	己未	二	二	20	9/22	己丑	四	五	20	8/23	己未	七	八
21	1/20	己丑	5	8	21	12/21	己未	一	5	21	11/21	己丑	二	八	21	10/23	庚申	二	一	21	9/23	庚寅	四	四	21	8/24	庚申	七	七
22	1/21	庚寅	5	9	22	12/22	庚申	一	6	22	11/22	庚寅	二	七	22	10/24	辛酉	二	九	22	9/24	辛卯	四	三	22	8/25	辛酉	七	六
23	1/22	辛卯	5	1	23	12/23	辛酉	一	7	23	11/23	辛卯	二	六	23	10/25	壬戌	二	八	23	9/25	壬辰	四	二	23	8/26	壬戌	七	五
24	1/23	壬辰	5	2	24	12/24	壬戌	一	8	24	11/24	壬辰	二	五	24	10/26	癸亥	二	七	24	9/26	癸巳	四	一	24	8/27	癸亥	七	四
25	1/24	癸巳	5	3	25	12/25	癸亥	一	9	25	11/25	癸巳	二	四	25	10/27	甲子	六	六	25	9/27	甲午	六	九	25	8/28	甲子	九	三
26	1/25	甲午	3	4	26	12/26	甲子	1	1	26	11/26	甲午	四	三	26	10/28	乙丑	六	五	26	9/28	乙未	六	八	26	8/29	乙丑	九	二
27	1/26	乙未	3	5	27	12/27	乙丑	1	2	27	11/27	乙未	四	二	27	10/29	丙寅	六	四	27	9/29	丙申	六	七	27	8/30	丙寅	九	一
28	1/27	丙申	3	6	28	12/28	丙寅	1	3	28	11/28	丙申	四	一	28	10/30	丁卯	六	三	28	9/30	丁酉	六	六	28	8/31	丁卯	九	九
29	1/28	丁酉	3	7	29	12/29	丁卯	1	4	29	11/29	丁酉	四	九	29	10/31	戊辰	六	二	29	10/1	戊戌	六	五	29	9/1	戊辰	九	八
					30	12/30	戊辰	1	5	30	11/30	戊戌	四	八						30	10/2	己亥	九	四	30	9/2	己巳	三	七

西元2025年（乙巳）肖蛇 民國114年（男坤命）

奇門遁甲局數如標示為 一 ～九表示陰局　　如標示為1 ～9 表示陽局

閏六月					六月					五月					四月					三月					二月					正月				
甲申					癸未					壬午					辛巳					庚辰					己卯					戊寅				
					六白金					七赤金					八白土					九紫火					一白水					二黑土				
立秋 13時53分 十四未時			奇門遁甲局數		大暑 21時31分 廿八亥時		小暑 04時06分 十三寅時	奇門遁甲局數		夏至 10時44分 廿六巳時		芒種 17時58分 初十酉時	奇門遁甲局數		小滿 02時56分 廿四丑時		立夏 13時59分 初八未時	奇門遁甲局數		穀雨 03時57分 廿三寅時		清明 20時50分 初七戌時	奇門遁甲局數		春分 17時03分 廿一酉時		驚蟄 16時09分 初六申時	奇門遁甲局數		雨水 18時08分 廿一酉時		立春 22時12分 初六亥時	奇門遁甲局數	
農曆	國曆	干支	時盤	日盤	農曆	國曆	干支	時盤	日盤	農曆	國曆	干支	時盤	日盤	農曆	國曆	干支	時盤	日盤	農曆	國曆	干支	時盤	日盤	農曆	國曆	干支	時盤	日盤	農曆	國曆	干支	時盤	日盤
1	7/25	乙未	七	五	1	6/25	乙丑	九	八	1	5/27	丙申	5	9	1	4/28	丁卯	5	7	1	3/29	丁酉	3	4	1	2/28	戊辰	9	2	1	1/29	戊戌	3	8
2	7/26	丙申	七	四	2	6/26	丙寅	九	七	2	5/28	丁酉	5	1	2	4/29	戊辰	5	8	2	3/30	戊戌	3	5	2	3/1	己巳	6	3	2	1/30	己亥	9	9
3	7/27	丁酉	七	三	3	6/27	丁卯	九	六	3	5/29	戊戌	5	2	3	4/30	己巳	2	9	3	3/31	己亥	9	6	3	3/2	庚午	6	4	3	1/31	庚子	9	1
4	7/28	戊戌	七	二	4	6/28	戊辰	九	五	4	5/30	己亥	2	3	4	5/1	庚午	2	1	4	4/1	庚子	9	7	4	3/3	辛未	6	5	4	2/1	辛丑	9	2
5	7/29	己亥	一	一	5	6/29	己巳	三	四	5	5/31	庚子	2	4	5	5/2	辛未	2	2	5	4/2	辛丑	9	8	5	3/4	壬申	6	6	5	2/2	壬寅	9	3
6	7/30	庚子	一	九	6	6/30	庚午	三	三	6	6/1	辛丑	2	5	6	5/3	壬申	2	3	6	4/3	壬寅	9	9	6	3/5	癸酉	6	7	6	2/3	癸卯	9	4
7	7/31	辛丑	一	八	7	7/1	辛未	三	二	7	6/2	壬寅	2	6	7	5/4	癸酉	2	4	7	4/4	癸卯	9	1	7	3/6	甲戌	3	8	7	2/4	甲辰	6	5
8	8/1	壬寅	一	七	8	7/2	壬申	三	一	8	6/3	癸卯	2	7	8	5/5	甲戌	8	5	8	4/5	甲辰	6	2	8	3/7	乙亥	3	9	8	2/5	乙巳	6	6
9	8/2	癸卯	一	六	9	7/3	癸酉	三	九	9	6/4	甲辰	8	8	9	5/6	乙亥	8	6	9	4/6	乙巳	6	3	9	3/8	丙子	3	1	9	2/6	丙午	6	7
10	8/3	甲辰	四	五	10	7/4	甲戌	六	八	10	6/5	乙巳	8	9	10	5/7	丙子	8	7	10	4/7	丙午	6	4	10	3/9	丁丑	3	2	10	2/7	丁未	6	8
11	8/4	乙巳	四	四	11	7/5	乙亥	六	七	11	6/6	丙午	8	1	11	5/8	丁丑	8	8	11	4/8	丁未	6	5	11	3/10	戊寅	3	3	11	2/8	戊申	6	9
12	8/5	丙午	四	三	12	7/6	丙子	六	六	12	6/7	丁未	8	2	12	5/9	戊寅	8	9	12	4/9	戊申	6	6	12	3/11	己卯	1	4	12	2/9	己酉	8	1
13	8/6	丁未	四	二	13	7/7	丁丑	六	五	13	6/8	戊申	8	3	13	5/10	己卯	4	1	13	4/10	己酉	4	7	13	3/12	庚辰	1	5	13	2/10	庚戌	8	2
14	8/7	戊申	四	一	14	7/8	戊寅	六	四	14	6/9	己酉	6	4	14	5/11	庚辰	4	2	14	4/11	庚戌	4	8	14	3/13	辛巳	1	6	14	2/11	辛亥	8	3
15	8/8	己酉	二	九	15	7/9	己卯	八	三	15	6/10	庚戌	6	5	15	5/12	辛巳	4	3	15	4/12	辛亥	4	9	15	3/14	壬午	1	7	15	2/12	壬子	8	4
16	8/9	庚戌	二	八	16	7/10	庚辰	八	二	16	6/11	辛亥	6	6	16	5/13	壬午	4	4	16	4/13	壬子	4	1	16	3/15	癸未	1	8	16	2/13	癸丑	8	5
17	8/10	辛亥	二	七	17	7/11	辛巳	八	一	17	6/12	壬子	6	7	17	5/14	癸未	4	5	17	4/14	癸丑	4	2	17	3/16	甲申	7	9	17	2/14	甲寅	5	6
18	8/11	壬子	二	六	18	7/12	壬午	八	九	18	6/13	癸丑	6	8	18	5/15	甲申	1	6	18	4/15	甲寅	1	3	18	3/17	乙酉	7	1	18	2/15	乙卯	5	7
19	8/12	癸丑	二	五	19	7/13	癸未	八	八	19	6/14	甲寅	3	9	19	5/16	乙酉	1	7	19	4/16	乙卯	1	4	19	3/18	丙戌	7	2	19	2/16	丙辰	5	8
20	8/13	甲寅	五	四	20	7/14	甲申	二	七	20	6/15	乙卯	3	1	20	5/17	丙戌	1	8	20	4/17	丙辰	1	5	20	3/19	丁亥	7	3	20	2/17	丁巳	5	9
21	8/14	乙卯	五	三	21	7/15	乙酉	二	六	21	6/16	丙辰	3	2	21	5/18	丁亥	1	9	21	4/18	丁巳	1	6	21	3/20	戊子	7	4	21	2/18	戊午	5	1
22	8/15	丙辰	五	二	22	7/16	丙戌	二	五	22	6/17	丁巳	3	3	22	5/19	戊子	1	1	22	4/19	戊午	1	7	22	3/21	己丑	4	5	22	2/19	己未	2	2
23	8/16	丁巳	五	一	23	7/17	丁亥	二	四	23	6/18	戊午	3	4	23	5/20	己丑	7	2	23	4/20	己未	7	8	23	3/22	庚寅	4	6	23	2/20	庚申	2	3
24	8/17	戊午	五	九	24	7/18	戊子	二	三	24	6/19	己未	9	5	24	5/21	庚寅	7	3	24	4/21	庚申	7	9	24	3/23	辛卯	4	7	24	2/21	辛酉	2	4
25	8/18	己未	八	八	25	7/19	己丑	五	二	25	6/20	庚申	9	6	25	5/22	辛卯	7	4	25	4/22	辛酉	7	1	25	3/24	壬辰	4	8	25	2/22	壬戌	2	5
26	8/19	庚申	八	七	26	7/20	庚寅	五	一	26	6/21	辛酉	9	三	26	5/23	壬辰	7	5	26	4/23	壬戌	7	2	26	3/25	癸巳	4	9	26	2/23	癸亥	2	6
27	8/20	辛酉	八	六	27	7/21	辛卯	五	九	27	6/22	壬戌	9	二	27	5/24	癸巳	7	6	27	4/24	癸亥	7	3	27	3/26	甲午	3	1	27	2/24	甲子	9	7
28	8/21	壬戌	八	五	28	7/22	壬辰	五	八	28	6/23	癸亥	9	一	28	5/25	甲午	5	7	28	4/25	甲子	5	4	28	3/27	乙未	3	2	28	2/25	乙丑	9	8
29	8/22	癸亥	八	四	29	7/23	癸巳	五	七	29	6/24	甲子	九	九	29	5/26	乙未	5	8	29	4/26	乙丑	5	5	29	3/28	丙申	3	3	29	2/26	丙寅	9	9
					30	7/24	甲午	七	六											30	4/27	丙寅	5	6						30	2/27	丁卯	9	1

西元2025年（乙巳）肖蛇 民國114年（女巽命）

奇門遁甲局數如標示為 一 ～九表示陰局　　如標示為1 ～9 表示陽局

十二月					十一月					十　月					九　月					八　月					七　月				
己丑					戊子					丁亥					丙戌					乙酉					甲申				
九紫火					一白水					二黑土					三碧木					四綠木					五黃土				
立春 04時04分 十七寅時		大寒 09時47分 初二巳時	奇門遁甲局數		小寒 16時25分 十七申時		冬至 23時05分 初二子時	奇門遁甲局數		大雪 05時06分 十八卯時		小雪 09時37分 初三巳時	奇門遁甲局數		立冬 12時05分 十八午時		霜降 11時53分 初三午時	奇門遁甲局數		寒露 08時43分 十七辰時		秋分 02時21分 初二丑時	奇門遁甲局數		白露 16時53分 十六申時		處暑 04時35分 初一寅時	奇門遁甲局數	
農曆	國曆	干支	時盤	日盤	農曆	國曆	干支	時盤	日盤	農曆	國曆	干支	時盤	日盤	農曆	國曆	干支	時盤	日盤	農曆	國曆	干支	時盤	日盤	農曆	國曆	干支	時盤	日盤
1	1/19	癸巳	5	3	1	12/20	癸亥	一	一	1	11/20	癸巳	三	四	1	10/21	癸亥	三	七	1	9/22	甲午	七	九	1	8/23	甲子	一	三
2	1/20	甲午	3	4	2	12/21	甲子	1	1	2	11/21	甲午	五	三	2	10/22	甲子	五	六	2	9/23	乙未	七	八	2	8/24	乙丑	一	二
3	1/21	乙未	3	5	3	12/22	乙丑	1	2	3	11/22	乙未	五	二	3	10/23	乙丑	五	五	3	9/24	丙申	七	七	3	8/25	丙寅	一	一
4	1/22	丙申	3	6	4	12/23	丙寅	1	3	4	11/23	丙申	五	一	4	10/24	丙寅	五	四	4	9/25	丁酉	七	六	4	8/26	丁卯	一	九
5	1/23	丁酉	3	7	5	12/24	丁卯	1	4	5	11/24	丁酉	五	九	5	10/25	丁卯	五	三	5	9/26	戊戌	七	五	5	8/27	戊辰	一	八
6	1/24	戊戌	3	8	6	12/25	戊辰	1	5	6	11/25	戊戌	五	八	6	10/26	戊辰	五	二	6	9/27	己亥	一	四	6	8/28	己巳	四	七
7	1/25	己亥	9	9	7	12/26	己巳	7	6	7	11/26	己亥	八	七	7	10/27	己巳	八	一	7	9/28	庚子	一	三	7	8/29	庚午	四	六
8	1/26	庚子	9	1	8	12/27	庚午	7	7	8	11/27	庚子	八	六	8	10/28	庚午	八	九	8	9/29	辛丑	一	二	8	8/30	辛未	四	五
9	1/27	辛丑	9	2	9	12/28	辛未	7	8	9	11/28	辛丑	八	五	9	10/29	辛未	八	八	9	9/30	壬寅	一	一	9	8/31	壬申	四	四
10	1/28	壬寅	9	3	10	12/29	壬申	7	9	10	11/29	壬寅	八	四	10	10/30	壬申	八	七	10	10/1	癸卯	一	九	10	9/1	癸酉	四	三
11	1/29	癸卯	9	4	11	12/30	癸酉	7	1	11	11/30	癸卯	八	三	11	10/31	癸酉	八	六	11	10/2	甲辰	四	八	11	9/2	甲戌	七	二
12	1/30	甲辰	6	5	12	12/31	甲戌	4	2	12	12/1	甲辰	二	二	12	11/1	甲戌	二	五	12	10/3	乙巳	四	七	12	9/3	乙亥	七	一
13	1/31	乙巳	6	6	13	1/1	乙亥	4	3	13	12/2	乙巳	二	一	13	11/2	乙亥	二	四	13	10/4	丙午	四	六	13	9/4	丙子	七	九
14	2/1	丙午	6	7	14	1/2	丙子	4	4	14	12/3	丙午	二	九	14	11/3	丙子	二	三	14	10/5	丁未	四	五	14	9/5	丁丑	七	八
15	2/2	丁未	6	8	15	1/3	丁丑	4	5	15	12/4	丁未	二	八	15	11/4	丁丑	二	二	15	10/6	戊申	四	四	15	9/6	戊寅	七	七
16	2/3	戊申	6	9	16	1/4	戊寅	4	6	16	12/5	戊申	二	七	16	11/5	戊寅	二	一	16	10/7	己酉	六	三	16	9/7	己卯	九	六
17	2/4	己酉	8	1	17	1/5	己卯	2	7	17	12/6	己酉	四	六	17	11/6	己卯	六	九	17	10/8	庚戌	六	二	17	9/8	庚辰	九	五
18	2/5	庚戌	8	2	18	1/6	庚辰	2	8	18	12/7	庚戌	四	五	18	11/7	庚辰	六	八	18	10/9	辛亥	六	一	18	9/9	辛巳	九	四
19	2/6	辛亥	8	3	19	1/7	辛巳	2	9	19	12/8	辛亥	四	四	19	11/8	辛巳	六	七	19	10/10	壬子	六	九	19	9/10	壬午	九	三
20	2/7	壬子	8	4	20	1/8	壬午	2	1	20	12/9	壬子	四	三	20	11/9	壬午	六	六	20	10/11	癸丑	六	八	20	9/11	癸未	九	二
21	2/8	癸丑	8	5	21	1/9	癸未	2	2	21	12/10	癸丑	四	二	21	11/10	癸未	六	五	21	10/12	甲寅	九	七	21	9/12	甲申	三	一
22	2/9	甲寅	5	6	22	1/10	甲申	8	3	22	12/11	甲寅	七	一	22	11/11	甲申	九	四	22	10/13	乙卯	九	六	22	9/13	乙酉	三	九
23	2/10	乙卯	5	7	23	1/11	乙酉	8	4	23	12/12	乙卯	七	九	23	11/12	乙酉	九	三	23	10/14	丙辰	九	五	23	9/14	丙戌	三	八
24	2/11	丙辰	5	8	24	1/12	丙戌	8	5	24	12/13	丙辰	七	八	24	11/13	丙戌	九	二	24	10/15	丁巳	九	四	24	9/15	丁亥	三	七
25	2/12	丁巳	5	9	25	1/13	丁亥	8	6	25	12/14	丁巳	七	七	25	11/14	丁亥	九	一	25	10/16	戊午	九	三	25	9/16	戊子	三	六
26	2/13	戊午	5	1	26	1/14	戊子	8	7	26	12/15	戊午	七	六	26	11/15	戊子	九	九	26	10/17	己未	三	二	26	9/17	己丑	六	五
27	2/14	己未	2	2	27	1/15	己丑	5	8	27	12/16	己未	一	五	27	11/16	己丑	三	八	27	10/18	庚申	三	一	27	9/18	庚寅	六	四
28	2/15	庚申	2	3	28	1/16	庚寅	5	9	28	12/17	庚申	一	四	28	11/17	庚寅	三	七	28	10/19	辛酉	三	九	28	9/19	辛卯	六	三
29	2/16	辛酉	2	4	29	1/17	辛卯	5	1	29	12/18	辛酉	一	三	29	11/18	辛卯	三	六	29	10/20	壬戌	三	八	29	9/20	壬辰	六	二
					30	1/18	壬辰	5	2	30	12/19	壬戌	一	二	30	11/19	壬辰	三	五						30	9/21	癸巳	六	一

西元2026年（丙午）肖馬 民國115年（男坎命）

奇門遁甲局數如標示為 一 ～九表示陰局　　如標示為1 ～9 表示陽局

六月					五月					四月					三月					二月					正月				
乙未					甲午					癸巳					壬辰					辛卯					庚寅				
三碧木					四綠木					五黃土					六白金					七赤金					八白土				
立秋 19時44分 廿五戌時		大暑 03時15分 初十寅時	奇門遁甲局數		小暑 09時58分 廿三巳時		夏至 16時26分 初七申時	奇門遁甲局數		芒種 23時50分 二十子時		小滿 08時38分 初五辰時	奇門遁甲局數		立夏 19時50分 十九戌時		穀雨 09時41分 初四巳時	奇門遁甲局數		清明 02時42分 十八丑時		春分 22時47分 初二亥時	奇門遁甲局數		驚蟄 22時00分 十七亥時		雨水 23時54分 初二子時	奇門遁甲局數	
農曆	國曆	干支	時盤	日盤	農曆	國曆	干支	時盤	日盤	農曆	國曆	干支	時盤	日盤	農曆	國曆	干支	時盤	日盤	農曆	國曆	干支	時盤	日盤	農曆	國曆	干支	時盤	日盤
1	7/14	己丑	五	二	1	6/15	庚申	9	6	1	5/17	辛卯	7	4	1	4/17	辛酉	7	1	1	3/19	壬辰	4	8	1	2/17	壬戌	2	5
2	7/15	庚寅	五	一	2	6/16	辛酉	9	7	2	5/18	壬辰	7	5	2	4/18	壬戌	7	2	2	3/20	癸巳	4	9	2	2/18	癸亥	2	6
3	7/16	辛卯	五	九	3	6/17	壬戌	9	8	3	5/19	癸巳	7	6	3	4/19	癸亥	7	3	3	3/21	甲午	3	1	3	2/19	甲子	9	7
4	7/17	壬辰	五	八	4	6/18	癸亥	9	9	4	5/20	甲午	5	7	4	4/20	甲子	5	4	4	3/22	乙未	3	2	4	2/20	乙丑	9	8
5	7/18	癸巳	五	七	5	6/19	甲子	九	1	5	5/21	乙未	5	8	5	4/21	乙丑	5	5	5	3/23	丙申	3	3	5	2/21	丙寅	9	9
6	7/19	甲午	七	六	6	6/20	乙丑	九	2	6	5/22	丙申	5	9	6	4/22	丙寅	5	6	6	3/24	丁酉	3	4	6	2/22	丁卯	9	1
7	7/20	乙未	七	五	7	6/21	丙寅	九	七	7	5/23	丁酉	5	1	7	4/23	丁卯	5	7	7	3/25	戊戌	3	5	7	2/23	戊辰	9	2
8	7/21	丙申	七	四	8	6/22	丁卯	九	六	8	5/24	戊戌	5	2	8	4/24	戊辰	5	8	8	3/26	己亥	9	6	8	2/24	己巳	6	3
9	7/22	丁酉	七	三	9	6/23	戊辰	九	五	9	5/25	己亥	2	3	9	4/25	己巳	2	9	9	3/27	庚子	9	7	9	2/25	庚午	6	4
10	7/23	戊戌	七	二	10	6/24	己巳	三	四	10	5/26	庚子	2	4	10	4/26	庚午	2	1	10	3/28	辛丑	9	8	10	2/26	辛未	6	5
11	7/24	己亥	一	一	11	6/25	庚午	三	三	11	5/27	辛丑	2	5	11	4/27	辛未	2	2	11	3/29	壬寅	9	9	11	2/27	壬申	6	6
12	7/25	庚子	一	九	12	6/26	辛未	三	二	12	5/28	壬寅	2	6	12	4/28	壬申	2	3	12	3/30	癸卯	9	1	12	2/28	癸酉	6	7
13	7/26	辛丑	一	八	13	6/27	壬申	三	一	13	5/29	癸卯	2	7	13	4/29	癸酉	2	4	13	3/31	甲辰	6	2	13	3/1	甲戌	3	8
14	7/27	壬寅	一	七	14	6/28	癸酉	三	九	14	5/30	甲辰	8	8	14	4/30	甲戌	8	5	14	4/1	乙巳	6	3	14	3/2	乙亥	3	9
15	7/28	癸卯	一	六	15	6/29	甲戌	六	八	15	5/31	乙巳	8	9	15	5/1	乙亥	8	6	15	4/2	丙午	6	4	15	3/3	丙子	3	1
16	7/29	甲辰	四	五	16	6/30	乙亥	六	七	16	6/1	丙午	8	1	16	5/2	丙子	8	7	16	4/3	丁未	6	5	16	3/4	丁丑	3	2
17	7/30	乙巳	四	四	17	7/1	丙子	六	六	17	6/2	丁未	8	2	17	5/3	丁丑	8	8	17	4/4	戊申	6	6	17	3/5	戊寅	3	3
18	7/31	丙午	四	三	18	7/2	丁丑	六	五	18	6/3	戊申	8	3	18	5/4	戊寅	8	9	18	4/5	己酉	4	7	18	3/6	己卯	1	4
19	8/1	丁未	四	二	19	7/3	戊寅	六	四	19	6/4	己酉	6	4	19	5/5	己卯	4	1	19	4/6	庚戌	4	8	19	3/7	庚辰	1	5
20	8/2	戊申	四	一	20	7/4	己卯	八	三	20	6/5	庚戌	6	5	20	5/6	庚辰	4	2	20	4/7	辛亥	4	9	20	3/8	辛巳	1	6
21	8/3	己酉	二	九	21	7/5	庚辰	八	二	21	6/6	辛亥	6	6	21	5/7	辛巳	4	3	21	4/8	壬子	4	1	21	3/9	壬午	1	7
22	8/4	庚戌	二	八	22	7/6	辛巳	八	一	22	6/7	壬子	6	7	22	5/8	壬午	4	4	22	4/9	癸丑	4	2	22	3/10	癸未	1	8
23	8/5	辛亥	二	七	23	7/7	壬午	八	九	23	6/8	癸丑	6	8	23	5/9	癸未	4	5	23	4/10	甲寅	1	3	23	3/11	甲申	7	9
24	8/6	壬子	二	六	24	7/8	癸未	八	八	24	6/9	甲寅	3	9	24	5/10	甲申	1	6	24	4/11	乙卯	1	4	24	3/12	乙酉	7	1
25	8/7	癸丑	二	五	25	7/9	甲申	二	七	25	6/10	乙卯	3	1	25	5/11	乙酉	1	7	25	4/12	丙辰	1	5	25	3/13	丙戌	7	2
26	8/8	甲寅	五	四	26	7/10	乙酉	二	六	26	6/11	丙辰	3	2	26	5/12	丙戌	1	8	26	4/13	丁巳	1	6	26	3/14	丁亥	7	3
27	8/9	乙卯	五	三	27	7/11	丙戌	二	五	27	6/12	丁巳	3	3	27	5/13	丁亥	1	9	27	4/14	戊午	1	7	27	3/15	戊子	7	4
28	8/10	丙辰	五	二	28	7/12	丁亥	二	四	28	6/13	戊午	3	4	28	5/14	戊子	1	1	28	4/15	己未	7	8	28	3/16	己丑	4	5
29	8/11	丁巳	五	一	29	7/13	戊子	二	三	29	6/14	己未	9	5	29	5/15	己丑	7	2	29	4/16	庚申	7	9	29	3/17	庚寅	4	6
30	8/12	戊午	五	九											30	5/16	庚寅	7	3						30	3/18	辛卯	4	7

西元2026年（丙午）肖馬 民國115年（女艮命）

奇門遁甲局數如標示為 一 ～九表示陰局　　如標示為1 ～9 表示陽局

十二月					十一月					十　月					九　月					八　月					七　月				
辛丑					庚子					己亥					戊戌					丁酉					丙申				
六白金					七赤金					八白土					九紫火					一白水					二黑土				
立春 09時48分	廿八巳時	大寒 15時32分 十三申時	奇門遁甲局數		小寒 22時12分	廿八亥時	冬至 04時52分 十四寅時	奇門遁甲局數		大雪 10時54分	廿九巳時	小雪 15時25分 十四申時	奇門遁甲局數		立冬 17時54分	廿九酉時	霜降 17時40分 十四酉時	奇門遁甲局數		寒露 14時31分	廿八未時	秋分 08時07分 十三辰時	奇門遁甲局數		白露 22時43分	廿六亥時	處暑 10時20分 十一巳時	奇門遁甲局數	
農曆	國曆	干支	時盤	日盤	農曆	國曆	干支	時盤	日盤	農曆	國曆	干支	時盤	日盤	農曆	國曆	干支	時盤	日盤	農曆	國曆	干支	時盤	日盤	農曆	國曆	干支	時盤	日盤
1	1/8	丁亥	8	6	1	12/9	丁巳	七	七	1	11/9	丁亥	九	一	1	10/10	丁巳	九	四	1	9/11	戊子	三	六	1	8/13	己未	八	八
2	1/9	戊子	8	7	2	12/10	戊午	七	六	2	11/10	戊子	九	九	2	10/11	戊午	九	三	2	9/12	己丑	六	五	2	8/14	庚申	八	七
3	1/10	己丑	5	8	3	12/11	己未	一	五	3	11/11	己丑	三	八	3	10/12	己未	三	二	3	9/13	庚寅	六	四	3	8/15	辛酉	八	六
4	1/11	庚寅	5	9	4	12/12	庚申	一	四	4	11/12	庚寅	三	七	4	10/13	庚申	三	一	4	9/14	辛卯	六	三	4	8/16	壬戌	八	五
5	1/12	辛卯	5	1	5	12/13	辛酉	一	三	5	11/13	辛卯	三	六	5	10/14	辛酉	三	九	5	9/15	壬辰	六	二	5	8/17	癸亥	八	四
6	1/13	壬辰	5	2	6	12/14	壬戌	一	二	6	11/14	壬辰	三	五	6	10/15	壬戌	三	八	6	9/16	癸巳	六	一	6	8/18	甲子	一	三
7	1/14	癸巳	5	3	7	12/15	癸亥	一	一	7	11/15	癸巳	三	四	7	10/16	癸亥	三	七	7	9/17	甲午	七	九	7	8/19	乙丑	一	二
8	1/15	甲午	3	4	8	12/16	甲子	1	九	8	11/16	甲午	五	三	8	10/17	甲子	五	六	8	9/18	乙未	七	八	8	8/20	丙寅	一	一
9	1/16	乙未	3	5	9	12/17	乙丑	1	八	9	11/17	乙未	五	二	9	10/18	乙丑	五	五	9	9/19	丙申	七	七	9	8/21	丁卯	一	九
10	1/17	丙申	3	6	10	12/18	丙寅	1	七	10	11/18	丙申	五	一	10	10/19	丙寅	五	四	10	9/20	丁酉	七	六	10	8/22	戊辰	一	八
11	1/18	丁酉	3	7	11	12/19	丁卯	1	六	11	11/19	丁酉	五	九	11	10/20	丁卯	五	三	11	9/21	戊戌	七	五	11	8/23	己巳	四	七
12	1/19	戊戌	3	8	12	12/20	戊辰	1	五	12	11/20	戊戌	五	八	12	10/21	戊辰	五	二	12	9/22	己亥	一	四	12	8/24	庚午	四	六
13	1/20	己亥	9	9	13	12/21	己巳	7	四	13	11/21	己亥	八	七	13	10/22	己巳	八	一	13	9/23	庚子	一	三	13	8/25	辛未	四	五
14	1/21	庚子	9	1	14	12/22	庚午	7	7	14	11/22	庚子	八	六	14	10/23	庚午	八	九	14	9/24	辛丑	一	二	14	8/26	壬申	四	四
15	1/22	辛丑	9	2	15	12/23	辛未	7	8	15	11/23	辛丑	八	五	15	10/24	辛未	八	八	15	9/25	壬寅	一	一	15	8/27	癸酉	四	三
16	1/23	壬寅	9	3	16	12/24	壬申	7	9	16	11/24	壬寅	八	四	16	10/25	壬申	八	七	16	9/26	癸卯	一	九	16	8/28	甲戌	七	二
17	1/24	癸卯	9	4	17	12/25	癸酉	7	1	17	11/25	癸卯	八	三	17	10/26	癸酉	八	六	17	9/27	甲辰	四	八	17	8/29	乙亥	七	一
18	1/25	甲辰	6	5	18	12/26	甲戌	4	2	18	11/26	甲辰	二	二	18	10/27	甲戌	二	五	18	9/28	乙巳	四	七	18	8/30	丙子	七	九
19	1/26	乙巳	6	6	19	12/27	乙亥	4	3	19	11/27	乙巳	二	一	19	10/28	乙亥	二	四	19	9/29	丙午	四	六	19	8/31	丁丑	七	八
20	1/27	丙午	6	7	20	12/28	丙子	4	4	20	11/28	丙午	二	九	20	10/29	丙子	二	三	20	9/30	丁未	四	五	20	9/1	戊寅	七	七
21	1/28	丁未	6	8	21	12/29	丁丑	4	5	21	11/29	丁未	二	八	21	10/30	丁丑	二	二	21	10/1	戊申	四	四	21	9/2	己卯	九	六
22	1/29	戊申	6	9	22	12/30	戊寅	4	6	22	11/30	戊申	二	七	22	10/31	戊寅	二	一	22	10/2	己酉	六	三	22	9/3	庚辰	九	五
23	1/30	己酉	8	1	23	12/31	己卯	2	7	23	12/1	己酉	四	六	23	11/1	己卯	六	九	23	10/3	庚戌	六	二	23	9/4	辛巳	九	四
24	1/31	庚戌	8	2	24	1/1	庚辰	2	8	24	12/2	庚戌	四	五	24	11/2	庚辰	六	八	24	10/4	辛亥	六	一	24	9/5	壬午	九	三
25	2/1	辛亥	8	3	25	1/2	辛巳	2	9	25	12/3	辛亥	四	四	25	11/3	辛巳	六	七	25	10/5	壬子	六	九	25	9/6	癸未	九	二
26	2/2	壬子	8	4	26	1/3	壬午	2	1	26	12/4	壬子	四	三	26	11/4	壬午	六	六	26	10/6	癸丑	六	八	26	9/7	甲申	三	一
27	2/3	癸丑	8	5	27	1/4	癸未	2	2	27	12/5	癸丑	四	二	27	11/5	癸未	六	五	27	10/7	甲寅	九	七	27	9/8	乙酉	三	九
28	2/4	甲寅	5	6	28	1/5	甲申	8	3	28	12/6	甲寅	七	一	28	11/6	甲申	九	四	28	10/8	乙卯	九	六	28	9/9	丙戌	三	八
29	2/5	乙卯	5	7	29	1/6	乙酉	8	4	29	12/7	乙卯	七	九	29	11/7	乙酉	九	三	29	10/9	丙辰	九	五	29	9/10	丁亥	三	七
					30	1/7	丙戌	8	5	30	12/8	丙辰	七	八	30	11/8	丙戌	九	二										

西元2027年（丁未）肖羊 民國116年（男離命）

奇門遁甲局數如標示為 一 ～九表示陰局　　如標示為1 ～9 表示陽局

六 月					五 月					四 月					三 月					二 月					正 月				
丁未					丙午					乙巳					甲辰					癸卯					壬寅				
九紫火					一白水					二黑土					三碧木					四綠木					五黃土				
大暑 09時06分 十二巳時		小暑 15時38分 初四申時	奇門遁甲局數		夏至 22時12分 十七亥時		芒種 05時27分 初二卯時	奇門遁甲局數		小滿 14時20分 十六未時		立夏 01時26分 初一丑時	奇門遁甲局數		穀雨 15時19分 十四申時			奇門遁甲局數		清明 08時19分 廿九辰時		春分 04時26分 十四寅時	奇門遁甲局數		驚蟄 03時41分 廿九寅時		雨水 05時35分 十四卯時	奇門遁甲局數	
農曆	國曆	干支	時盤	日盤	農曆	國曆	干支	時盤	日盤	農曆	國曆	干支	時盤	日盤	農曆	國曆	干支	時盤	日盤	農曆	國曆	干支	時盤	日盤	農曆	國曆	干支	時盤	日盤
1	7/4	甲申	二	七	1	6/5	乙卯	3	1	1	5/6	乙酉	1	7	1	4/7	丙辰	1	5	1	3/8	丙戌	7	2	1	2/6	丙辰	5	8
2	7/5	乙酉	二	六	2	6/6	丙辰	3	2	2	5/7	丙戌	1	8	2	4/8	丁巳	1	6	2	3/9	丁亥	7	3	2	2/7	丁巳	5	9
3	7/6	丙戌	二	五	3	6/7	丁巳	3	3	3	5/8	丁亥	1	9	3	4/9	戊午	1	7	3	3/10	戊子	7	4	3	2/8	戊午	5	1
4	7/7	丁亥	二	四	4	6/8	戊午	3	4	4	5/9	戊子	1	1	4	4/10	己未	7	8	4	3/11	己丑	4	5	4	2/9	己未	2	2
5	7/8	戊子	二	三	5	6/9	己未	9	5	5	5/10	己丑	7	2	5	4/11	庚申	7	9	5	3/12	庚寅	4	6	5	2/10	庚申	2	3
6	7/9	己丑	五	二	6	6/10	庚申	9	6	6	5/11	庚寅	7	3	6	4/12	辛酉	7	1	6	3/13	辛卯	4	7	6	2/11	辛酉	2	4
7	7/10	庚寅	五	一	7	6/11	辛酉	9	7	7	5/12	辛卯	7	4	7	4/13	壬戌	7	2	7	3/14	壬辰	4	8	7	2/12	壬戌	2	5
8	7/11	辛卯	五	九	8	6/12	壬戌	9	8	8	5/13	壬辰	7	5	8	4/14	癸亥	7	3	8	3/15	癸巳	4	9	8	2/13	癸亥	2	6
9	7/12	壬辰	五	八	9	6/13	癸亥	9	9	9	5/14	癸巳	7	6	9	4/15	甲子	5	4	9	3/16	甲午	3	1	9	2/14	甲子	9	7
10	7/13	癸巳	五	七	10	6/14	甲子	九	1	10	5/15	甲午	5	7	10	4/16	乙丑	5	5	10	3/17	乙未	3	2	10	2/15	乙丑	9	8
11	7/14	甲午	七	六	11	6/15	乙丑	九	2	11	5/16	乙未	5	8	11	4/17	丙寅	5	6	11	3/18	丙申	3	3	11	2/16	丙寅	9	9
12	7/15	乙未	七	五	12	6/16	丙寅	九	3	12	5/17	丙申	5	9	12	4/18	丁卯	5	7	12	3/19	丁酉	3	4	12	2/17	丁卯	9	1
13	7/16	丙申	七	四	13	6/17	丁卯	九	4	13	5/18	丁酉	5	1	13	4/19	戊辰	5	8	13	3/20	戊戌	3	5	13	2/18	戊辰	9	2
14	7/17	丁酉	七	三	14	6/18	戊辰	九	5	14	5/19	戊戌	5	2	14	4/20	己巳	2	9	14	3/21	己亥	9	6	14	2/19	己巳	6	3
15	7/18	戊戌	七	二	15	6/19	己巳	三	6	15	5/20	己亥	2	3	15	4/21	庚午	2	1	15	3/22	庚子	9	7	15	2/20	庚午	6	4
16	7/19	己亥	一	一	16	6/20	庚午	三	7	16	5/21	庚子	2	4	16	4/22	辛未	2	2	16	3/23	辛丑	9	8	16	2/21	辛未	6	5
17	7/20	庚子	一	九	17	6/21	辛未	三	二	17	5/22	辛丑	2	5	17	4/23	壬申	2	3	17	3/24	壬寅	9	9	17	2/22	壬申	6	6
18	7/21	辛丑	一	八	18	6/22	壬申	三	一	18	5/23	壬寅	2	6	18	4/24	癸酉	2	4	18	3/25	癸卯	9	1	18	2/23	癸酉	6	7
19	7/22	壬寅	一	七	19	6/23	癸酉	三	九	19	5/24	癸卯	2	7	19	4/25	甲戌	8	5	19	3/26	甲辰	6	2	19	2/24	甲戌	3	8
20	7/23	癸卯	一	六	20	6/24	甲戌	六	八	20	5/25	甲辰	8	8	20	4/26	乙亥	8	6	20	3/27	乙巳	6	3	20	2/25	乙亥	3	9
21	7/24	甲辰	四	五	21	6/25	乙亥	六	七	21	5/26	乙巳	8	9	21	4/27	丙子	8	7	21	3/28	丙午	6	4	21	2/26	丙子	3	1
22	7/25	乙巳	四	四	22	6/26	丙子	六	六	22	5/27	丙午	8	1	22	4/28	丁丑	8	8	22	3/29	丁未	6	5	22	2/27	丁丑	3	2
23	7/26	丙午	四	三	23	6/27	丁丑	六	五	23	5/28	丁未	8	2	23	4/29	戊寅	8	9	23	3/30	戊申	6	6	23	2/28	戊寅	3	3
24	7/27	丁未	四	二	24	6/28	戊寅	六	四	24	5/29	戊申	8	3	24	4/30	己卯	4	1	24	3/31	己酉	4	7	24	3/1	己卯	1	4
25	7/28	戊申	四	一	25	6/29	己卯	八	三	25	5/30	己酉	6	4	25	5/1	庚辰	4	2	25	4/1	庚戌	4	8	25	3/2	庚辰	1	5
26	7/29	己酉	二	九	26	6/30	庚辰	八	二	26	5/31	庚戌	6	5	26	5/2	辛巳	4	3	26	4/2	辛亥	4	9	26	3/3	辛巳	1	6
27	7/30	庚戌	二	八	27	7/1	辛巳	八	一	27	6/1	辛亥	6	6	27	5/3	壬午	4	4	27	4/3	壬子	4	1	27	3/4	壬午	1	7
28	7/31	辛亥	二	七	28	7/2	壬午	八	九	28	6/2	壬子	6	7	28	5/4	癸未	4	5	28	4/4	癸丑	4	2	28	3/5	癸未	1	8
29	8/1	壬子	二	六	29	7/3	癸未	八	八	29	6/3	癸丑	6	8	29	5/5	甲申	1	6	29	4/5	甲寅	1	3	29	3/6	甲申	7	9
										30	6/4	甲寅	3	9						30	4/6	乙卯	1	4	30	3/7	乙酉	7	1

西元2027年（丁未）肖羊 民國116年（女乾命）

奇門遁甲局數如標示為 一 ～九表示陰局　　如標示為1 ～9 表示陽局

十二月					十一月					十　月					九　月					八　月					七　月				
癸丑					壬子					辛亥					庚戌					己酉					戊申				
三碧木					四綠木					五黃土					六白金					七赤金					八白土				
大寒 21時24分 廿四亥時		小寒 03時56分 初十寅時	奇門遁甲局數		冬至 10時44分 廿五巳時		大雪 16時39分 初十申時	奇門遁甲局數		小雪 21時18分 廿五亥時		立冬 23時40分 初十子時	奇門遁甲局數		霜降 23時35分 廿四子時		寒露 20時18分 初九戌時	奇門遁甲局數		秋分 14時03分 廿三未時		白露 04時30分 初八寅時	奇門遁甲局數		處暑 16時16分 廿二申時		立秋 01時28分 初七丑時	奇門遁甲局數	
農曆	國曆	干支	時盤	日盤	農曆	國曆	干支	時盤	日盤	農曆	國曆	干支	時盤	日盤	農曆	國曆	干支	時盤	日盤	農曆	國曆	干支	時盤	日盤	農曆	國曆	干支	時盤	日盤
1	12/28	辛巳	1	9	1	11/28	辛亥	四	四	1	10/29	辛巳	六	七	1	9/30	壬子	六	九	1	9/1	癸未	九	二	1	8/2	癸丑	二	五
2	12/29	壬午	1	1	2	11/29	壬子	四	三	2	10/30	壬午	六	六	2	10/1	癸丑	六	八	2	9/2	甲申	三	一	2	8/3	甲寅	五	四
3	12/30	癸未	1	2	3	11/30	癸丑	四	二	3	10/31	癸未	六	五	3	10/2	甲寅	九	七	3	9/3	乙酉	三	九	3	8/4	乙卯	五	三
4	12/31	甲申	7	3	4	12/1	甲寅	七	一	4	11/1	甲申	九	四	4	10/3	乙卯	九	六	4	9/4	丙戌	三	八	4	8/5	丙辰	五	二
5	1/1	乙酉	7	4	5	12/2	乙卯	七	九	5	11/2	乙酉	九	三	5	10/4	丙辰	九	五	5	9/5	丁亥	三	七	5	8/6	丁巳	五	一
6	1/2	丙戌	7	5	6	12/3	丙辰	七	八	6	11/3	丙戌	九	二	6	10/5	丁巳	九	四	6	9/6	戊子	三	六	6	8/7	戊午	五	九
7	1/3	丁亥	7	6	7	12/4	丁巳	七	七	7	11/4	丁亥	九	一	7	10/6	戊午	九	三	7	9/7	己丑	六	五	7	8/8	己未	八	八
8	1/4	戊子	7	7	8	12/5	戊午	七	六	8	11/5	戊子	九	九	8	10/7	己未	三	二	8	9/8	庚寅	六	四	8	8/9	庚申	八	七
9	1/5	己丑	4	8	9	12/6	己未	一	五	9	11/6	己丑	三	八	9	10/8	庚申	三	一	9	9/9	辛卯	六	三	9	8/10	辛酉	八	六
10	1/6	庚寅	4	9	10	12/7	庚申	一	四	10	11/7	庚寅	三	七	10	10/9	辛酉	三	九	10	9/10	壬辰	六	二	10	8/11	壬戌	八	五
11	1/7	辛卯	4	1	11	12/8	辛酉	一	三	11	11/8	辛卯	三	六	11	10/10	壬戌	三	八	11	9/11	癸巳	六	一	11	8/12	癸亥	八	四
12	1/8	壬辰	4	2	12	12/9	壬戌	一	二	12	11/9	壬辰	三	五	12	10/11	癸亥	三	七	12	9/12	甲午	七	九	12	8/13	甲子	一	三
13	1/9	癸巳	4	3	13	12/10	癸亥	一	一	13	11/10	癸巳	三	四	13	10/12	甲子	五	六	13	9/13	乙未	七	八	13	8/14	乙丑	一	二
14	1/10	甲午	2	4	14	12/11	甲子	四	九	14	11/11	甲午	五	三	14	10/13	乙丑	五	五	14	9/14	丙申	七	七	14	8/15	丙寅	一	一
15	1/11	乙未	2	5	15	12/12	乙丑	四	八	15	11/12	乙未	五	二	15	10/14	丙寅	五	四	15	9/15	丁酉	七	六	15	8/16	丁卯	一	九
16	1/12	丙申	2	6	16	12/13	丙寅	四	七	16	11/13	丙申	五	一	16	10/15	丁卯	五	三	16	9/16	戊戌	七	五	16	8/17	戊辰	一	八
17	1/13	丁酉	2	7	17	12/14	丁卯	四	六	17	11/14	丁酉	五	九	17	10/16	戊辰	五	二	17	9/17	己亥	一	四	17	8/18	己巳	四	七
18	1/14	戊戌	2	8	18	12/15	戊辰	四	五	18	11/15	戊戌	五	八	18	10/17	己巳	八	一	18	9/18	庚子	一	三	18	8/19	庚午	四	六
19	1/15	己亥	8	9	19	12/16	己巳	七	四	19	11/16	己亥	八	七	19	10/18	庚午	八	九	19	9/19	辛丑	一	二	19	8/20	辛未	四	五
20	1/16	庚子	8	1	20	12/17	庚午	七	三	20	11/17	庚子	八	六	20	10/19	辛未	八	八	20	9/20	壬寅	一	一	20	8/21	壬申	四	四
21	1/17	辛丑	8	2	21	12/18	辛未	七	二	21	11/18	辛丑	八	五	21	10/20	壬申	八	七	21	9/21	癸卯	一	九	21	8/22	癸酉	四	三
22	1/18	壬寅	8	3	22	12/19	壬申	七	一	22	11/19	壬寅	八	四	22	10/21	癸酉	八	六	22	9/22	甲辰	四	八	22	8/23	甲戌	七	二
23	1/19	癸卯	8	4	23	12/20	癸酉	七	九	23	11/20	癸卯	八	三	23	10/22	甲戌	二	五	23	9/23	乙巳	四	七	23	8/24	乙亥	七	一
24	1/20	甲辰	5	5	24	12/21	甲戌	一	八	24	11/21	甲辰	二	二	24	10/23	乙亥	二	四	24	9/24	丙午	四	六	24	8/25	丙子	七	九
25	1/21	乙巳	5	6	25	12/22	乙亥	一	3	25	11/22	乙巳	二	一	25	10/24	丙子	二	三	25	9/25	丁未	四	五	25	8/26	丁丑	七	八
26	1/22	丙午	5	7	26	12/23	丙子	一	4	26	11/23	丙午	二	九	26	10/25	丁丑	二	二	26	9/26	戊申	四	四	26	8/27	戊寅	七	七
27	1/23	丁未	5	8	27	12/24	丁丑	一	5	27	11/24	丁未	二	八	27	10/26	戊寅	二	一	27	9/27	己酉	六	三	27	8/28	己卯	九	六
28	1/24	戊申	5	9	28	12/25	戊寅	一	6	28	11/25	戊申	二	七	28	10/27	己卯	六	九	28	9/28	庚戌	六	二	28	8/29	庚辰	九	五
29	1/25	己酉	3	1	29	12/26	己卯	1	7	29	11/26	己酉	四	六	29	10/28	庚辰	六	八	29	9/29	辛亥	六	一	29	8/30	辛巳	九	四
					30	12/27	庚辰	1	8	30	11/27	庚戌	四	五											30	8/31	壬午	九	三

西元2028年（戊申）肖猴 民國117年（男艮命）

奇門遁甲局數如標示為 一 ～九表示陰局　　如標示為1 ～9 表示陽局

六月					閏五月					五月					四月					三月					二月					正月				
己未					己未					戊午					丁巳					丙辰					乙卯					甲寅				
六白金										七赤金					八白土					九紫火					一白水					二黑土				
立秋 07時22分 十七辰時		大暑 14時55分 初一未時	奇門遁甲局數		小暑 21時32分 十四亥時			奇門遁甲局數		夏至 04時03分 廿九寅時		芒種 11時17分 十三午時	奇門遁甲局數		小滿 20時11分 廿六戌時		立夏 07時13分 十一辰時	奇門遁甲局數		穀雨 21時11分 廿五亥時		清明 14時05分 初十未時	奇門遁甲局數		春分 10時19分 廿五巳時		驚蟄 09時26分 初十巳時	奇門遁甲局數		雨水 11時28分 廿五午時		立春 15時33分 初十申時	奇門遁甲局數	
農曆	國曆	干支	時盤	日盤	農曆	國曆	干支	時盤	日盤	農曆	國曆	干支	時盤	日盤	農曆	國曆	干支	時盤	日盤	農曆	國曆	干支	時盤	日盤	農曆	國曆	干支	時盤	日盤	農曆	國曆	干支	時盤	日盤
1	7/22	戊申	五	一	1	6/23	己卯	九	三	1	5/24	己酉	5	4	1	4/25	庚辰	5	2	1	3/26	庚戌	3	8	1	2/25	庚辰	9	5	1	1/26	庚戌	3	2
2	7/23	己酉	七	九	2	6/24	庚辰	九	二	2	5/25	庚戌	5	5	2	4/26	辛巳	5	3	2	3/27	辛亥	3	9	2	2/26	辛巳	9	6	2	1/27	辛亥	3	3
3	7/24	庚戌	七	八	3	6/25	辛巳	九	一	3	5/26	辛亥	5	6	3	4/27	壬午	5	4	3	3/28	壬子	3	1	3	2/27	壬午	9	7	3	1/28	壬子	3	4
4	7/25	辛亥	七	七	4	6/26	壬午	九	九	4	5/27	壬子	5	7	4	4/28	癸未	5	5	4	3/29	癸丑	3	2	4	2/28	癸未	9	8	4	1/29	癸丑	3	5
5	7/26	壬子	七	六	5	6/27	癸未	九	八	5	5/28	癸丑	5	8	5	4/29	甲申	2	6	5	3/30	甲寅	9	3	5	2/29	甲申	6	9	5	1/30	甲寅	9	6
6	7/27	癸丑	七	五	6	6/28	甲申	三	七	6	5/29	甲寅	2	9	6	4/30	乙酉	2	7	6	3/31	乙卯	9	4	6	3/1	乙酉	6	1	6	1/31	乙卯	9	7
7	7/28	甲寅	一	四	7	6/29	乙酉	三	六	7	5/30	乙卯	2	1	7	5/1	丙戌	2	8	7	4/1	丙辰	9	5	7	3/2	丙戌	6	2	7	2/1	丙辰	9	8
8	7/29	乙卯	一	三	8	6/30	丙戌	三	五	8	5/31	丙辰	2	2	8	5/2	丁亥	2	9	8	4/2	丁巳	9	6	8	3/3	丁亥	6	3	8	2/2	丁巳	9	9
9	7/30	丙辰	一	二	9	7/1	丁亥	三	四	9	6/1	丁巳	2	3	9	5/3	戊子	2	1	9	4/3	戊午	9	7	9	3/4	戊子	6	4	9	2/3	戊午	9	1
10	7/31	丁巳	一	一	10	7/2	戊子	三	三	10	6/2	戊午	2	4	10	5/4	己丑	8	2	10	4/4	己未	6	8	10	3/5	己丑	3	5	10	2/4	己未	6	2
11	8/1	戊午	一	九	11	7/3	己丑	六	二	11	6/3	己未	8	5	11	5/5	庚寅	8	3	11	4/5	庚申	6	9	11	3/6	庚寅	3	6	11	2/5	庚申	6	3
12	8/2	己未	四	八	12	7/4	庚寅	六	一	12	6/4	庚申	8	6	12	5/6	辛卯	8	4	12	4/6	辛酉	6	1	12	3/7	辛卯	3	7	12	2/6	辛酉	6	4
13	8/3	庚申	四	七	13	7/5	辛卯	六	九	13	6/5	辛酉	8	7	13	5/7	壬辰	8	5	13	4/7	壬戌	6	2	13	3/8	壬辰	3	8	13	2/7	壬戌	6	5
14	8/4	辛酉	四	六	14	7/6	壬辰	六	八	14	6/6	壬戌	8	8	14	5/8	癸巳	8	6	14	4/8	癸亥	6	3	14	3/9	癸巳	3	9	14	2/8	癸亥	6	6
15	8/5	壬戌	四	五	15	7/7	癸巳	六	七	15	6/7	癸亥	8	9	15	5/9	甲午	4	7	15	4/9	甲子	4	4	15	3/10	甲午	1	1	15	2/9	甲子	8	7
16	8/6	癸亥	四	四	16	7/8	甲午	八	六	16	6/8	甲子	6	1	16	5/10	乙未	4	8	16	4/10	乙丑	4	5	16	3/11	乙未	1	2	16	2/10	乙丑	8	8
17	8/7	甲子	二	三	17	7/9	乙未	八	五	17	6/9	乙丑	6	2	17	5/11	丙申	4	9	17	4/11	丙寅	4	6	17	3/12	丙申	1	3	17	2/11	丙寅	8	9
18	8/8	乙丑	二	二	18	7/10	丙申	八	四	18	6/10	丙寅	6	3	18	5/12	丁酉	4	1	18	4/12	丁卯	4	7	18	3/13	丁酉	1	4	18	2/12	丁卯	8	1
19	8/9	丙寅	二	一	19	7/11	丁酉	八	三	19	6/11	丁卯	6	4	19	5/13	戊戌	4	2	19	4/13	戊辰	4	8	19	3/14	戊戌	1	5	19	2/13	戊辰	8	2
20	8/10	丁卯	二	九	20	7/12	戊戌	八	二	20	6/12	戊辰	6	5	20	5/14	己亥	1	3	20	4/14	己巳	1	9	20	3/15	己亥	7	6	20	2/14	己巳	5	3
21	8/11	戊辰	二	八	21	7/13	己亥	二	一	21	6/13	己巳	3	6	21	5/15	庚子	1	4	21	4/15	庚午	1	1	21	3/16	庚子	7	7	21	2/15	庚午	5	4
22	8/12	己巳	五	七	22	7/14	庚子	二	九	22	6/14	庚午	3	7	22	5/16	辛丑	1	5	22	4/16	辛未	1	2	22	3/17	辛丑	7	8	22	2/16	辛未	5	5
23	8/13	庚午	五	六	23	7/15	辛丑	二	八	23	6/15	辛未	3	8	23	5/17	壬寅	1	6	23	4/17	壬申	1	3	23	3/18	壬寅	7	9	23	2/17	壬申	5	6
24	8/14	辛未	五	五	24	7/16	壬寅	二	七	24	6/16	壬申	3	9	24	5/18	癸卯	1	7	24	4/18	癸酉	1	4	24	3/19	癸卯	7	1	24	2/18	癸酉	5	7
25	8/15	壬申	五	四	25	7/17	癸卯	二	六	25	6/17	癸酉	3	1	25	5/19	甲辰	7	8	25	4/19	甲戌	7	5	25	3/20	甲辰	4	2	25	2/19	甲戌	2	8
26	8/16	癸酉	五	三	26	7/18	甲辰	五	五	26	6/18	甲戌	9	2	26	5/20	乙巳	7	9	26	4/20	乙亥	7	6	26	3/21	乙巳	4	3	26	2/20	乙亥	2	9
27	8/17	甲戌	八	二	27	7/19	乙巳	五	四	27	6/19	乙亥	9	3	27	5/21	丙午	7	1	27	4/21	丙子	7	7	27	3/22	丙午	4	4	27	2/21	丙子	2	1
28	8/18	乙亥	八	一	28	7/20	丙午	五	三	28	6/20	丙子	9	4	28	5/22	丁未	7	2	28	4/22	丁丑	7	8	28	3/23	丁未	4	5	28	2/22	丁丑	2	2
29	8/19	丙子	八	九	29	7/21	丁未	五	二	29	6/21	丁丑	9	五	29	5/23	戊申	7	3	29	4/23	戊寅	7	9	29	3/24	戊申	4	6	29	2/23	戊寅	2	3
										30	6/22	戊寅	9	四						30	4/24	己卯	5	1	30	3/25	己酉	3	7	30	2/24	己卯	9	4

西元2028年（戊申）肖猴 民國117年（女兌命）

奇門遁甲局數如標示為 一 ～九表示陰局　　如標示為1 ～9 表示陽局

十二月					十一月					十　月					九　月					八　月					七　月				
乙丑					甲子					癸亥					壬戌					辛酉					庚申				
九紫火					一白水					二黑土					三碧木					四綠木					五黃土				
立春 21時22分 二十亥時		大寒 03時03分 初六寅時	奇門遁甲局數		小寒 09時44分 廿一巳時		冬至 16時21分 初六申時	奇門遁甲局數		大雪 22時26分 廿一亥時		小雪 02時56分 初七丑時	奇門遁甲局數		立冬 05時29分 廿一卯時		霜降 05時15分 初六卯時	奇門遁甲局數		寒露 02時10分 十二丑時		秋分 19時47分 初四戌時	奇門遁甲局數		白露 10時23分 十九巳時		處暑 22時02分 初三亥時	奇門遁甲局數	
農曆	國曆	干支	時盤	日盤	農曆	國曆	干支	時盤	日盤	農曆	國曆	干支	時盤	日盤	農曆	國曆	干支	時盤	日盤	農曆	國曆	干支	時盤	日盤	農曆	國曆	干支	時盤	日盤
1	1/15	乙巳	5	6	1	12/16	乙亥	一	七	1	11/16	乙巳	三	一	1	10/18	丙子	三	三	1	9/19	丁未	六	五	1	8/20	丁丑	八	八
2	1/16	丙午	5	7	2	12/17	丙子	一	六	2	11/17	丙午	三	九	2	10/19	丁丑	三	二	2	9/20	戊申	六	四	2	8/21	戊寅	八	七
3	1/17	丁未	5	8	3	12/18	丁丑	一	五	3	11/18	丁未	三	八	3	10/20	戊寅	三	一	3	9/21	己酉	七	三	3	8/22	己卯	一	六
4	1/18	戊申	5	9	4	12/19	戊寅	一	四	4	11/19	戊申	三	七	4	10/21	己卯	五	九	4	9/22	庚戌	七	二	4	8/23	庚辰	一	五
5	1/19	己酉	3	1	5	12/20	己卯	1	三	5	11/20	己酉	五	六	5	10/22	庚辰	五	八	5	9/23	辛亥	七	一	5	8/24	辛巳	一	四
6	1/20	庚戌	3	2	6	12/21	庚辰	1	8	6	11/21	庚戌	五	五	6	10/23	辛巳	五	七	6	9/24	壬子	七	九	6	8/25	壬午	一	三
7	1/21	辛亥	3	3	7	12/22	辛巳	1	9	7	11/22	辛亥	五	四	7	10/24	壬午	五	六	7	9/25	癸丑	七	八	7	8/26	癸未	一	二
8	1/22	壬子	3	4	8	12/23	壬午	1	1	8	11/23	壬子	五	三	8	10/25	癸未	五	五	8	9/26	甲寅	一	七	8	8/27	甲申	四	一
9	1/23	癸丑	3	5	9	12/24	癸未	1	2	9	11/24	癸丑	五	二	9	10/26	甲申	八	四	9	9/27	乙卯	一	六	9	8/28	乙酉	四	九
10	1/24	甲寅	9	6	10	12/25	甲申	7	3	10	11/25	甲寅	八	一	10	10/27	乙酉	八	三	10	9/28	丙辰	一	五	10	8/29	丙戌	四	八
11	1/25	乙卯	9	7	11	12/26	乙酉	7	4	11	11/26	乙卯	八	九	11	10/28	丙戌	八	二	11	9/29	丁巳	一	四	11	8/30	丁亥	四	七
12	1/26	丙辰	9	8	12	12/27	丙戌	7	5	12	11/27	丙辰	八	八	12	10/29	丁亥	八	一	12	9/30	戊午	一	三	12	8/31	戊子	四	六
13	1/27	丁巳	9	9	13	12/28	丁亥	7	6	13	11/28	丁巳	八	七	13	10/30	戊子	八	九	13	10/1	己未	四	二	13	9/1	己丑	七	五
14	1/28	戊午	9	1	14	12/29	戊子	7	7	14	11/29	戊午	八	六	14	10/31	己丑	二	八	14	10/2	庚申	四	一	14	9/2	庚寅	七	四
15	1/29	己未	6	2	15	12/30	己丑	4	8	15	11/30	己未	二	五	15	11/1	庚寅	二	七	15	10/3	辛酉	四	九	15	9/3	辛卯	七	三
16	1/30	庚申	6	3	16	12/31	庚寅	4	9	16	12/1	庚申	二	四	16	11/2	辛卯	二	六	16	10/4	壬戌	四	八	16	9/4	壬辰	七	二
17	1/31	辛酉	6	4	17	1/1	辛卯	4	1	17	12/2	辛酉	二	三	17	11/3	壬辰	二	五	17	10/5	癸亥	四	七	17	9/5	癸巳	七	一
18	2/1	壬戌	6	5	18	1/2	壬辰	4	2	18	12/3	壬戌	二	二	18	11/4	癸巳	二	四	18	10/6	甲子	六	六	18	9/6	甲午	九	九
19	2/2	癸亥	6	6	19	1/3	癸巳	4	3	19	12/4	癸亥	二	一	19	11/5	甲午	六	三	19	10/7	乙丑	六	五	19	9/7	乙未	九	八
20	2/3	甲子	8	7	20	1/4	甲午	2	4	20	12/5	甲子	四	九	20	11/6	乙未	六	二	20	10/8	丙寅	六	四	20	9/8	丙申	九	七
21	2/4	乙丑	8	8	21	1/5	乙未	2	5	21	12/6	乙丑	四	八	21	11/7	丙申	六	一	21	10/9	丁卯	六	三	21	9/9	丁酉	九	六
22	2/5	丙寅	8	9	22	1/6	丙申	2	6	22	12/7	丙寅	四	七	22	11/8	丁酉	六	九	22	10/10	戊辰	六	二	22	9/10	戊戌	九	五
23	2/6	丁卯	8	1	23	1/7	丁酉	2	7	23	12/8	丁卯	四	六	23	11/9	戊戌	六	八	23	10/11	己巳	九	一	23	9/11	己亥	三	四
24	2/7	戊辰	8	2	24	1/8	戊戌	2	8	24	12/9	戊辰	四	五	24	11/10	己亥	九	七	24	10/12	庚午	九	九	24	9/12	庚子	三	三
25	2/8	己巳	5	3	25	1/9	己亥	8	9	25	12/10	己巳	七	四	25	11/11	庚子	九	六	25	10/13	辛未	九	八	25	9/13	辛丑	三	二
26	2/9	庚午	5	4	26	1/10	庚子	8	1	26	12/11	庚午	七	三	26	11/12	辛丑	九	五	26	10/14	壬申	九	七	26	9/14	壬寅	三	一
27	2/10	辛未	5	5	27	1/11	辛丑	8	2	27	12/12	辛未	七	二	27	11/13	壬寅	九	四	27	10/15	癸酉	九	六	27	9/15	癸卯	三	九
28	2/11	壬申	5	6	28	1/12	壬寅	8	3	28	12/13	壬申	七	一	28	11/14	癸卯	九	三	28	10/16	甲戌	三	五	28	9/16	甲辰	六	八
29	2/12	癸酉	5	7	29	1/13	癸卯	8	4	29	12/14	癸酉	七	九	29	11/15	甲辰	三	二	29	10/17	乙亥	三	四	29	9/17	乙巳	六	七
					30	1/14	甲辰	5	5	30	12/15	甲戌	一	八											30	9/18	丙午	六	六

西元2029年（己酉）肖雞 民國118年（男兌命）

奇門遁甲局數如標示為 一 ～九表示陰局　　如標示為1 ～9 表示陽局

六　月					五　月					四　月					三　月					二　月					正　月				
辛未					庚午					己巳					戊辰					丁卯					丙寅				
三碧木					四綠木					五黃土					六白金					七赤金					八白土				
立秋 13時13分 廿八未時		大暑 20時44分 十二戌時	奇門遁甲局數		小暑 03時24分 廿六寅時		夏至 09時50分 初十巳時	奇門遁甲局數		芒種 17時11分 廿四酉時		小滿 01時57分 初九丑時	奇門遁甲局數		立夏 13時09分 廿二未時		穀雨 02時57分 初七丑時	奇門遁甲局數		清明 20時00分 廿一戌時		春分 16時04分 初六申時	奇門遁甲局數		驚蟄 15時19分 廿一申時		雨水 17時10分 初六酉時	奇門遁甲局數	
農曆	國曆	干支	時盤	日盤	農曆	國曆	干支	時盤	日盤	農曆	國曆	干支	時盤	日盤	農曆	國曆	干支	時盤	日盤	農曆	國曆	干支	時盤	日盤	農曆	國曆	干支	時盤	日盤
1	7/11	壬寅	二	七	1	6/12	癸酉	3	1	1	5/13	癸卯	1	7	1	4/14	甲戌	7	5	1	3/15	甲辰	4	2	1	2/13	甲戌	2	8
2	7/12	癸卯	二	六	2	6/13	甲戌	9	2	2	5/14	甲辰	7	8	2	4/15	乙亥	7	6	2	3/16	乙巳	4	3	2	2/14	乙亥	2	9
3	7/13	甲辰	五	五	3	6/14	乙亥	9	3	3	5/15	乙巳	7	9	3	4/16	丙子	7	7	3	3/17	丙午	4	4	3	2/15	丙子	2	1
4	7/14	乙巳	五	四	4	6/15	丙子	9	4	4	5/16	丙午	7	1	4	4/17	丁丑	7	8	4	3/18	丁未	4	5	4	2/16	丁丑	2	2
5	7/15	丙午	五	三	5	6/16	丁丑	9	5	5	5/17	丁未	7	2	5	4/18	戊寅	7	9	5	3/19	戊申	4	6	5	2/17	戊寅	2	3
6	7/16	丁未	五	二	6	6/17	戊寅	9	6	6	5/18	戊申	7	3	6	4/19	己卯	5	1	6	3/20	己酉	3	7	6	2/18	己卯	9	4
7	7/17	戊申	五	一	7	6/18	己卯	九	7	7	5/19	己酉	5	4	7	4/20	庚辰	5	2	7	3/21	庚戌	3	8	7	2/19	庚辰	9	5
8	7/18	己酉	七	九	8	6/19	庚辰	九	8	8	5/20	庚戌	5	5	8	4/21	辛巳	5	3	8	3/22	辛亥	3	9	8	2/20	辛巳	9	6
9	7/19	庚戌	七	八	9	6/20	辛巳	九	9	9	5/21	辛亥	5	6	9	4/22	壬午	5	4	9	3/23	壬子	3	1	9	2/21	壬午	9	7
10	7/20	辛亥	七	七	10	6/21	壬午	九	九	10	5/22	壬子	5	7	10	4/23	癸未	5	5	10	3/24	癸丑	3	2	10	2/22	癸未	9	8
11	7/21	壬子	七	六	11	6/22	癸未	九	八	11	5/23	癸丑	5	8	11	4/24	甲申	2	6	11	3/25	甲寅	9	3	11	2/23	甲申	6	9
12	7/22	癸丑	七	五	12	6/23	甲申	三	七	12	5/24	甲寅	2	9	12	4/25	乙酉	2	7	12	3/26	乙卯	9	4	12	2/24	乙酉	6	1
13	7/23	甲寅	一	四	13	6/24	乙酉	三	六	13	5/25	乙卯	2	1	13	4/26	丙戌	2	8	13	3/27	丙辰	9	5	13	2/25	丙戌	6	2
14	7/24	乙卯	一	三	14	6/25	丙戌	三	五	14	5/26	丙辰	2	2	14	4/27	丁亥	2	9	14	3/28	丁巳	9	6	14	2/26	丁亥	6	3
15	7/25	丙辰	一	二	15	6/26	丁亥	三	四	15	5/27	丁巳	2	3	15	4/28	戊子	2	1	15	3/29	戊午	9	7	15	2/27	戊子	6	4
16	7/26	丁巳	一	一	16	6/27	戊子	三	三	16	5/28	戊午	2	4	16	4/29	己丑	8	2	16	3/30	己未	6	8	16	2/28	己丑	3	5
17	7/27	戊午	一	九	17	6/28	己丑	六	二	17	5/29	己未	8	5	17	4/30	庚寅	8	3	17	3/31	庚申	6	9	17	3/1	庚寅	3	6
18	7/28	己未	四	八	18	6/29	庚寅	六	一	18	5/30	庚申	8	6	18	5/1	辛卯	8	4	18	4/1	辛酉	6	1	18	3/2	辛卯	3	7
19	7/29	庚申	四	七	19	6/30	辛卯	六	九	19	5/31	辛酉	8	7	19	5/2	壬辰	8	5	19	4/2	壬戌	6	2	19	3/3	壬辰	3	8
20	7/30	辛酉	四	六	20	7/1	壬辰	六	八	20	6/1	壬戌	8	8	20	5/3	癸巳	8	6	20	4/3	癸亥	6	3	20	3/4	癸巳	3	9
21	7/31	壬戌	四	五	21	7/2	癸巳	六	七	21	6/2	癸亥	8	9	21	5/4	甲午	4	7	21	4/4	甲子	4	4	21	3/5	甲午	1	1
22	8/1	癸亥	四	四	22	7/3	甲午	八	六	22	6/3	甲子	6	1	22	5/5	乙未	4	8	22	4/5	乙丑	4	5	22	3/6	乙未	1	2
23	8/2	甲子	二	三	23	7/4	乙未	八	五	23	6/4	乙丑	6	2	23	5/6	丙申	4	9	23	4/6	丙寅	4	6	23	3/7	丙申	1	3
24	8/3	乙丑	二	二	24	7/5	丙申	八	四	24	6/5	丙寅	6	3	24	5/7	丁酉	4	1	24	4/7	丁卯	4	7	24	3/8	丁酉	1	4
25	8/4	丙寅	二	一	25	7/6	丁酉	八	三	25	6/6	丁卯	6	4	25	5/8	戊戌	4	2	25	4/8	戊辰	4	8	25	3/9	戊戌	1	5
26	8/5	丁卯	二	九	26	7/7	戊戌	八	二	26	6/7	戊辰	6	5	26	5/9	己亥	1	3	26	4/9	己巳	1	9	26	3/10	己亥	7	6
27	8/6	戊辰	二	八	27	7/8	己亥	二	一	27	6/8	己巳	3	6	27	5/10	庚子	1	4	27	4/10	庚午	1	1	27	3/11	庚子	7	7
28	8/7	己巳	五	七	28	7/9	庚子	二	九	28	6/9	庚午	3	7	28	5/11	辛丑	1	5	28	4/11	辛未	1	2	28	3/12	辛丑	7	8
29	8/8	庚午	五	六	29	7/10	辛丑	二	八	29	6/10	辛未	3	8	29	5/12	壬寅	1	6	29	4/12	壬申	1	3	29	3/13	壬寅	7	9
30	8/9	辛未	五	五						30	6/11	壬申	3	9						30	4/13	癸酉	1	4	30	3/14	癸卯	7	1

西元2029年（己酉）肖雞 民國118年（女艮命）

奇門遁甲局數如標示為 一 ～九表示陰局　　如標示為1 ～9 表示陽局

十二月					十一月					十　月					九　月					八　月					七　月				
丁丑					丙子					乙亥					甲戌					癸酉					壬申				
六白金					七赤金					八白土					九紫火					一白水					二黑土				
大寒 08時56分 十七辰時		小寒 15時32分 初二申時	奇門遁甲局數		冬至 22時16分 十七亥時		大雪 04時15分 初三寅時	奇門遁甲局數		小雪 08時51分 十七辰時		立冬 11時18分 初二午時	奇門遁甲局數		霜降 11時10分 十六午時		寒露 07時59分 初一辰時	奇門遁甲局數		秋分 01時40分 十六丑時			奇門遁甲局數		白露 16時13分 廿九申時		處暑 03時53分 十四寅時	奇門遁甲局數	
農曆	國曆	干支	時盤	日盤	農曆	國曆	干支	時盤	日盤	農曆	國曆	干支	時盤	日盤	農曆	國曆	干支	時盤	日盤	農曆	國曆	干支	時盤	日盤	農曆	國曆	干支	時盤	日盤
1	1/4	己亥	8	9	1	12/5	己巳	七	四	1	11/6	庚子	九	六	1	10/8	辛未	九	八	1	9/8	辛丑	三	二	1	8/10	壬申	五	四
2	1/5	庚子	8	1	2	12/6	庚午	七	三	2	11/7	辛丑	九	五	2	10/9	壬申	九	七	2	9/9	壬寅	三	一	2	8/11	癸酉	五	三
3	1/6	辛丑	8	2	3	12/7	辛未	七	二	3	11/8	壬寅	九	四	3	10/10	癸酉	九	六	3	9/10	癸卯	三	九	3	8/12	甲戌	八	二
4	1/7	壬寅	8	3	4	12/8	壬申	七	一	4	11/9	癸卯	九	三	4	10/11	甲戌	三	五	4	9/11	甲辰	六	八	4	8/13	乙亥	八	一
5	1/8	癸卯	8	4	5	12/9	癸酉	七	九	5	11/10	甲辰	三	二	5	10/12	乙亥	三	四	5	9/12	乙巳	六	七	5	8/14	丙子	八	九
6	1/9	甲辰	5	5	6	12/10	甲戌	一	八	6	11/11	乙巳	三	一	6	10/13	丙子	三	三	6	9/13	丙午	六	六	6	8/15	丁丑	八	八
7	1/10	乙巳	5	6	7	12/11	乙亥	一	七	7	11/12	丙午	三	九	7	10/14	丁丑	三	二	7	9/14	丁未	六	五	7	8/16	戊寅	八	七
8	1/11	丙午	5	7	8	12/12	丙子	一	六	8	11/13	丁未	三	八	8	10/15	戊寅	三	一	8	9/15	戊申	六	四	8	8/17	己卯	一	六
9	1/12	丁未	5	8	9	12/13	丁丑	一	五	9	11/14	戊申	三	七	9	10/16	己卯	五	九	9	9/16	己酉	七	三	9	8/18	庚辰	一	五
10	1/13	戊申	5	9	10	12/14	戊寅	一	四	10	11/15	己酉	五	六	10	10/17	庚辰	五	八	10	9/17	庚戌	七	二	10	8/19	辛巳	一	四
11	1/14	己酉	3	1	11	12/15	己卯	1	三	11	11/16	庚戌	五	五	11	10/18	辛巳	五	七	11	9/18	辛亥	七	一	11	8/20	壬午	一	三
12	1/15	庚戌	3	2	12	12/16	庚辰	1	二	12	11/17	辛亥	五	四	12	10/19	壬午	五	六	12	9/19	壬子	七	九	12	8/21	癸未	一	二
13	1/16	辛亥	3	3	13	12/17	辛巳	1	一	13	11/18	壬子	五	三	13	10/20	癸未	五	五	13	9/20	癸丑	七	八	13	8/22	甲申	四	一
14	1/17	壬子	3	4	14	12/18	壬午	1	九	14	11/19	癸丑	五	二	14	10/21	甲申	八	四	14	9/21	甲寅	一	七	14	8/23	乙酉	四	九
15	1/18	癸丑	3	5	15	12/19	癸未	1	八	15	11/20	甲寅	八	一	15	10/22	乙酉	八	三	15	9/22	乙卯	一	六	15	8/24	丙戌	四	八
16	1/19	甲寅	9	6	16	12/20	甲申	7	七	16	11/21	乙卯	八	九	16	10/23	丙戌	八	二	16	9/23	丙辰	一	五	16	8/25	丁亥	四	七
17	1/20	乙卯	9	7	17	12/21	乙酉	7	4	17	11/22	丙辰	八	八	17	10/24	丁亥	八	一	17	9/24	丁巳	一	四	17	8/26	戊子	四	六
18	1/21	丙辰	9	8	18	12/22	丙戌	7	5	18	11/23	丁巳	八	七	18	10/25	戊子	八	九	18	9/25	戊午	一	三	18	8/27	己丑	七	五
19	1/22	丁巳	9	9	19	12/23	丁亥	7	6	19	11/24	戊午	八	六	19	10/26	己丑	二	八	19	9/26	己未	四	二	19	8/28	庚寅	七	四
20	1/23	戊午	9	1	20	12/24	戊子	7	7	20	11/25	己未	二	五	20	10/27	庚寅	二	七	20	9/27	庚申	四	一	20	8/29	辛卯	七	三
21	1/24	己未	6	2	21	12/25	己丑	4	8	21	11/26	庚申	二	四	21	10/28	辛卯	二	六	21	9/28	辛酉	四	九	21	8/30	壬辰	七	二
22	1/25	庚申	6	3	22	12/26	庚寅	4	9	22	11/27	辛酉	二	三	22	10/29	壬辰	二	五	22	9/29	壬戌	四	八	22	8/31	癸巳	七	一
23	1/26	辛酉	6	4	23	12/27	辛卯	4	1	23	11/28	壬戌	二	二	23	10/30	癸巳	二	四	23	9/30	癸亥	四	七	23	9/1	甲午	九	九
24	1/27	壬戌	6	5	24	12/28	壬辰	4	2	24	11/29	癸亥	二	一	24	10/31	甲午	六	三	24	10/1	甲子	六	六	24	9/2	乙未	九	八
25	1/28	癸亥	6	6	25	12/29	癸巳	4	3	25	11/30	甲子	四	九	25	11/1	乙未	六	二	25	10/2	乙丑	六	五	25	9/3	丙申	九	七
26	1/29	甲子	8	7	26	12/30	甲午	2	4	26	12/1	乙丑	四	八	26	11/2	丙申	六	一	26	10/3	丙寅	六	四	26	9/4	丁酉	九	六
27	1/30	乙丑	8	8	27	12/31	乙未	2	5	27	12/2	丙寅	四	七	27	11/3	丁酉	六	九	27	10/4	丁卯	六	三	27	9/5	戊戌	九	五
28	1/31	丙寅	8	9	28	1/1	丙申	2	6	28	12/3	丁卯	四	六	28	11/4	戊戌	六	八	28	10/5	戊辰	六	二	28	9/6	己亥	三	四
29	2/1	丁卯	8	1	29	1/2	丁酉	2	7	29	12/4	戊辰	四	五	29	11/5	己亥	九	七	29	10/6	己巳	九	一	29	9/7	庚子	三	三
					30	1/3	戊戌	2	8											30	10/7	庚午	九	九					

西元2030年（庚戌）肖狗 民國119年（男乾命）

奇門遁甲局數如標示為 一 ～九表示陰局　　如標示為1 ～9 表示陽局

六　月					五　月					四　月					三　月					二　月					正　月				
癸未					壬午					辛巳					庚辰					己卯					戊寅				
九紫火					一白水					二黑土					三碧木					四綠木					五黃土				
大暑 02時26分 廿三丑時		小暑 08時57分 初七辰時	奇門遁甲局數		夏至 15時33分 廿一申時		芒種 22時46分 初五亥時	奇門遁甲局數		小滿 07時42分 二十辰時		立夏 18時48分 初四酉時	奇門遁甲局數		穀雨 08時45分 十八辰時		清明 01時43分 初三丑時	奇門遁甲局數		春分 21時54分 十七亥時		驚蟄 21時05分 初二亥時	奇門遁甲局數		雨水 23時02分 十六子時		立春 03時10分 初二寅時	奇門遁甲局數	
農曆	國曆	干支	時盤	日盤	農曆	國曆	干支	時盤	日盤	農曆	國曆	干支	時盤	日盤	農曆	國曆	干支	時盤	日盤	農曆	國曆	干支	時盤	日盤	農曆	國曆	干支	時盤	日盤
1	7/1	丁酉	九	三	1	6/1	丁卯	6	4	1	5/2	丁酉	4	1	1	4/3	戊辰	4	8	1	3/4	戊戌	1	5	1	2/2	戊辰	8	2
2	7/2	戊戌	九	二	2	6/2	戊辰	6	5	2	5/3	戊戌	4	2	2	4/4	己巳	1	9	2	3/5	己亥	7	6	2	2/3	己巳	5	3
3	7/3	己亥	三	一	3	6/3	己巳	3	6	3	5/4	己亥	1	3	3	4/5	庚午	1	1	3	3/6	庚子	7	7	3	2/4	庚午	5	4
4	7/4	庚子	三	九	4	6/4	庚午	3	7	4	5/5	庚子	1	4	4	4/6	辛未	1	2	4	3/7	辛丑	7	8	4	2/5	辛未	5	5
5	7/5	辛丑	三	八	5	6/5	辛未	3	8	5	5/6	辛丑	1	5	5	4/7	壬申	1	3	5	3/8	壬寅	7	9	5	2/6	壬申	5	6
6	7/6	壬寅	三	七	6	6/6	壬申	3	9	6	5/7	壬寅	1	6	6	4/8	癸酉	1	4	6	3/9	癸卯	7	1	6	2/7	癸酉	5	7
7	7/7	癸卯	三	六	7	6/7	癸酉	3	1	7	5/8	癸卯	1	7	7	4/9	甲戌	7	5	7	3/10	甲辰	4	2	7	2/8	甲戌	2	8
8	7/8	甲辰	六	五	8	6/8	甲戌	9	2	8	5/9	甲辰	7	8	8	4/10	乙亥	7	6	8	3/11	乙巳	4	3	8	2/9	乙亥	2	9
9	7/9	乙巳	六	四	9	6/9	乙亥	9	3	9	5/10	乙巳	7	9	9	4/11	丙子	7	7	9	3/12	丙午	4	4	9	2/10	丙子	2	1
10	7/10	丙午	六	三	10	6/10	丙子	9	4	10	5/11	丙午	7	1	10	4/12	丁丑	7	8	10	3/13	丁未	4	5	10	2/11	丁丑	2	2
11	7/11	丁未	六	二	11	6/11	丁丑	9	5	11	5/12	丁未	7	2	11	4/13	戊寅	7	9	11	3/14	戊申	4	6	11	2/12	戊寅	2	3
12	7/12	戊申	六	一	12	6/12	戊寅	9	6	12	5/13	戊申	7	3	12	4/14	己卯	5	1	12	3/15	己酉	3	7	12	2/13	己卯	9	4
13	7/13	己酉	八	九	13	6/13	己卯	6	7	13	5/14	己酉	5	4	13	4/15	庚辰	5	2	13	3/16	庚戌	3	8	13	2/14	庚辰	9	5
14	7/14	庚戌	八	八	14	6/14	庚辰	6	8	14	5/15	庚戌	5	5	14	4/16	辛巳	5	3	14	3/17	辛亥	3	9	14	2/15	辛巳	9	6
15	7/15	辛亥	八	七	15	6/15	辛巳	6	9	15	5/16	辛亥	5	6	15	4/17	壬午	5	4	15	3/18	壬子	3	1	15	2/16	壬午	9	7
16	7/16	壬子	八	六	16	6/16	壬午	6	1	16	5/17	壬子	5	7	16	4/18	癸未	5	5	16	3/19	癸丑	3	2	16	2/17	癸未	9	8
17	7/17	癸丑	八	五	17	6/17	癸未	6	2	17	5/18	癸丑	5	8	17	4/19	甲申	2	6	17	3/20	甲寅	9	3	17	2/18	甲申	6	9
18	7/18	甲寅	二	四	18	6/18	甲申	3	3	18	5/19	甲寅	2	9	18	4/20	乙酉	2	7	18	3/21	乙卯	9	4	18	2/19	乙酉	6	1
19	7/19	乙卯	二	三	19	6/19	乙酉	3	4	19	5/20	乙卯	2	1	19	4/21	丙戌	2	8	19	3/22	丙辰	9	5	19	2/20	丙戌	6	2
20	7/20	丙辰	二	二	20	6/20	丙戌	3	5	20	5/21	丙辰	2	2	20	4/22	丁亥	2	9	20	3/23	丁巳	9	6	20	2/21	丁亥	6	3
21	7/21	丁巳	二	一	21	6/21	丁亥	3	四	21	5/22	丁巳	2	3	21	4/23	戊子	2	1	21	3/24	戊午	9	7	21	2/22	戊子	6	4
22	7/22	戊午	二	九	22	6/22	戊子	3	三	22	5/23	戊午	2	4	22	4/24	己丑	8	2	22	3/25	己未	6	8	22	2/23	己丑	3	5
23	7/23	己未	五	八	23	6/23	己丑	9	二	23	5/24	己未	8	5	23	4/25	庚寅	8	3	23	3/26	庚申	6	9	23	2/24	庚寅	3	6
24	7/24	庚申	五	七	24	6/24	庚寅	9	一	24	5/25	庚申	8	6	24	4/26	辛卯	8	4	24	3/27	辛酉	6	1	24	2/25	辛卯	3	7
25	7/25	辛酉	五	六	25	6/25	辛卯	9	九	25	5/26	辛酉	8	7	25	4/27	壬辰	8	5	25	3/28	壬戌	6	2	25	2/26	壬辰	3	8
26	7/26	壬戌	五	五	26	6/26	壬辰	9	八	26	5/27	壬戌	8	8	26	4/28	癸巳	8	6	26	3/29	癸亥	6	3	26	2/27	癸巳	3	9
27	7/27	癸亥	五	四	27	6/27	癸巳	9	七	27	5/28	癸亥	8	9	27	4/29	甲午	4	7	27	3/30	甲子	4	4	27	2/28	甲午	1	1
28	7/28	甲子	七	三	28	6/28	甲午	九	六	28	5/29	甲子	6	1	28	4/30	乙未	4	8	28	3/31	乙丑	4	5	28	3/1	乙未	1	2
29	7/29	乙丑	七	二	29	6/29	乙未	九	五	29	5/30	乙丑	6	2	29	5/1	丙申	4	9	29	4/1	丙寅	4	6	29	3/2	丙申	1	3
					30	6/30	丙申	九	四	30	5/31	丙寅	6	3						30	4/2	丁卯	4	7	30	3/3	丁酉	1	4

西元2030年（庚戌）肖狗 民國119年（女離命）

奇門遁甲局數如標示為 一 ～九表示陰局　　如標示為1 ～9 表示陽局

十二月					十一月					十　月					九　月					八　月					七　月				
己丑					戊子					丁亥					丙戌					乙酉					甲申				
三碧木					四綠木					五黃土					六白金					七赤金					八白土				
大寒 14時50分 廿七未時		小寒 21時25分 十二亥時	奇門遁甲局數		冬至 04時11分 廿八寅時		大雪 10時09分 十三巳時	奇門遁甲局數		小雪 14時46分 廿七未時		立冬 17時10分 十二酉時	奇門遁甲局數		霜降 17時02分 廿七酉時		寒露 13時47分 十二未時	奇門遁甲局數		秋分 07時28分 廿六辰時		白露 21時54分 初十亥時	奇門遁甲局數		處暑 09時38分 廿五巳時		立秋 18時49分 初九酉時	奇門遁甲局數	
農曆	國曆	干支	時盤	日盤	農曆	國曆	干支	時盤	日盤	農曆	國曆	干支	時盤	日盤	農曆	國曆	干支	時盤	日盤	農曆	國曆	干支	時盤	日盤	農曆	國曆	干支	時盤	日盤
1	12/25	甲午	1	4	1	11/25	甲子	五	九	1	10/27	乙未	五	二	1	9/27	乙丑	七	五	1	8/29	丙申	一	七	1	7/30	丙寅	七	一
2	12/26	乙未	1	5	2	11/26	乙丑	五	八	2	10/28	丙申	五	一	2	9/28	丙寅	七	四	2	8/30	丁酉	一	六	2	7/31	丁卯	七	九
3	12/27	丙申	1	6	3	11/27	丙寅	五	七	3	10/29	丁酉	五	九	3	9/29	丁卯	七	三	3	8/31	戊戌	一	五	3	8/1	戊辰	七	八
4	12/28	丁酉	1	7	4	11/28	丁卯	五	六	4	10/30	戊戌	五	八	4	9/30	戊辰	七	二	4	9/1	己亥	四	四	4	8/2	己巳	一	七
5	12/29	戊戌	1	8	5	11/29	戊辰	五	五	5	10/31	己亥	八	七	5	10/1	己巳	一	一	5	9/2	庚子	四	三	5	8/3	庚午	一	六
6	12/30	己亥	7	9	6	11/30	己巳	八	四	6	11/1	庚子	八	六	6	10/2	庚午	一	九	6	9/3	辛丑	四	二	6	8/4	辛未	一	五
7	12/31	庚子	7	1	7	12/1	庚午	八	三	7	11/2	辛丑	八	五	7	10/3	辛未	一	八	7	9/4	壬寅	四	一	7	8/5	壬申	一	四
8	1/1	辛丑	7	2	8	12/2	辛未	八	二	8	11/3	壬寅	八	四	8	10/4	壬申	一	七	8	9/5	癸卯	四	九	8	8/6	癸酉	一	三
9	1/2	壬寅	7	3	9	12/3	壬申	八	一	9	11/4	癸卯	八	三	9	10/5	癸酉	一	六	9	9/6	甲辰	七	八	9	8/7	甲戌	四	二
10	1/3	癸卯	7	4	10	12/4	癸酉	八	九	10	11/5	甲辰	二	二	10	10/6	甲戌	四	五	10	9/7	乙巳	七	七	10	8/8	乙亥	四	一
11	1/4	甲辰	4	5	11	12/5	甲戌	二	八	11	11/6	乙巳	二	一	11	10/7	乙亥	四	四	11	9/8	丙午	七	六	11	8/9	丙子	四	九
12	1/5	乙巳	4	6	12	12/6	乙亥	二	七	12	11/7	丙午	二	九	12	10/8	丙子	四	三	12	9/9	丁未	七	五	12	8/10	丁丑	四	八
13	1/6	丙午	4	7	13	12/7	丙子	二	六	13	11/8	丁未	二	八	13	10/9	丁丑	四	二	13	9/10	戊申	七	四	13	8/11	戊寅	四	七
14	1/7	丁未	4	8	14	12/8	丁丑	二	五	14	11/9	戊申	二	七	14	10/10	戊寅	四	一	14	9/11	己酉	九	三	14	8/12	己卯	二	六
15	1/8	戊申	4	9	15	12/9	戊寅	二	四	15	11/10	己酉	六	六	15	10/11	己卯	六	九	15	9/12	庚戌	九	二	15	8/13	庚辰	二	五
16	1/9	己酉	2	1	16	12/10	己卯	四	三	16	11/11	庚戌	六	五	16	10/12	庚辰	六	八	16	9/13	辛亥	九	一	16	8/14	辛巳	二	四
17	1/10	庚戌	2	2	17	12/11	庚辰	四	二	17	11/12	辛亥	六	四	17	10/13	辛巳	六	七	17	9/14	壬子	九	九	17	8/15	壬午	二	三
18	1/11	辛亥	2	3	18	12/12	辛巳	四	一	18	11/13	壬子	六	三	18	10/14	壬午	六	六	18	9/15	癸丑	九	八	18	8/16	癸未	二	二
19	1/12	壬子	2	4	19	12/13	壬午	四	九	19	11/14	癸丑	六	二	19	10/15	癸未	六	五	19	9/16	甲寅	三	七	19	8/17	甲申	五	一
20	1/13	癸丑	2	5	20	12/14	癸未	四	八	20	11/15	甲寅	九	一	20	10/16	甲申	九	四	20	9/17	乙卯	三	六	20	8/18	乙酉	五	九
21	1/14	甲寅	8	6	21	12/15	甲申	七	七	21	11/16	乙卯	九	九	21	10/17	乙酉	九	三	21	9/18	丙辰	三	五	21	8/19	丙戌	五	八
22	1/15	乙卯	8	7	22	12/16	乙酉	七	六	22	11/17	丙辰	九	八	22	10/18	丙戌	九	二	22	9/19	丁巳	三	四	22	8/20	丁亥	五	七
23	1/16	丙辰	8	8	23	12/17	丙戌	七	五	23	11/18	丁巳	九	七	23	10/19	丁亥	九	一	23	9/20	戊午	三	三	23	8/21	戊子	五	六
24	1/17	丁巳	8	9	24	12/18	丁亥	七	四	24	11/19	戊午	九	六	24	10/20	戊子	九	九	24	9/21	己未	六	二	24	8/22	己丑	八	五
25	1/18	戊午	8	1	25	12/19	戊子	七	三	25	11/20	己未	三	五	25	10/21	己丑	三	八	25	9/22	庚申	六	一	25	8/23	庚寅	八	四
26	1/19	己未	5	2	26	12/20	己丑	一	二	26	11/21	庚申	三	四	26	10/22	庚寅	三	七	26	9/23	辛酉	六	九	26	8/24	辛卯	八	三
27	1/20	庚申	5	3	27	12/21	庚寅	一	一	27	11/22	辛酉	三	三	27	10/23	辛卯	三	六	27	9/24	壬戌	六	八	27	8/25	壬辰	八	二
28	1/21	辛酉	5	4	28	12/22	辛卯	一	1	28	11/23	壬戌	三	二	28	10/24	壬辰	三	五	28	9/25	癸亥	六	七	28	8/26	癸巳	八	一
29	1/22	壬戌	5	5	29	12/23	壬辰	一	2	29	11/24	癸亥	三	一	29	10/25	癸巳	三	四	29	9/26	甲子	七	六	29	8/27	甲午	一	九
					30	12/24	癸巳	一	3						30	10/26	甲午	五	三						30	8/28	乙未	一	八

西元2031年（辛亥）肖豬 民國120年（男坤命）

奇門遁甲局數如標示為 一 ～九表示陰局　　如標示為1 ～9 表示陽局

六月					五月					四月					潤三月					三月					二月					正月				
乙未					甲午					癸巳					癸巳					壬辰					辛卯					庚寅				
六白金					七赤金					八白土										九紫火					一白水					二黑土				
立秋 00時44分 廿一子時		大暑 08時12分 初五辰時	奇門遁甲局數		小暑 14時50分 十八未時		夏至 21時18分 初二亥時	奇門遁甲局數		芒種 04時37分 十七寅時		小滿 13時29分 初一未時	奇門遁甲局數		立夏 00時36分 十五子時			奇門遁甲局數		穀雨 14時33分 廿九未時		清明 07時30分 十四辰時	奇門遁甲局數		春分 03時42分 廿九寅時		驚蟄 02時53分 十四丑時	奇門遁甲局數		雨水 04時52分 廿八寅時		立春 09時00分 十三巳時	奇門遁甲局數	
農曆	國曆	干支	時盤	日盤	農曆	國曆	干支	時盤	日盤	農曆	國曆	干支	時盤	日盤	農曆	國曆	干支	時盤	日盤	農曆	國曆	干支	時盤	日盤	農曆	國曆	干支	時盤	日盤	農曆	國曆	干支	時盤	日盤
1	7/19	庚申	五	七	1	6/20	辛卯	9	1	1	5/21	辛酉	7	7	1	4/22	壬辰	7	5	1	3/23	壬戌	4	2	1	2/21	壬辰	2	8	1	1/23	癸亥	5	6
2	7/20	辛酉	五	六	2	6/21	壬辰	9	八	2	5/22	壬戌	7	8	2	4/23	癸巳	7	6	2	3/24	癸亥	4	3	2	2/22	癸巳	2	9	2	1/24	甲子	3	7
3	7/21	壬戌	五	五	3	6/22	癸巳	9	七	3	5/23	癸亥	7	9	3	4/24	甲午	5	7	3	3/25	甲子	3	4	3	2/23	甲午	9	1	3	1/25	乙丑	3	8
4	7/22	癸亥	五	四	4	6/23	甲午	九	六	4	5/24	甲子	5	1	4	4/25	乙未	5	8	4	3/26	乙丑	3	5	4	2/24	乙未	9	2	4	1/26	丙寅	3	9
5	7/23	甲子	七	三	5	6/24	乙未	九	五	5	5/25	乙丑	5	2	5	4/26	丙申	5	9	5	3/27	丙寅	3	6	5	2/25	丙申	9	3	5	1/27	丁卯	3	1
6	7/24	乙丑	七	二	6	6/25	丙申	九	四	6	5/26	丙寅	5	3	6	4/27	丁酉	5	1	6	3/28	丁卯	3	7	6	2/26	丁酉	9	4	6	1/28	戊辰	3	2
7	7/25	丙寅	七	一	7	6/26	丁酉	九	三	7	5/27	丁卯	5	4	7	4/28	戊戌	5	2	7	3/29	戊辰	3	8	7	2/27	戊戌	9	5	7	1/29	己巳	9	3
8	7/26	丁卯	七	九	8	6/27	戊戌	九	二	8	5/28	戊辰	5	5	8	4/29	己亥	2	3	8	3/30	己巳	9	9	8	2/28	己亥	6	6	8	1/30	庚午	9	4
9	7/27	戊辰	七	八	9	6/28	己亥	三	一	9	5/29	己巳	2	6	9	4/30	庚子	2	4	9	3/31	庚午	9	1	9	3/1	庚子	6	7	9	1/31	辛未	9	5
10	7/28	己巳	一	七	10	6/29	庚子	三	九	10	5/30	庚午	2	7	10	5/1	辛丑	2	5	10	4/1	辛未	9	2	10	3/2	辛丑	6	8	10	2/1	壬申	9	6
11	7/29	庚午	一	六	11	6/30	辛丑	三	八	11	5/31	辛未	2	8	11	5/2	壬寅	2	6	11	4/2	壬申	9	3	11	3/3	壬寅	6	9	11	2/2	癸酉	9	7
12	7/30	辛未	一	五	12	7/1	壬寅	三	七	12	6/1	壬申	2	9	12	5/3	癸卯	2	7	12	4/3	癸酉	9	4	12	3/4	癸卯	6	1	12	2/3	甲戌	6	8
13	7/31	壬申	一	四	13	7/2	癸卯	三	六	13	6/2	癸酉	2	1	13	5/4	甲辰	8	8	13	4/4	甲戌	6	5	13	3/5	甲辰	3	2	13	2/4	乙亥	6	9
14	8/1	癸酉	一	三	14	7/3	甲辰	六	五	14	6/3	甲戌	8	2	14	5/5	乙巳	8	9	14	4/5	乙亥	6	6	14	3/6	乙巳	3	3	14	2/5	丙子	6	1
15	8/2	甲戌	四	二	15	7/4	乙巳	六	四	15	6/4	乙亥	8	3	15	5/6	丙午	8	1	15	4/6	丙子	6	7	15	3/7	丙午	3	4	15	2/6	丁丑	6	2
16	8/3	乙亥	四	一	16	7/5	丙午	六	三	16	6/5	丙子	8	4	16	5/7	丁未	8	2	16	4/7	丁丑	6	8	16	3/8	丁未	3	5	16	2/7	戊寅	6	3
17	8/4	丙子	四	九	17	7/6	丁未	六	二	17	6/6	丁丑	8	5	17	5/8	戊申	8	3	17	4/8	戊寅	6	9	17	3/9	戊申	3	6	17	2/8	己卯	8	4
18	8/5	丁丑	四	八	18	7/7	戊申	六	一	18	6/7	戊寅	8	6	18	5/9	己酉	4	4	18	4/9	己卯	4	1	18	3/10	己酉	1	7	18	2/9	庚辰	8	5
19	8/6	戊寅	四	七	19	7/8	己酉	八	九	19	6/8	己卯	6	7	19	5/10	庚戌	4	5	19	4/10	庚辰	4	2	19	3/11	庚戌	1	8	19	2/10	辛巳	8	6
20	8/7	己卯	二	六	20	7/9	庚戌	八	八	20	6/9	庚辰	6	8	20	5/11	辛亥	4	6	20	4/11	辛巳	4	3	20	3/12	辛亥	1	9	20	2/11	壬午	8	7
21	8/8	庚辰	二	五	21	7/10	辛亥	八	七	21	6/10	辛巳	6	9	21	5/12	壬子	4	7	21	4/12	壬午	4	4	21	3/13	壬子	1	1	21	2/12	癸未	8	8
22	8/9	辛巳	二	四	22	7/11	壬子	八	六	22	6/11	壬午	6	1	22	5/13	癸丑	4	8	22	4/13	癸未	4	5	22	3/14	癸丑	1	2	22	2/13	甲申	5	9
23	8/10	壬午	二	三	23	7/12	癸丑	八	五	23	6/12	癸未	6	2	23	5/14	甲寅	1	9	23	4/14	甲申	1	6	23	3/15	甲寅	7	3	23	2/14	乙酉	5	1
24	8/11	癸未	二	二	24	7/13	甲寅	二	四	24	6/13	甲申	3	3	24	5/15	乙卯	1	1	24	4/15	乙酉	1	7	24	3/16	乙卯	7	4	24	2/15	丙戌	5	2
25	8/12	甲申	五	一	25	7/14	乙卯	二	三	25	6/14	乙酉	3	4	25	5/16	丙辰	1	2	25	4/16	丙戌	1	8	25	3/17	丙辰	7	5	25	2/16	丁亥	5	3
26	8/13	乙酉	五	九	26	7/15	丙辰	二	二	26	6/15	丙戌	3	5	26	5/17	丁巳	1	3	26	4/17	丁亥	1	9	26	3/18	丁巳	7	6	26	2/17	戊子	5	4
27	8/14	丙戌	五	八	27	7/16	丁巳	二	一	27	6/16	丁亥	3	6	27	5/18	戊午	1	4	27	4/18	戊子	1	1	27	3/19	戊午	7	7	27	2/18	己丑	2	5
28	8/15	丁亥	五	七	28	7/17	戊午	二	九	28	6/17	戊子	3	7	28	5/19	己未	7	5	28	4/19	己丑	7	2	28	3/20	己未	4	8	28	2/19	庚寅	2	6
29	8/16	戊子	五	六	29	7/18	己未	五	八	29	6/18	己丑	9	8	29	5/20	庚申	7	6	29	4/20	庚寅	7	3	29	3/21	庚申	4	9	29	2/20	辛卯	2	7
30	8/17	己丑	八	五						30	6/19	庚寅	9	9						30	4/21	辛卯	7	4	30	3/22	辛酉	4	1					

西元2031年（辛亥）肖豬 民國120年（女坎命）

奇門遁甲局數如標示為 一 ～九表示陰局　如標示為1 ～9 表示陽局

十二月					十一月					十　月					九　月					八　月					七　月				
辛丑					庚子					己亥					戊戌					丁酉					丙申				
九紫火					一白水					二黑土					三碧木					四綠木					五黃土				
立春 14時50分 廿三未時		大寒 20時33分 初八戌時	奇門遁甲局數		小寒 03時18分 廿四寅時		冬至 09時57分 初九巳時	奇門遁甲局數		大雪 16時05分 廿三申時		小雪 20時34分 初八戌時	奇門遁甲局數		立冬 23時07分 廿三子時		霜降 22時51分 初八亥時	奇門遁甲局數		寒露 19時44分 廿二戌時		秋分 13時17分 初七未時	奇門遁甲局數		白露 03時52分 廿二寅時		處暑 15時25分 初六申時	奇門遁甲局數	
農曆	國曆	干支	時盤	日盤	農曆	國曆	干支	時盤	日盤	農曆	國曆	干支	時盤	日盤	農曆	國曆	干支	時盤	日盤	農曆	國曆	干支	時盤	日盤	農曆	國曆	干支	時盤	日盤
1	1/13	戊午	8	4	1	12/14	戊子	七	三	1	11/15	己未	三	五	1	10/16	己丑	三	八	1	9/17	庚申	六	一	1	8/18	庚寅	八	四
2	1/14	己未	5	5	2	12/15	己丑	一	二	2	11/16	庚申	三	四	2	10/17	庚寅	三	七	2	9/18	辛酉	六	九	2	8/19	辛卯	八	三
3	1/15	庚申	5	6	3	12/16	庚寅	一	一	3	11/17	辛酉	三	三	3	10/18	辛卯	三	六	3	9/19	壬戌	六	八	3	8/20	壬辰	八	二
4	1/16	辛酉	5	7	4	12/17	辛卯	一	九	4	11/18	壬戌	三	二	4	10/19	壬辰	三	五	4	9/20	癸亥	六	七	4	8/21	癸巳	八	一
5	1/17	壬戌	5	8	5	12/18	壬辰	一	八	5	11/19	癸亥	三	一	5	10/20	癸巳	三	四	5	9/21	甲子	七	六	5	8/22	甲午	一	九
6	1/18	癸亥	5	9	6	12/19	癸巳	一	七	6	11/20	甲子	五	九	6	10/21	甲午	五	三	6	9/22	乙丑	七	五	6	8/23	乙未	一	八
7	1/19	甲子	3	1	7	12/20	甲午	1	六	7	11/21	乙丑	五	八	7	10/22	乙未	五	二	7	9/23	丙寅	七	四	7	8/24	丙申	一	七
8	1/20	乙丑	3	2	8	12/21	乙未	1	五	8	11/22	丙寅	五	七	8	10/23	丙申	五	一	8	9/24	丁卯	七	三	8	8/25	丁酉	一	六
9	1/21	丙寅	3	3	9	12/22	丙申	1	9	9	11/23	丁卯	五	六	9	10/24	丁酉	五	九	9	9/25	戊辰	七	二	9	8/26	戊戌	一	五
10	1/22	丁卯	3	4	10	12/23	丁酉	1	1	10	11/24	戊辰	五	五	10	10/25	戊戌	五	八	10	9/26	己巳	一	一	10	8/27	己亥	四	四
11	1/23	戊辰	3	5	11	12/24	戊戌	1	2	11	11/25	己巳	八	四	11	10/26	己亥	八	七	11	9/27	庚午	一	九	11	8/28	庚子	四	三
12	1/24	己巳	9	6	12	12/25	己亥	7	3	12	11/26	庚午	八	三	12	10/27	庚子	八	六	12	9/28	辛未	一	八	12	8/29	辛丑	四	二
13	1/25	庚午	9	7	13	12/26	庚子	7	4	13	11/27	辛未	八	二	13	10/28	辛丑	八	五	13	9/29	壬申	一	七	13	8/30	壬寅	四	一
14	1/26	辛未	9	8	14	12/27	辛丑	7	5	14	11/28	壬申	八	一	14	10/29	壬寅	八	四	14	9/30	癸酉	一	六	14	8/31	癸卯	四	九
15	1/27	壬申	9	9	15	12/28	壬寅	7	6	15	11/29	癸酉	八	九	15	10/30	癸卯	八	三	15	10/ 1	甲戌	四	五	15	9/ 1	甲辰	七	八
16	1/28	癸酉	9	1	16	12/29	癸卯	7	7	16	11/30	甲戌	二	八	16	10/31	甲辰	二	二	16	10/ 2	乙亥	四	四	16	9/ 2	乙巳	七	七
17	1/29	甲戌	6	2	17	12/30	甲辰	4	8	17	12/ 1	乙亥	二	七	17	11/ 1	乙巳	二	一	17	10/ 3	丙子	四	三	17	9/ 3	丙午	七	六
18	1/30	乙亥	6	3	18	12/31	乙巳	4	9	18	12/ 2	丙子	二	六	18	11/ 2	丙午	二	九	18	10/ 4	丁丑	四	二	18	9/ 4	丁未	七	五
19	1/31	丙子	6	4	19	1/ 1	丙午	4	1	19	12/ 3	丁丑	二	五	19	11/ 3	丁未	二	八	19	10/ 5	戊寅	四	一	19	9/ 5	戊申	七	四
20	2/ 1	丁丑	6	5	20	1/ 2	丁未	4	2	20	12/ 4	戊寅	二	四	20	11/ 4	戊申	二	七	20	10/ 6	己卯	六	九	20	9/ 6	己酉	九	三
21	2/ 2	戊寅	6	6	21	1/ 3	戊申	4	3	21	12/ 5	己卯	四	三	21	11/ 5	己酉	六	六	21	10/ 7	庚辰	六	八	21	9/ 7	庚戌	九	二
22	2/ 3	己卯	8	7	22	1/ 4	己酉	2	4	22	12/ 6	庚辰	四	二	22	11/ 6	庚戌	六	五	22	10/ 8	辛巳	六	七	22	9/ 8	辛亥	九	一
23	2/ 4	庚辰	8	8	23	1/ 5	庚戌	2	5	23	12/ 7	辛巳	四	一	23	11/ 7	辛亥	六	四	23	10/ 9	壬午	六	六	23	9/ 9	壬子	九	九
24	2/ 5	辛巳	8	9	24	1/ 6	辛亥	2	6	24	12/ 8	壬午	四	九	24	11/ 8	壬子	六	三	24	10/10	癸未	六	五	24	9/10	癸丑	九	八
25	2/ 6	壬午	8	1	25	1/ 7	壬子	2	7	25	12/ 9	癸未	四	八	25	11/ 9	癸丑	六	二	25	10/11	甲申	九	四	25	9/11	甲寅	三	七
26	2/ 7	癸未	8	2	26	1/ 8	癸丑	2	8	26	12/10	甲申	七	七	26	11/10	甲寅	九	一	26	10/12	乙酉	九	三	26	9/12	乙卯	三	六
27	2/ 8	甲申	5	3	27	1/ 9	甲寅	8	9	27	12/11	乙酉	七	六	27	11/11	乙卯	九	九	27	10/13	丙戌	九	二	27	9/13	丙辰	三	五
28	2/ 9	乙酉	5	4	28	1/10	乙卯	8	1	28	12/12	丙戌	七	五	28	11/12	丙辰	九	八	28	10/14	丁亥	九	一	28	9/14	丁巳	三	四
29	2/10	丙戌	5	5	29	1/11	丙辰	8	2	29	12/13	丁亥	七	四	29	11/13	丁巳	九	七	29	10/15	戊子	九	九	29	9/15	戊午	三	三
					30	1/12	丁巳	8	3						30	11/14	戊午	九	六						30	9/16	己未	六	二

西元2032年（壬子）肖鼠 民國121年（男巽命）

奇門遁甲局數如標示為 一 ～九表示陰局　　如標示為1 ～9 表示陽局

六月					五月					四月					三月					二月					正月				
丁未					丙午					乙巳					甲辰					癸卯					壬寅				
三碧木					四綠木					五黃土					六白金					七赤金					八白土				
大暑 14時06分 十六未時			奇門遁甲局數		小暑 20時42分 廿九戌時		夏至 03時10分 十四寅時	奇門遁甲局數		芒種 10時29分 廿八巳時		小滿 19時16分 十二戌時	奇門遁甲局數		立夏 06時27分 廿六卯時		穀雨 20時16分 初十戌時	奇門遁甲局數		清明 13時19分 廿四未時		春分 09時23分 初九巳時	奇門遁甲局數		驚蟄 08時42分 廿四辰時		雨水 10時33分 初九巳時	奇門遁甲局數	
農曆	國曆	干支	時盤	日盤	農曆	國曆	干支	時盤	日盤	農曆	國曆	干支	時盤	日盤	農曆	國曆	干支	時盤	日盤	農曆	國曆	干支	時盤	日盤	農曆	國曆	干支	時盤	日盤
1	7/7	甲寅	二	一	1	6/8	乙酉	3	7	1	5/9	乙卯	1	4	1	4/10	丙戌	1	2	1	3/12	丁巳	7	9	1	2/11	丁亥	5	6
2	7/8	乙卯	二	九	2	6/9	丙戌	3	8	2	5/10	丙辰	1	5	2	4/11	丁亥	1	3	2	3/13	戊午	7	1	2	2/12	戊子	5	7
3	7/9	丙辰	二	八	3	6/10	丁亥	3	9	3	5/11	丁巳	1	6	3	4/12	戊子	1	4	3	3/14	己未	4	2	3	2/13	己丑	2	8
4	7/10	丁巳	二	七	4	6/11	戊子	3	1	4	5/12	戊午	1	7	4	4/13	己丑	7	5	4	3/15	庚申	4	3	4	2/14	庚寅	2	9
5	7/11	戊午	二	六	5	6/12	己丑	9	2	5	5/13	己未	7	8	5	4/14	庚寅	7	6	5	3/16	辛酉	4	4	5	2/15	辛卯	2	1
6	7/12	己未	五	五	6	6/13	庚寅	9	3	6	5/14	庚申	7	9	6	4/15	辛卯	7	7	6	3/17	壬戌	4	5	6	2/16	壬辰	2	2
7	7/13	庚申	五	四	7	6/14	辛卯	9	4	7	5/15	辛酉	7	1	7	4/16	壬辰	7	8	7	3/18	癸亥	4	6	7	2/17	癸巳	2	3
8	7/14	辛酉	五	三	8	6/15	壬辰	9	5	8	5/16	壬戌	7	2	8	4/17	癸巳	7	9	8	3/19	甲子	3	7	8	2/18	甲午	9	4
9	7/15	壬戌	五	二	9	6/16	癸巳	9	6	9	5/17	癸亥	7	3	9	4/18	甲午	5	1	9	3/20	乙丑	3	8	9	2/19	乙未	9	5
10	7/16	癸亥	五	一	10	6/17	甲午	九	7	10	5/18	甲子	5	4	10	4/19	乙未	5	2	10	3/21	丙寅	3	9	10	2/20	丙申	9	6
11	7/17	甲子	七	九	11	6/18	乙未	九	8	11	5/19	乙丑	5	5	11	4/20	丙申	5	3	11	3/22	丁卯	3	1	11	2/21	丁酉	9	7
12	7/18	乙丑	七	八	12	6/19	丙申	九	9	12	5/20	丙寅	5	6	12	4/21	丁酉	5	4	12	3/23	戊辰	3	2	12	2/22	戊戌	9	8
13	7/19	丙寅	七	七	13	6/20	丁酉	九	1	13	5/21	丁卯	5	7	13	4/22	戊戌	5	5	13	3/24	己巳	9	3	13	2/23	己亥	6	9
14	7/20	丁卯	七	六	14	6/21	戊戌	九	八	14	5/22	戊辰	5	8	14	4/23	己亥	2	6	14	3/25	庚午	9	4	14	2/24	庚子	6	1
15	7/21	戊辰	七	五	15	6/22	己亥	三	七	15	5/23	己巳	2	9	15	4/24	庚子	2	7	15	3/26	辛未	9	5	15	2/25	辛丑	6	2
16	7/22	己巳	一	四	16	6/23	庚子	三	六	16	5/24	庚午	2	1	16	4/25	辛丑	2	8	16	3/27	壬申	9	6	16	2/26	壬寅	6	3
17	7/23	庚午	一	三	17	6/24	辛丑	三	五	17	5/25	辛未	2	2	17	4/26	壬寅	2	9	17	3/28	癸酉	9	7	17	2/27	癸卯	6	4
18	7/24	辛未	一	二	18	6/25	壬寅	三	四	18	5/26	壬申	2	3	18	4/27	癸卯	2	1	18	3/29	甲戌	6	8	18	2/28	甲辰	3	5
19	7/25	壬申	一	一	19	6/26	癸卯	三	三	19	5/27	癸酉	2	4	19	4/28	甲辰	8	2	19	3/30	乙亥	6	9	19	2/29	乙巳	3	6
20	7/26	癸酉	一	九	20	6/27	甲辰	六	二	20	5/28	甲戌	8	5	20	4/29	乙巳	8	3	20	3/31	丙子	6	1	20	3/1	丙午	3	7
21	7/27	甲戌	四	八	21	6/28	乙巳	六	一	21	5/29	乙亥	8	6	21	4/30	丙午	8	4	21	4/1	丁丑	6	2	21	3/2	丁未	3	8
22	7/28	乙亥	四	七	22	6/29	丙午	六	九	22	5/30	丙子	8	7	22	5/1	丁未	8	5	22	4/2	戊寅	6	3	22	3/3	戊申	3	9
23	7/29	丙子	四	六	23	6/30	丁未	六	八	23	5/31	丁丑	8	8	23	5/2	戊申	8	6	23	4/3	己卯	4	4	23	3/4	己酉	1	1
24	7/30	丁丑	四	五	24	7/1	戊申	六	七	24	6/1	戊寅	8	9	24	5/3	己酉	4	7	24	4/4	庚辰	4	5	24	3/5	庚戌	1	2
25	7/31	戊寅	四	四	25	7/2	己酉	八	六	25	6/2	己卯	6	1	25	5/4	庚戌	4	8	25	4/5	辛巳	4	6	25	3/6	辛亥	1	3
26	8/1	己卯	二	三	26	7/3	庚戌	八	五	26	6/3	庚辰	6	2	26	5/5	辛亥	4	9	26	4/6	壬午	4	7	26	3/7	壬子	1	4
27	8/2	庚辰	二	二	27	7/4	辛亥	八	四	27	6/4	辛巳	6	3	27	5/6	壬子	4	1	27	4/7	癸未	4	8	27	3/8	癸丑	1	5
28	8/3	辛巳	二	一	28	7/5	壬子	八	三	28	6/5	壬午	6	4	28	5/7	癸丑	4	2	28	4/8	甲申	1	9	28	3/9	甲寅	7	6
29	8/4	壬午	二	九	29	7/6	癸丑	八	二	29	6/6	癸未	6	5	29	5/8	甲寅	1	3	29	4/9	乙酉	1	1	29	3/10	乙卯	7	7
30	8/5	癸未	二	八						30	6/7	甲申	3	6											30	3/11	丙辰	7	8

西元2032年（壬子）肖鼠 民國121年（女坤命）

奇門遁甲局數如標示為 一 ～九表示陰局　　如標示為1 ～9 表示陽局

十二月					十一月					十 月					九 月					八 月					七 月				
癸丑					壬子					辛亥					庚戌					己酉					戊申				
六白金					七赤金					八白土					九紫火					一白水					二黑土				
大寒 02時34分 二十丑時		小寒 09時09分 初五巳時	奇門遁甲局數		冬至 15時58分 十九申時		大雪 21時55分 初四亥時	奇門遁甲局數		小雪 02時32分 二十丑時		立冬 04時56分 初五寅時	奇門遁甲局數		霜降 04時47分 二十寅時		寒露 01時32分 初五丑時	奇門遁甲局數		秋分 19時12分 十八戌時		白露 09時39分 初三巳時	奇門遁甲局數		處暑 21時19分 十七亥時		立秋 06時43分 初二卯時	奇門遁甲局數	
農曆	國曆	干支	時盤	日盤	農曆	國曆	干支	時盤	日盤	農曆	國曆	干支	時盤	日盤	農曆	國曆	干支	時盤	日盤	農曆	國曆	干支	時盤	日盤	農曆	國曆	干支	時盤	日盤
1	1/1	壬子	2	7	1	12/3	癸未	四	五	1	11/3	癸丑	六	八	1	10/4	癸未	六	二	1	9/5	甲寅	三	四	1	8/6	甲申	五	七
2	1/2	癸丑	2	8	2	12/4	甲申	七	四	2	11/4	甲寅	九	七	2	10/5	甲申	九	一	2	9/6	乙卯	三	三	2	8/7	乙酉	五	六
3	1/3	甲寅	8	9	3	12/5	乙酉	七	三	3	11/5	乙卯	九	六	3	10/6	乙酉	九	九	3	9/7	丙辰	三	二	3	8/8	丙戌	五	五
4	1/4	乙卯	8	1	4	12/6	丙戌	七	二	4	11/6	丙辰	九	五	4	10/7	丙戌	九	八	4	9/8	丁巳	三	一	4	8/9	丁亥	五	四
5	1/5	丙辰	8	2	5	12/7	丁亥	七	一	5	11/7	丁巳	九	四	5	10/8	丁亥	九	七	5	9/9	戊午	三	九	5	8/10	戊子	五	三
6	1/6	丁巳	8	3	6	12/8	戊子	七	九	6	11/8	戊午	九	三	6	10/9	戊子	九	六	6	9/10	己未	六	八	6	8/11	己丑	八	二
7	1/7	戊午	8	4	7	12/9	己丑	一	八	7	11/9	己未	三	二	7	10/10	己丑	三	五	7	9/11	庚申	六	七	7	8/12	庚寅	八	一
8	1/8	己未	5	5	8	12/10	庚寅	一	七	8	11/10	庚申	三	一	8	10/11	庚寅	三	四	8	9/12	辛酉	六	六	8	8/13	辛卯	八	九
9	1/9	庚申	5	6	9	12/11	辛卯	一	六	9	11/11	辛酉	三	九	9	10/12	辛卯	三	三	9	9/13	壬戌	六	五	9	8/14	壬辰	八	八
10	1/10	辛酉	5	7	10	12/12	壬辰	一	五	10	11/12	壬戌	三	八	10	10/13	壬辰	三	二	10	9/14	癸亥	六	四	10	8/15	癸巳	八	七
11	1/11	壬戌	5	8	11	12/13	癸巳	一	四	11	11/13	癸亥	三	七	11	10/14	癸巳	三	一	11	9/15	甲子	七	三	11	8/16	甲午	一	六
12	1/12	癸亥	5	9	12	12/14	甲午	1	三	12	11/14	甲子	五	六	12	10/15	甲午	五	九	12	9/16	乙丑	七	二	12	8/17	乙未	一	五
13	1/13	甲子	3	1	13	12/15	乙未	1	二	13	11/15	乙丑	五	五	13	10/16	乙未	五	八	13	9/17	丙寅	七	一	13	8/18	丙申	一	四
14	1/14	乙丑	3	2	14	12/16	丙申	1	一	14	11/16	丙寅	五	四	14	10/17	丙申	五	七	14	9/18	丁卯	七	九	14	8/19	丁酉	一	三
15	1/15	丙寅	3	3	15	12/17	丁酉	1	九	15	11/17	丁卯	五	三	15	10/18	丁酉	五	六	15	9/19	戊辰	七	八	15	8/20	戊戌	一	二
16	1/16	丁卯	3	4	16	12/18	戊戌	1	八	16	11/18	戊辰	五	二	16	10/19	戊戌	五	五	16	9/20	己巳	一	七	16	8/21	己亥	四	一
17	1/17	戊辰	3	5	17	12/19	己亥	7	七	17	11/19	己巳	八	一	17	10/20	己亥	八	四	17	9/21	庚午	一	六	17	8/22	庚子	四	九
18	1/18	己巳	9	6	18	12/20	庚子	7	六	18	11/20	庚午	八	九	18	10/21	庚子	八	三	18	9/22	辛未	一	五	18	8/23	辛丑	四	八
19	1/19	庚午	9	7	19	12/21	辛丑	7	5	19	11/21	辛未	八	八	19	10/22	辛丑	八	二	19	9/23	壬申	一	四	19	8/24	壬寅	四	七
20	1/20	辛未	9	8	20	12/22	壬寅	7	6	20	11/22	壬申	八	七	20	10/23	壬寅	八	一	20	9/24	癸酉	一	三	20	8/25	癸卯	四	六
21	1/21	壬申	9	9	21	12/23	癸卯	7	7	21	11/23	癸酉	八	六	21	10/24	癸卯	八	九	21	9/25	甲戌	四	二	21	8/26	甲辰	七	五
22	1/22	癸酉	9	1	22	12/24	甲辰	4	8	22	11/24	甲戌	二	五	22	10/25	甲辰	二	八	22	9/26	乙亥	四	一	22	8/27	乙巳	七	四
23	1/23	甲戌	6	2	23	12/25	乙巳	4	9	23	11/25	乙亥	二	四	23	10/26	乙巳	二	七	23	9/27	丙子	四	九	23	8/28	丙午	七	三
24	1/24	乙亥	6	3	24	12/26	丙午	4	1	24	11/26	丙子	二	三	24	10/27	丙午	二	六	24	9/28	丁丑	四	八	24	8/29	丁未	七	二
25	1/25	丙子	6	4	25	12/27	丁未	4	2	25	11/27	丁丑	二	二	25	10/28	丁未	二	五	25	9/29	戊寅	四	七	25	8/30	戊申	七	一
26	1/26	丁丑	6	5	26	12/28	戊申	4	3	26	11/28	戊寅	二	一	26	10/29	戊申	二	四	26	9/30	己卯	六	六	26	8/31	己酉	九	九
27	1/27	戊寅	6	6	27	12/29	己酉	2	4	27	11/29	己卯	四	九	27	10/30	己酉	六	三	27	10/1	庚辰	六	五	27	9/1	庚戌	九	八
28	1/28	己卯	8	7	28	12/30	庚戌	2	5	28	11/30	庚辰	四	八	28	10/31	庚戌	六	二	28	10/2	辛巳	六	四	28	9/2	辛亥	九	七
29	1/29	庚辰	8	8	29	12/31	辛亥	2	6	29	12/1	辛巳	四	七	29	11/1	辛亥	六	一	29	10/3	壬午	六	三	29	9/3	壬子	九	六
30	1/30	辛巳	8	9						30	12/2	壬午	四	六	30	11/2	壬子	六	九						30	9/4	癸丑	九	五

西元2033年（癸丑）肖牛 民國122年（男震命）

奇門遁甲局數如標示為 一 ～九表示陰局　　如標示為1 ～9 表示陽局

六月					五月					四月					三月					二月					正月				
己未					戊午					丁巳					丙辰					乙卯					甲寅				
九紫火					一白水					二黑土					三碧木					四綠木					五黃土				
大暑 19時54分 廿六戌時		小暑 02時26分 十一丑時	奇門遁甲局數		夏至 09時02分 廿五巳時		芒種 16時15分 初九申時	奇門遁甲局數		小滿 01時12分 廿三丑時		立夏 12時15分 初七午時	奇門遁甲局數		穀雨 02時15分 廿一丑時		清明 19時10分 初五戌時	奇門遁甲局數		春分 15時24分 二十申時		驚蟄 14時34分 初五未時	奇門遁甲局數		雨水 16時35分 十九申時		立春 20時43分 初四戌時	奇門遁甲局數	
農曆	國曆	干支	時盤	日盤	農曆	國曆	干支	時盤	日盤	農曆	國曆	干支	時盤	日盤	農曆	國曆	干支	時盤	日盤	農曆	國曆	干支	時盤	日盤	農曆	國曆	干支	時盤	日盤
1	6/27	己酉	九	六	1	5/28	己卯	6	1	1	4/29	庚戌	4	8	1	3/31	辛巳	4	6	1	3/1	辛亥	1	3	1	1/31	壬午	8	1
2	6/28	庚戌	九	五	2	5/29	庚辰	6	2	2	4/30	辛亥	4	9	2	4/1	壬午	4	7	2	3/2	壬子	1	4	2	2/1	癸未	8	2
3	6/29	辛亥	九	四	3	5/30	辛巳	6	3	3	5/1	壬子	4	1	3	4/2	癸未	4	8	3	3/3	癸丑	1	5	3	2/2	甲申	5	3
4	6/30	壬子	九	三	4	5/31	壬午	6	4	4	5/2	癸丑	4	2	4	4/3	甲申	1	9	4	3/4	甲寅	7	6	4	2/3	乙酉	5	4
5	7/1	癸丑	九	二	5	6/1	癸未	6	5	5	5/3	甲寅	1	3	5	4/4	乙酉	1	1	5	3/5	乙卯	7	7	5	2/4	丙戌	5	5
6	7/2	甲寅	三	一	6	6/2	甲申	3	6	6	5/4	乙卯	1	4	6	4/5	丙戌	1	2	6	3/6	丙辰	7	8	6	2/5	丁亥	5	6
7	7/3	乙卯	三	九	7	6/3	乙酉	3	7	7	5/5	丙辰	1	5	7	4/6	丁亥	1	3	7	3/7	丁巳	7	9	7	2/6	戊子	5	7
8	7/4	丙辰	三	八	8	6/4	丙戌	3	8	8	5/6	丁巳	1	6	8	4/7	戊子	1	4	8	3/8	戊午	7	1	8	2/7	己丑	2	8
9	7/5	丁巳	三	七	9	6/5	丁亥	3	9	9	5/7	戊午	1	7	9	4/8	己丑	7	5	9	3/9	己未	4	2	9	2/8	庚寅	2	9
10	7/6	戊午	三	六	10	6/6	戊子	3	1	10	5/8	己未	7	8	10	4/9	庚寅	7	6	10	3/10	庚申	4	3	10	2/9	辛卯	2	1
11	7/7	己未	六	五	11	6/7	己丑	9	2	11	5/9	庚申	7	9	11	4/10	辛卯	7	7	11	3/11	辛酉	4	4	11	2/10	壬辰	2	2
12	7/8	庚申	六	四	12	6/8	庚寅	9	3	12	5/10	辛酉	7	1	12	4/11	壬辰	7	8	12	3/12	壬戌	4	5	12	2/11	癸巳	2	3
13	7/9	辛酉	六	三	13	6/9	辛卯	9	4	13	5/11	壬戌	7	2	13	4/12	癸巳	7	9	13	3/13	癸亥	4	6	13	2/12	甲午	9	4
14	7/10	壬戌	六	二	14	6/10	壬辰	9	5	14	5/12	癸亥	7	3	14	4/13	甲午	5	1	14	3/14	甲子	3	7	14	2/13	乙未	9	5
15	7/11	癸亥	六	一	15	6/11	癸巳	9	6	15	5/13	甲子	5	4	15	4/14	乙未	5	2	15	3/15	乙丑	3	8	15	2/14	丙申	9	6
16	7/12	甲子	八	九	16	6/12	甲午	6	7	16	5/14	乙丑	5	5	16	4/15	丙申	5	3	16	3/16	丙寅	3	9	16	2/15	丁酉	9	7
17	7/13	乙丑	八	八	17	6/13	乙未	6	8	17	5/15	丙寅	5	6	17	4/16	丁酉	5	4	17	3/17	丁卯	3	1	17	2/16	戊戌	9	8
18	7/14	丙寅	八	七	18	6/14	丙申	6	9	18	5/16	丁卯	5	7	18	4/17	戊戌	5	5	18	3/18	戊辰	3	2	18	2/17	己亥	6	9
19	7/15	丁卯	八	六	19	6/15	丁酉	6	1	19	5/17	戊辰	5	8	19	4/18	己亥	2	6	19	3/19	己巳	9	3	19	2/18	庚子	6	1
20	7/16	戊辰	八	五	20	6/16	戊戌	6	2	20	5/18	己巳	2	9	20	4/19	庚子	2	7	20	3/20	庚午	9	4	20	2/19	辛丑	6	2
21	7/17	己巳	二	四	21	6/17	己亥	3	3	21	5/19	庚午	2	1	21	4/20	辛丑	2	8	21	3/21	辛未	9	5	21	2/20	壬寅	6	3
22	7/18	庚午	二	三	22	6/18	庚子	3	4	22	5/20	辛未	2	2	22	4/21	壬寅	2	9	22	3/22	壬申	9	6	22	2/21	癸卯	6	4
23	7/19	辛未	二	二	23	6/19	辛丑	3	5	23	5/21	壬申	2	3	23	4/22	癸卯	2	1	23	3/23	癸酉	9	7	23	2/22	甲辰	3	5
24	7/20	壬申	二	一	24	6/20	壬寅	3	6	24	5/22	癸酉	2	4	24	4/23	甲辰	8	2	24	3/24	甲戌	6	8	24	2/23	乙巳	3	6
25	7/21	癸酉	二	九	25	6/21	癸卯	3	三	25	5/23	甲戌	8	5	25	4/24	乙巳	8	3	25	3/25	乙亥	6	9	25	2/24	丙午	3	7
26	7/22	甲戌	五	八	26	6/22	甲辰	9	二	26	5/24	乙亥	8	6	26	4/25	丙午	8	4	26	3/26	丙子	6	1	26	2/25	丁未	3	8
27	7/23	乙亥	五	七	27	6/23	乙巳	9	一	27	5/25	丙子	8	7	27	4/26	丁未	8	5	27	3/27	丁丑	6	2	27	2/26	戊申	3	9
28	7/24	丙子	五	六	28	6/24	丙午	9	九	28	5/26	丁丑	8	8	28	4/27	戊申	8	6	28	3/28	戊寅	6	3	28	2/27	己酉	1	1
29	7/25	丁丑	五	五	29	6/25	丁未	9	八	29	5/27	戊寅	8	9	29	4/28	己酉	4	7	29	3/29	己卯	4	4	29	2/28	庚戌	1	2
					30	6/26	戊申	9	七											30	3/30	庚辰	4	5					

西元2033年（癸丑）肖牛 民國122年（女震命）

奇門遁甲局數如標示為 一 ～九表示陰局　　如標示為1 ～9 表示陽局

十二月					十一月					十　月					九　月				
乙丑					甲子					癸亥					壬戌				
三碧木					四綠木					五黃土					六白金				
立春 02時43分 十六丑時		大寒 08時29分 初一辰時	奇門遁甲局數		小寒 15時06分 十五申時		冬至 21時48分 三十亥時	奇門遁甲局數		大雪 03時47分 十六寅時		小雪 08時18分 初一辰時	奇門遁甲局數		立冬 10時43分 十六巳時		霜降 10時29分 初一巳時	奇門遁甲局數	
農曆	國曆	干支	時盤	日盤	農曆	國曆	干支	時盤	日盤	農曆	國曆	干支	時盤	日盤	農曆	國曆	干支	時盤	日盤
1	1/20	丙子	5	4	1	12/22	丁未	一	2	1	11/22	丁丑	三	二	1	10/23	丁未	三	五
2	1/21	丁丑	5	5	2	12/23	戊申	一	3	2	11/23	戊寅	三	一	2	10/24	戊申	三	四
3	1/22	戊寅	5	6	3	12/24	己酉	1	4	3	11/24	己卯	五	九	3	10/25	己酉	五	三
4	1/23	己卯	3	7	4	12/25	庚戌	1	5	4	11/25	庚辰	五	八	4	10/26	庚戌	五	二
5	1/24	庚辰	3	8	5	12/26	辛亥	1	6	5	11/26	辛巳	五	七	5	10/27	辛亥	五	一
6	1/25	辛巳	3	9	6	12/27	壬子	1	7	6	11/27	壬午	五	六	6	10/28	壬子	五	九
7	1/26	壬午	3	1	7	12/28	癸丑	1	8	7	11/28	癸未	五	五	7	10/29	癸丑	五	八
8	1/27	癸未	3	2	8	12/29	甲寅	7	9	8	11/29	甲申	八	四	8	10/30	甲寅	八	七
9	1/28	甲申	9	3	9	12/30	乙卯	7	1	9	11/30	乙酉	八	三	9	10/31	乙卯	八	六
10	1/29	乙酉	9	4	10	12/31	丙辰	7	2	10	12/1	丙戌	八	二	10	11/1	丙辰	八	五
11	1/30	丙戌	9	5	11	1/1	丁巳	7	3	11	12/2	丁亥	八	一	11	11/2	丁巳	八	四
12	1/31	丁亥	9	6	12	1/2	戊午	7	4	12	12/3	戊子	八	九	12	11/3	戊午	八	三
13	2/1	戊子	9	7	13	1/3	己未	4	5	13	12/4	己丑	二	八	13	11/4	己未	二	二
14	2/2	己丑	6	8	14	1/4	庚申	4	6	14	12/5	庚寅	二	七	14	11/5	庚申	二	一
15	2/3	庚寅	6	9	15	1/5	辛酉	4	7	15	12/6	辛卯	二	六	15	11/6	辛酉	二	九
16	2/4	辛卯	6	1	16	1/6	壬戌	4	8	16	12/7	壬辰	二	五	16	11/7	壬戌	二	八
17	2/5	壬辰	6	2	17	1/7	癸亥	4	9	17	12/8	癸巳	二	四	17	11/8	癸亥	二	七
18	2/6	癸巳	6	3	18	1/8	甲子	2	1	18	12/9	甲午	四	三	18	11/9	甲子	六	六
19	2/7	甲午	8	4	19	1/9	乙丑	2	2	19	12/10	乙未	四	二	19	11/10	乙丑	六	五
20	2/8	乙未	8	5	20	1/10	丙寅	2	3	20	12/11	丙申	四	一	20	11/11	丙寅	六	四
21	2/9	丙申	8	6	21	1/11	丁卯	2	4	21	12/12	丁酉	四	九	21	11/12	丁卯	六	三
22	2/10	丁酉	8	7	22	1/12	戊辰	2	5	22	12/13	戊戌	四	八	22	11/13	戊辰	六	二
23	2/11	戊戌	8	8	23	1/13	己巳	8	6	23	12/14	己亥	七	七	23	11/14	己巳	九	一
24	2/12	己亥	5	9	24	1/14	庚午	8	7	24	12/15	庚子	七	六	24	11/15	庚午	九	九
25	2/13	庚子	5	1	25	1/15	辛未	8	8	25	12/16	辛丑	七	五	25	11/16	辛未	九	八
26	2/14	辛丑	5	2	26	1/16	壬申	8	9	26	12/17	壬寅	七	四	26	11/17	壬申	九	七
27	2/15	壬寅	5	3	27	1/17	癸酉	8	1	27	12/18	癸卯	七	三	27	11/18	癸酉	九	六
28	2/16	癸卯	5	4	28	1/18	甲戌	5	2	28	12/19	甲辰	一	二	28	11/19	甲戌	三	五
29	2/17	甲辰	2	5	29	1/19	乙亥	5	3	29	12/20	乙巳	一	一	29	11/20	乙亥	三	四
30	2/18	乙巳	2	6						30	12/21	丙午	一	1	30	11/21	丙子	三	三

八　月					潤七　月					七　月			
辛酉					辛酉					庚申			
七赤金										八白土			
寒露 07時15分 十六辰時		秋分 00時53分 初一子時	奇門遁甲局數		白露 15時22分 十四申時			奇門遁甲局數		處暑 03時03分 廿九寅時		立秋 12時17分 十三午時	
農曆	國曆	干支	時盤	日盤	農曆	國曆	干支	時盤	日盤	農曆	國曆	干支	時盤
1	9/23	丁丑	六	八	1	8/25	戊申	八	一	1	7/26	戊寅	五
2	9/24	戊寅	六	七	2	8/26	己酉	一	九	2	7/27	己卯	七
3	9/25	己卯	七	六	3	8/27	庚戌	一	八	3	7/28	庚辰	七
4	9/26	庚辰	七	五	4	8/28	辛亥	一	七	4	7/29	辛巳	七
5	9/27	辛巳	七	四	5	8/29	壬子	一	六	5	7/30	壬午	七
6	9/28	壬午	七	三	6	8/30	癸丑	一	五	6	7/31	癸未	七
7	9/29	癸未	七	二	7	8/31	甲寅	四	四	7	8/1	甲申	一
8	9/30	甲申	一	一	8	9/1	乙卯	四	三	8	8/2	乙酉	一
9	10/1	乙酉	一	九	9	9/2	丙辰	四	二	9	8/3	丙戌	一
10	10/2	丙戌	一	八	10	9/3	丁巳	四	一	10	8/4	丁亥	一
11	10/3	丁亥	一	七	11	9/4	戊午	四	九	11	8/5	戊子	一
12	10/4	戊子	一	六	12	9/5	己未	七	八	12	8/6	己丑	四
13	10/5	己丑	四	五	13	9/6	庚申	七	七	13	8/7	庚寅	四
14	10/6	庚寅	四	四	14	9/7	辛酉	七	六	14	8/8	辛卯	四
15	10/7	辛卯	四	三	15	9/8	壬戌	七	五	15	8/9	壬辰	四
16	10/8	壬辰	四	二	16	9/9	癸亥	七	四	16	8/10	癸巳	四
17	10/9	癸巳	四	一	17	9/10	甲子	九	三	17	8/11	甲午	二
18	10/10	甲午	六	九	18	9/11	乙丑	九	二	18	8/12	乙未	二
19	10/11	乙未	六	八	19	9/12	丙寅	九	一	19	8/13	丙申	二
20	10/12	丙申	六	七	20	9/13	丁卯	九	九	20	8/14	丁酉	二
21	10/13	丁酉	六	六	21	9/14	戊辰	九	八	21	8/15	戊戌	二
22	10/14	戊戌	六	五	22	9/15	己巳	三	七	22	8/16	己亥	五
23	10/15	己亥	九	四	23	9/16	庚午	三	六	23	8/17	庚子	五
24	10/16	庚子	九	三	24	9/17	辛未	三	五	24	8/18	辛丑	五
25	10/17	辛丑	九	二	25	9/18	壬申	三	四	25	8/19	壬寅	五
26	10/18	壬寅	九	一	26	9/19	癸酉	三	三	26	8/20	癸卯	五
27	10/19	癸卯	九	九	27	9/20	甲戌	六	二	27	8/21	甲辰	八
28	10/20	甲辰	三	八	28	9/21	乙亥	六	一	28	8/22	乙巳	八
29	10/21	乙巳	三	七	29	9/22	丙子	六	九	29	8/23	丙午	八
30	10/22	丙午	三	六						30	8/24	丁未	八

西元2034年（甲寅）肖虎 民國123年（男坤命）

奇門遁甲局數如標示為 一 ～九表示陰局　　如標示為1 ～9 表示陽局

六月					五月					四月					三月					二月					正月				
辛未					庚午					己巳					戊辰					丁卯					丙寅				
六白金					七赤金					八白土					九紫火					一白水					二黑土				
立秋 18時10分 廿三酉時		大暑 01時38分 初八丑時	奇門遁甲局數		小暑 08時19分 廿二辰時		夏至 14時46分 初六未時	奇門遁甲局數		芒種 22時08分 十九亥時		小滿 06時58分 初四卯時	奇門遁甲局數		立夏 18時11分 十七酉時		穀雨 08時05分 初二辰時	奇門遁甲局數		清明 01時08分 十七丑時		春分 21時19分 初一亥時	奇門遁甲局數		驚蟄 20時34分 十五戌時		雨水 22時31分 初二亥時	奇門遁甲局數	
農曆	國曆	干支	時盤	日盤	農曆	國曆	干支	時盤	日盤	農曆	國曆	干支	時盤	日盤	農曆	國曆	干支	時盤	日盤	農曆	國曆	干支	時盤	日盤	農曆	國曆	干支	時盤	日盤
1	7/16	癸酉	二	九	1	6/16	癸卯	3	7	1	5/18	甲戌	7	5	1	4/19	乙巳	7	3	1	3/20	乙亥	4	9	1	2/19	丙午	2	7
2	7/17	甲戌	五	八	2	6/17	甲辰	9	8	2	5/19	乙亥	7	6	2	4/20	丙午	7	4	2	3/21	丙子	4	1	2	2/20	丁未	2	8
3	7/18	乙亥	五	七	3	6/18	乙巳	9	9	3	5/20	丙子	7	7	3	4/21	丁未	7	5	3	3/22	丁丑	4	2	3	2/21	戊申	2	9
4	7/19	丙子	五	六	4	6/19	丙午	9	1	4	5/21	丁丑	7	8	4	4/22	戊申	7	6	4	3/23	戊寅	4	3	4	2/22	己酉	9	1
5	7/20	丁丑	五	五	5	6/20	丁未	9	2	5	5/22	戊寅	7	9	5	4/23	己酉	5	7	5	3/24	己卯	3	4	5	2/23	庚戌	9	2
6	7/21	戊寅	五	四	6	6/21	戊申	9	七	6	5/23	己卯	5	1	6	4/24	庚戌	5	8	6	3/25	庚辰	3	5	6	2/24	辛亥	9	3
7	7/22	己卯	七	三	7	6/22	己酉	九	六	7	5/24	庚辰	5	2	7	4/25	辛亥	5	9	7	3/26	辛巳	3	6	7	2/25	壬子	9	4
8	7/23	庚辰	七	二	8	6/23	庚戌	九	五	8	5/25	辛巳	5	3	8	4/26	壬子	5	1	8	3/27	壬午	3	7	8	2/26	癸丑	9	5
9	7/24	辛巳	七	一	9	6/24	辛亥	九	四	9	5/26	壬午	5	4	9	4/27	癸丑	5	2	9	3/28	癸未	3	8	9	2/27	甲寅	6	6
10	7/25	壬午	七	九	10	6/25	壬子	九	三	10	5/27	癸未	5	5	10	4/28	甲寅	2	3	10	3/29	甲申	9	9	10	2/28	乙卯	6	7
11	7/26	癸未	七	八	11	6/26	癸丑	九	二	11	5/28	甲申	2	6	11	4/29	乙卯	2	4	11	3/30	乙酉	9	1	11	3/1	丙辰	6	8
12	7/27	甲申	一	七	12	6/27	甲寅	三	一	12	5/29	乙酉	2	7	12	4/30	丙辰	2	5	12	3/31	丙戌	9	2	12	3/2	丁巳	6	9
13	7/28	乙酉	一	六	13	6/28	乙卯	三	九	13	5/30	丙戌	2	8	13	5/1	丁巳	2	6	13	4/1	丁亥	9	3	13	3/3	戊午	6	1
14	7/29	丙戌	一	五	14	6/29	丙辰	三	八	14	5/31	丁亥	2	9	14	5/2	戊午	2	7	14	4/2	戊子	9	4	14	3/4	己未	3	2
15	7/30	丁亥	一	四	15	6/30	丁巳	三	七	15	6/1	戊子	2	1	15	5/3	己未	8	8	15	4/3	己丑	6	5	15	3/5	庚申	3	3
16	7/31	戊子	一	三	16	7/1	戊午	三	六	16	6/2	己丑	8	2	16	5/4	庚申	8	9	16	4/4	庚寅	6	6	16	3/6	辛酉	3	4
17	8/1	己丑	四	二	17	7/2	己未	六	五	17	6/3	庚寅	8	3	17	5/5	辛酉	8	1	17	4/5	辛卯	6	7	17	3/7	壬戌	3	5
18	8/2	庚寅	四	一	18	7/3	庚申	六	四	18	6/4	辛卯	8	4	18	5/6	壬戌	8	2	18	4/6	壬辰	6	8	18	3/8	癸亥	3	6
19	8/3	辛卯	四	九	19	7/4	辛酉	六	三	19	6/5	壬辰	8	5	19	5/7	癸亥	8	3	19	4/7	癸巳	6	9	19	3/9	甲子	1	7
20	8/4	壬辰	四	八	20	7/5	壬戌	六	二	20	6/6	癸巳	8	6	20	5/8	甲子	4	4	20	4/8	甲午	4	1	20	3/10	乙丑	1	8
21	8/5	癸巳	四	七	21	7/6	癸亥	六	一	21	6/7	甲午	6	7	21	5/9	乙丑	4	5	21	4/9	乙未	4	2	21	3/11	丙寅	1	9
22	8/6	甲午	二	六	22	7/7	甲子	八	九	22	6/8	乙未	6	8	22	5/10	丙寅	4	6	22	4/10	丙申	4	3	22	3/12	丁卯	1	1
23	8/7	乙未	二	五	23	7/8	乙丑	八	八	23	6/9	丙申	6	9	23	5/11	丁卯	4	7	23	4/11	丁酉	4	4	23	3/13	戊辰	1	2
24	8/8	丙申	二	四	24	7/9	丙寅	八	七	24	6/10	丁酉	6	1	24	5/12	戊辰	4	8	24	4/12	戊戌	4	5	24	3/14	己巳	7	3
25	8/9	丁酉	二	三	25	7/10	丁卯	八	六	25	6/11	戊戌	6	2	25	5/13	己巳	1	9	25	4/13	己亥	1	6	25	3/15	庚午	7	4
26	8/10	戊戌	二	二	26	7/11	戊辰	八	五	26	6/12	己亥	3	3	26	5/14	庚午	1	1	26	4/14	庚子	1	7	26	3/16	辛未	7	5
27	8/11	己亥	五	一	27	7/12	己巳	二	四	27	6/13	庚子	3	4	27	5/15	辛未	1	2	27	4/15	辛丑	1	8	27	3/17	壬申	7	6
28	8/12	庚子	五	九	28	7/13	庚午	二	三	28	6/14	辛丑	3	5	28	5/16	壬申	1	3	28	4/16	壬寅	1	9	28	3/18	癸酉	7	7
29	8/13	辛丑	五	八	29	7/14	辛未	二	二	29	6/15	壬寅	3	6	29	5/17	癸酉	1	4	29	4/17	癸卯	1	1	29	3/19	甲戌	4	8
					30	7/15	壬申	二	一											30	4/18	甲辰	7	2					

西元2034年（甲寅）肖虎 民國123年（女巽命）

奇門遁甲局數如標示為 一 ～九表示陰局　　如標示為1 ～9 表示陽局

十二月					十一月					十　月					九　月					八　月					七　月				
丁丑					丙子					乙亥					甲戌					癸酉					壬申				
九紫火					一白水					二黑土					三碧木					四綠木					五黃土				
立春 08時33分 廿七辰時		大寒 14時16分 十二未時	奇門遁甲局數		小寒 20時57分 廿六戌時		冬至 03時36分 十二寅時	奇門遁甲局數		大雪 09時38分 廿七巳時		小雪 14時07分 十二未時	奇門遁甲局數		立冬 16時35分 廿七申時		霜降 16時18分 十二申時	奇門遁甲局數		寒露 13時09分 廿六未時		秋分 06時41分 十一卯時	奇門遁甲局數		白露 21時15分 廿五亥時		處暑 08時49分 初十辰時	奇門遁甲局數	
農曆	國曆	干支	時盤	日盤	農曆	國曆	干支	時盤	日盤	農曆	國曆	干支	時盤	日盤	農曆	國曆	干支	時盤	日盤	農曆	國曆	干支	時盤	日盤	農曆	國曆	干支	時盤	日盤
1	1/9	庚午	8	7	1	12/11	辛丑	七	五	1	11/11	辛未	九	八	1	10/12	辛丑	九	二	1	9/13	壬申	三	四	1	8/14	壬寅	五	七
2	1/10	辛未	8	8	2	12/12	壬寅	七	四	2	11/12	壬申	九	七	2	10/13	壬寅	九	一	2	9/14	癸酉	三	三	2	8/15	癸卯	五	六
3	1/11	壬申	8	9	3	12/13	癸卯	七	三	3	11/13	癸酉	九	六	3	10/14	癸卯	九	九	3	9/15	甲戌	六	二	3	8/16	甲辰	八	五
4	1/12	癸酉	8	1	4	12/14	甲辰	一	二	4	11/14	甲戌	三	五	4	10/15	甲辰	三	八	4	9/16	乙亥	六	一	4	8/17	乙巳	八	四
5	1/13	甲戌	5	2	5	12/15	乙巳	一	一	5	11/15	乙亥	三	四	5	10/16	乙巳	三	七	5	9/17	丙子	六	九	5	8/18	丙午	八	三
6	1/14	乙亥	5	3	6	12/16	丙午	一	九	6	11/16	丙子	三	三	6	10/17	丙午	三	六	6	9/18	丁丑	六	八	6	8/19	丁未	八	二
7	1/15	丙子	5	4	7	12/17	丁未	一	八	7	11/17	丁丑	三	二	7	10/18	丁未	三	五	7	9/19	戊寅	六	七	7	8/20	戊申	八	一
8	1/16	丁丑	5	5	8	12/18	戊申	一	七	8	11/18	戊寅	三	一	8	10/19	戊申	三	四	8	9/20	己卯	七	六	8	8/21	己酉	一	九
9	1/17	戊寅	5	6	9	12/19	己酉	1	六	9	11/19	己卯	五	九	9	10/20	己酉	五	三	9	9/21	庚辰	七	五	9	8/22	庚戌	一	八
10	1/18	己卯	3	7	10	12/20	庚戌	1	五	10	11/20	庚辰	五	八	10	10/21	庚戌	五	二	10	9/22	辛巳	七	四	10	8/23	辛亥	一	七
11	1/19	庚辰	3	8	11	12/21	辛亥	1	四	11	11/21	辛巳	五	七	11	10/22	辛亥	五	一	11	9/23	壬午	七	三	11	8/24	壬子	一	六
12	1/20	辛巳	3	9	12	12/22	壬子	1	7	12	11/22	壬午	五	六	12	10/23	壬子	五	九	12	9/24	癸未	七	二	12	8/25	癸丑	一	五
13	1/21	壬午	3	1	13	12/23	癸丑	1	8	13	11/23	癸未	五	五	13	10/24	癸丑	五	八	13	9/25	甲申	一	一	13	8/26	甲寅	四	四
14	1/22	癸未	3	2	14	12/24	甲寅	7	9	14	11/24	甲申	八	四	14	10/25	甲寅	八	七	14	9/26	乙酉	一	九	14	8/27	乙卯	四	三
15	1/23	甲申	9	3	15	12/25	乙卯	7	1	15	11/25	乙酉	八	三	15	10/26	乙卯	八	六	15	9/27	丙戌	一	八	15	8/28	丙辰	四	二
16	1/24	乙酉	9	4	16	12/26	丙辰	7	2	16	11/26	丙戌	八	二	16	10/27	丙辰	八	五	16	9/28	丁亥	一	七	16	8/29	丁巳	四	一
17	1/25	丙戌	9	5	17	12/27	丁巳	7	3	17	11/27	丁亥	八	一	17	10/28	丁巳	八	四	17	9/29	戊子	一	六	17	8/30	戊午	四	九
18	1/26	丁亥	9	6	18	12/28	戊午	7	4	18	11/28	戊子	八	九	18	10/29	戊午	八	三	18	9/30	己丑	四	五	18	8/31	己未	七	八
19	1/27	戊子	9	7	19	12/29	己未	4	5	19	11/29	己丑	二	八	19	10/30	己未	二	二	19	10/1	庚寅	四	四	19	9/1	庚申	七	七
20	1/28	己丑	6	8	20	12/30	庚申	4	6	20	11/30	庚寅	二	七	20	10/31	庚申	二	一	20	10/2	辛卯	四	三	20	9/2	辛酉	七	六
21	1/29	庚寅	6	9	21	12/31	辛酉	4	7	21	12/1	辛卯	二	六	21	11/1	辛酉	二	九	21	10/3	壬辰	四	二	21	9/3	壬戌	七	五
22	1/30	辛卯	6	1	22	1/1	壬戌	4	8	22	12/2	壬辰	二	五	22	11/2	壬戌	二	八	22	10/4	癸巳	四	一	22	9/4	癸亥	七	四
23	1/31	壬辰	6	2	23	1/2	癸亥	4	9	23	12/3	癸巳	二	四	23	11/3	癸亥	二	七	23	10/5	甲午	六	九	23	9/5	甲子	九	三
24	2/1	癸巳	6	3	24	1/3	甲子	2	1	24	12/4	甲午	四	三	24	11/4	甲子	六	六	24	10/6	乙未	六	八	24	9/6	乙丑	九	二
25	2/2	甲午	8	4	25	1/4	乙丑	2	2	25	12/5	乙未	四	二	25	11/5	乙丑	六	五	25	10/7	丙申	六	七	25	9/7	丙寅	九	一
26	2/3	乙未	8	5	26	1/5	丙寅	2	3	26	12/6	丙申	四	一	26	11/6	丙寅	六	四	26	10/8	丁酉	六	六	26	9/8	丁卯	九	九
27	2/4	丙申	8	6	27	1/6	丁卯	2	4	27	12/7	丁酉	四	九	27	11/7	丁卯	六	三	27	10/9	戊戌	六	五	27	9/9	戊辰	九	八
28	2/5	丁酉	8	7	28	1/7	戊辰	2	5	28	12/8	戊戌	四	八	28	11/8	戊辰	六	二	28	10/10	己亥	九	四	28	9/10	己巳	三	七
29	2/6	戊戌	8	8	29	1/8	己巳	8	6	29	12/9	己亥	七	七	29	11/9	己巳	九	一	29	10/11	庚子	九	三	29	9/11	庚午	三	六
30	2/7	己亥	5	9						30	12/10	庚子	七	六	30	11/10	庚午	九	九						30	9/12	辛未	三	五

西元2035年（乙卯）肖兔 民國124年（男坎命）

奇門遁甲局數如標示為 一 ～九表示陰局　　如標示為1 ～9 表示陽局

六月					五月					四月					三月					二月					正月				
癸未					壬午					辛巳					庚辰					己卯					戊寅				
三碧木					四綠木					五黃土					六白金					七赤金					八白土				
大暑 07時30分 十九辰時		小暑 14時03分 初三未時	奇門遁甲局數		夏至 20時35分 十六戌時		芒種 03時52分 初一寅時	奇門遁甲局數		小滿 12時45分 十四午時			奇門遁甲局數		立夏 23時56分 廿七子時		穀雨 13時50分 十三未時	奇門遁甲局數		清明 06時55分 廿七卯時		春分 03時04分 十二寅時	奇門遁甲局數		驚蟄 02時23分 廿七丑時		雨水 04時18分 十二寅時	奇門遁甲局數	
農曆	國曆	干支	時盤	日盤	農曆	國曆	干支	時盤	日盤	農曆	國曆	干支	時盤	日盤	農曆	國曆	干支	時盤	日盤	農曆	國曆	干支	時盤	日盤	農曆	國曆	干支	時盤	日盤
1	7/5	丁卯	八	六	1	6/6	戊戌	6	2	1	5/8	己巳	1	9	1	4/8	己亥	1	6	1	3/10	庚午	7	4	1	2/8	庚子	5	1
2	7/6	戊辰	八	五	2	6/7	己亥	3	3	2	5/9	庚午	1	1	2	4/9	庚子	1	7	2	3/11	辛未	7	5	2	2/9	辛丑	5	2
3	7/7	己巳	二	四	3	6/8	庚子	3	4	3	5/10	辛未	1	2	3	4/10	辛丑	1	8	3	3/12	壬申	7	6	3	2/10	壬寅	5	3
4	7/8	庚午	二	三	4	6/9	辛丑	3	5	4	5/11	壬申	1	3	4	4/11	壬寅	1	9	4	3/13	癸酉	7	7	4	2/11	癸卯	5	4
5	7/9	辛未	二	二	5	6/10	壬寅	3	6	5	5/12	癸酉	1	4	5	4/12	癸卯	1	1	5	3/14	甲戌	4	8	5	2/12	甲辰	2	5
6	7/10	壬申	二	一	6	6/11	癸卯	3	7	6	5/13	甲戌	7	5	6	4/13	甲辰	7	2	6	3/15	乙亥	4	9	6	2/13	乙巳	2	6
7	7/11	癸酉	二	九	7	6/12	甲辰	9	8	7	5/14	乙亥	7	6	7	4/14	乙巳	7	3	7	3/16	丙子	4	1	7	2/14	丙午	2	7
8	7/12	甲戌	五	八	8	6/13	乙巳	9	9	8	5/15	丙子	7	7	8	4/15	丙午	7	4	8	3/17	丁丑	4	2	8	2/15	丁未	2	8
9	7/13	乙亥	五	七	9	6/14	丙午	9	1	9	5/16	丁丑	7	8	9	4/16	丁未	7	5	9	3/18	戊寅	4	3	9	2/16	戊申	2	9
10	7/14	丙子	五	六	10	6/15	丁未	9	2	10	5/17	戊寅	7	9	10	4/17	戊申	7	6	10	3/19	己卯	3	4	10	2/17	己酉	9	1
11	7/15	丁丑	五	五	11	6/16	戊申	9	3	11	5/18	己卯	5	1	11	4/18	己酉	5	7	11	3/20	庚辰	3	5	11	2/18	庚戌	9	2
12	7/16	戊寅	五	四	12	6/17	己酉	九	4	12	5/19	庚辰	5	2	12	4/19	庚戌	5	8	12	3/21	辛巳	3	6	12	2/19	辛亥	9	3
13	7/17	己卯	七	三	13	6/18	庚戌	九	5	13	5/20	辛巳	5	3	13	4/20	辛亥	5	9	13	3/22	壬午	3	7	13	2/20	壬子	9	4
14	7/18	庚辰	七	二	14	6/19	辛亥	九	6	14	5/21	壬午	5	4	14	4/21	壬子	5	1	14	3/23	癸未	3	8	14	2/21	癸丑	9	5
15	7/19	辛巳	七	一	15	6/20	壬子	九	7	15	5/22	癸未	5	5	15	4/22	癸丑	5	2	15	3/24	甲申	9	9	15	2/22	甲寅	6	6
16	7/20	壬午	七	九	16	6/21	癸丑	九	二	16	5/23	甲申	2	6	16	4/23	甲寅	2	3	16	3/25	乙酉	9	1	16	2/23	乙卯	6	7
17	7/21	癸未	七	八	17	6/22	甲寅	三	一	17	5/24	乙酉	2	7	17	4/24	乙卯	2	4	17	3/26	丙戌	9	2	17	2/24	丙辰	6	8
18	7/22	甲申	一	七	18	6/23	乙卯	三	九	18	5/25	丙戌	2	8	18	4/25	丙辰	2	5	18	3/27	丁亥	9	3	18	2/25	丁巳	6	9
19	7/23	乙酉	一	六	19	6/24	丙辰	三	八	19	5/26	丁亥	2	9	19	4/26	丁巳	2	6	19	3/28	戊子	9	4	19	2/26	戊午	6	1
20	7/24	丙戌	一	五	20	6/25	丁巳	三	七	20	5/27	戊子	2	1	20	4/27	戊午	2	7	20	3/29	己丑	6	5	20	2/27	己未	3	2
21	7/25	丁亥	一	四	21	6/26	戊午	三	六	21	5/28	己丑	8	2	21	4/28	己未	8	8	21	3/30	庚寅	6	6	21	2/28	庚申	3	3
22	7/26	戊子	一	三	22	6/27	己未	六	五	22	5/29	庚寅	8	3	22	4/29	庚申	8	9	22	3/31	辛卯	6	7	22	3/1	辛酉	3	4
23	7/27	己丑	四	二	23	6/28	庚申	六	四	23	5/30	辛卯	8	4	23	4/30	辛酉	8	1	23	4/1	壬辰	6	8	23	3/2	壬戌	3	5
24	7/28	庚寅	四	一	24	6/29	辛酉	六	三	24	5/31	壬辰	8	5	24	5/1	壬戌	8	2	24	4/2	癸巳	6	9	24	3/3	癸亥	3	6
25	7/29	辛卯	四	九	25	6/30	壬戌	六	二	25	6/1	癸巳	8	6	25	5/2	癸亥	8	3	25	4/3	甲午	4	1	25	3/4	甲子	1	7
26	7/30	壬辰	四	八	26	7/1	癸亥	六	一	26	6/2	甲午	6	7	26	5/3	甲子	4	4	26	4/4	乙未	4	2	26	3/5	乙丑	1	8
27	7/31	癸巳	四	七	27	7/2	甲子	八	九	27	6/3	乙未	6	8	27	5/4	乙丑	4	5	27	4/5	丙申	4	3	27	3/6	丙寅	1	9
28	8/1	甲午	二	六	28	7/3	乙丑	八	八	28	6/4	丙申	6	9	28	5/5	丙寅	4	6	28	4/6	丁酉	4	4	28	3/7	丁卯	1	1
29	8/2	乙未	二	五	29	7/4	丙寅	八	七	29	6/5	丁酉	6	1	29	5/6	丁卯	4	7	29	4/7	戊戌	4	5	29	3/8	戊辰	1	2
30	8/3	丙申	二	四											30	5/7	戊辰	4	8						30	3/9	己巳	7	3

西元2035年（乙卯）肖兔 民國124年（女艮命）

奇門遁甲局數如標示為 一 ～九表示陰局　如標示為1 ～9 表示陽局

十二月					十一月					十　月					九　月					八　月					七　月				
己丑					戊子					丁亥					丙戌					乙酉					甲申				
六白金					七赤金					八白土					九紫火					一白水					二黑土				
大寒		小寒	奇門遁甲局數		冬至		大雪	奇門遁甲局數		小雪		立冬	奇門遁甲局數		霜降		寒露	奇門遁甲局數		秋分		白露	奇門遁甲局數		處暑		立秋	奇門遁甲局數	
20時13分	廿三戌時	02時45分 初九丑時			09時33分	廿三巳時	15時27分 初八申時			20時05分	廿三戌時	22時26分 初八亥時			22時18分	廿三亥時	18時59分 初八酉時			12時41分	廿二午時	03時04分 初七寅時			14時46分	二十未時	23時56分 初四子時		
農曆	國曆	干支	時盤	日盤	農曆	國曆	干支	時盤	日盤	農曆	國曆	干支	時盤	日盤	農曆	國曆	干支	時盤	日盤	農曆	國曆	干支	時盤	日盤	農曆	國曆	干支	時盤	日盤
1	12/29	甲子	1	1	1	11/30	乙未	四	二	1	10/31	乙丑	六	五	1	10/1	乙未	六	八	1	9/2	丙寅	九	一	1	8/4	丁酉	二	三
2	12/30	乙丑	1	2	2	12/1	丙申	四	一	2	11/1	丙寅	六	四	2	10/2	丙申	六	七	2	9/3	丁卯	九	九	2	8/5	戊戌	二	二
3	12/31	丙寅	1	3	3	12/2	丁酉	四	九	3	11/2	丁卯	六	三	3	10/3	丁酉	六	六	3	9/4	戊辰	九	八	3	8/6	己亥	五	一
4	1/1	丁卯	1	4	4	12/3	戊戌	四	八	4	11/3	戊辰	六	二	4	10/4	戊戌	六	五	4	9/5	己巳	三	七	4	8/7	庚子	五	九
5	1/2	戊辰	1	5	5	12/4	己亥	七	七	5	11/4	己巳	九	一	5	10/5	己亥	九	四	5	9/6	庚午	三	六	5	8/8	辛丑	五	八
6	1/3	己巳	7	6	6	12/5	庚子	七	六	6	11/5	庚午	九	九	6	10/6	庚子	九	三	6	9/7	辛未	三	五	6	8/9	壬寅	五	七
7	1/4	庚午	7	7	7	12/6	辛丑	七	五	7	11/6	辛未	九	八	7	10/7	辛丑	九	二	7	9/8	壬申	三	四	7	8/10	癸卯	五	六
8	1/5	辛未	7	8	8	12/7	壬寅	七	四	8	11/7	壬申	九	七	8	10/8	壬寅	九	一	8	9/9	癸酉	三	三	8	8/11	甲辰	八	五
9	1/6	壬申	7	9	9	12/8	癸卯	七	三	9	11/8	癸酉	九	六	9	10/9	癸卯	九	九	9	9/10	甲戌	六	二	9	8/12	乙巳	八	四
10	1/7	癸酉	7	1	10	12/9	甲辰	一	二	10	11/9	甲戌	三	五	10	10/10	甲辰	三	八	10	9/11	乙亥	六	一	10	8/13	丙午	八	三
11	1/8	甲戌	4	2	11	12/10	乙巳	一	一	11	11/10	乙亥	三	四	11	10/11	乙巳	三	七	11	9/12	丙子	六	九	11	8/14	丁未	八	二
12	1/9	乙亥	4	3	12	12/11	丙午	一	九	12	11/11	丙子	三	三	12	10/12	丙午	三	六	12	9/13	丁丑	六	八	12	8/15	戊申	八	一
13	1/10	丙子	4	4	13	12/12	丁未	一	八	13	11/12	丁丑	三	二	13	10/13	丁未	三	五	13	9/14	戊寅	六	七	13	8/16	己酉	一	九
14	1/11	丁丑	4	5	14	12/13	戊申	一	七	14	11/13	戊寅	三	一	14	10/14	戊申	三	四	14	9/15	己卯	七	六	14	8/17	庚戌	一	八
15	1/12	戊寅	4	6	15	12/14	己酉	四	六	15	11/14	己卯	五	九	15	10/15	己酉	五	三	15	9/16	庚辰	七	五	15	8/18	辛亥	一	七
16	1/13	己卯	2	7	16	12/15	庚戌	四	五	16	11/15	庚辰	五	八	16	10/16	庚戌	五	二	16	9/17	辛巳	七	四	16	8/19	壬子	一	六
17	1/14	庚辰	2	8	17	12/16	辛亥	四	四	17	11/16	辛巳	五	七	17	10/17	辛亥	五	一	17	9/18	壬午	七	三	17	8/20	癸丑	一	五
18	1/15	辛巳	2	9	18	12/17	壬子	四	三	18	11/17	壬午	五	六	18	10/18	壬子	五	九	18	9/19	癸未	七	二	18	8/21	甲寅	四	四
19	1/16	壬午	2	1	19	12/18	癸丑	四	二	19	11/18	癸未	五	五	19	10/19	癸丑	五	八	19	9/20	甲申	一	一	19	8/22	乙卯	四	三
20	1/17	癸未	2	2	20	12/19	甲寅	七	一	20	11/19	甲申	八	四	20	10/20	甲寅	八	七	20	9/21	乙酉	一	九	20	8/23	丙辰	四	二
21	1/18	甲申	8	3	21	12/20	乙卯	七	九	21	11/20	乙酉	八	三	21	10/21	乙卯	八	六	21	9/22	丙戌	一	八	21	8/24	丁巳	四	一
22	1/19	乙酉	8	4	22	12/21	丙辰	七	八	22	11/21	丙戌	八	二	22	10/22	丙辰	八	五	22	9/23	丁亥	一	七	22	8/25	戊午	四	九
23	1/20	丙戌	8	5	23	12/22	丁巳	七	3	23	11/22	丁亥	八	一	23	10/23	丁巳	八	四	23	9/24	戊子	一	六	23	8/26	己未	七	八
24	1/21	丁亥	8	6	24	12/23	戊午	七	4	24	11/23	戊子	八	九	24	10/24	戊午	八	三	24	9/25	己丑	四	五	24	8/27	庚申	七	七
25	1/22	戊子	8	7	25	12/24	己未	一	5	25	11/24	己丑	二	八	25	10/25	己未	二	二	25	9/26	庚寅	四	四	25	8/28	辛酉	七	六
26	1/23	己丑	5	8	26	12/25	庚申	一	6	26	11/25	庚寅	二	七	26	10/26	庚申	二	一	26	9/27	辛卯	四	三	26	8/29	壬戌	七	五
27	1/24	庚寅	5	9	27	12/26	辛酉	一	7	27	11/26	辛卯	二	六	27	10/27	辛酉	二	九	27	9/28	壬辰	四	二	27	8/30	癸亥	七	四
28	1/25	辛卯	5	1	28	12/27	壬戌	一	8	28	11/27	壬辰	二	五	28	10/28	壬戌	二	八	28	9/29	癸巳	四	一	28	8/31	甲子	九	三
29	1/26	壬辰	5	2	29	12/28	癸亥	一	9	29	11/28	癸巳	二	四	29	10/29	癸亥	二	七	29	9/30	甲午	六	九	29	9/1	乙丑	九	二
30	1/27	癸巳	5	3						30	11/29	甲午	四	三	30	10/30	甲子	六	六										

西元2036年（丙辰）肖龍 民國125年（男離命）

奇門遁甲局數如標示為 一 ～九表示陰局　　如標示為1 ～9 表示陽局

閏六月					六月					五月					四月					三月					二月					正月				
丙申					乙未					甲午					癸巳					壬辰					辛卯					庚寅				
					九紫火					一白水					二黑土					三碧木					四綠木					五黃土				
立秋 05時51分 十六卯時			奇門遁甲局數		大暑 13時24分 廿九未時		小暑 19時59分 十三戌時	奇門遁甲局數		夏至 02時34分 廿七丑時		芒種 09時48分 十一巳時	奇門遁甲局數		小滿 18時46分 廿五酉時		立夏 05時51分 初十卯時	奇門遁甲局數		穀雨 19時52分 廿三戌時		清明 12時48分 初八午時	奇門遁甲局數		春分 09時04分 廿三巳時		驚蟄 08時14分 初八辰時	奇門遁甲局數		雨水 10時16分 廿三巳時		立春 14時22分 初八未時	奇門遁甲局數	
農曆	國曆	干支	時盤	日盤	農曆	國曆	干支	時盤	日盤	農曆	國曆	干支	時盤	日盤	農曆	國曆	干支	時盤	日盤	農曆	國曆	干支	時盤	日盤	農曆	國曆	干支	時盤	日盤	農曆	國曆	干支	時盤	日盤
1	7/23	辛卯	五	九	1	6/24	壬戌	9	二	1	5/26	癸巳	7	6	1	4/26	癸亥	7	3	1	3/28	甲午	3	1	1	2/27	甲子	9	7	1	1/28	甲午	3	4
2	7/24	壬辰	五	八	2	6/25	癸亥	9	一	2	5/27	甲午	5	7	2	4/27	甲子	5	4	2	3/29	乙未	3	2	2	2/28	乙丑	9	8	2	1/29	乙未	3	5
3	7/25	癸巳	五	七	3	6/26	甲子	九	九	3	5/28	乙未	5	8	3	4/28	乙丑	5	5	3	3/30	丙申	3	3	3	2/29	丙寅	9	9	3	1/30	丙申	3	6
4	7/26	甲午	七	六	4	6/27	乙丑	九	八	4	5/29	丙申	5	9	4	4/29	丙寅	5	6	4	3/31	丁酉	3	4	4	3/1	丁卯	9	1	4	1/31	丁酉	3	7
5	7/27	乙未	七	五	5	6/28	丙寅	九	七	5	5/30	丁酉	5	1	5	4/30	丁卯	5	7	5	4/1	戊戌	3	5	5	3/2	戊辰	9	2	5	2/1	戊戌	3	8
6	7/28	丙申	七	四	6	6/29	丁卯	九	六	6	5/31	戊戌	5	2	6	5/1	戊辰	5	8	6	4/2	己亥	9	6	6	3/3	己巳	6	3	6	2/2	己亥	9	9
7	7/29	丁酉	七	三	7	6/30	戊辰	九	五	7	6/1	己亥	2	3	7	5/2	己巳	2	9	7	4/3	庚子	9	7	7	3/4	庚午	6	4	7	2/3	庚子	9	1
8	7/30	戊戌	七	二	8	7/1	己巳	三	四	8	6/2	庚子	2	4	8	5/3	庚午	2	1	8	4/4	辛丑	9	8	8	3/5	辛未	6	5	8	2/4	辛丑	9	2
9	7/31	己亥	一	一	9	7/2	庚午	三	三	9	6/3	辛丑	2	5	9	5/4	辛未	2	2	9	4/5	壬寅	9	9	9	3/6	壬申	6	6	9	2/5	壬寅	9	3
10	8/1	庚子	一	九	10	7/3	辛未	三	二	10	6/4	壬寅	2	6	10	5/5	壬申	2	3	10	4/6	癸卯	9	1	10	3/7	癸酉	6	7	10	2/6	癸卯	9	4
11	8/2	辛丑	一	八	11	7/4	壬申	三	一	11	6/5	癸卯	2	7	11	5/6	癸酉	2	4	11	4/7	甲辰	6	2	11	3/8	甲戌	3	8	11	2/7	甲辰	6	5
12	8/3	壬寅	一	七	12	7/5	癸酉	三	九	12	6/6	甲辰	8	8	12	5/7	甲戌	8	5	12	4/8	乙巳	6	3	12	3/9	乙亥	3	9	12	2/8	乙巳	6	6
13	8/4	癸卯	一	六	13	7/6	甲戌	六	八	13	6/7	乙巳	8	9	13	5/8	乙亥	8	6	13	4/9	丙午	6	4	13	3/10	丙子	3	1	13	2/9	丙午	6	7
14	8/5	甲辰	四	五	14	7/7	乙亥	六	七	14	6/8	丙午	8	1	14	5/9	丙子	8	7	14	4/10	丁未	6	5	14	3/11	丁丑	3	2	14	2/10	丁未	6	8
15	8/6	乙巳	四	四	15	7/8	丙子	六	六	15	6/9	丁未	8	2	15	5/10	丁丑	8	8	15	4/11	戊申	6	6	15	3/12	戊寅	3	3	15	2/11	戊申	6	9
16	8/7	丙午	四	三	16	7/9	丁丑	六	五	16	6/10	戊申	8	3	16	5/11	戊寅	8	9	16	4/12	己酉	4	7	16	3/13	己卯	1	4	16	2/12	己酉	8	1
17	8/8	丁未	四	二	17	7/10	戊寅	六	四	17	6/11	己酉	6	4	17	5/12	己卯	4	1	17	4/13	庚戌	4	8	17	3/14	庚辰	1	5	17	2/13	庚戌	8	2
18	8/9	戊申	四	一	18	7/11	己卯	八	三	18	6/12	庚戌	6	5	18	5/13	庚辰	4	2	18	4/14	辛亥	4	9	18	3/15	辛巳	1	6	18	2/14	辛亥	8	3
19	8/10	己酉	二	九	19	7/12	庚辰	八	二	19	6/13	辛亥	6	6	19	5/14	辛巳	4	3	19	4/15	壬子	4	1	19	3/16	壬午	1	7	19	2/15	壬子	8	4
20	8/11	庚戌	二	八	20	7/13	辛巳	八	一	20	6/14	壬子	6	7	20	5/15	壬午	4	4	20	4/16	癸丑	4	2	20	3/17	癸未	1	8	20	2/16	癸丑	8	5
21	8/12	辛亥	二	七	21	7/14	壬午	八	九	21	6/15	癸丑	6	8	21	5/16	癸未	4	5	21	4/17	甲寅	1	3	21	3/18	甲申	7	9	21	2/17	甲寅	5	6
22	8/13	壬子	二	六	22	7/15	癸未	八	八	22	6/16	甲寅	3	9	22	5/17	甲申	1	6	22	4/18	乙卯	1	4	22	3/19	乙酉	7	1	22	2/18	乙卯	5	7
23	8/14	癸丑	二	五	23	7/16	甲申	二	七	23	6/17	乙卯	3	1	23	5/18	乙酉	1	7	23	4/19	丙辰	1	5	23	3/20	丙戌	7	2	23	2/19	丙辰	5	8
24	8/15	甲寅	五	四	24	7/17	乙酉	二	六	24	6/18	丙辰	3	2	24	5/19	丙戌	1	8	24	4/20	丁巳	1	6	24	3/21	丁亥	7	3	24	2/20	丁巳	5	9
25	8/16	乙卯	五	三	25	7/18	丙戌	二	五	25	6/19	丁巳	3	3	25	5/20	丁亥	1	9	25	4/21	戊午	1	7	25	3/22	戊子	7	4	25	2/21	戊午	5	1
26	8/17	丙辰	五	二	26	7/19	丁亥	二	四	26	6/20	戊午	3	4	26	5/21	戊子	1	1	26	4/22	己未	7	8	26	3/23	己丑	4	5	26	2/22	己未	2	2
27	8/18	丁巳	五	一	27	7/20	戊子	二	三	27	6/21	己未	9	五	27	5/22	己丑	7	2	27	4/23	庚申	7	9	27	3/24	庚寅	4	6	27	2/23	庚申	2	3
28	8/19	戊午	五	九	28	7/21	己丑	五	二	28	6/22	庚申	9	四	28	5/23	庚寅	7	3	28	4/24	辛酉	7	1	28	3/25	辛卯	4	7	28	2/24	辛酉	2	4
29	8/20	己未	八	八	29	7/22	庚寅	五	一	29	6/23	辛酉	9	三	29	5/24	辛卯	7	4	29	4/25	壬戌	7	2	29	3/26	壬辰	4	8	29	2/25	壬戌	2	5
30	8/21	庚申	八	七											30	5/25	壬辰	7	5						30	3/27	癸巳	4	9	30	2/26	癸亥	2	6

西元2036年（丙辰）肖龍 民國125年（女乾命）

奇門遁甲局數如標示為 一 ～九表示陰局　　如標示為1 ～9 表示陽局

月份	十二月	十一月	十　月	九　月	八　月	七　月
月干支	辛丑	庚子	己亥	戊戌	丁酉	丙申
紫白	三碧木	四綠木	五黃土	六白金	七赤金	八白土
節	立春 20時13分 十九戌時	小寒 08時36分 二十辰時	大雪 21時18分 十九亥時	立冬 04時16分 二十寅時	寒露 00時51分 十九子時	白露 08時56分 十七辰時
氣	大寒 01時56分 初五丑時	冬至 15時15分 初五申時	小雪 01時47分 初五丑時	霜降 04時01分 初五寅時	秋分 18時25分 初三酉時	處暑 20時34分 初一戌時
	奇門遁甲局數	奇門遁甲局數	奇門遁甲局數	奇門遁甲局數	奇門遁甲局數	奇門遁甲局數

十二月（辛丑）

農曆	國曆	干支	時盤	日盤
1	1/16	戊子	8	7
2	1/17	己丑	5	8
3	1/18	庚寅	5	9
4	1/19	辛卯	5	1
5	1/20	壬辰	5	2
6	1/21	癸巳	5	3
7	1/22	甲午	3	4
8	1/23	乙未	3	5
9	1/24	丙申	3	6
10	1/25	丁酉	3	7
11	1/26	戊戌	3	8
12	1/27	己亥	9	9
13	1/28	庚子	9	1
14	1/29	辛丑	9	2
15	1/30	壬寅	9	3
16	1/31	癸卯	9	4
17	2/1	甲辰	6	5
18	2/2	乙巳	6	6
19	2/3	丙午	6	7
20	2/4	丁未	6	8
21	2/5	戊申	6	9
22	2/6	己酉	8	1
23	2/7	庚戌	8	2
24	2/8	辛亥	8	3
25	2/9	壬子	8	4
26	2/10	癸丑	8	5
27	2/11	甲寅	5	6
28	2/12	乙卯	5	7
29	2/13	丙辰	5	8
30	2/14	丁巳	5	9

十一月（庚子）

農曆	國曆	干支	時盤	日盤
1	12/17	戊午	七	六
2	12/18	己未	一	五
3	12/19	庚申	一	四
4	12/20	辛酉	一	三
5	12/21	壬戌	一	8
6	12/22	癸亥	一	9
7	12/23	甲子	1	1
8	12/24	乙丑	1	2
9	12/25	丙寅	1	3
10	12/26	丁卯	1	4
11	12/27	戊辰	1	5
12	12/28	己巳	7	6
13	12/29	庚午	7	7
14	12/30	辛未	7	8
15	12/31	壬申	7	9
16	1/1	癸酉	7	1
17	1/2	甲戌	4	2
18	1/3	乙亥	4	3
19	1/4	丙子	4	4
20	1/5	丁丑	4	5
21	1/6	戊寅	4	6
22	1/7	己卯	2	7
23	1/8	庚辰	2	8
24	1/9	辛巳	2	9
25	1/10	壬午	2	1
26	1/11	癸未	2	2
27	1/12	甲申	8	3
28	1/13	乙酉	8	4
29	1/14	丙戌	8	5
30	1/15	丁亥	8	6

十月（己亥）

農曆	國曆	干支	時盤	日盤
1	11/18	己丑	三	八
2	11/19	庚寅	三	七
3	11/20	辛卯	三	六
4	11/21	壬辰	三	五
5	11/22	癸巳	三	四
6	11/23	甲午	五	三
7	11/24	乙未	五	二
8	11/25	丙申	五	一
9	11/26	丁酉	五	九
10	11/27	戊戌	五	八
11	11/28	己亥	八	七
12	11/29	庚子	八	六
13	11/30	辛丑	八	五
14	12/1	壬寅	八	四
15	12/2	癸卯	八	三
16	12/3	甲辰	二	二
17	12/4	乙巳	二	一
18	12/5	丙午	二	九
19	12/6	丁未	二	八
20	12/7	戊申	二	七
21	12/8	己酉	四	六
22	12/9	庚戌	四	五
23	12/10	辛亥	四	四
24	12/11	壬子	四	三
25	12/12	癸丑	四	二
26	12/13	甲寅	七	一
27	12/14	乙卯	七	九
28	12/15	丙辰	七	八
29	12/16	丁巳	七	七

九月（戊戌）

農曆	國曆	干支	時盤	日盤
1	10/19	己未	三	二
2	10/20	庚申	三	一
3	10/21	辛酉	三	九
4	10/22	壬戌	三	八
5	10/23	癸亥	三	七
6	10/24	甲子	五	六
7	10/25	乙丑	五	五
8	10/26	丙寅	五	四
9	10/27	丁卯	五	三
10	10/28	戊辰	五	二
11	10/29	己巳	八	一
12	10/30	庚午	八	九
13	10/31	辛未	八	八
14	11/1	壬申	八	七
15	11/2	癸酉	八	六
16	11/3	甲戌	二	五
17	11/4	乙亥	二	四
18	11/5	丙子	二	三
19	11/6	丁丑	二	二
20	11/7	戊寅	二	一
21	11/8	己卯	六	九
22	11/9	庚辰	六	八
23	11/10	辛巳	六	七
24	11/11	壬午	六	六
25	11/12	癸未	六	五
26	11/13	甲申	九	四
27	11/14	乙酉	九	三
28	11/15	丙戌	九	二
29	11/16	丁亥	九	一
30	11/17	戊子	九	九

八月（丁酉）

農曆	國曆	干支	時盤	日盤
1	9/20	庚寅	六	四
2	9/21	辛卯	六	三
3	9/22	壬辰	六	二
4	9/23	癸巳	六	一
5	9/24	甲午	七	九
6	9/25	乙未	七	八
7	9/26	丙申	七	七
8	9/27	丁酉	七	六
9	9/28	戊戌	七	五
10	9/29	己亥	一	四
11	9/30	庚子	一	三
12	10/1	辛丑	一	二
13	10/2	壬寅	一	一
14	10/3	癸卯	一	九
15	10/4	甲辰	四	八
16	10/5	乙巳	四	七
17	10/6	丙午	四	六
18	10/7	丁未	四	五
19	10/8	戊申	四	四
20	10/9	己酉	六	三
21	10/10	庚戌	六	二
22	10/11	辛亥	六	一
23	10/12	壬子	六	九
24	10/13	癸丑	六	八
25	10/14	甲寅	九	七
26	10/15	乙卯	九	六
27	10/16	丙辰	九	五
28	10/17	丁巳	九	四
29	10/18	戊午	九	三

七月（丙申）

農曆	國曆	干支	時盤	日盤
1	8/22	辛酉	八	六
2	8/23	壬戌	八	五
3	8/24	癸亥	八	四
4	8/25	甲子	一	三
5	8/26	乙丑	一	二
6	8/27	丙寅	一	一
7	8/28	丁卯	一	九
8	8/29	戊辰	一	八
9	8/30	己巳	四	七
10	8/31	庚午	四	六
11	9/1	辛未	四	五
12	9/2	壬申	四	四
13	9/3	癸酉	四	三
14	9/4	甲戌	七	二
15	9/5	乙亥	七	一
16	9/6	丙子	七	九
17	9/7	丁丑	七	八
18	9/8	戊寅	七	七
19	9/9	己卯	九	六
20	9/10	庚辰	九	五
21	9/11	辛巳	九	四
22	9/12	壬午	九	三
23	9/13	癸未	九	二
24	9/14	甲申	三	一
25	9/15	乙酉	三	九
26	9/16	丙戌	三	八
27	9/17	丁亥	三	七
28	9/18	戊子	三	六
29	9/19	己丑	六	五

西元2037年（丁巳）肖蛇 民國126年（男艮命）

奇門遁甲局數如標示為 一 ～九表示陰局　　如標示為1 ～9 表示陽局

六月					五月					四月					三月					二月					正月				
丁未					丙午					乙巳					甲辰					癸卯					壬寅				
六白金					七赤金					八白土					九紫火					一白水					二黑土				
立秋 11時44分 廿六午時		大暑 19時14分 初十戌時	奇門遁甲局數		小暑 01時57分 廿四丑時		夏至 08時24分 初八辰時	奇門遁甲局數		芒種 15時48分 廿二申時		小滿 00時37分 初七子時	奇門遁甲局數		立夏 11時51分 二十午時		穀雨 01時42分 初五丑時	奇門遁甲局數		清明 18時46分 十九酉時		春分 14時52分 初四未時	奇門遁甲局數		驚蟄 14時08分 十九未時		雨水 16時01分 初四申時	奇門遁甲局數	
農曆	國曆	干支	時盤	日盤	農曆	國曆	干支	時盤	日盤	農曆	國曆	干支	時盤	日盤	農曆	國曆	干支	時盤	日盤	農曆	國曆	干支	時盤	日盤	農曆	國曆	干支	時盤	日盤
1	7/13	丙戌	二	五	1	6/14	丁巳	3	3	1	5/15	丁亥	1	9	1	4/16	戊午	1	7	1	3/17	戊子	7	4	1	2/15	戊午	5	1
2	7/14	丁亥	二	四	2	6/15	戊午	3	4	2	5/16	戊子	1	1	2	4/17	己未	7	8	2	3/18	己丑	4	5	2	2/16	己未	2	2
3	7/15	戊子	二	三	3	6/16	己未	9	5	3	5/17	己丑	7	2	3	4/18	庚申	7	9	3	3/19	庚寅	4	6	3	2/17	庚申	2	3
4	7/16	己丑	五	二	4	6/17	庚申	9	6	4	5/18	庚寅	7	3	4	4/19	辛酉	7	1	4	3/20	辛卯	4	7	4	2/18	辛酉	2	4
5	7/17	庚寅	五	一	5	6/18	辛酉	9	7	5	5/19	辛卯	7	4	5	4/20	壬戌	7	2	5	3/21	壬辰	4	8	5	2/19	壬戌	2	5
6	7/18	辛卯	五	九	6	6/19	壬戌	9	8	6	5/20	壬辰	7	5	6	4/21	癸亥	7	3	6	3/22	癸巳	4	9	6	2/20	癸亥	2	6
7	7/19	壬辰	五	八	7	6/20	癸亥	9	9	7	5/21	癸巳	7	6	7	4/22	甲子	5	4	7	3/23	甲午	3	1	7	2/21	甲子	9	7
8	7/20	癸巳	五	七	8	6/21	甲子	九	九	8	5/22	甲午	5	7	8	4/23	乙丑	5	5	8	3/24	乙未	3	2	8	2/22	乙丑	9	8
9	7/21	甲午	七	六	9	6/22	乙丑	九	八	9	5/23	乙未	5	8	9	4/24	丙寅	5	6	9	3/25	丙申	3	3	9	2/23	丙寅	9	9
10	7/22	乙未	七	五	10	6/23	丙寅	九	七	10	5/24	丙申	5	9	10	4/25	丁卯	5	7	10	3/26	丁酉	3	4	10	2/24	丁卯	9	1
11	7/23	丙申	七	四	11	6/24	丁卯	九	六	11	5/25	丁酉	5	1	11	4/26	戊辰	5	8	11	3/27	戊戌	3	5	11	2/25	戊辰	9	2
12	7/24	丁酉	七	三	12	6/25	戊辰	九	五	12	5/26	戊戌	5	2	12	4/27	己巳	2	9	12	3/28	己亥	9	6	12	2/26	己巳	6	3
13	7/25	戊戌	七	二	13	6/26	己巳	三	四	13	5/27	己亥	2	3	13	4/28	庚午	2	1	13	3/29	庚子	9	7	13	2/27	庚午	6	4
14	7/26	己亥	一	一	14	6/27	庚午	三	三	14	5/28	庚子	2	4	14	4/29	辛未	2	2	14	3/30	辛丑	9	8	14	2/28	辛未	6	5
15	7/27	庚子	一	九	15	6/28	辛未	三	二	15	5/29	辛丑	2	5	15	4/30	壬申	2	3	15	3/31	壬寅	9	9	15	3/1	壬申	6	6
16	7/28	辛丑	一	八	16	6/29	壬申	三	一	16	5/30	壬寅	2	6	16	5/1	癸酉	2	4	16	4/1	癸卯	9	1	16	3/2	癸酉	6	7
17	7/29	壬寅	一	七	17	6/30	癸酉	三	九	17	5/31	癸卯	2	7	17	5/2	甲戌	8	5	17	4/2	甲辰	6	2	17	3/3	甲戌	3	8
18	7/30	癸卯	一	六	18	7/1	甲戌	六	八	18	6/1	甲辰	8	8	18	5/3	乙亥	8	6	18	4/3	乙巳	6	3	18	3/4	乙亥	3	9
19	7/31	甲辰	四	五	19	7/2	乙亥	六	七	19	6/2	乙巳	8	9	19	5/4	丙子	8	7	19	4/4	丙午	6	4	19	3/5	丙子	3	1
20	8/1	乙巳	四	四	20	7/3	丙子	六	六	20	6/3	丙午	8	1	20	5/5	丁丑	8	8	20	4/5	丁未	6	5	20	3/6	丁丑	3	2
21	8/2	丙午	四	三	21	7/4	丁丑	六	五	21	6/4	丁未	8	2	21	5/6	戊寅	8	9	21	4/6	戊申	6	6	21	3/7	戊寅	3	3
22	8/3	丁未	四	二	22	7/5	戊寅	六	四	22	6/5	戊申	8	3	22	5/7	己卯	4	1	22	4/7	己酉	4	7	22	3/8	己卯	1	4
23	8/4	戊申	四	一	23	7/6	己卯	八	三	23	6/6	己酉	6	4	23	5/8	庚辰	4	2	23	4/8	庚戌	4	8	23	3/9	庚辰	1	5
24	8/5	己酉	二	九	24	7/7	庚辰	八	二	24	6/7	庚戌	6	5	24	5/9	辛巳	4	3	24	4/9	辛亥	4	9	24	3/10	辛巳	1	6
25	8/6	庚戌	二	八	25	7/8	辛巳	八	一	25	6/8	辛亥	6	6	25	5/10	壬午	4	4	25	4/10	壬子	4	1	25	3/11	壬午	1	7
26	8/7	辛亥	二	七	26	7/9	壬午	八	九	26	6/9	壬子	6	7	26	5/11	癸未	4	5	26	4/11	癸丑	4	2	26	3/12	癸未	1	8
27	8/8	壬子	二	六	27	7/10	癸未	八	八	27	6/10	癸丑	6	8	27	5/12	甲申	1	6	27	4/12	甲寅	1	3	27	3/13	甲申	7	9
28	8/9	癸丑	二	五	28	7/11	甲申	二	七	28	6/11	甲寅	3	9	28	5/13	乙酉	1	7	28	4/13	乙卯	1	4	28	3/14	乙酉	7	1
29	8/10	甲寅	五	四	29	7/12	乙酉	二	六	29	6/12	乙卯	3	1	29	5/14	丙戌	1	8	29	4/14	丙辰	1	5	29	3/15	丙戌	7	2
										30	6/13	丙辰	3	2						30	4/15	丁巳	1	6	30	3/16	丁亥	7	3

西元2037年（丁巳）肖蛇 民國126年（女兌命）

奇門遁甲局數如標示為 一 ～九表示陰局　　如標示為1 ～9 表示陽局

十二月					十一月					十　月					九　月					八　月					七　月				
癸丑					壬子					辛亥					庚戌					己酉					戊申				
九紫火					一白水					二黑土					三碧木					四綠木					五黃土				
大寒 07時51分 十六辰時		小寒 14時29分 初一未時	奇門遁甲局數		冬至 21時10分 十五亥時		大雪 03時09分 初一寅時	奇門遁甲局數		小雪 07時40分 十六辰時		立冬 10時06分 初一巳時	奇門遁甲局數		霜降 09時52分 十五巳時			奇門遁甲局數		寒露 06時39分 廿九卯時		秋分 00時14分 十四子時	奇門遁甲局數		白露 14時47分 廿八未時		處暑 02時24分 十三丑時	奇門遁甲局數	
農曆	國曆	干支	時盤	日盤	農曆	國曆	干支	時盤	日盤	農曆	國曆	干支	時盤	日盤	農曆	國曆	干支	時盤	日盤	農曆	國曆	干支	時盤	日盤	農曆	國曆	干支	時盤	日盤
1	1/5	壬午	2	1	1	12/7	癸丑	四	二	1	11/7	癸未	六	五	1	10/9	甲寅	九	七	1	9/10	乙酉	三	九	1	8/11	乙卯	五	三
2	1/6	癸未	2	2	2	12/8	甲寅	七	一	2	11/8	甲申	九	四	2	10/10	乙卯	九	六	2	9/11	丙戌	三	八	2	8/12	丙辰	五	二
3	1/7	甲申	8	3	3	12/9	乙卯	七	九	3	11/9	乙酉	九	三	3	10/11	丙辰	九	五	3	9/12	丁亥	三	七	3	8/13	丁巳	五	一
4	1/8	乙酉	8	4	4	12/10	丙辰	七	八	4	11/10	丙戌	九	二	4	10/12	丁巳	九	四	4	9/13	戊子	三	六	4	8/14	戊午	五	九
5	1/9	丙戌	8	5	5	12/11	丁巳	七	七	5	11/11	丁亥	九	一	5	10/13	戊午	九	三	5	9/14	己丑	六	五	5	8/15	己未	八	八
6	1/10	丁亥	8	6	6	12/12	戊午	七	六	6	11/12	戊子	九	九	6	10/14	己未	三	二	6	9/15	庚寅	六	四	6	8/16	庚申	八	七
7	1/11	戊子	8	7	7	12/13	己未	一	五	7	11/13	己丑	三	八	7	10/15	庚申	三	一	7	9/16	辛卯	六	三	7	8/17	辛酉	八	六
8	1/12	己丑	5	8	8	12/14	庚申	一	四	8	11/14	庚寅	三	七	8	10/16	辛酉	三	九	8	9/17	壬辰	六	二	8	8/18	壬戌	八	五
9	1/13	庚寅	5	9	9	12/15	辛酉	一	三	9	11/15	辛卯	三	六	9	10/17	壬戌	三	八	9	9/18	癸巳	六	一	9	8/19	癸亥	八	四
10	1/14	辛卯	5	1	10	12/16	壬戌	一	二	10	11/16	壬辰	三	五	10	10/18	癸亥	三	七	10	9/19	甲午	七	九	10	8/20	甲子	一	三
11	1/15	壬辰	5	2	11	12/17	癸亥	一	一	11	11/17	癸巳	三	四	11	10/19	甲子	五	六	11	9/20	乙未	七	八	11	8/21	乙丑	一	二
12	1/16	癸巳	5	3	12	12/18	甲子	1	九	12	11/18	甲午	五	三	12	10/20	乙丑	五	五	12	9/21	丙申	七	七	12	8/22	丙寅	一	一
13	1/17	甲午	3	4	13	12/19	乙丑	1	八	13	11/19	乙未	五	二	13	10/21	丙寅	五	四	13	9/22	丁酉	七	六	13	8/23	丁卯	一	九
14	1/18	乙未	3	5	14	12/20	丙寅	1	七	14	11/20	丙申	五	一	14	10/22	丁卯	五	三	14	9/23	戊戌	七	五	14	8/24	戊辰	一	八
15	1/19	丙申	3	6	15	12/21	丁卯	1	4	15	11/21	丁酉	五	九	15	10/23	戊辰	五	二	15	9/24	己亥	一	四	15	8/25	己巳	四	七
16	1/20	丁酉	3	7	16	12/22	戊辰	1	5	16	11/22	戊戌	五	八	16	10/24	己巳	八	一	16	9/25	庚子	一	三	16	8/26	庚午	四	六
17	1/21	戊戌	3	8	17	12/23	己巳	7	6	17	11/23	己亥	八	七	17	10/25	庚午	八	九	17	9/26	辛丑	一	二	17	8/27	辛未	四	五
18	1/22	己亥	9	9	18	12/24	庚午	7	7	18	11/24	庚子	八	六	18	10/26	辛未	八	八	18	9/27	壬寅	一	一	18	8/28	壬申	四	四
19	1/23	庚子	9	1	19	12/25	辛未	7	8	19	11/25	辛丑	八	五	19	10/27	壬申	八	七	19	9/28	癸卯	一	九	19	8/29	癸酉	四	三
20	1/24	辛丑	9	2	20	12/26	壬申	7	9	20	11/26	壬寅	八	四	20	10/28	癸酉	八	六	20	9/29	甲辰	四	八	20	8/30	甲戌	七	二
21	1/25	壬寅	9	3	21	12/27	癸酉	7	1	21	11/27	癸卯	八	三	21	10/29	甲戌	二	五	21	9/30	乙巳	四	七	21	8/31	乙亥	七	一
22	1/26	癸卯	9	4	22	12/28	甲戌	4	2	22	11/28	甲辰	二	二	22	10/30	乙亥	二	四	22	10/1	丙午	四	六	22	9/1	丙子	七	九
23	1/27	甲辰	6	5	23	12/29	乙亥	4	3	23	11/29	乙巳	二	一	23	10/31	丙子	二	三	23	10/2	丁未	四	五	23	9/2	丁丑	七	八
24	1/28	乙巳	6	6	24	12/30	丙子	4	4	24	11/30	丙午	二	九	24	11/1	丁丑	二	二	24	10/3	戊申	四	四	24	9/3	戊寅	七	七
25	1/29	丙午	6	7	25	12/31	丁丑	4	5	25	12/1	丁未	二	八	25	11/2	戊寅	二	一	25	10/4	己酉	六	三	25	9/4	己卯	九	六
26	1/30	丁未	6	8	26	1/1	戊寅	4	6	26	12/2	戊申	二	七	26	11/3	己卯	六	九	26	10/5	庚戌	六	二	26	9/5	庚辰	九	五
27	1/31	戊申	6	9	27	1/2	己卯	2	7	27	12/3	己酉	四	六	27	11/4	庚辰	六	八	27	10/6	辛亥	六	一	27	9/6	辛巳	九	四
28	2/1	己酉	8	1	28	1/3	庚辰	2	8	28	12/4	庚戌	四	五	28	11/5	辛巳	六	七	28	10/7	壬子	六	九	28	9/7	壬午	九	三
29	2/2	庚戌	8	2	29	1/4	辛巳	2	9	29	12/5	辛亥	四	四	29	11/6	壬午	六	六	29	10/8	癸丑	六	八	29	9/8	癸未	九	二
30	2/3	辛亥	8	3						30	12/6	壬子	四	三											30	9/9	甲申	三	一

西元2038年（戊午）肖馬 民國127年（男兌命）

奇門遁甲局數如標示為 一 ～九表示陰局　　如標示為1 ～9 表示陽局

六月					五月					四月					三月					二月					正月				
己未					戊午					丁巳					丙辰					乙卯					甲寅				
三碧木					四綠木					五黃土					六白金					七赤金					八白土				
大暑 01時01分 廿二丑時		小暑 07時34分 初六辰時	奇門遁甲局數		夏至 14時11分 十九未時		芒種 21時27分 初三亥時	奇門遁甲局數		小滿 06時24分 十八卯時		立夏 17時33分 初二酉時	奇門遁甲局數		穀雨 07時30分 十六辰時		清明 00時31分 初一子時	奇門遁甲局數		春分 20時42分 十五戌時		驚蟄 19時57分 三十戌時	奇門遁甲局數		雨水 21時54分 十五亥時		立春 02時06分 初一丑時	奇門遁甲局數	
農曆	國曆	干支	時盤	日盤	農曆	國曆	干支	時盤	日盤	農曆	國曆	干支	時盤	日盤	農曆	國曆	干支	時盤	日盤	農曆	國曆	干支	時盤	日盤	農曆	國曆	干支	時盤	日盤
1	7/2	庚辰	八	二	1	6/3	辛亥	6	6	1	5/4	辛巳	4	3	1	4/5	壬子	4	1	1	3/6	壬午	1	7	1	2/4	壬子	8	4
2	7/3	辛巳	八	一	2	6/4	壬子	6	7	2	5/5	壬午	4	4	2	4/6	癸丑	4	2	2	3/7	癸未	1	8	2	2/5	癸丑	8	5
3	7/4	壬午	八	九	3	6/5	癸丑	6	8	3	5/6	癸未	4	5	3	4/7	甲寅	1	3	3	3/8	甲申	7	9	3	2/6	甲寅	5	6
4	7/5	癸未	八	八	4	6/6	甲寅	3	9	4	5/7	甲申	1	6	4	4/8	乙卯	1	4	4	3/9	乙酉	7	1	4	2/7	乙卯	5	7
5	7/6	甲申	二	七	5	6/7	乙卯	3	1	5	5/8	乙酉	1	7	5	4/9	丙辰	1	5	5	3/10	丙戌	7	2	5	2/8	丙辰	5	8
6	7/7	乙酉	二	六	6	6/8	丙辰	3	2	6	5/9	丙戌	1	8	6	4/10	丁巳	1	6	6	3/11	丁亥	7	3	6	2/9	丁巳	5	9
7	7/8	丙戌	二	五	7	6/9	丁巳	3	3	7	5/10	丁亥	1	9	7	4/11	戊午	1	7	7	3/12	戊子	7	4	7	2/10	戊午	5	1
8	7/9	丁亥	二	四	8	6/10	戊午	3	4	8	5/11	戊子	1	1	8	4/12	己未	7	8	8	3/13	己丑	4	5	8	2/11	己未	2	2
9	7/10	戊子	二	三	9	6/11	己未	9	5	9	5/12	己丑	7	2	9	4/13	庚申	7	9	9	3/14	庚寅	4	6	9	2/12	庚申	2	3
10	7/11	己丑	五	二	10	6/12	庚申	9	6	10	5/13	庚寅	7	3	10	4/14	辛酉	7	1	10	3/15	辛卯	4	7	10	2/13	辛酉	2	4
11	7/12	庚寅	五	一	11	6/13	辛酉	9	7	11	5/14	辛卯	7	4	11	4/15	壬戌	7	2	11	3/16	壬辰	4	8	11	2/14	壬戌	2	5
12	7/13	辛卯	五	九	12	6/14	壬戌	9	8	12	5/15	壬辰	7	5	12	4/16	癸亥	7	3	12	3/17	癸巳	4	9	12	2/15	癸亥	2	6
13	7/14	壬辰	五	八	13	6/15	癸亥	9	9	13	5/16	癸巳	7	6	13	4/17	甲子	5	4	13	3/18	甲午	3	1	13	2/16	甲子	9	7
14	7/15	癸巳	五	七	14	6/16	甲子	九	1	14	5/17	甲午	5	7	14	4/18	乙丑	5	5	14	3/19	乙未	3	2	14	2/17	乙丑	9	8
15	7/16	甲午	七	六	15	6/17	乙丑	九	2	15	5/18	乙未	5	8	15	4/19	丙寅	5	6	15	3/20	丙申	3	3	15	2/18	丙寅	9	9
16	7/17	乙未	七	五	16	6/18	丙寅	九	3	16	5/19	丙申	5	9	16	4/20	丁卯	5	7	16	3/21	丁酉	3	4	16	2/19	丁卯	9	1
17	7/18	丙申	七	四	17	6/19	丁卯	九	4	17	5/20	丁酉	5	1	17	4/21	戊辰	5	8	17	3/22	戊戌	3	5	17	2/20	戊辰	9	2
18	7/19	丁酉	七	三	18	6/20	戊辰	九	5	18	5/21	戊戌	5	2	18	4/22	己巳	2	9	18	3/23	己亥	9	6	18	2/21	己巳	6	3
19	7/20	戊戌	七	二	19	6/21	己巳	三	四	19	5/22	己亥	2	3	19	4/23	庚午	2	1	19	3/24	庚子	9	7	19	2/22	庚午	6	4
20	7/21	己亥	一	一	20	6/22	庚午	三	三	20	5/23	庚子	2	4	20	4/24	辛未	2	2	20	3/25	辛丑	9	8	20	2/23	辛未	6	5
21	7/22	庚子	一	九	21	6/23	辛未	三	二	21	5/24	辛丑	2	5	21	4/25	壬申	2	3	21	3/26	壬寅	9	9	21	2/24	壬申	6	6
22	7/23	辛丑	一	八	22	6/24	壬申	三	一	22	5/25	壬寅	2	6	22	4/26	癸酉	2	4	22	3/27	癸卯	9	1	22	2/25	癸酉	6	7
23	7/24	壬寅	一	七	23	6/25	癸酉	三	九	23	5/26	癸卯	2	7	23	4/27	甲戌	8	5	23	3/28	甲辰	6	2	23	2/26	甲戌	3	8
24	7/25	癸卯	一	六	24	6/26	甲戌	六	八	24	5/27	甲辰	8	8	24	4/28	乙亥	8	6	24	3/29	乙巳	6	3	24	2/27	乙亥	3	9
25	7/26	甲辰	四	五	25	6/27	乙亥	六	七	25	5/28	乙巳	8	9	25	4/29	丙子	8	7	25	3/30	丙午	6	4	25	2/28	丙子	3	1
26	7/27	乙巳	四	四	26	6/28	丙子	六	六	26	5/29	丙午	8	1	26	4/30	丁丑	8	8	26	3/31	丁未	6	5	26	3/1	丁丑	3	2
27	7/28	丙午	四	三	27	6/29	丁丑	六	五	27	5/30	丁未	8	2	27	5/1	戊寅	8	9	27	4/1	戊申	6	6	27	3/2	戊寅	3	3
28	7/29	丁未	四	二	28	6/30	戊寅	六	四	28	5/31	戊申	8	3	28	5/2	己卯	4	1	28	4/2	己酉	4	7	28	3/3	己卯	1	4
29	7/30	戊申	四	一	29	7/1	己卯	八	三	29	6/1	己酉	6	4	29	5/3	庚辰	4	2	29	4/3	庚戌	4	8	29	3/4	庚辰	1	5
30	7/31	己酉	二	九						30	6/2	庚戌	6	5						30	4/4	辛亥	4	9	30	3/5	辛巳	1	6

西元2038年（戊午）肖馬 民國127年（女艮命）

奇門遁甲局數如標示為 一 ～九表示陰局　　如標示為1 ～9 表示陽局

十二月					十一月					十　月					九　月					八　月					七　月				
乙丑					甲子					癸亥					壬戌					辛酉					庚申				
六白金					七赤金					八白土					九紫火					一白水					二黑土				
大寒 13時45分 廿六未時		小寒 20時18分 十一戌時	奇門遁甲局數		冬至 03時04分 廿七寅時		大雪 08時58分 十二辰時	奇門遁甲局數		小雪 13時33分 廿六未時		立冬 15時53分 十一申時	奇門遁甲局數		霜降 15時42分 廿五申時		寒露 12時23分 初十午時	奇門遁甲局數		秋分 06時04分 廿五卯時		白露 20時28分 初九戌時	奇門遁甲局數		處暑 08時12分 廿三辰時		立秋 17時23分 初七酉時	奇門遁甲局數	
農曆	國曆	干支	時盤	日盤	農曆	國曆	干支	時盤	日盤	農曆	國曆	干支	時盤	日盤	農曆	國曆	干支	時盤	日盤	農曆	國曆	干支	時盤	日盤	農曆	國曆	干支	時盤	日盤
1	12/26	丁丑	一	5	1	11/26	丁未	二	八	1	10/28	戊寅	二	一	1	9/29	己酉	六	三	1	8/30	己卯	九	六	1	8/1	庚戌	二	八
2	12/27	戊寅	一	6	2	11/27	戊申	二	七	2	10/29	己卯	六	九	2	9/30	庚戌	六	二	2	8/31	庚辰	九	五	2	8/2	辛亥	二	七
3	12/28	己卯	1	7	3	11/28	己酉	四	六	3	10/30	庚辰	六	八	3	10/1	辛亥	六	一	3	9/1	辛巳	九	四	3	8/3	壬子	二	六
4	12/29	庚辰	1	8	4	11/29	庚戌	四	五	4	10/31	辛巳	六	七	4	10/2	壬子	六	九	4	9/2	壬午	九	三	4	8/4	癸丑	二	五
5	12/30	辛巳	1	9	5	11/30	辛亥	四	四	5	11/1	壬午	六	六	5	10/3	癸丑	六	八	5	9/3	癸未	九	二	5	8/5	甲寅	五	四
6	12/31	壬午	1	1	6	12/1	壬子	四	三	6	11/2	癸未	六	五	6	10/4	甲寅	九	七	6	9/4	甲申	三	一	6	8/6	乙卯	五	三
7	1/1	癸未	1	2	7	12/2	癸丑	四	二	7	11/3	甲申	九	四	7	10/5	乙卯	九	六	7	9/5	乙酉	三	九	7	8/7	丙辰	五	二
8	1/2	甲申	7	3	8	12/3	甲寅	七	一	8	11/4	乙酉	九	三	8	10/6	丙辰	九	五	8	9/6	丙戌	三	八	8	8/8	丁巳	五	一
9	1/3	乙酉	7	4	9	12/4	乙卯	七	九	9	11/5	丙戌	九	二	9	10/7	丁巳	九	四	9	9/7	丁亥	三	七	9	8/9	戊午	五	九
10	1/4	丙戌	7	5	10	12/5	丙辰	七	八	10	11/6	丁亥	九	一	10	10/8	戊午	九	三	10	9/8	戊子	三	六	10	8/10	己未	八	八
11	1/5	丁亥	7	6	11	12/6	丁巳	七	七	11	11/7	戊子	九	九	11	10/9	己未	三	二	11	9/9	己丑	六	五	11	8/11	庚申	八	七
12	1/6	戊子	7	7	12	12/7	戊午	七	六	12	11/8	己丑	三	八	12	10/10	庚申	三	一	12	9/10	庚寅	六	四	12	8/12	辛酉	八	六
13	1/7	己丑	4	8	13	12/8	己未	一	五	13	11/9	庚寅	三	七	13	10/11	辛酉	三	九	13	9/11	辛卯	六	三	13	8/13	壬戌	八	五
14	1/8	庚寅	4	9	14	12/9	庚申	一	四	14	11/10	辛卯	三	六	14	10/12	壬戌	三	八	14	9/12	壬辰	六	二	14	8/14	癸亥	八	四
15	1/9	辛卯	4	1	15	12/10	辛酉	一	三	15	11/11	壬辰	三	五	15	10/13	癸亥	三	七	15	9/13	癸巳	六	一	15	8/15	甲子	一	三
16	1/10	壬辰	4	2	16	12/11	壬戌	一	二	16	11/12	癸巳	三	四	16	10/14	甲子	五	六	16	9/14	甲午	七	九	16	8/16	乙丑	一	二
17	1/11	癸巳	4	3	17	12/12	癸亥	一	一	17	11/13	甲午	五	三	17	10/15	乙丑	五	五	17	9/15	乙未	七	八	17	8/17	丙寅	一	一
18	1/12	甲午	2	4	18	12/13	甲子	四	九	18	11/14	乙未	五	二	18	10/16	丙寅	五	四	18	9/16	丙申	七	七	18	8/18	丁卯	一	九
19	1/13	乙未	2	5	19	12/14	乙丑	四	八	19	11/15	丙申	五	一	19	10/17	丁卯	五	三	19	9/17	丁酉	七	六	19	8/19	戊辰	一	八
20	1/14	丙申	2	6	20	12/15	丙寅	四	七	20	11/16	丁酉	五	九	20	10/18	戊辰	五	二	20	9/18	戊戌	七	五	20	8/20	己巳	四	七
21	1/15	丁酉	2	7	21	12/16	丁卯	四	六	21	11/17	戊戌	五	八	21	10/19	己巳	八	一	21	9/19	己亥	一	四	21	8/21	庚午	四	六
22	1/16	戊戌	2	8	22	12/17	戊辰	四	五	22	11/18	己亥	八	七	22	10/20	庚午	八	九	22	9/20	庚子	一	三	22	8/22	辛未	四	五
23	1/17	己亥	8	9	23	12/18	己巳	七	四	23	11/19	庚子	八	六	23	10/21	辛未	八	八	23	9/21	辛丑	一	二	23	8/23	壬申	四	四
24	1/18	庚子	8	1	24	12/19	庚午	七	三	24	11/20	辛丑	八	五	24	10/22	壬申	八	七	24	9/22	壬寅	一	一	24	8/24	癸酉	四	三
25	1/19	辛丑	8	2	25	12/20	辛未	七	二	25	11/21	壬寅	八	四	25	10/23	癸酉	八	六	25	9/23	癸卯	一	九	25	8/25	甲戌	七	二
26	1/20	壬寅	8	3	26	12/21	壬申	七	一	26	11/22	癸卯	八	三	26	10/24	甲戌	二	五	26	9/24	甲辰	四	八	26	8/26	乙亥	七	一
27	1/21	癸卯	8	4	27	12/22	癸酉	七	1	27	11/23	甲辰	二	二	27	10/25	乙亥	二	四	27	9/25	乙巳	四	七	27	8/27	丙子	七	九
28	1/22	甲辰	5	5	28	12/23	甲戌	一	2	28	11/24	乙巳	二	一	28	10/26	丙子	二	三	28	9/26	丙午	四	六	28	8/28	丁丑	七	八
29	1/23	乙巳	5	6	29	12/24	乙亥	一	3	29	11/25	丙午	二	九	29	10/27	丁丑	二	二	29	9/27	丁未	四	五	29	8/29	戊寅	七	七
					30	12/25	丙子	一	4											30	9/28	戊申	四	四					

西元2039年（己未）肖羊 民國128年（男乾命）

奇門遁甲局數如標示為 一 ～九表示陰局　　如標示為1 ～9 表示陽局

六　月					潤五　月					五　月					四　月					三　月					二　月					正　月				
辛未					辛未					庚午					己巳					戊辰					丁卯					丙寅				
九紫火										一白水					二黑土					三碧木					四綠木					五黃土				
立秋 23時20分 十八子時		大暑 06時50分 初三卯時	奇門遁甲局數		小暑 13時28分 十六未時			奇門遁甲局數		夏至 19時59分 三十戌時		芒種 03時17分 十五寅時	奇門遁甲局數		小滿 12時12分 廿九午時		立夏 23時20分 十三子時	奇門遁甲局數		穀雨 13時19分 廿七未時		清明 06時17分 十二卯時	奇門遁甲局數		春分 02時34分 廿七丑時		驚蟄 01時45分 十二丑時	奇門遁甲局數		雨水 03時47分 廿七寅時		立春 07時54分 十二辰時	奇門遁甲局數	
農曆	國曆	干支	時盤	日盤	農曆	國曆	干支	時盤	日盤	農曆	國曆	干支	時盤	日盤	農曆	國曆	干支	時盤	日盤	農曆	國曆	干支	時盤	日盤	農曆	國曆	干支	時盤	日盤	農曆	國曆	干支	時盤	日盤
1	7/21	甲辰	五	五	1	6/22	乙亥	9	七	1	5/23	乙巳	7	9	1	4/23	乙亥	7	6	1	3/25	丙午	4	4	1	2/23	丙子	2	1	1	1/24	丙午	5	7
2	7/22	乙巳	五	四	2	6/23	丙子	9	六	2	5/24	丙午	7	1	2	4/24	丙子	7	7	2	3/26	丁未	4	5	2	2/24	丁丑	2	2	2	1/25	丁未	5	8
3	7/23	丙午	五	三	3	6/24	丁丑	9	五	3	5/25	丁未	7	2	3	4/25	丁丑	7	8	3	3/27	戊申	4	6	3	2/25	戊寅	2	3	3	1/26	戊申	5	9
4	7/24	丁未	五	二	4	6/25	戊寅	9	四	4	5/26	戊申	7	3	4	4/26	戊寅	7	9	4	3/28	己酉	3	7	4	2/26	己卯	9	4	4	1/27	己酉	3	1
5	7/25	戊申	五	一	5	6/26	己卯	九	三	5	5/27	己酉	5	4	5	4/27	己卯	5	1	5	3/29	庚戌	3	8	5	2/27	庚辰	9	5	5	1/28	庚戌	3	2
6	7/26	己酉	七	九	6	6/27	庚辰	九	二	6	5/28	庚戌	5	5	6	4/28	庚辰	5	2	6	3/30	辛亥	3	9	6	2/28	辛巳	9	6	6	1/29	辛亥	3	3
7	7/27	庚戌	七	八	7	6/28	辛巳	九	一	7	5/29	辛亥	5	6	7	4/29	辛巳	5	3	7	3/31	壬子	3	1	7	3/1	壬午	9	7	7	1/30	壬子	3	4
8	7/28	辛亥	七	七	8	6/29	壬午	九	九	8	5/30	壬子	5	7	8	4/30	壬午	5	4	8	4/1	癸丑	3	2	8	3/2	癸未	9	8	8	1/31	癸丑	3	5
9	7/29	壬子	七	六	9	6/30	癸未	九	八	9	5/31	癸丑	5	8	9	5/1	癸未	5	5	9	4/2	甲寅	9	3	9	3/3	甲申	6	9	9	2/1	甲寅	9	6
10	7/30	癸丑	七	五	10	7/1	甲申	三	七	10	6/1	甲寅	2	9	10	5/2	甲申	2	6	10	4/3	乙卯	9	4	10	3/4	乙酉	6	1	10	2/2	乙卯	9	7
11	7/31	甲寅	一	四	11	7/2	乙酉	三	六	11	6/2	乙卯	2	1	11	5/3	乙酉	2	7	11	4/4	丙辰	9	5	11	3/5	丙戌	6	2	11	2/3	丙辰	9	8
12	8/1	乙卯	一	三	12	7/3	丙戌	三	五	12	6/3	丙辰	2	2	12	5/4	丙戌	2	8	12	4/5	丁巳	9	6	12	3/6	丁亥	6	3	12	2/4	丁巳	9	9
13	8/2	丙辰	一	二	13	7/4	丁亥	三	四	13	6/4	丁巳	2	3	13	5/5	丁亥	2	9	13	4/6	戊午	9	7	13	3/7	戊子	6	4	13	2/5	戊午	9	1
14	8/3	丁巳	一	一	14	7/5	戊子	三	三	14	6/5	戊午	2	4	14	5/6	戊子	2	1	14	4/7	己未	6	8	14	3/8	己丑	3	5	14	2/6	己未	6	2
15	8/4	戊午	一	九	15	7/6	己丑	六	二	15	6/6	己未	8	5	15	5/7	己丑	8	2	15	4/8	庚申	6	9	15	3/9	庚寅	3	6	15	2/7	庚申	6	3
16	8/5	己未	四	八	16	7/7	庚寅	六	一	16	6/7	庚申	8	6	16	5/8	庚寅	8	3	16	4/9	辛酉	6	1	16	3/10	辛卯	3	7	16	2/8	辛酉	6	4
17	8/6	庚申	四	七	17	7/8	辛卯	六	九	17	6/8	辛酉	8	7	17	5/9	辛卯	8	4	17	4/10	壬戌	6	2	17	3/11	壬辰	3	8	17	2/9	壬戌	6	5
18	8/7	辛酉	四	六	18	7/9	壬辰	六	八	18	6/9	壬戌	8	8	18	5/10	壬辰	8	5	18	4/11	癸亥	6	3	18	3/12	癸巳	3	9	18	2/10	癸亥	6	6
19	8/8	壬戌	四	五	19	7/10	癸巳	六	七	19	6/10	癸亥	8	9	19	5/11	癸巳	8	6	19	4/12	甲子	4	4	19	3/13	甲午	1	1	19	2/11	甲子	8	7
20	8/9	癸亥	四	四	20	7/11	甲午	八	六	20	6/11	甲子	6	1	20	5/12	甲午	4	7	20	4/13	乙丑	4	5	20	3/14	乙未	1	2	20	2/12	乙丑	8	8
21	8/10	甲子	二	三	21	7/12	乙未	八	五	21	6/12	乙丑	6	2	21	5/13	乙未	4	8	21	4/14	丙寅	4	6	21	3/15	丙申	1	3	21	2/13	丙寅	8	9
22	8/11	乙丑	二	二	22	7/13	丙申	八	四	22	6/13	丙寅	6	3	22	5/14	丙申	4	9	22	4/15	丁卯	4	7	22	3/16	丁酉	1	4	22	2/14	丁卯	8	1
23	8/12	丙寅	二	一	23	7/14	丁酉	八	三	23	6/14	丁卯	6	4	23	5/15	丁酉	4	1	23	4/16	戊辰	4	8	23	3/17	戊戌	1	5	23	2/15	戊辰	8	2
24	8/13	丁卯	二	九	24	7/15	戊戌	八	二	24	6/15	戊辰	6	5	24	5/16	戊戌	4	2	24	4/17	己巳	1	9	24	3/18	己亥	7	6	24	2/16	己巳	5	3
25	8/14	戊辰	二	八	25	7/16	己亥	二	一	25	6/16	己巳	3	6	25	5/17	己亥	1	3	25	4/18	庚午	1	1	25	3/19	庚子	7	7	25	2/17	庚午	5	4
26	8/15	己巳	五	七	26	7/17	庚子	二	九	26	6/17	庚午	3	7	26	5/18	庚子	1	4	26	4/19	辛未	1	2	26	3/20	辛丑	7	8	26	2/18	辛未	5	5
27	8/16	庚午	五	六	27	7/18	辛丑	二	八	27	6/18	辛未	3	8	27	5/19	辛丑	1	5	27	4/20	壬申	1	3	27	3/21	壬寅	7	9	27	2/19	壬申	5	6
28	8/17	辛未	五	五	28	7/19	壬寅	二	七	28	6/19	壬申	3	9	28	5/20	壬寅	1	6	28	4/21	癸酉	1	4	28	3/22	癸卯	7	1	28	2/20	癸酉	5	7
29	8/18	壬申	五	四	29	7/20	癸卯	二	六	29	6/20	癸酉	3	1	29	5/21	癸卯	1	7	29	4/22	甲戌	7	5	29	3/23	甲辰	4	2	29	2/21	甲戌	2	8
30	8/19	癸酉	五	三						30	6/21	甲戌	9	八	30	5/22	甲辰	7	8						30	3/24	乙巳	4	3	30	2/22	乙亥	2	9

西元2039年（己未）肖羊 民國128年（女離命）

奇門遁甲局數如標示為 一 ～九表示陰局　　如標示為1 ～9 表示陽局

十二月					十一月					十 月					九 月					八 月					七 月				
丁丑					丙子					乙亥					甲戌					癸酉					壬申				
三碧木					四綠木					五黃土					六白金					七赤金					八白土				
立春 13時42分 廿二未時		大寒 19時23分 初七戌時	奇門遁甲局數		小寒 02時05分 廿二丑時		冬至 08時42分 初七辰時	奇門遁甲局數		大雪 14時47分 廿二未時		小雪 19時14分 初七戌時	奇門遁甲局數		立冬 21時45分 廿一亥時		霜降 21時27分 初六亥時	奇門遁甲局數		寒露 18時19分 廿一酉時		秋分 11時51分 初六午時	奇門遁甲局數		白露 02時26分 二十丑時		處暑 14時00分 初四未時	奇門遁甲局數	
農曆	國曆	干支	時盤	日盤	農曆	國曆	干支	時盤	日盤	農曆	國曆	干支	時盤	日盤	農曆	國曆	干支	時盤	日盤	農曆	國曆	干支	時盤	日盤	農曆	國曆	干支	時盤	日盤
1	1/14	辛丑	8	2	1	12/16	壬申	七	一	1	11/16	壬寅	九	四	1	10/18	癸酉	九	六	1	9/18	癸卯	三	九	1	8/20	甲戌	八	二
2	1/15	壬寅	8	3	2	12/17	癸酉	七	九	2	11/17	癸卯	九	三	2	10/19	甲戌	三	五	2	9/19	甲辰	六	八	2	8/21	乙亥	八	一
3	1/16	癸卯	8	4	3	12/18	甲戌	一	八	3	11/18	甲辰	三	二	3	10/20	乙亥	三	四	3	9/20	乙巳	六	七	3	8/22	丙子	八	九
4	1/17	甲辰	5	5	4	12/19	乙亥	一	七	4	11/19	乙巳	三	一	4	10/21	丙子	三	三	4	9/21	丙午	六	六	4	8/23	丁丑	八	八
5	1/18	乙巳	5	6	5	12/20	丙子	一	六	5	11/20	丙午	三	九	5	10/22	丁丑	三	二	5	9/22	丁未	六	五	5	8/24	戊寅	八	七
6	1/19	丙午	5	7	6	12/21	丁丑	一	五	6	11/21	丁未	三	八	6	10/23	戊寅	三	一	6	9/23	戊申	六	四	6	8/25	己卯	一	六
7	1/20	丁未	5	8	7	12/22	戊寅	一	6	7	11/22	戊申	三	七	7	10/24	己卯	五	九	7	9/24	己酉	七	三	7	8/26	庚辰	一	五
8	1/21	戊申	5	9	8	12/23	己卯	1	7	8	11/23	己酉	五	六	8	10/25	庚辰	五	八	8	9/25	庚戌	七	二	8	8/27	辛巳	一	四
9	1/22	己酉	3	1	9	12/24	庚辰	1	8	9	11/24	庚戌	五	五	9	10/26	辛巳	五	七	9	9/26	辛亥	七	一	9	8/28	壬午	一	三
10	1/23	庚戌	3	2	10	12/25	辛巳	1	9	10	11/25	辛亥	五	四	10	10/27	壬午	五	六	10	9/27	壬子	七	九	10	8/29	癸未	一	二
11	1/24	辛亥	3	3	11	12/26	壬午	1	1	11	11/26	壬子	五	三	11	10/28	癸未	五	五	11	9/28	癸丑	七	八	11	8/30	甲申	四	一
12	1/25	壬子	3	4	12	12/27	癸未	1	2	12	11/27	癸丑	五	二	12	10/29	甲申	八	四	12	9/29	甲寅	一	七	12	8/31	乙酉	四	九
13	1/26	癸丑	3	5	13	12/28	甲申	7	3	13	11/28	甲寅	八	一	13	10/30	乙酉	八	三	13	9/30	乙卯	一	六	13	9/1	丙戌	四	八
14	1/27	甲寅	9	6	14	12/29	乙酉	7	4	14	11/29	乙卯	八	九	14	10/31	丙戌	八	二	14	10/1	丙辰	一	五	14	9/2	丁亥	四	七
15	1/28	乙卯	9	7	15	12/30	丙戌	7	5	15	11/30	丙辰	八	八	15	11/1	丁亥	八	一	15	10/2	丁巳	一	四	15	9/3	戊子	四	六
16	1/29	丙辰	9	8	16	12/31	丁亥	7	6	16	12/1	丁巳	八	七	16	11/2	戊子	八	九	16	10/3	戊午	一	三	16	9/4	己丑	七	五
17	1/30	丁巳	9	9	17	1/1	戊子	7	7	17	12/2	戊午	八	六	17	11/3	己丑	二	八	17	10/4	己未	四	二	17	9/5	庚寅	七	四
18	1/31	戊午	9	1	18	1/2	己丑	4	8	18	12/3	己未	二	五	18	11/4	庚寅	二	七	18	10/5	庚申	四	一	18	9/6	辛卯	七	三
19	2/1	己未	6	2	19	1/3	庚寅	4	9	19	12/4	庚申	二	四	19	11/5	辛卯	二	六	19	10/6	辛酉	四	九	19	9/7	壬辰	七	二
20	2/2	庚申	6	3	20	1/4	辛卯	4	1	20	12/5	辛酉	二	三	20	11/6	壬辰	二	五	20	10/7	壬戌	四	八	20	9/8	癸巳	七	一
21	2/3	辛酉	6	4	21	1/5	壬辰	4	2	21	12/6	壬戌	二	二	21	11/7	癸巳	二	四	21	10/8	癸亥	四	七	21	9/9	甲午	九	九
22	2/4	壬戌	6	5	22	1/6	癸巳	4	3	22	12/7	癸亥	二	一	22	11/8	甲午	六	三	22	10/9	甲子	六	六	22	9/10	乙未	九	八
23	2/5	癸亥	6	6	23	1/7	甲午	2	4	23	12/8	甲子	四	九	23	11/9	乙未	六	二	23	10/10	乙丑	六	五	23	9/11	丙申	九	七
24	2/6	甲子	8	7	24	1/8	乙未	2	5	24	12/9	乙丑	四	八	24	11/10	丙申	六	一	24	10/11	丙寅	六	四	24	9/12	丁酉	九	六
25	2/7	乙丑	8	8	25	1/9	丙申	2	6	25	12/10	丙寅	四	七	25	11/11	丁酉	六	九	25	10/12	丁卯	六	三	25	9/13	戊戌	九	五
26	2/8	丙寅	8	9	26	1/10	丁酉	2	7	26	12/11	丁卯	四	六	26	11/12	戊戌	六	八	26	10/13	戊辰	六	二	26	9/14	己亥	三	四
27	2/9	丁卯	8	1	27	1/11	戊戌	2	8	27	12/12	戊辰	四	五	27	11/13	己亥	九	七	27	10/14	己巳	九	一	27	9/15	庚子	三	三
28	2/10	戊辰	8	2	28	1/12	己亥	8	9	28	12/13	己巳	七	四	28	11/14	庚子	九	六	28	10/15	庚午	九	九	28	9/16	辛丑	三	二
29	2/11	己巳	5	3	29	1/13	庚子	8	1	29	12/14	庚午	七	三	29	11/15	辛丑	九	五	29	10/16	辛未	九	八	29	9/17	壬寅	三	一
										30	12/15	辛未	七	二						30	10/17	壬申	九	七					

西元2040年（庚申）肖猴 民國129年（男坤命）

奇門遁甲局數如標示為 一 ～九表示陰局　　如標示為1 ～9 表示陽局

六月					五月					四月					三月					二月					正月				
癸未					壬午					辛巳					庚辰					己卯					戊寅				
六白金					七赤金					八白土					九紫火					一白水					二黑土				
立秋 05時11分 三十卯時		大暑 12時42分 十四午時	奇門遁甲局數		小暑 19時21分 廿七戌時		夏至 01時48分 十二丑時	奇門遁甲局數		芒種 09時09分 廿六巳時		小滿 17時57分 初十酉時	奇門遁甲局數		立夏 05時11分 廿五卯時		穀雨 19時01分 初九戌時	奇門遁甲局數		清明 12時07分 廿三午時		春分 08時13分 初八辰時	奇門遁甲局數		驚蟄 07時33分 廿三辰時		雨水 09時26分 初八巳時	奇門遁甲局數	
農曆	國曆	干支	時盤	日盤	農曆	國曆	干支	時盤	日盤	農曆	國曆	干支	時盤	日盤	農曆	國曆	干支	時盤	日盤	農曆	國曆	干支	時盤	日盤	農曆	國曆	干支	時盤	日盤
1	7/9	戊戌	八	二	1	6/10	己巳	3	6	1	5/11	己亥	1	3	1	4/11	己巳	1	9	1	3/13	庚子	7	7	1	2/12	庚午	5	4
2	7/10	己亥	二	一	2	6/11	庚午	3	7	2	5/12	庚子	1	4	2	4/12	庚午	1	1	2	3/14	辛丑	7	8	2	2/13	辛未	5	5
3	7/11	庚子	二	九	3	6/12	辛未	3	8	3	5/13	辛丑	1	5	3	4/13	辛未	1	2	3	3/15	壬寅	7	9	3	2/14	壬申	5	6
4	7/12	辛丑	二	八	4	6/13	壬申	3	9	4	5/14	壬寅	1	6	4	4/14	壬申	1	3	4	3/16	癸卯	7	1	4	2/15	癸酉	5	7
5	7/13	壬寅	二	七	5	6/14	癸酉	3	1	5	5/15	癸卯	1	7	5	4/15	癸酉	1	4	5	3/17	甲辰	4	2	5	2/16	甲戌	2	8
6	7/14	癸卯	二	六	6	6/15	甲戌	9	2	6	5/16	甲辰	7	8	6	4/16	甲戌	7	5	6	3/18	乙巳	4	3	6	2/17	乙亥	2	9
7	7/15	甲辰	五	五	7	6/16	乙亥	9	3	7	5/17	乙巳	7	9	7	4/17	乙亥	7	6	7	3/19	丙午	4	4	7	2/18	丙子	2	1
8	7/16	乙巳	五	四	8	6/17	丙子	9	4	8	5/18	丙午	7	1	8	4/18	丙子	7	7	8	3/20	丁未	4	5	8	2/19	丁丑	2	2
9	7/17	丙午	五	三	9	6/18	丁丑	9	5	9	5/19	丁未	7	2	9	4/19	丁丑	7	8	9	3/21	戊申	4	6	9	2/20	戊寅	2	3
10	7/18	丁未	五	二	10	6/19	戊寅	9	6	10	5/20	戊申	7	3	10	4/20	戊寅	7	9	10	3/22	己酉	3	7	10	2/21	己卯	9	4
11	7/19	戊申	五	一	11	6/20	己卯	九	7	11	5/21	己酉	5	4	11	4/21	己卯	5	1	11	3/23	庚戌	3	8	11	2/22	庚辰	9	5
12	7/20	己酉	七	九	12	6/21	庚辰	九	二	12	5/22	庚戌	5	5	12	4/22	庚辰	5	2	12	3/24	辛亥	3	9	12	2/23	辛巳	9	6
13	7/21	庚戌	七	八	13	6/22	辛巳	九	一	13	5/23	辛亥	5	6	13	4/23	辛巳	5	3	13	3/25	壬子	3	1	13	2/24	壬午	9	7
14	7/22	辛亥	七	七	14	6/23	壬午	九	九	14	5/24	壬子	5	7	14	4/24	壬午	5	4	14	3/26	癸丑	3	2	14	2/25	癸未	9	8
15	7/23	壬子	七	六	15	6/24	癸未	九	八	15	5/25	癸丑	5	8	15	4/25	癸未	5	5	15	3/27	甲寅	9	3	15	2/26	甲申	6	9
16	7/24	癸丑	七	五	16	6/25	甲申	三	七	16	5/26	甲寅	2	9	16	4/26	甲申	2	6	16	3/28	乙卯	9	4	16	2/27	乙酉	6	1
17	7/25	甲寅	一	四	17	6/26	乙酉	三	六	17	5/27	乙卯	2	1	17	4/27	乙酉	2	7	17	3/29	丙辰	9	5	17	2/28	丙戌	6	2
18	7/26	乙卯	一	三	18	6/27	丙戌	三	五	18	5/28	丙辰	2	2	18	4/28	丙戌	2	8	18	3/30	丁巳	9	6	18	2/29	丁亥	6	3
19	7/27	丙辰	一	二	19	6/28	丁亥	三	四	19	5/29	丁巳	2	3	19	4/29	丁亥	2	9	19	3/31	戊午	9	7	19	3/1	戊子	6	4
20	7/28	丁巳	一	一	20	6/29	戊子	三	三	20	5/30	戊午	2	4	20	4/30	戊子	2	1	20	4/1	己未	6	8	20	3/2	己丑	3	5
21	7/29	戊午	一	九	21	6/30	己丑	六	二	21	5/31	己未	8	5	21	5/1	己丑	8	2	21	4/2	庚申	6	9	21	3/3	庚寅	3	6
22	7/30	己未	四	八	22	7/1	庚寅	六	一	22	6/1	庚申	8	6	22	5/2	庚寅	8	3	22	4/3	辛酉	6	1	22	3/4	辛卯	3	7
23	7/31	庚申	四	七	23	7/2	辛卯	六	九	23	6/2	辛酉	8	7	23	5/3	辛卯	8	4	23	4/4	壬戌	6	2	23	3/5	壬辰	3	8
24	8/1	辛酉	四	六	24	7/3	壬辰	六	八	24	6/3	壬戌	8	8	24	5/4	壬辰	8	5	24	4/5	癸亥	6	3	24	3/6	癸巳	3	9
25	8/2	壬戌	四	五	25	7/4	癸巳	六	七	25	6/4	癸亥	8	9	25	5/5	癸巳	8	6	25	4/6	甲子	4	4	25	3/7	甲午	1	1
26	8/3	癸亥	四	四	26	7/5	甲午	八	六	26	6/5	甲子	6	1	26	5/6	甲午	4	7	26	4/7	乙丑	4	5	26	3/8	乙未	1	2
27	8/4	甲子	二	三	27	7/6	乙未	八	五	27	6/6	乙丑	6	2	27	5/7	乙未	4	8	27	4/8	丙寅	4	6	27	3/9	丙申	1	3
28	8/5	乙丑	二	二	28	7/7	丙申	八	四	28	6/7	丙寅	6	3	28	5/8	丙申	4	9	28	4/9	丁卯	4	7	28	3/10	丁酉	1	4
29	8/6	丙寅	二	一	29	7/8	丁酉	八	三	29	6/8	丁卯	6	4	29	5/9	丁酉	4	1	29	4/10	戊辰	4	8	29	3/11	戊戌	1	5
30	8/7	丁卯	二	九						30	6/9	戊辰	6	5	30	5/10	戊戌	4	2						30	3/12	己亥	7	6

西元2040年（庚申）肖猴 民國129年（女坎命）

奇門遁甲局數如標示為 一 ～九表示陰局　　如標示為1 ～9 表示陽局

十二月					十一月					十　月					九　月					八　月					七　月				
己丑					戊子					丁亥					丙戌					乙酉					甲申				
九紫火					一白水					二黑土					三碧木					四綠木					五黃土				
大寒 01時14分 十八丑時		小寒 07時50分 初三辰時	奇門遁甲局數		冬至 14時35分 十八未時		大雪 20時32分 初三戌時	奇門遁甲局數		小雪 01時07分 十八丑時		立冬 03時31分 初三寅時	奇門遁甲局數		霜降 03時22分 十八寅時		寒露 00時07分 初三子時	奇門遁甲局數		秋分 17時47分 十七酉時		白露 08時16分 初二辰時	奇門遁甲局數		處暑 19時55分 十五戌時			奇門遁甲局數	
農曆	國曆	干支	時盤	日盤	農曆	國曆	干支	時盤	日盤	農曆	國曆	干支	時盤	日盤	農曆	國曆	干支	時盤	日盤	農曆	國曆	干支	時盤	日盤	農曆	國曆	干支	時盤	日盤
1	1/3	丙申	2	6	1	12/4	丙寅	四	七	1	11/5	丁酉	六	九	1	10/6	丁卯	六	三	1	9/6	丁酉	九	六	1	8/8	戊辰	二	八
2	1/4	丁酉	2	7	2	12/5	丁卯	四	六	2	11/6	戊戌	六	八	2	10/7	戊辰	六	二	2	9/7	戊戌	九	五	2	8/9	己巳	五	七
3	1/5	戊戌	2	8	3	12/6	戊辰	四	五	3	11/7	己亥	九	七	3	10/8	己巳	九	一	3	9/8	己亥	三	四	3	8/10	庚午	五	六
4	1/6	己亥	8	9	4	12/7	己巳	七	四	4	11/8	庚子	九	六	4	10/9	庚午	九	九	4	9/9	庚子	三	三	4	8/11	辛未	五	五
5	1/7	庚子	8	1	5	12/8	庚午	七	三	5	11/9	辛丑	九	五	5	10/10	辛未	九	八	5	9/10	辛丑	三	二	5	8/12	壬申	五	四
6	1/8	辛丑	8	2	6	12/9	辛未	七	二	6	11/10	壬寅	九	四	6	10/11	壬申	九	七	6	9/11	壬寅	三	一	6	8/13	癸酉	五	三
7	1/9	壬寅	8	3	7	12/10	壬申	七	一	7	11/11	癸卯	九	三	7	10/12	癸酉	九	六	7	9/12	癸卯	三	九	7	8/14	甲戌	八	二
8	1/10	癸卯	8	4	8	12/11	癸酉	七	九	8	11/12	甲辰	三	二	8	10/13	甲戌	三	五	8	9/13	甲辰	六	八	8	8/15	乙亥	八	一
9	1/11	甲辰	5	5	9	12/12	甲戌	一	八	9	11/13	乙巳	三	一	9	10/14	乙亥	三	四	9	9/14	乙巳	六	七	9	8/16	丙子	八	九
10	1/12	乙巳	5	6	10	12/13	乙亥	一	七	10	11/14	丙午	三	九	10	10/15	丙子	三	三	10	9/15	丙午	六	六	10	8/17	丁丑	八	八
11	1/13	丙午	5	7	11	12/14	丙子	一	六	11	11/15	丁未	三	八	11	10/16	丁丑	三	二	11	9/16	丁未	六	五	11	8/18	戊寅	八	七
12	1/14	丁未	5	8	12	12/15	丁丑	一	五	12	11/16	戊申	三	七	12	10/17	戊寅	三	一	12	9/17	戊申	六	四	12	8/19	己卯	一	六
13	1/15	戊申	5	9	13	12/16	戊寅	一	四	13	11/17	己酉	五	六	13	10/18	己卯	五	九	13	9/18	己酉	七	三	13	8/20	庚辰	一	五
14	1/16	己酉	3	1	14	12/17	己卯	1	三	14	11/18	庚戌	五	五	14	10/19	庚辰	五	八	14	9/19	庚戌	七	二	14	8/21	辛巳	一	四
15	1/17	庚戌	3	2	15	12/18	庚辰	1	二	15	11/19	辛亥	五	四	15	10/20	辛巳	五	七	15	9/20	辛亥	七	一	15	8/22	壬午	一	三
16	1/18	辛亥	3	3	16	12/19	辛巳	1	一	16	11/20	壬子	五	三	16	10/21	壬午	五	六	16	9/21	壬子	七	九	16	8/23	癸未	一	二
17	1/19	壬子	3	4	17	12/20	壬午	1	九	17	11/21	癸丑	五	二	17	10/22	癸未	五	五	17	9/22	癸丑	七	八	17	8/24	甲申	四	一
18	1/20	癸丑	3	5	18	12/21	癸未	1	2	18	11/22	甲寅	八	一	18	10/23	甲申	八	四	18	9/23	甲寅	一	七	18	8/25	乙酉	四	九
19	1/21	甲寅	9	6	19	12/22	甲申	7	3	19	11/23	乙卯	八	九	19	10/24	乙酉	八	三	19	9/24	乙卯	一	六	19	8/26	丙戌	四	八
20	1/22	乙卯	9	7	20	12/23	乙酉	7	4	20	11/24	丙辰	八	八	20	10/25	丙戌	八	二	20	9/25	丙辰	一	五	20	8/27	丁亥	四	七
21	1/23	丙辰	9	8	21	12/24	丙戌	7	5	21	11/25	丁巳	八	七	21	10/26	丁亥	八	一	21	9/26	丁巳	一	四	21	8/28	戊子	四	六
22	1/24	丁巳	9	9	22	12/25	丁亥	7	6	22	11/26	戊午	八	六	22	10/27	戊子	八	九	22	9/27	戊午	一	三	22	8/29	己丑	七	五
23	1/25	戊午	9	1	23	12/26	戊子	7	7	23	11/27	己未	二	五	23	10/28	己丑	二	八	23	9/28	己未	四	二	23	8/30	庚寅	七	四
24	1/26	己未	6	2	24	12/27	己丑	4	8	24	11/28	庚申	二	四	24	10/29	庚寅	二	七	24	9/29	庚申	四	一	24	8/31	辛卯	七	三
25	1/27	庚申	6	3	25	12/28	庚寅	4	9	25	11/29	辛酉	二	三	25	10/30	辛卯	二	六	25	9/30	辛酉	四	九	25	9/1	壬辰	七	二
26	1/28	辛酉	6	4	26	12/29	辛卯	4	1	26	11/30	壬戌	二	二	26	10/31	壬辰	二	五	26	10/1	壬戌	四	八	26	9/2	癸巳	七	一
27	1/29	壬戌	6	5	27	12/30	壬辰	4	2	27	12/1	癸亥	二	一	27	11/1	癸巳	二	四	27	10/2	癸亥	四	七	27	9/3	甲午	九	九
28	1/30	癸亥	6	6	28	12/31	癸巳	4	3	28	12/2	甲子	四	九	28	11/2	甲午	六	三	28	10/3	甲子	六	六	28	9/4	乙未	九	八
29	1/31	甲子	8	7	29	1/1	甲午	2	4	29	12/3	乙丑	四	八	29	11/3	乙未	六	二	29	10/4	乙丑	六	五	29	9/5	丙申	九	七
					30	1/2	乙未	2	5						30	11/4	丙申	六	一	30	10/5	丙寅	六	四					

西元2041年（辛酉）肖雞 民國130年（男巽命）

奇門遁甲局數如標示為 一 ～九表示陰局　如標示為1 ～9 表示陽局

六月					五月					四月					三月					二月					正月				
乙未					甲午					癸巳					壬辰					辛卯					庚寅				
三碧木					四綠木					五黃土					六白金					七赤金					八白土				
大暑 18時28分 廿五酉時		小暑 01時00分 初十丑時	奇門遁甲局數		夏至 07時37分 廿三辰時		芒種 14時51分 初七未時	奇門遁甲局數		小滿 23時50分 廿一子時		立夏 10時56分 初六巳時	奇門遁甲局數		穀雨 00時56分 二十子時		清明 17時54分 初四酉時	奇門遁甲局數		春分 14時08分 十九未時		驚蟄 13時19分 初四未時	奇門遁甲局數		雨水 15時18分 十八申時		立春 19時26分 初三戌時	奇門遁甲局數	
農曆	國曆	干支	時盤	日盤	農曆	國曆	干支	時盤	日盤	農曆	國曆	干支	時盤	日盤	農曆	國曆	干支	時盤	日盤	農曆	國曆	干支	時盤	日盤	農曆	國曆	干支	時盤	日盤
1	6/28	壬辰	六	八	1	5/30	癸亥	8	9	1	4/30	癸巳	8	6	1	4/1	甲子	4	4	1	3/2	甲午	1	1	1	2/1	乙丑	8	8
2	6/29	癸巳	六	七	2	5/31	甲子	6	1	2	5/1	甲午	4	7	2	4/2	乙丑	4	5	2	3/3	乙未	1	2	2	2/2	丙寅	8	9
3	6/30	甲午	八	六	3	6/1	乙丑	6	2	3	5/2	乙未	4	8	3	4/3	丙寅	4	6	3	3/4	丙申	1	3	3	2/3	丁卯	8	1
4	7/1	乙未	八	五	4	6/2	丙寅	6	3	4	5/3	丙申	4	9	4	4/4	丁卯	4	7	4	3/5	丁酉	1	4	4	2/4	戊辰	8	2
5	7/2	丙申	八	四	5	6/3	丁卯	6	4	5	5/4	丁酉	4	1	5	4/5	戊辰	4	8	5	3/6	戊戌	1	5	5	2/5	己巳	5	3
6	7/3	丁酉	八	三	6	6/4	戊辰	6	5	6	5/5	戊戌	4	2	6	4/6	己巳	1	9	6	3/7	己亥	7	6	6	2/6	庚午	5	4
7	7/4	戊戌	八	二	7	6/5	己巳	3	6	7	5/6	己亥	1	3	7	4/7	庚午	1	1	7	3/8	庚子	7	7	7	2/7	辛未	5	5
8	7/5	己亥	二	一	8	6/6	庚午	3	7	8	5/7	庚子	1	4	8	4/8	辛未	1	2	8	3/9	辛丑	7	8	8	2/8	壬申	5	6
9	7/6	庚子	二	九	9	6/7	辛未	3	8	9	5/8	辛丑	1	5	9	4/9	壬申	1	3	9	3/10	壬寅	7	9	9	2/9	癸酉	5	7
10	7/7	辛丑	二	八	10	6/8	壬申	3	9	10	5/9	壬寅	1	6	10	4/10	癸酉	1	4	10	3/11	癸卯	7	1	10	2/10	甲戌	2	8
11	7/8	壬寅	二	七	11	6/9	癸酉	3	1	11	5/10	癸卯	1	7	11	4/11	甲戌	7	5	11	3/12	甲辰	4	2	11	2/11	乙亥	2	9
12	7/9	癸卯	二	六	12	6/10	甲戌	9	2	12	5/11	甲辰	7	8	12	4/12	乙亥	7	6	12	3/13	乙巳	4	3	12	2/12	丙子	2	1
13	7/10	甲辰	五	五	13	6/11	乙亥	9	3	13	5/12	乙巳	7	9	13	4/13	丙子	7	7	13	3/14	丙午	4	4	13	2/13	丁丑	2	2
14	7/11	乙巳	五	四	14	6/12	丙子	9	4	14	5/13	丙午	7	1	14	4/14	丁丑	7	8	14	3/15	丁未	4	5	14	2/14	戊寅	2	3
15	7/12	丙午	五	三	15	6/13	丁丑	9	5	15	5/14	丁未	7	2	15	4/15	戊寅	7	9	15	3/16	戊申	4	6	15	2/15	己卯	9	4
16	7/13	丁未	五	二	16	6/14	戊寅	9	6	16	5/15	戊申	7	3	16	4/16	己卯	5	1	16	3/17	己酉	3	7	16	2/16	庚辰	9	5
17	7/14	戊申	五	一	17	6/15	己卯	九	7	17	5/16	己酉	5	4	17	4/17	庚辰	5	2	17	3/18	庚戌	3	8	17	2/17	辛巳	9	6
18	7/15	己酉	七	九	18	6/16	庚辰	九	8	18	5/17	庚戌	5	5	18	4/18	辛巳	5	3	18	3/19	辛亥	3	9	18	2/18	壬午	9	7
19	7/16	庚戌	七	八	19	6/17	辛巳	九	9	19	5/18	辛亥	5	6	19	4/19	壬午	5	4	19	3/20	壬子	3	1	19	2/19	癸未	9	8
20	7/17	辛亥	七	七	20	6/18	壬午	九	1	20	5/19	壬子	5	7	20	4/20	癸未	5	5	20	3/21	癸丑	3	2	20	2/20	甲申	6	9
21	7/18	壬子	七	六	21	6/19	癸未	九	2	21	5/20	癸丑	5	8	21	4/21	甲申	2	6	21	3/22	甲寅	9	3	21	2/21	乙酉	6	1
22	7/19	癸丑	七	五	22	6/20	甲申	三	3	22	5/21	甲寅	2	9	22	4/22	乙酉	2	7	22	3/23	乙卯	9	4	22	2/22	丙戌	6	2
23	7/20	甲寅	一	四	23	6/21	乙酉	三	六	23	5/22	乙卯	2	1	23	4/23	丙戌	2	8	23	3/24	丙辰	9	5	23	2/23	丁亥	6	3
24	7/21	乙卯	一	三	24	6/22	丙戌	三	五	24	5/23	丙辰	2	2	24	4/24	丁亥	2	9	24	3/25	丁巳	9	6	24	2/24	戊子	6	4
25	7/22	丙辰	一	二	25	6/23	丁亥	三	四	25	5/24	丁巳	2	3	25	4/25	戊子	2	1	25	3/26	戊午	9	7	25	2/25	己丑	3	5
26	7/23	丁巳	一	一	26	6/24	戊子	三	三	26	5/25	戊午	2	4	26	4/26	己丑	8	2	26	3/27	己未	6	8	26	2/26	庚寅	3	6
27	7/24	戊午	一	九	27	6/25	己丑	六	二	27	5/26	己未	8	5	27	4/27	庚寅	8	3	27	3/28	庚申	6	9	27	2/27	辛卯	3	7
28	7/25	己未	四	八	28	6/26	庚寅	六	一	28	5/27	庚申	8	6	28	4/28	辛卯	8	4	28	3/29	辛酉	6	1	28	2/28	壬辰	3	8
29	7/26	庚申	四	七	29	6/27	辛卯	六	九	29	5/28	辛酉	8	7	29	4/29	壬辰	8	5	29	3/30	壬戌	6	2	29	3/1	癸巳	3	9
30	7/27	辛酉	四	六						30	5/29	壬戌	8	8						30	3/31	癸亥	6	3					

西元2041年（辛酉）肖雞 民國130年（女坤命）

奇門遁甲局數如標示為 一 ～九表示陰局　　如標示為1 ～9 表示陽局

十二月					十一月					十　月					九　月					八　月					七　月				
辛丑					庚子					己亥					戊戌					丁酉					丙申				
六白金					七赤金					八白土					九紫火					一白水					二黑土				
大寒 07時01分 廿九辰時		小寒 13時36分 十四未時	奇門遁甲局數		冬至 20時19分 廿八戌時		大雪 02時17分 十四丑時	奇門遁甲局數		小雪 06時50分 廿九卯時		立冬 09時14分 十四巳時	奇門遁甲局數		霜降 09時03分 廿九巳時		寒露 05時48分 十四卯時	奇門遁甲局數		秋分 23時28分 廿七子時		白露 13時55分 十二未時	奇門遁甲局數		處暑 01時37分 廿七丑時		立秋 10時50分 十一巳時	奇門遁甲局數	
農曆	國曆	干支	時盤	日盤	農曆	國曆	干支	時盤	日盤	農曆	國曆	干支	時盤	日盤	農曆	國曆	干支	時盤	日盤	農曆	國曆	干支	時盤	日盤	農曆	國曆	干支	時盤	日盤
1	12/23	庚寅	一	9	1	11/24	辛酉	二	三	1	10/25	辛卯	二	六	1	9/25	辛酉	四	九	1	8/27	壬辰	七	二	1	7/28	壬戌	四	五
2	12/24	辛卯	一	1	2	11/25	壬戌	二	二	2	10/26	壬辰	二	五	2	9/26	壬戌	四	八	2	8/28	癸巳	七	一	2	7/29	癸亥	四	四
3	12/25	壬辰	一	2	3	11/26	癸亥	二	一	3	10/27	癸巳	二	四	3	9/27	癸亥	四	七	3	8/29	甲午	九	九	3	7/30	甲子	二	三
4	12/26	癸巳	一	3	4	11/27	甲子	四	九	4	10/28	甲午	六	三	4	9/28	甲子	六	六	4	8/30	乙未	九	八	4	7/31	乙丑	二	二
5	12/27	甲午	1	4	5	11/28	乙丑	四	八	5	10/29	乙未	六	二	5	9/29	乙丑	六	五	5	8/31	丙申	九	七	5	8/1	丙寅	二	一
6	12/28	乙未	1	5	6	11/29	丙寅	四	七	6	10/30	丙申	六	一	6	9/30	丙寅	六	四	6	9/1	丁酉	九	六	6	8/2	丁卯	二	九
7	12/29	丙申	1	6	7	11/30	丁卯	四	六	7	10/31	丁酉	六	九	7	10/1	丁卯	六	三	7	9/2	戊戌	九	五	7	8/3	戊辰	二	八
8	12/30	丁酉	1	7	8	12/1	戊辰	四	五	8	11/1	戊戌	六	八	8	10/2	戊辰	六	二	8	9/3	己亥	三	四	8	8/4	己巳	五	七
9	12/31	戊戌	1	8	9	12/2	己巳	七	四	9	11/2	己亥	九	七	9	10/3	己巳	九	一	9	9/4	庚子	三	三	9	8/5	庚午	五	六
10	1/1	己亥	7	9	10	12/3	庚午	七	三	10	11/3	庚子	九	六	10	10/4	庚午	九	九	10	9/5	辛丑	三	二	10	8/6	辛未	五	五
11	1/2	庚子	7	1	11	12/4	辛未	七	二	11	11/4	辛丑	九	五	11	10/5	辛未	九	八	11	9/6	壬寅	三	一	11	8/7	壬申	五	四
12	1/3	辛丑	7	2	12	12/5	壬申	七	一	12	11/5	壬寅	九	四	12	10/6	壬申	九	七	12	9/7	癸卯	三	九	12	8/8	癸酉	五	三
13	1/4	壬寅	7	3	13	12/6	癸酉	七	九	13	11/6	癸卯	九	三	13	10/7	癸酉	九	六	13	9/8	甲辰	六	八	13	8/9	甲戌	八	二
14	1/5	癸卯	7	4	14	12/7	甲戌	一	八	14	11/7	甲辰	三	二	14	10/8	甲戌	三	五	14	9/9	乙巳	六	七	14	8/10	乙亥	八	一
15	1/6	甲辰	4	5	15	12/8	乙亥	一	七	15	11/8	乙巳	三	一	15	10/9	乙亥	三	四	15	9/10	丙午	六	六	15	8/11	丙子	八	九
16	1/7	乙巳	4	6	16	12/9	丙子	一	六	16	11/9	丙午	三	九	16	10/10	丙子	三	三	16	9/11	丁未	六	五	16	8/12	丁丑	八	八
17	1/8	丙午	4	7	17	12/10	丁丑	一	五	17	11/10	丁未	三	八	17	10/11	丁丑	三	二	17	9/12	戊申	六	四	17	8/13	戊寅	八	七
18	1/9	丁未	4	8	18	12/11	戊寅	一	四	18	11/11	戊申	三	七	18	10/12	戊寅	三	一	18	9/13	己酉	七	三	18	8/14	己卯	一	六
19	1/10	戊申	4	9	19	12/12	己卯	四	三	19	11/12	己酉	五	六	19	10/13	己卯	五	九	19	9/14	庚戌	七	二	19	8/15	庚辰	一	五
20	1/11	己酉	2	1	20	12/13	庚辰	四	二	20	11/13	庚戌	五	五	20	10/14	庚辰	五	八	20	9/15	辛亥	七	一	20	8/16	辛巳	一	四
21	1/12	庚戌	2	2	21	12/14	辛巳	四	一	21	11/14	辛亥	五	四	21	10/15	辛巳	五	七	21	9/16	壬子	七	九	21	8/17	壬午	一	三
22	1/13	辛亥	2	3	22	12/15	壬午	四	九	22	11/15	壬子	五	三	22	10/16	壬午	五	六	22	9/17	癸丑	七	八	22	8/18	癸未	一	二
23	1/14	壬子	2	4	23	12/16	癸未	四	八	23	11/16	癸丑	五	二	23	10/17	癸未	五	五	23	9/18	甲寅	一	七	23	8/19	甲申	四	一
24	1/15	癸丑	2	5	24	12/17	甲申	七	七	24	11/17	甲寅	八	一	24	10/18	甲申	八	四	24	9/19	乙卯	一	六	24	8/20	乙酉	四	九
25	1/16	甲寅	8	6	25	12/18	乙酉	七	六	25	11/18	乙卯	八	九	25	10/19	乙酉	八	三	25	9/20	丙辰	一	五	25	8/21	丙戌	四	八
26	1/17	乙卯	8	7	26	12/19	丙戌	七	五	26	11/19	丙辰	八	八	26	10/20	丙戌	八	二	26	9/21	丁巳	一	四	26	8/22	丁亥	四	七
27	1/18	丙辰	8	8	27	12/20	丁亥	七	四	27	11/20	丁巳	八	七	27	10/21	丁亥	八	一	27	9/22	戊午	一	三	27	8/23	戊子	四	六
28	1/19	丁巳	8	9	28	12/21	戊子	七	7	28	11/21	戊午	八	六	28	10/22	戊子	八	九	28	9/23	己未	四	二	28	8/24	己丑	七	五
29	1/20	戊午	8	1	29	12/22	己丑	一	8	29	11/22	己未	二	五	29	10/23	己丑	二	八	29	9/24	庚申	四	一	29	8/25	庚寅	七	四
30	1/21	己未	5	2						30	11/23	庚申	二	四	30	10/24	庚寅	二	七						30	8/26	辛卯	七	三

吉發堂奇門開運中心 服務項目

一、孔明神籤：本中心恭請南投縣魚池鄉啟示玄機院 孔明仙師 分靈降駕。並提供神籤服務，為眾生指點迷津------功德隨意

二、奇門遁甲：應用方位磁場，可求貴人、買賣經商、考試推甄------1200元

三、陽宅鑑定及規劃：綜合各派陽宅學以達成平安發福、財官雙美之格局。並贈送男、女主人八字命書精批任選一本------6000元，外縣市酌收車馬費

四、神位安座：以法奇門秘法請神、開光、安座------6000元，外縣市酌收車馬費

五、祖先進塔：以仙命為主選塔位。為福東添福祿------10000元，外縣市酌收車馬費

六、生涯規劃諮詢：贈命書精批一本。共有二十多頁的內容請上網查詢------1800元

七、嫁娶擇日合婚：贈新郎、新娘命書精批任選一本------3600元

八、嫁娶婚課批覆：贈新郎、新娘命書精批任選一本------3200元

九、生產擇日：配合父、母親生肖，選用最佳之生產吉期十個時辰備用------3000元

十、命名、改名：配合各派姓名學，選三十個以上名字備用。贈命書一本------3600元

十一、皮紋檢測：應用電腦科技分析大腦先天學習量能與先天學習敏銳度------1200元

十二、一般擇日：開市、祭祀、購車交車、求醫療病。贈奇門遁甲秘法------1200元

十三、開運印章：以八字調整姓名靈動數，並擇日開光。贈命書精批一本------4500元

十四、助運名片：配合個人生辰精心設計、製作並擇日開光。贈命書精一本------3600元

十五、服務項目說明和開運吉品或化煞用品請上www.9989.com.tw網站查閱

十六、奇門遁甲、八字命理、紫微斗數、姓名學、陽宅規劃、擇日學開運秘法傳授。

以上所有開運吉品、化煞用品，都由林老師恭請本堂供奉神明：孔明先師、關聖帝君、玄天上帝、三奶夫人（陳靖姑聖母）、五路武財神開光加持。

服務處：台中縣豐原市豐南街12號（國稅局附近）

電話：04-25353141　0933-411186　E-mail：jin.jouu@msa.hinet.net　林錦洲老師

歡迎上網加入本中心會員，常有不定時寶貴訊息知識交流。

吉祥坊易經開運中心服務項目

一、命名、改名（用多種學派），附改前、改後命書流年一本	3600元
二、一般開市、開光、搬家、動土、入宅、安神擇日	1200元
三、嫁娶合婚擇日 附新郎、新娘八字命書任選一本	3600元
四、剖腹生產擇日 附12張時辰命盤優先順序	3600元
午、陽宅鑑定及規劃佈局 附男、女主人八字命書任選一本	6000元
六、開運印鑑 附八字流年命書一本	4500元
七、吉祥印鑑、八字論命含命書一本，紫微論命含命書一本	1800元
八、開運名片附八字流年命書一本	3600元

九、八字命理、陽宅規劃、姓名學、卜卦等多項課程招生	電洽
十、多種命理教學VCD、DVD，請上網瀏覽	
十一、姓名學、八字論命、奇門遁甲、擇日軟體，請上網瀏覽	
十二、各類開運物品或制煞物品，請上網查閱	

服務處：台中市西屯區西屯路二段297之8巷78號（逢甲公園旁）
電話：04-24521393　黃恆堉老師　行動電話：0936-286531
網址：http://www.abab.com.tw　E-mail：w257@yahoo.com.tw
網址：http://www.131.com.tw　E-mail：abab257@yahoo.com.tw

感謝各位讀者購買本書，上網有免費線上即時八字論命、姓名、數字等吉凶論斷
免費論命網站：http://www.a8899.com（完全免費）

凡上網登錄為本中心會員可享每月開運寶典電子報，有許多是用錢都學不到的知識。

國家圖書館出版品預行編目資料

學奇門遁甲，這本最好用／黃恆堉、林錦洲著.
第一版——臺北市：知青頻道出版；
紅螞蟻圖書發行, 2008.8
面； 公分. ——（Easy Quick；88）
ISBN 978-986-6643-28-6（平裝附光碟）

1.奇門遁甲
292.5　　97012317

Easy Quick 88
學奇門遁甲，這本最好用

作　　者／黃恆堉、林錦洲
美術構成／Chris' office
校　　對／周英嬌、楊安妮、黃恆堉、林錦洲
發 行 人／賴秀珍
總 編 輯／何南輝
出　　版／知青頻道出版有限公司
發　　行／紅螞蟻圖書有限公司
地　　址／台北市內湖區舊宗路二段121巷19號（紅螞蟻資訊大樓）
網　　站／www.e-redant.com
郵撥帳號／1604621-1　紅螞蟻圖書有限公司
電　　話／(02)2795-3656（代表號）
傳　　真／(02)2795-4100
登 記 證／局版北市業字第796號
法律顧問／許晏賓律師
印 刷 廠／卡樂彩色製版印刷有限公司
出版日期／2008年 8 月　第一版第一刷
　　　　　2022年11月　　　第六刷（500本）

定價 320 元　港幣 107 元

ISBN 978-986-6643-28-6　　Printed in Taiwan